梁启超◎著

中国近三百年学术史

精装珍藏版

新世界出版社
NEW WORLD PRESS

图书在版编目（CIP）数据

中国近三百年学术史：精装珍藏版 /（清）梁启超著 . -- 北京：新世界出版社，2018.7

ISBN 978-7-5104-5620-6

Ⅰ . ①中… Ⅱ . ①梁… Ⅲ . ①学术思想—思想史—中国—清代 Ⅳ . ① B249.05

中国版本图书馆 CIP 数据核字（2017）第 310162 号

中国近三百年学术史：精装珍藏版

作　　者：梁启超
责任编辑：董晶晶
责任印制：王宝根
出版发行：新世界出版社
社　　址：北京西城区百万庄大街 24 号（100037）
发 行 部：（010）6899 5968　（010）6899 8705（传真）
总 编 室：（010）6899 5424　（010）6832 6679（传真）
http://www.nwp.cn
http://www.nwp.com.cn
版 权 部：+8610 6899 6306
版权部电子信箱：nwpcd@sina.com
印　　刷：三河市紫恒印装有限公司
经　　销：新华书店
开　　本：710mm × 1000mm　1/16
字　　数：308 千字
印　　张：22.5
版　　次：2018 年 7 月第 1 版　2018 年 7 月第 1 次印刷
书　　号：ISBN 978-7-5104-5620-6
定　　价：68.00 元

目录

第一讲　反动与先驱

这部讲义，是要说明清朝一代学术变迁之大势及其在文化上所贡献的分量和价值。为什么题目不叫作清代学术呢？因为晚明的二十多年，已经开清学的先河，民国的十来年，也可以算清学的结束和蜕化。把最近三百年认作学术史上一个时代的单位，似还适当，所以定名为《近三百年学术史》。

今年是公历一九二三年。上溯三百年前之一六二三年，为明天启三年，这部讲义，就从那时候讲起。若稍为概括一点，也可以说是十七八九三个世纪的中国学术史。

我三年前曾做过一部《清代学术概论》。那部书的范围和这部讲义差不多，但材料和组织很有些不同。希望诸君豫备一部当参考。

※　　※　　※

这个时代的学术主潮是：厌倦主观的冥想而倾向于客观的考察。

无论何方面之学术，都有这样趋势。可惜客观考察，多半仍限于纸片上事物，所以它的效用尚未能尽量发挥。此外还有一个支流是：排斥理论，提倡实践。

这个支流屡起屡伏，始终未能很占势力。总而言之，这三百年学术界所指向的路，我认为是不错的——是对于从前很有特色而且有进步的，只可惜全部精神未能贯彻。以后凭藉这点成绩，扩充蜕变，再开出一个更切实更伟大的时代，这是我们的责任，也是我这回演讲的微意。

※　※　※

凡研究一个时代思潮，必须把前头的时代略为认清，才能知道那来龙去脉。本讲义所讲的时代，是从它前头的时代反动出来。前头的时代，可以把宋元明三朝总括为一个单位——公历一〇〇〇至一六〇〇——那个时代，有一种新学术系统出现，名曰“道学”。那六百年间，便是“道学”自发生成长以至衰落的全时期。那时代的道学思潮，又为什么能产生能成立呢？（一）因为再前一个时代便是六朝隋唐，物质文化发达得很灿烂，建筑、文学、美术、音乐等等都呈现历史以来最活泼的状况。后来，这种文明烂熟的结果，养成社会种种惰气。自唐天宝间两京陷落，过去的物质文明已交末运，跟着晚唐藩镇和五代一百多年的纷乱，人心越发厌倦，所以入到宋朝，便喜欢回到内生活的追求，向严肃素朴一路走去。（二）隋唐以来，印度佛教各派教理尽量输入，思想界已经搀入许多新成分，但始终儒自儒、佛自佛，采一种不相闻问的态度。到了中晚唐，两派接触的程度日渐加增，一方面有韩愈一流人据儒排佛，一方面有梁肃、李翱一流人援佛入儒[①]。到了两宋，当然会产出儒佛结婚的新学派。加以那时候的佛家，各派都衰，禅宗独盛。禅宗是打破佛家许多形式和理论，专用内观功夫，越发与当时新建设之道学相接近。所以道学和禅宗，可以说是宋元明思想全部的代表。

道学派别，虽然不少，但有一共同之点，是想把儒家言建设在形而上学，即玄学的基础之上。原来儒家开宗的孔子不大喜欢说什么“性与天道”，只是想从日用行为极平实处陶养成理想的人格。但到了佛法输入以后，一半由儒家的自卫，一半由时代人心的要求，总觉得把孔门学说找补些

---

① 梁肃与白居易交好，是天台宗一员护法健将。李翱是韩愈朋友，著有《复性书》，拿佛理解释儒书。

玄学的作料才能满足。于是从“七十子后学者所记”的《礼记》里头抬出《大学》《中庸》两篇出来，再加上含有神秘性的《易经》作为根据，来和印度思想对抗。“道学”最主要的精神，实在于此。所以在“道学”总旗帜底下，虽然有吕伯恭、朱晦庵、陈龙川各派，不专以谈玄为主，然而大势所趋，总是倾向到明心见性一路，结果自然要像陆子静、王阳明的讲法，才能彻底地成一片段。所以到明的中叶，姚江王阳明学派，奄袭全国，和佛门的禅宗，混为一家。这是距今三百五六十年前学术界的形势。

在本讲义所讲的时代开始之时，王阳明去世已将近百年了。阳明卒于嘉靖八年，当公历一五二九年。明朝以八股取士，一般士子，除了永乐皇帝钦定的《性理大全》外，几乎一书不读。学术界本身，本来就像贫血症的人，衰弱得可怜。阳明是一位豪杰之士，他的学术像打药针一般，令人兴奋，所以能做五百年道学结束，吐很大光芒。但晚年已经四方八面受人妒嫉排挤，不得志以死。阳明死后，他的门生，在朝者，如邹东廓守益、欧阳南野德；在野者，如钱绪山德洪、王龙溪畿、罗近溪汝芳、王心斋艮，都有绝大气魄，能把师门宗旨发挥光大，势力笼盖全国，然而反对的亦日益加增。反对派别，大略有三。其一，事功派：如张江陵居正辈，觉得他们都是书生迂阔，不切时务。其二，文学派：如王弇州世贞辈，觉得他们学问空疏，而且所讲的太干燥无味。其三，势利派：毫无宗旨，惟利是趋，依附魏忠贤一班太监，专和正人君子作对，对于讲学先生，自然嫉之如仇。这三派中，除势利派应该绝对排斥外，事功、文学两派，本来都各有好处。但他们既已看不起道学派，道学派也看不起他们，由相轻变为相攻。结果这两派为势利派利用，隐然成为三角同盟以对付道学派。中间经过“议礼”“红丸”“梃击”“移宫”诸大案[1]，都是因宫廷中一种不相干的事实，小题大做，双方意见闹到不得开交。到最后二三十年间，道学派大本营，前有“东林”，后有“复社”，都是用学术团体名义，实行政党式的活动。他们对于恶势力拼

---

① 欲知四大案简单情节，看赵翼的《廿二史札记》最好。

命奋斗的精神，固然十分可敬可佩，但党势渐成以后，依草附木的人日多，也不免流品很杂。总而言之，明朝所谓“士大夫社会”，以“八股先生”为土台。所有群众运动，无论什么“清流浊流”，都是八股先生最占势力。东林、复社，虽比较地多几位正人君子，然而打开窗户说亮话，其实不过王阳明这面大旗底下一群八股先生和魏忠贤那面大旗底下一群八股先生打架。何况阳明这边的末流，也放纵得不成话，如何心隐本名梁汝元、李卓吾贽等辈，简直变成“花和尚”！他们提倡的“酒色财气不碍菩提路”，把个人道德、社会道德一切藩篱都冲破了，如何能令敌派人心服？这些话且不必多说。总之晚明政治和社会所以溃烂到那种程度，最大罪恶，自然是在那一群下流无耻的八股先生，巴结太监，鱼肉人民。我们一点不能为他们饶恕。却是和他们反对的，也不过一群上流无用的八股先生，添上几句“致知格物”的口头禅做幌子，和别人闹意见闹过不休。最高等的如颜习斋所谓“无事袖手谈心性，临危一死报君王”，至矣极矣。当他们笔头上口角上吵得乌烟瘴气的时候，张献忠、李自成已经把杀人刀磨得飞快，准备着把千千万万人砍头破肚，满洲人已经把许多降将收了过去，准备着看风头捡便宜货入主中原。结果几十年门户党派之争，闹到明朝亡了一齐拉倒。这便是前一期学术界最后的一幕悲剧。

明亡以后，学者痛定思痛，那群阉党、强盗、降将，以及下流无耻的八股先生，罪恶滔天，不值得和他们算账了。却是对于这一群上流无用的道学先生，也不能把他们的责任轻轻放过。李刚主说：

> ……高者谈性天，撰语录；卑者疲精死神于举业。不惟圣道之礼乐兵农不务，即当世之刑名钱谷，亦懵然罔识，而搦管呻吟，自矜有学。……中国嚼笔吮毫之一日，即外夷秣马厉兵之一日，卒之盗贼蠭起，大命遂倾，而天乃以二帝三王相传之天下授之塞外。……《恕谷集·书明刘户部墓表后》

又说：

宋后，二氏学兴，儒者浸淫其说，静坐内视，论性谈天，与夫子之言，一一乖反。而至于扶危定倾大经大法，则拱手张目，授其柄于武人俗士。当明季世，朝庙无一可倚之臣。坐大司马堂批点《左传》，敌兵临城，赋诗进讲，觉建功立名，俱属琐屑，日夜喘息著书，曰此传世业也。卒至天下鱼烂河决，生民涂炭。呜呼，谁生厉阶哉！《恕谷集·与方灵皋书》

朱舜水说：

明朝以时文取士。此物既为尘羹土饭，而讲道学者又迂腐不近人情。……讲正心诚意，大资非笑。于是分门标榜，遂成水火，而国家被其祸。《舜水遗集·答林春信问》

顾亭林说：

刘、石乱华，本于清谈之流祸，人人知之。孰知今日之清谈，有甚于前代者。昔之清谈谈老庄，今之清谈谈孔孟。未得其精，而已遗其粗；未究其本，而先辞其末。不习六艺之文，不考百王之典，不综当代之务，举夫子论学论政之大端，一切不问。而曰“一贯”，曰“无言”，以明心见性之空言，代修己治人之实学。股肱惰而万事荒，爪牙亡而四国乱，神州荡覆，宗社丘墟。昔王衍妙善玄言，自比子贡，及为石勒所杀，将死，顾而言曰：“吾曹虽不如古人，向若不祖尚浮虚，戮力以匡天下，犹可不至今日。”今之君子，得不有愧乎其言。《日知录》卷七“夫子之言性与天道”条

亭林既愤慨当时学风，以为明亡实由于此，推原祸始，自然责备到阳明。他说：

以一人而易天下，其流风至于百有余年之久者，古有之矣：王夷甫（衍）

之清谈、王介甫（安石）之新说。其在于今，则王伯安（守仁）之良知是也。孟子曰："天下之生久矣，一治一乱。"拨乱世反诸正，岂不在后贤乎？《日知录》卷十八

王船山亦以为王学末流之弊，从阳明本身出来。他说：

姚江王氏阳儒阴释诬圣之邪说，其究也，刑戮之民、阉贼之党皆争附焉，而以充其"无善无恶圆融事理"之狂妄。《正蒙注·序论》

费燕峰说：

清谈害实，始于魏晋，而固陋变中，盛于宋南北。案：费氏提倡"实"与"中"两义，故斥当时学派为害实变中。自汉至唐，异说亦时有，然士安学同，中实尚存。至宋而后，齐逞意见，专事口舌。……又不降心将人情物理平居处事点勘离合，说者自说，事者自事，终为两断。一段好议论，美听而已。……后儒所论，惟深山独处，乃可行之；城居郭聚，有室有家，必不能也。盖自性命之说出，而先王之三物六行亡矣，……学者所当痛心；而喜高好僻之儒，反持之而不下。无论其未尝得而空言也，果"静极"矣，"活泼泼地会"矣，"坐忘"矣，"心常在腔子里"矣，"即物之理无不穷，本心之大无不立，而良心无不致"矣，亦止与达摩面壁、天台止观同一门庭。……何补于国？何益于家？何关于政事？何救于民生？……学术蛊坏，世道偏颇，而夷狄寇盗之祸亦相挺而起……《费氏遗书·弘道书》卷中

平心而论，阳明学派，在二千年学术史上，确有相当之价值，不能一笔抹杀，上文所引诸家批评，不免都有些过火之处。但末流积弊，既已如此，举国人心对于他，既已由厌倦而变成憎恶，那么这种学术，如何能久存？反动之起，当然是新时代一种迫切的要求了。

大反动的成功，自然在明亡清兴以后。但晚明最末之二三十年，机兆已经大露。试把各方面趋势一一指陈。

第一，王学自身的反动。最显著的是刘蕺山宗周一派，蕺山以弘光元年（一六四五）殉难。特标“证人”主义，以“慎独”为入手，对于龙溪王畿、近溪罗汝芳、心斋王艮诸人所述的王学，痛加针砭，总算是舍空谈而趋实践，把王学中谈玄的成分减了好些。但这种反动，当然只能认为旧时代的结局，不能认为新时代的开山。

第二，自然界探索的反动。晚明有两位怪人，留下两部怪书。其一为徐霞客名宏祖，生万历十四年（一五八七），卒崇祯十四年（一六四一），年五十五，是一位探险家，单身步行，把中国全国都游历遍了。他所著的书，名曰《霞客游记》，内中一半虽属描写风景，一半却是专研究山川脉络，于西南——云、贵、蜀、桂地理，考证极为详确。中国实际调查的地理书，当以此为第一部①。其二为宋长庚名应星，奉新人，卒年无考，丁文江推定为卒于顺治、康熙间，是一位工业科学家。他所著有两部书，一部是《画音归正》，据书名当是研究方音，可惜已佚；一部是《天工开物》商务印书馆正在重印，用科学方法研究食物、被服、用器，以及冶金、制械、丹青、珠玉之原料工作，绘图贴说，详确明备②。这两部书不独一洗明人不读书的空

---

① 潘稼堂耒《徐霞客游记序》云：“霞客之游，在中州者无大过人，其奇绝者，闽粤楚蜀滇黔百蛮荒徼之区，皆往返再四。其行不从官道。……先审视山脉如何去来，水道如何分合，既得大势，然后支搜节讨。”又云：“沿溯澜沧、金沙，穷南北盘江之源，实中土人创辟之事。……向来山经地志之误，厘正无遗。……然未尝有怪迂侈大之语，欺人以所不知。”

② 《天工开物》自序云：“世有聪明博物者，稠人推焉。乃枣梨之花未赏，而臆度楚萍；釜鬵之范鲜经，而侈谈莒鼎。画工好图鬼魅而恶犬马，即郑侨、晋华，岂足为烈哉！”丁在君文江《重印〈天工开物〉始末记》云：“三百年前言工业天产之书，如此其详且明者，世界之中，无与比伦。”

谈，而且比清人“专读书的实谈”还胜几筹，真算得反动初期最有价值的作品。本条所举，虽然不过一两个人一两部书，不能认为代表时代，然而学者厌蹈空喜踏实的精神，确已渐渐表现了。

第三，明末有一场大公案，为中国学术史上应该大笔特书者，曰：欧洲历算学之输入。先是，马丁·路得既创新教，罗马旧教在欧洲大受打击，于是有所谓“耶稣会”者起，想从旧教内部改革振作。他的计划是要传教海外，中国及美洲实为其最主要之目的地。于是利玛窦、庞迪我、熊三拔、龙华民、邓玉函、阳玛诺、罗雅谷、艾儒略、汤若望等，自万历末年至天启、崇祯间先后入中国。中国学者如徐文定名光启，号元扈，上海人，崇祯六年（一六三三）卒，今上海徐家汇即其故宅，李凉庵名之藻，仁和人等都和他们来往，对于各种学问有精深的研究。先是所行“大统历”，循元郭守敬“授时历”之旧，错谬很多。万历末年，朱载堉、邢云路先后上疏指出他的错处，请重为厘正。天启、崇祯两朝十几年间，很拿这件事当一件大事办。经屡次辩争的结果，卒以徐文定、李凉庵领其事，而请利、庞、熊诸客卿共同参豫，卒完成历法改革之业。此外中外学者合译或分撰的书籍，不下百数十种。最著名者，如利、徐合译之《几何原本》，字字精金美玉，为千古不朽之作，无庸我再为赞叹了。其余《天学初函》《崇祯历书》中几十部书，都是我国历算学界很丰厚的遗产。又《辨学》一编，为西洋论理学输入之鼻祖。又徐文定之《农政全书》六十卷、熊三拔之《泰西水法》六卷，实农学界空前之著作。我们只要肯把当时那班人的著译书目一翻，便可以想见他们对于新智识之传播如何地努力；只要肯把那时候代表作品——如《几何原本》之类择一两部细读一过，便可以知道他们对于学问如何地忠实。要而言之，中国智识线和外国智识线相接触，晋唐间的佛学为第一次，明末的历算学便是第二次。中间元代时和阿拉伯文化有接触，但影响不大。在这种新环境之下，学界空气，当然变换。后此清朝一代学者，对于历算学都有兴味，而且最喜欢谈经世致用之学，大概受利、徐诸人影响不小[①]。

第四，藏书及刻书的风气渐盛。明朝人不喜读书，已成习惯，据费燕峰密所说：“《十三经注疏》除福建版外，没有第二部。”见《弘道书》卷上固陋到这种程度，实令人吃惊。但是，到万历末年以后，风气渐变了。焦弱侯名竑，江宁人，万历四十八年（一六二〇）卒的《国史经籍志》，在“目录学”上就很有相当的价值。范尧卿名钦，鄞县人创立天一阁，实为现在全国——或者还是全世界——最古最大的私人图书馆。可惜这图书馆到民国以来已成了空壳子了。毛子晋名晋，常熟人和他的儿子斧季扆，他们家的汲古阁专收藏宋元刻善本，所刻《津逮秘书》和许多单行本古籍，直到今日，还在中国读书界有很大价值。这几位都是明朝最后二三十年间人。毛斧季是清朝人。他们这些事业，都可以说是当时讲学的反动。焦弱侯也是王学家健将，但他却好读书。这点反动，实在是给后来学者很有益的工具。例如黄梨洲、万九沙、全谢山都读天一阁藏书。汲古阁刻本书，流布古籍最有功，且大有益于校勘家。

第五，还有一件很可注意的现象：这种反动，不独儒学方面为然，即佛教徒方面也甚明显。宋、元、明三朝，简直可以说除了禅宗，别无佛教。到晚明忽然出了三位大师：一莲池名袾宏，万历四十三年（一六一五）卒；二憨山名德清，天启三年（一六二三）卒；三蕅益名智旭，顺治十二年（一六五五）卒。我们试把《云栖法汇》莲池著、《梦游集》憨山著、《灵峰宗论》蕅益著一读，他们反禅宗的精神，到处都可以看得出来。他们提倡的是净土宗。清朝一代的佛教——直到杨仁山为止，走的都是这条路。禅净优劣，本来很难说——我也不愿意说。但禅宗末流，参话头，背公案，陈陈相因，自欺欺人，其实可厌。莲池所倡净宗，从极平实的地方立定，做极严肃的践履功

① 当时治利、徐一派之学者，尚有周子愚、瞿式耜、虞淳熙、樊良枢、汪应熊、李天经、杨廷筠、郑洪猷、冯应京、王汝淳、周炳谟、王家植、瞿汝夔、曹于汴、郑以伟、熊明遇、陈亮采、许胥臣、熊士旂等人，皆尝为著译各书作序跋者。又莲池法师，亦与利玛窦往来，有书札见《辨学遗牍》中。可想见当时此派声气之广。

夫，比之耶教各宗，很有点“清教徒”的性质，这是修持方面的反动。不惟如此，他们既感觉掉弄机锋之靠不住，自然回过头来研究学理。于是憨山注《楞伽》《楞严》；蕅益注《楞严》《起信》《唯识》，乃至把全藏通读，著成《阅藏知津》一书。他们的著述价值如何，且不必论，总之一返禅宗束书不观之习，回到隋唐人做佛学的途径，是显而易见了。同时钱牧斋（谦益）著了一大部《楞严蒙钞》，也是受这个潮流的影响。

以上所举五点，都是明朝煞尾二三十年间学术界所发生的新现象。虽然读黄梨洲《明儒学案》，一点看不出这些消息，然而我们认为关系极重大。后来清朝各方面的学术，都从此中孕育出来。我这部讲义，所以必把这二三十年做个“楔子”，其理由在此。

“楔子”完了，下回便入正文。

第二讲　清代学术变迁与政治的影响（上）

本讲义目的，要将清学各部分稍为详细解剖一番。但部分解剖以前，像应该先提挈大势，令学者得着全部大概的印象。我现在为省事起见，将旧作《清代学术概论》头一段钞下来做个引线原书叶一至六。

“今之恒言，曰‘时代思潮’。此其语最妙于形容。凡文化发展之国，其国民于一时期中，因环境之变迁与夫心理之感召，不期而思想之进路，同趋于一方向，于是相与呼应汹涌如潮然。始焉其势甚微，几莫之觉；寖假而涨——涨——涨，而达于满度；过时焉则落，以渐至于衰熄。凡‘思’非皆能成‘潮’，能成潮者，则其思必有相当之价值，而又适合于其时代之要求者也。凡‘时代’非皆有‘思潮’，有思潮之时代，必文化昂进之时代也。其在我国自秦以后，确能成为时代思潮者，则汉之经学、隋唐之佛学、宋及明之理学、清之考证学，四者而已。

“凡时代思潮无不由‘继续的群众运动’而成。所谓运动者，非必有意识、有计画、有组织，不能分为谁主动、谁被动。其参加运动之人员，每各不相谋，各不相知。其从事运动时所任之职役，各各不同，所采之手段亦互异。于同一运动之下，往往分无数小支派，甚且相嫉视相排击。虽然，其中必有一种或数种之共通观念焉，同根据之，为思想之出发点。此种观念之势力，初时本甚微弱，愈运动则愈扩大，久之则成为一种权威。此观念者，在其时代中，俨然现宗教之色彩，一部分人，以宣传捍卫为己任，常以极纯洁之牺牲的精神赴之；及其权威渐立，则在社会上成为一种公共之好尚，忘其所以然，而共以此为嗜。若此者，今之译语，谓之‘流行’，古之成语，则曰‘风气’。风气者，一时的信仰也；人鲜敢婴之，亦不乐婴之。其性质几比宗教矣。一思潮播为风气，则其成熟之时也。

“佛说一切流转相，例分四期，曰：生、住、异、灭。思潮之流转也正然，例分四期：一、启蒙期生；二、全盛期住；三、蜕分期异；四、衰落期灭。无论何国何时代之思潮，其发展变迁，多循斯轨。启蒙期者，对于旧思潮初起反动之期也。旧思潮经全盛之后，如果之极熟而致烂，如血之凝固而成瘀，则反动不得不起。反动者，凡以求建设新思潮也；然建设必先之以破坏。故此期之重要人物，其精力皆用于破坏，而建设盖有所未遑。所谓未遑者，非阁置之谓。其建设之主要精神，在此期间必已孕育，如史家所谓‘开国规模’者然。虽然，其条理未确立，其研究方法正在间错试验中，弃取未定。故此期之著作，恒驳而不纯，但在淆乱粗糙之中，自有一种元气淋漓之象。此启蒙期之特色也，当佛说所谓‘生’相。于是进为全盛期：破坏事业已告终，旧思潮屏息慴伏，不复能抗颜行，更无须攻击防卫以糜精力。而经前期酝酿培灌之结果，思想内容日以充实，研究方法亦日以精密，门户堂奥次第建树，继长增高，‘宗庙之美，百官之富’，粲然矣。一世才智之士，以此为好尚，相与淬厉精进，阘冗者犹希声附和，以不获厕于其林为耻。此全盛期之特色也，当佛说所谓‘住’相。更进则入于蜕分期：境界国土，为前期人士开辟殆尽，然学者之聪明才力，终不能无所用也，只得取局部问题，为‘窄而深’的研究，或取其研究方法，应用之于别方面，于是派中小派出焉。而其时之环境，必有以异乎前；晚出之派，进取气较盛，易与环境顺应，故往往以附庸蔚为大国，则新衍之别派与旧传之正统派成对峙之形势，或且骎骎乎夺其席。此蜕化期之特色也，当佛说所谓‘异’相。过此以往，则衰落期至焉：凡一学派当全盛之后，社会中希附末光者日众，陈陈相因，固已可厌。其时此派中精要之义，则先辈已濬发无余；承其流者，不过捃摭末节以弄诡辩。且支派分裂，排轧随之，益自暴露其缺点。环境既已变易，社会需要，别转一方向；而犹欲以全盛期之权威临之，则稍有志者必不乐受；而豪杰之士欲创新必先推旧，遂以彼为破坏之目标，于是入于第二思潮之启蒙期，而此思潮遂告终焉。此衰落期无可逃避之运命，当佛说所谓'灭'相。

"吾观中外古今之所谓'思潮'者，皆循此历程以递相流转。而有清二百余年，则其最切著之例证也。"

我说的"环境之变迁与心理之感召"，这两项要常为"一括搭"的研究。内中环境一项，包含范围很广，而政治现象，关系最大。所以我先要把这一朝政治上几个重要关目稍为提挈，而说明其影响于学术界者何如。

一六四四年三月十九日以前，是明崇祯十七年；五月初十日之后，便变成清顺治元年了。本来一姓兴亡，在历史上算不得什么一回大事，但这回却和从前有点不同。新朝是"非我族类"的满洲，而且来得太过突兀，太过侥幸。北京、南京一年之中，唾手而得，抵抗力几等于零。这种激刺，唤起国民极痛切的自觉，而自觉的率先表现实在是学者社会。鲁王、唐王在浙、闽，永历帝在两广、云南，实际上不过几十位白面书生——如黄石斋道周、钱忠介肃乐、张苍水煌言、王完勋翌、瞿文忠式耜、陈文忠子壮、张文烈家玉……诸贤在那里发动主持。他们多半是"无官守无言责"之人，尽可以不管闲事，不过想替本族保持一分人格，内则隐忍迁就于悍将暴卒之间，外则与"泰山压卵"的新朝为敌。虽终归失败，究竟已把残局支撑十几年，成绩也算可观了。就这一点论，那时候的学者，虽厌恶阳明学派，我们却应该从这里头认取阳明学派的价值。因为这些学者留下许多可歌可泣的事业，令我们永远景仰。他们自身，却都是——也许他自已不认——从"阳明学派"这位母亲的怀里哺养出来。

这些学者虽生长在阳明学派空气之下，因为时势突变，他们的思想也像蚕蛾一般，经蜕化而得一新生命。他们对于明朝之亡，认为是学者社会的大耻辱大罪责，于是抛弃明心见性的空谈，专讲经世致用的实务。他们不是为学问而做学问，是为政治而做学问。他们许多人都是把半生涯送在悲惨困苦的政治活动中，所做学问，原想用来做新政治建设的准备，到政治完全绝望，不得已才做学者生活。他们里头，因政治活动而死去的人很多，剩下生存的也断断不肯和满洲人合作，宁可把梦想的“经世致用之学”依旧托诸空言，但求改变学风以收将来的效果。黄梨洲、顾亭林、王船山、朱舜水，便是这时候代表人物。他们的学风，都在这种环境中间发生出来。

满洲人的征服事业，初时像很容易，越下去越感困难。顺治朝十八个年头，除闽、粤、桂、滇之大部分始终奉明正朔外，其余各地扰乱，未尝停息。就中文化中心之江浙等省，从清师渡江后，不断地反抗。郑延平成功、张苍水煌言会师北伐时顺治十六年，大江南北，一个月间，几乎全部恢复。到永历帝从缅甸人手上卖给吴三桂的时候，顺治帝已死去七个月了其年正月。康熙帝即位那年即顺治十八年，云南荡平，郑氏也遁入台湾，征服事业，总算告一个结束。但不久又有三藩之乱，扰攘十年，方才戡定康熙十二年至二十一年。所以满洲人虽仅用四十日工夫便奠定北京，却须用四十年工夫才得有全中国。他们在这四十年里头，对于统治中国人方针，积了好些经验。他们觉得用武力制服那降将悍卒没有多大困难，最难缠的是一班“念书人”——尤其是少数有学问的学者。因为他们是民众的指导人，统治前途暗礁，都在他们身上。满洲政府用全副精神对付这问题，政策也因时因人而变。略举大概，可分三期：

第一期：顺治元年至十年，约十年间。利用政策。

第二期：顺治十一二年至康熙十年，约十七八年间。高压政策。

第三期：康熙十一二年以后。怀柔政策。

第一期为睿王多尔衮摄政时代。满兵仓猝入关，一切要靠汉人为虎作伥。所以一面极力招纳降臣，一面运用明代传来的愚民工具——八股科举，年年闹什么“开科取士”，把那些热中富贵的人先行绊住。第二期，自多尔衮死去，顺治帝亲政顺治七年，政策渐变。那时除了福建、两广、云南尚有问题外，其余全国大部分，都已在实力统治之下。那群被“诱奸”过的下等“念书人”，不大用得着了。于是板起面孔，抓着机会便给他们点苦头吃吃。其对于个人的操纵，如陈名夏、陈之遴、钱谦益、龚鼎孳那班“贰臣”，糟蹋得淋漓尽致。其对于全体的打击，如顺治十四年以后连年所起的科场案，把成千成万的八股先生吓得人人打噤。那时满廷最痛恨的是江浙人。因为这地方是人文渊薮，舆论的发纵指示所在，“反满洲”的精神到处横溢。所以自“窥江之役”即顺治十六年郑、张北伐之役以后，借“江南奏销案”名目，大大示威。被牵累者一万三千余人，缙绅之家无一获免。这是顺治十八年的事。其时康熙帝已即位，鳌拜一派执政，袭用顺治末年政策，变本加厉。他们除糟蹋那等下等念书人外，对于真正智识阶级，还兴许多文字狱，加以特别摧残。最著名的，如康熙二年湖州庄氏史案，一时名士如潘力田柽章、吴赤溟炎等七十多人同时遭难。此外，如孙夏峰于康熙三年被告对簿，顾亭林于康熙七年在济南下狱，黄梨洲被悬购缉捕，前后四面，这类史料，若仔细搜集起来，还不知多少。这种政策，徒助长汉人反抗的气焰，毫无效果。到第三期，值康熙帝亲政后数年，三藩之乱继起。康熙本人的性格，本来是阔达大度一路，当着这变乱时代，更不能不有戒心，于是一变高压手段为怀柔手段。他的怀柔政策，分三着实施。第一着，为康熙十二年之荐举山林隐逸。第二着，为康熙十七年之荐举博学鸿儒。但这两着总算失败了，被买收的都是二三等人物，稍微好点的也不过新进后辈。那些负重望的大师，一位也网罗不着，倒惹起许多恶感。第三着为康熙十八年之开明史馆。这一着却有相当的成功。因为许多学者，对于故国文献，十分爱恋。他们别的事不肯和满洲人合作，这件事到底不是私众之力所能办到，只得勉强将就了。以上所讲，是满洲入关后三四十年对汉政策变迁之大概。除第一期没有多大关系外，第二期的高压和第三期的怀柔，都对于当时学风很有影响。

还有应该附带论及者一事，即康熙帝自身对于学问之态度。他是一位极聪明而精力强满的人，热心向慕文化，有多方面的兴味。他极相信科学，对于天文历算有很深的研究，能批评梅定九的算书。他把许多耶稣会的西洋人——南怀仁、安多、白进、徐日升、张诚等放在南书房，叫他们轮日进讲——讲测量、数学、全体学、物理学等等。他得他们的帮助，制定《康熙永年历》，并著有《数理精蕴》《历象考成》等书，又造成极有名的观象台。他费三十年实测工夫，专用西洋人绘成一部《皇舆全览图》。这些都是在我们文化史上值得特笔大书的事实。他极喜欢美术，西洋画家焦秉贞是他很得意的内廷供奉；三王的画，也是他的嗜好品。他好讲理学，崇拜程朱。他对于中国历史也有相当的常识，《资治通鉴》终身不离手。他对中国文学也有相当的赏鉴能力。在专制政体之下，君主的好劣，影响全国甚大，所以他当然成为学术史上有关系的人。

把以上各种事实，综合起来，我们可以了解清代初期学术变迁的形势及其来由了。从顺治元年到康熙二十年约三四十年间，完全是前明遗老支配学界。他们所努力者，对于王学实行革命内中也有对于王学加以修正者。他们所要建设的新学派方面颇多，而目的总在“经世致用”。他们元气极旺盛，像用大刀阔斧打开局面，但条理不免疏阔。康熙二十年以后，形势渐渐变了。遗老大师，凋谢略尽。后起之秀，多半在新朝生长，对于新朝的仇恨，自然减轻。先辈所讲经世致用之学，本来预备推倒满洲后实见施行。到这时候，眼看满洲不是一时推得倒的，在当时政府之下实现他们理想的政治，也是无望。那么，这些经世学都成为空谈了。况且谈到经世，不能不论到时政，开口便触忌讳。经过屡次文字狱之后，人人都有戒心。一面社会日趋安宁，人人都有安心求学的余裕，又有康熙帝这种“右文之主”极力提倡。所以这个时候的学术界，虽没有前次之波澜壮阔，然而日趋于健实有条理。其时学术重要潮流，约有四支：一、阎百诗、胡东樵一派之经学，承顾、黄之绪，直接开后来乾嘉学派；二、梅定九、王寅旭一派之历算书，承晚明利、徐之绪，做科学先锋；三、陆桴亭、陆稼书一派之程朱学，在王学与汉学之间，折衷过渡。四、颜习斋、李刚主一派之实践学，完成前期对王学革命事业而进一步。此则康熙一朝六十年间全学界之大概情形也。

第三讲　清代学术变迁与政治的影响（中）

讲到这里，当然会发生两个疑问：第一，那时候科学像有新兴的机运，为什么戛然中止？第二，那时候学派潮流很多，为什么后来只偏向考证学一路发展？我现请先解答第一个问题。

学术界最大的障碍物，自然是八股。八股和一切学问都不相容，而科学为尤甚。清初袭用明朝的八股取士，不管他是否有意借此愚民，抑或误认为一种良制度，总之当时功名富贵皆出于此途，有谁肯抛弃这种捷径学些艰辛迂远的科学呢？我们最可惜的是，以当时康熙帝之热心西方文物，为什么不开个学校造就些人材？就算他不是有心窒塞民智，也不能不算他失策。因为这种专门学问，非专门教授不可。他既已好这些学问，为什么不找些传人呢？所以科举制度，我认为是科学不兴的一个原因。

此外还有很重大的原因，是耶稣会内部的分裂。明末清初那一点点科学萌芽，都是从耶稣会教士手中稗贩进来，前文已经说过。该会初期的教士，传教方法很巧妙。他们对于中国人心理研究得极深透。他们知道中国人不喜欢极端迷信的宗教，所以专把中国人所最感缺乏的科学智识来做引线，表面上像把传教变成附属事业，所有信教的人，仍许他们拜“中国的天”和祖宗。这种方法，行之数十年，卓著成效。无奈在欧洲的罗马教皇不懂情形，突然发出有名的《一七〇四年康熙四十三年教令》。该教令的内容，现在不必详述。总而言之，是谈前此传教方法之悖谬，勒令他们改变方针，最要的条件是禁拜祖宗。自该教令宣布后，从康熙帝起以至朝野人士都鼓噪愤怒，结果于康熙四十六年（一七〇七）把教皇派来的公使送到澳门监禁。传教事业固然因此顿挫，并他们传来那些学问，也被带累了。

还有一件附带原因，也是教会行动影响到学界。我们都知道康熙末年因各皇子争立闹得乌烟瘴气。这种宫闱私斗，论理该不至影响到学问，殊不知专制政体之宫廷，一举一动，都有牵一发动全身的力量。相传当时耶稣会教徒党于皇太子允礽，喇嘛寺僧党于雍正帝允禛，双方暗斗，黑幕重重。后来雍正帝获胜，耶稣会势力遂一败涂地。这种史料，现时虽未得有充分证据，然而口碑相传，大致可信。雍正元年，浙闽总督满宝奏请：除在钦天监供职之西洋人外，其余皆驱往澳门看管，不许阑入内地，得旨施行。这件事是否与宫廷阴谋有关，姑且不论。总之，康熙五六十年间所延揽的许多欧洲学者，到雍正帝即位之第一年，忽然驱除净尽。中国学界接近欧化的机会从此错过，一搁便搁了二百年了。

其次，要解答“为什么古典考证学独盛”之问题。

明季道学反动，学风自然要由蹈空而变为核实——由主观的推想而变为客观的考察。客观的考察有两条路：一自然界现象方面；二社会文献方面。以康熙间学界形势论，本来有趋重自然科学的可能性，且当时实在也有点这种机兆。然而到底不成功者：其一，如前文所讲，因为种种事故把科学媒介人失掉了。其二，则因中国学者根本习气，看轻了“艺成而下”的学问，结果逼着专走文献这条路。但还有个问题：文献所包范围很广，为什么专向古典部分发展，其他多付阙如呢？问到这里，又须拿政治现象来说明。

康熙帝是比较有自由思想的人。他早年间虽兴文字之狱，大抵都是他未亲政以前的事，而且大半由奸民告讦、官吏邀功，未必出自朝廷授意。他本身却是阔达大度的人，不独政治上常采宽仁之义，对于学问，亦有宏纳众流气象。试读他所著《庭训格言》，便可以窥见一斑了。所以康熙朝学者，没有什么顾忌，对于各种问题，可以自由研究。到雍正、乾隆两朝却不同了。雍正帝是个极猜忌刻薄的人，而又十分雄鸷。他的地位本从阴谋攘夺而来，不得不立威以自固，屠杀兄弟，诛戮大臣，四处密派侦探，闹得人人战栗。不但待官吏如此，其对于士大夫社会，也极威吓操纵之能事。汪景祺雍正二年、查嗣庭、吕留良俱雍正十四年之狱，都是雍正帝匠心独运罗织出来。尤当注意者，雍正帝学问虽远不及乃翁，他却最爱出锋头和别人争辩。他生平有两部最得意的著作，一部是《拣魔辨异录》，专和佛教禅宗底下的一位和尚名弘忍者辩论①，一部是《大义觉迷录》，专与吕晚村留良的门生曾静辩论②。以一位帝王而亲著几十万字书和一位僧侣、一位儒生打笔墨官司，在中外历史上真算得绝无仅有。从表面看，为研求真理而相辩论，虽帝王也该

① 《拣魔辨异录》：这部书是雍正十一年御制。当时临济宗门下有一名僧曰法藏，著《五宗原》，其徒曰弘忍，著《五宗救》，皆对于当时禅学有所批评。雍正帝著此书专辟之。书首冠以上谕，有云：“……朕今不加屏斥，魔法何时熄灭？着将《藏》内所有藏、忍语录并《五宗原》《五宗救》等书，尽行毁板，僧徒不许私自收藏。有违旨隐匿者，发觉以不敬律论。……法藏一支所有徒众，着直省督抚详细察明，尽削去支派。……果能于他方参学，得正知见，别嗣他宗，方许秉拂。……”这书有殿板存大内，外间向少见。民国四年，始由扬州藏经院刊行。平心而论，这书所驳藏、忍之说，也许驳得不错，但这种“以人王而兼教主”的态度，太咄咄逼人了。

② 《大义觉迷录》：这部书体裁甚奇，全部是亲自审问曾静的口供，冠以一篇极长的上谕当作序文。曾静号蒲潭，湖南人，吕晚村私淑弟子。尝上书岳钟琪，力言夷夏之防，数雍正帝九大罪，劝其革命。被拿到京，帝亲自审问他，和他反覆辩驳。内中最要者是辩夷夏问题，其次辩封建制度，还有关于雍正帝本身逼母、弑兄、屠弟等种种罪恶之辩护。据这部书说，曾静完全折服了，还著有《归仁说》一篇，附刻在后头。雍正帝于是把曾静赦免，放归田里。虽然如此，却说曾静学说出于吕留良，把留良戮尸灭族。后来乾隆帝到底把曾静也杀了。这部书当时印刷许多，颁发各省府州县学宫，令秀才们当作《圣经》读。到乾隆朝，将颁出的书都收回，板也毁了，列在禁书书目中。

有这种自由。若仅读他这两部书，我们并不能说他态度不对，而且可以表相当的敬服。但仔细搜求他的行径，他著成《拣魔辨异录》以后，跟着把弘忍的著述尽行焚毁，把弘忍的门徒勒令还俗或改宗。他著成《大义觉迷录》以后，跟着把吕留良发棺戮尸，全家杀尽，著作也都毁板。像这样子，哪里算得讨论学问，简直是欧洲中世教皇的牌子。在这种主权者之下，学者的思想自由，是剥夺净尽了。他在位仅十三年，影响原可以不至甚大。无奈他的儿子乾隆帝，也不是好惹的人。他学问又在乃祖乃父之下，却偏要"附庸风雅"，恃强争胜。他发布禁书令，自乾隆三十九年至四十七年继续烧书二十四回，烧去的书一万三千八百六十二部。直至乾隆五十三年，还有严谕。他一面说提倡文化，一面又钞袭秦始皇的蓝本！"所谓黄金时代"的乾隆六十年，思想界如何地不自由，也可想而知了。

凡当主权者喜欢干涉人民思想的时代，学者的聪明才力，只有全部用去注释古典。欧洲罗马教皇权力最盛时，就是这种现象。我国雍乾间也是一个例证。记得某家笔记说："内廷唱戏，无论何种剧本都会触犯忌讳，只得专搬演些'封神''西游'之类，和现在社会情状丝毫无关，不至闹乱子。"雍乾学者专务注释古典，也许是被这种环境所构成。至于他们忠实研究的结果，在文献上有意外的收获和贡献，这是别的问题，后文再讲。

自康雍以来，皇帝都提倡宋学——程朱学派，但民间——以江浙为中心，"反宋学"的气势日盛，标出"汉学"名目与之抵抗。到乾隆朝，汉学派殆占全胜。政府方面文化事有应该特笔大书的一件事，曰编纂《四库全书》。四库开馆，始自乾隆三十八年，至四十七年而告成，著录书三千四百五十七部、七万九千七十卷，存目书六千七百六十六部、九万三千五百五十六卷。编成缮写七本，颁贮各地：一、北京禁城之文渊阁本今存。二、西郊圆明园之文源阁本咸丰间毁于英法联军。三、奉天之文溯阁本今移存北京。四、热河之文津阁本今移存北京。五、扬州之文汇阁本。六、镇江之文宗阁本并毁于洪杨之乱。七、杭州之文澜阁本洪杨之乱半毁，现已补钞，存浙江图书馆。原来搜集图书编制目录，本属历朝承平时代之常事，但这回和前代却有点不同，的确有它的特别意义和价值。著录的书，每种都替它作一篇提要。这种事业，从前只有私人撰述，如晁公武《郡斋读书志》、陈振孙《直斋书录解题》等，所有批评，都不过私人意见。《四库提要》这部书，却是以公的形式表现时代思潮，为向来著述未曾有。当时四库馆中所网罗的学者三百多人，都是各门学问的专家。露骨地说，四库馆就是汉学家大本营，《四库提要》就是汉学思想的结晶体。就这一点论，也可以说是：康熙中叶以来汉宋之争，到开四库馆而汉学派全占胜利。也可以说是：朝廷所提倡的学风，被民间自然发展的学风压倒。当朱筠汉学家初奏请开四库馆时，刘统勋宋学家极力反对，结果还是朱说实行。此中消息，研究学术史者不可轻轻放过也。

汉学家所乐道的是“乾嘉诸老”。因为乾隆嘉庆两朝，汉学思想正达于最高潮，学术界几乎全部都被它占领。但汉学派中也可以分出两个支派，一曰吴派，二曰皖派。吴派以惠定宇栋为中心，以信古为标帜，我们叫它作“纯汉学”。皖派以戴东原震为中心，以求是为标帜，我们叫它作“考证学”。此外尚有扬州一派，领袖人物是焦里堂循、汪容甫中，他们研究的范围，比较地广博。有浙东一派，领袖人物是全谢山祖望、章实斋学诚，他们最大的贡献在史学。以上所举派别，不过从个人学风上，以地域略事区分。其实各派共同之点甚多，许多著名学者，也不能说他们专属哪一派。总之，乾嘉间学者，实自成一种学风，和近世科学的研究法极相近，我们可以给它一个特别名称，叫作“科学的古典学派”。他们所做的工作，方面很多，举其重要者如下：

一、经书的笺释　几部经和传记，逐句逐字爬梳，引申或改正旧解者不少，大部分是用笔记或专篇体裁，为部分的细密研究。研究进步的结果，有人综合起来作全书的释例或新注新疏，差不多每部经传都有了。

二、史料之搜补鉴别　关于史籍之编著源流，各书中所记之异同真伪、遗文佚事之阙失或散见者，都分部搜集辨证。内中补订各史表志，为功尤多。

三、辨伪书 许多伪书或年代错误之书，都用严正态度辨证，大半成为信谳。

四、辑佚书 许多亡佚掉的书，都从几部大类书或较古的著述里头搜辑出来。

五、校勘 难读的古书，都根据善本，或厘审字句，或推比章节，还它本来面目。

六、文字训诂 此学本经学附庸——因注释经文而起，但后来特别发展，对于各个字意义的变迁及文法的应用，在“小学”的名称之下，别成为一种专门。

七、音韵 此学本“小学”附庸，后来亦变成独立，对于古音、方音、声母、韵母等，发明甚多。

八、算学 在科学中此学最为发达，经学大师，差不多人人都带着研究。

九、地理 有价值的著述不少，但多属于历史沿革方面。

十、金石 此学极发达，里头所属门类不少，近有移到古物学的方向。

十一、方志之编纂 各省府州县，皆有创编或续订之志书，多成于学者之手。

十二、类书之编纂 官私各方面，多努力于大类书之编纂，体裁多与前代不同，有价值的颇多。

十三、丛书之校刻 刻书之风大盛，单行善本固多，其最有功于文献者，尤在许多大部头的丛书。

以上所列十三项，不过举其大概，分类并不精确，且亦不能包举无遗，但乾嘉诸老的工作，可以略窥一斑了。至于他们的工作法及各项所已表现的成绩如何，下文再分别说明。

乾嘉诸老中有三两位，如戴东原、焦里堂、章实斋等，都有他们自己的哲学，超乎考证学以上，但在当时，不甚为学界所重视。这些内容，也待下文再讲。

乾嘉间之考证学，几乎独占学界势力，虽以素崇宋学之清室帝王，尚且从风而靡，其他更不必说了。所以稍为时髦一点的阔官乃至富商大贾，都要“附庸风雅”，跟着这些大学者学几句考证的内行话。这些学者得着这种有力的外护，对于他们的工作进行，所得利便也不少。总而言之，乾嘉间考证学，可以说是：清代三百年文化的结晶体，合全国人的力量所构成。凡在社会秩序安宁、物力丰盛的时候，学问都从分析整理一路发展。乾嘉间考证学所以特别流行，也不外这种原则罢了。

第四讲　清代学术变迁与政治的影响（下）

考证学直至今日还未曾破产，而且转到别个方面，和各种社会科学会合发生影响。虽然，古典考证学，总以乾嘉两朝为全盛时期，以后便渐渐蜕变，而且大部分趋于衰落了。

蜕变衰落的原因，有一部分也可以从政治方面解答。前文讲过，考证古典之学，半由"文网太密"所逼成。就这一点论，雍正十三年间最厉害，乾隆的前三四十年也还吃紧，以后便渐渐松动了。乾隆朝为清运转移的最大枢纽。这位十全老人，席祖父之业，做了六十年太平天子，自谓"德迈三皇，功过五帝"。其实到他晚年，弄得民穷财尽，已种下后来大乱之根。即就他的本身论，因年老倦勤的结果，委政和珅，权威也渐失坠了，不过凭藉太厚，所以及身还没有露出破绽来。到嘉庆、道光两朝，乾隆帝种下的恶因，次第要食其报。川、湖、陕的教匪，甘、新的回乱，浙、闽的海寇，一波未平，一波又起。跟着便是鸦片战争，受国际上莫大的屈辱。在这种阴郁不宁的状态中，度过嘉、道两朝四十五年。

那时候学术界情形怎么样呢？大部分学者依然继续他们考证的工作，但"绝对不问政治"的态度，已经稍变。如大经学家王怀祖念孙抗疏劾和珅，大史学家洪稚存亮吉应诏直言，以致遣戍。这种举动在明朝学者只算家常茶饭，在清朝学者真是麟角凤毛了。但这种一两个人的特别行动，还算与大体无关。欲知思潮之暗地推移，最要注意的是新兴之常州学派。常州学派有两个源头，一是经学，二是文学，后来渐合为一。他们的经学是《公羊》家经说——用特别眼光去研究孔子的《春秋》，由庄方耕存与、刘申受逢禄开派。他们的文学是阳湖派古文——从桐城派转手而加以解放，由张皋闻惠言、李申耆兆洛开派。两派合起来产出一种新精神，就是想在乾嘉间考证学的基础之上建设顺康间“经世致用”之学。代表这种精神的人，是龚定庵自珍和魏默深源。这两个人的著述，给后来光绪初期思想界很大的影响。这种新精神为什么会发生呢？头一件，考证古典的工作，大部分被前辈做完了，后起的人想开辟新田地，只好走别的路。第二件，当时政治现象，令人感觉不安，一面政府箝制的威权也陵替了，所以思想渐渐解放，对于政治及社会的批评也渐渐起来了。但我们要知道，这派学风，在嘉道间不过一支“别动队”。学界的大势力仍在“考证学正统派”手中，这支别动队的成绩，也幼稚得很。

咸丰、同治二十多年间，算是清代最大的厄运。洪杨之乱，痡毒全国。跟着捻匪、回匪、苗匪，还有北方英法联军之难，到处风声鹤唳，惨目伤心。政治上、生计上所生的变动不用说了，学术上也受非常坏的影响。因为文化中心在江、皖、浙，而江、皖、浙糜烂最甚，公私藏书，荡然无存。未刻的著述稿本，散亡的更不少。许多耆宿学者，遭难凋落。后辈在教育年龄，也多半失学，所谓“乾嘉诸老的风流文采”，到这会儿只成为“望古遥集”的资料。考证学本已在落潮的时代，到这会儿更不绝如缕了。

当洪杨乱事前后，思想界引出三条新路。其一，宋学复兴。乾嘉以来，汉学家门户之见极深，“宋学”二字，几为大雅所不道，而汉学家支离破碎，实渐已惹起人心厌倦。罗罗山泽南、曾涤生国藩在道咸之交，独以宋学相砥砺，其后卒以书生犯大难成功名。他们共事的人，多属平时讲学的门生或朋友。自此以后，学人轻蔑宋学的观念一变。换个方面说，对于汉学的评价逐渐低落，“反汉学”的思想，常在酝酿中。

其二，西学之讲求。自雍正元年放逐耶稣会教士以后，中国学界和外国学界断绝来往已经一百多年了。道光间鸦片战役失败，逼着割让香港，五口通商；咸丰间英法联军陷京师，烧圆明园，皇帝出走，客死于外。经这两次痛苦，虽以麻木自大的中国人，也不能不受点激刺。所以乱定之后，经曾文正、李文忠这班人提倡，忽有“洋务”“西学”等名词出现。原来中国几千年来所接触者——除印度外——都是文化低下的民族，因此觉得学问为中国所独有。“西学”名目，实自耶稣教会入来所创始。其时所谓西学者，除测算天文、测绘地图外，最重要者便是制造大炮。阳玛诺、毕方济等之见重于明末，南怀仁、徐日升等之见重于清初，大半为此[①]。西学中绝，虽有种种原因，但太平时代用不着大炮，最少亦应为原因之一。过去事实既已如此，那么咸同间所谓讲求西学之动机及其进行路线，自然也该为这种心理所支配。质而言之，自从失香港、烧圆明园之后，感觉有发愤自强之必要，而推求西洋之所以强，最佩服的是它的“船坚炮利”。上海的江南机器制造局、福建的马尾船政局，就因这种目的设立，又最足以代表当时所谓西学家之心理。同时又因国际交涉种种麻烦，觉得须有些懂外国话的人才能应付，于是在北京总理衙门附设同文馆，在上海制造局附设广方言馆，又挑选十岁以下的小孩子送去美国专学说话。第一期所谓西学，大略如此。这种提倡西学法，不能在学界发生影响，自无待言。但江南制造局成立之后，很有几位忠实的学者——如李壬叔善兰、华若汀蘅芳等辈在里头，译出几十种科学书，此外国际法及其他政治书也有几种。自此，中国人才知道西人还有藏在“船坚炮利”背后的学问，对于“西学”的观念渐渐变了。虽然，这是少数中之

---

① 明天启二年派人往澳门召罗如望、阳玛诺入京专制炮以御满洲。崇祯二年，毕方济上疏言改良枪炮，大蒙嘉赏。清康熙十三年，为讨吴三桂，命南怀仁等制神威炮三百二十门。怀仁著有《神威图说》一书进呈，康熙帝大悦，加怀仁工部侍郎衔。康熙三十五年，亲征葛尔丹，命怀仁、白进、安多等扈驾，专管炮术。这都是明末清初因铸造兵器而引用西士的故事。

极少数，一般士大夫对于这种“洋货”，依然极端地轻蔑排斥。当时最能了解西学的郭筠仙嵩焘，竟被所谓“清流舆论”者万般排挤，侘傺以死。这类事实，最足为时代心理写照了。

其三，排满思想之引动。洪秀全之乱虽终归平定，但他们所打的是“驱逐胡人”这个旗号，与一部分人民心理相应，所以有许多跅弛不羁的人服从他。这种力量，在当时还没有什么，到后来光绪末年盛倡革命时，太平天国之“小说的”故事，实为宣传资料之一种，鼓舞人心的地方很多，所以论史者也不能把这回乱事与一般流寇同视，应该认识它在历史上一种特殊价值了。还有几句话要附带一说：洪秀全之失败，原因虽多，最重大的就是他拿那种“四不像的天主教”做招牌，因为这是和国民心理最相反的。他们那种残忍的破坏手段，本已给国民留下莫大恶感，加以宗教招牌，贾怨益甚。中国人对于外来宗教向来采宽容态度，到同治、光绪间，教案层见叠出，虽由许多原因凑成，然而洪秀全的“天父天兄”，当亦为原因之一。因厌恶西教而迁怒西学，也是思想界一种厄运了。

同治朝十三年间，为恢复秩序耗尽精力，所以文化方面无什么特色可说。光绪初年，一口气喘过来了，各种学问，都渐有向荣气象。清朝正统学派，即考证学，当然也继续工作。但普通经学史学的考证，多已被前人做尽，因此他们要走偏锋，为局部的研究。其时最流行的有几种学问：一、金石学；二、元史及西北地理学；三、诸子学。这都是从汉学家门庭孳衍出来。同时因曾文正提倡桐城古文，也有些宋学先生出来点缀点缀。当时所谓旧学的形势，大略如此。

光绪初年，内部虽暂告安宁，外力的压迫却日紧一日。自六年中俄交涉改订《伊犁条约》起，跟着十年中法开战，失掉安南，十四年中英交涉，强争西藏。这些事件，已经给关心国事的人不少的刺激。其最甚者，二十年中日战役，割去台湾及辽东半岛；俄、法、德干涉还辽之后，转而为胶州、旅顺、威海之分别租借。这几场接二连三的大飓风，把空气振荡得异常剧烈，于是思想界根本动摇起来！

中国为什么积弱到这样田地呢？不如人的地方在哪里呢？政治上的耻辱应该什么人负责任呢？怎么样才能打开一个新局面呢？这些问题，以半自觉的状态日日向那时候的新青年脑子上旋转。于是因政治的剧变，酿成思想的剧变，又因思想的剧变，再酿成政治的剧变。前波后波辗转推荡，至今日而未已。

凡大思想家所留下话，虽或在当时不发生效力，然而那话灌输到国民的"下意识"里头，碰着机缘，便会复活，而且其力极猛。清初几位大师——实即残明遗老——黄梨洲、顾亭林、朱舜水、王船山之流，他们许多话，在过去二百多年间，大家熟视无睹，到这时忽然像电气一般把许多青年的心弦震得直跳。他们所提倡的"经世致用之学"，其具体的理论，虽然许多不适用，然而那种精神是"超汉学""超宋学"的，能令学者对于二百多年的汉宋门户得一种解放，大胆地独求其是。他们曾痛论八股科举之汩没人才，到这时读起来觉得句句亲切有味，引起一班人要和这件束缚思想、锢蚀人心的恶制度拼命。他们反抗满洲的壮烈行动和言论，到这时因为在满洲朝廷手上丢尽中国人的脸，国人正在要推勘他的责任，读了先辈的书，蓦地把二百年麻木过去的民族意识觉醒转来。他们有些人曾对于君主专制暴威做大胆的批评，到这时拿外国政体来比较一番，觉得句句都餍心切理，因此从事于推翻几千年旧政体的猛烈运动。总而言之，最近三十年思想界之变迁，虽波澜一日比一日壮阔，内容一日比一日复杂，而最初的原动力，我敢用一句话来包举它：残明遗献思想之复活。

那时候新思想的急先锋，是我亲受业的先生康南海有为。他是从"常州派经学"出身，而以"经世致用"为标帜。他虽然有很奇特很激烈的理想，却不大喜欢乱讲。他门下的人，便狂热不可压制了，我自己便是这里头小小一员走卒。当时我在我主办的上海《时务报》和长沙时务学堂里头猛烈宣传，惊动了一位老名士而做阔官的张香涛之洞，纠率许多汉学宋学先生们著许多书和我们争辩。学术上新旧之斗，不久便牵连到政局。康南海正在用"变法维新"的旗号，得光绪帝的信用，旧派的人把西太后拥出来，演成

“戊戌政变”一出悲剧。表面上所谓“新学家”完全失败了。

反动日演日剧，仇恨新学之不已，迁怒到外国人，跟着闹出义和团事件，丢尽中国的丑。而满洲朝廷的权威，也同时扫地无余，极耻辱的条约签字了，出走的西太后也回到北京了。哈哈哈！滑稽得可笑，“变法维新”这面大旗，从义和团头目手中重新竖起来了。一切掩耳盗铃的举动且不必说它，惟内中有一件事不能不记载：八股科举到底在这时候废了。一千年来思想界之最大障碍物，总算打破。

清廷政治一日一日地混乱，威权一日一日地失坠。因亡命客及留学生陡增的结果，新思想运动的中心，移到日本东京，而上海为之转输。其时主要潮流，约有数支：

第一，我自己和我的朋友。继续我们从前的奋斗，鼓吹政治革命，同时“无拣择地”输入外国学说，且力谋中国过去善良思想之复活。

第二，章太炎炳麟。他本是考证学出身，又是浙人，受浙东派黄梨洲、全谢山等影响甚深，专提倡种族革命，同时也想把考证学引到新方向。

第三，严又陵复。他是欧洲留学生出身，本国文学亦优长，专翻译英国功利主义派书籍，成一家之言。

第四，孙逸仙文。他虽不是个学者，但眼光极锐敏，提倡社会主义，以他为最先。

以上几个人，各人的性质不同，早年所受教育根柢不同，各自发展他自己个性，始终没有什么合作。要之清末思想界，不能不推他们为重镇。好的坏的影响，他们都要平分功罪。

同时还有应注意的一件事，是范静生源廉所倡的“速成师范”“速成法政”。他是为新思想普及起见，要想不必学外国语言文字而得有相当的学识，于是在日本特开师范、法政两种速成班，最长者二年，最短者六个月毕业。当时趋者若骛，前后人数以万计。这些人多半年已长大，而且旧学略有根柢，所以毕业后最形活动。辛亥革命成功之速，这些人与有力焉。而近十来年教育界政治界的权力，实大半在这班人手里。成绩如何，不用我说了。

总而论之，清末三四十年间，清代特产之考证学，虽依然有相当的部分进步，而学界活力之中枢，已经移到“外来思想之吸受”。一时元气虽极旺盛，然而有两种大毛病：一是混杂，二是肤浅。直到现在，还是一样。这种状态，或者为初解放时代所不能免，以后能否脱离这状态而有所新建设，要看现代新青年的努力如何了。

以上所论，专从政治和学术相为影响的方面说，虽然有许多漏略地方，然而重要的关目也略见了。以后便要将各时期重要人物和他的学术成绩分别说明。

近三百年学术史附表

明清之际耶稣会教士在中国者及其著述（以卒年先后为次）

原　名	译　名	国　籍	东来年	卒　年	卒　地	所著书
Xavier（Saint Francois de Xavier）	方济各	西班牙	未详	明嘉靖三十一年（一五五二·三·二）	上川岛	
Sande（Eduard da）	孟三德	葡萄牙	明万历十三年（一五八五）	明万历二十八年（一六〇〇·六·二二）	澳门	《崇祯历书》《长历补注解惑》《主制群征》《主教缘起》《远镜说》《进呈书像浑天仪说》
Soerio（Joao）	苏如汉	葡萄牙	明万历二十三年（一五九五）	明万历三十五年（一六〇七·八）	澳门	《圣教约言》
Ricci（Matteo）	利玛窦	意大利	明万历十一年（一五八三）	明万历三十八年（一六一〇·五·二）	北京	《天主实义》《几何原本》《交友论》《同文算指通篇》《西国记法》《勾股义》《二十五言》《圜容较义》《畸人十篇》《徐光启行略》《辨学遗迹》《乾坤体义》《经天该》《奏疏》《斋旨》《测量法义》《西字奇迹》《浑盖通宪图说》《万国舆图》

续表

原　名	译　名	国　籍	东来年	卒　年	卒　地	所著书
Pantoja（Diego de）	庞迪我	西班牙	明万历二十七年（一五九九）	明万历四十六年（一六一八・一・一）	澳门	《耶稣苦难祷文》《未来辩论》《天主实义续篇》《庞子遗诠》《七克大全》《天神魔魂说》《人类原始》《受难始末》《辩揭》《奏疏》
Ursis（Sabatthinus de）	熊三拔	意大利	明万历三十四年（一六〇六）	明泰昌元年（一六二〇・五・三）	澳门	《泰西水法》《表度说》《简平仪说》
Rocha（Joao da）	罗如望	葡萄牙	明万历十六年（一五八八）	明天启三年（一六二三・三）	杭州	《天主圣教启蒙》《天主圣像略说》
Trigault（Nicolas）	金尼阁	法兰西	明万历三十八年（一六一〇）	明崇祯元年（一六二八・二・十四）	杭州	《宗徒祷文》《西儒耳目资》《况义》（Fables Choisies D'Esope）、《意拾谕言》（同上）、《推历年瞻礼法》
Terrenz（Jean）	邓玉函	日耳曼	明天启元年（一六二一）	明崇祯三年（一六三〇）	北京	《远西器奇图说录》《人身说概》《测天约说》《黄赤距度表》《正球升度表》《大测》《诸器图说》
Rudomina（Andre）	卢安德	利查尼	明天启六年（一六二六）	明崇祯五年（一六三二・九・五）	福州	

续表

原　名	译　名	国　籍	东来年	卒　年	卒　地	所　著　书
Froez（Joannes）	伏若望	葡萄牙	明天启四年（一六二四）	明崇祯十一年（一六三八·七·二）	杭州	《五伤经礼规程》《善终助功》《苦难祷文》
Rho (Giacomo)	罗雅各	意大利	明天启四年（一六二四）	明崇祯十一年（一六三八·九·一七）	澳门	《圣若瑟传》《杨淇园行迹》《天主经解》《天主圣教启蒙》《斋克》《哀矜行诠》《求说》《圣记百言》《圣母经解》《周岁警言》《测量全义》《比例规解》《五纬表》《五纬历指》《月离历指》《月离表》《日躔历指》《日躔表》《黄赤正球》《筹算》《历引》《日躔考昼夜刻分》
Vagnoni（Alfonso）	高一志 王丰肃	意大利	明万历三十五年（一六〇七）	明崇祯十三年（一六四〇·四·一九）	漳州	《则圣十篇》《斋家西学》《天主圣教圣人行实》《达道纪言》《四末论》《修身西学》《譬学》《励学古言》《教要解略》《寰宇始末》《圣母行实》《神鬼真纪》《十慰》《童幼教育》《空际格致》《西学治平》《斐录汇答》《推验正道论》
Cattaneo（Lazane）	郭居静	瑞　士	明万历二十五年（一五九七）	明崇祯十三年（一六四〇）	杭州	《性灵诣主》

续表

原名	译名	国籍	东来年	卒年	卒地	所著书
Figueredo（Roderic de）	费乐德	西班牙	明天启二年（一六二二）	明崇祯十五年（一六四二·一〇·九）	开封	《念经总牍》《圣教源流》《念经劝》
Tudeschini（Augustin）	杜奥定	日　奴	明万历二十六年（一五九八）	明崇祯十六年（一六四三）	福州	《渡海苦迹记》《杜奥定先生东来渡海苦迹》
Monteiro（Joao）	孟儒望	葡萄牙	明崇祯十年（一六三七）	清顺治五年（一六四八）	印度	《天学略义》《天学辨敬录》《炤迷镜》
Aleni（Giulio）	艾儒略	意大利	明万历四十一年（一六一三）	清顺治六年（一六四九·八·三）	福州	《弥撒祭义》《天主降生言行纪略》《出像经解》《耶稣言行纪略》《性灵篇》《景教碑颂》《圣体祷文》《坤舆图说》《十五端图像》《熙朝崇正集》《杨淇园行略》《张弥克遗迹》《万物真源》《涤罪正规》《三山论学纪》《圣体要理》《圣梦歌》《圣教四字经文》《悔罪要旨》《几何要法》《口铎日钞》《五十言余》《西方答问》《西学凡》《职方外纪》《性学觕述》《天主降生引义》《大西利西泰子传》《大西利西泰先生行迹》《艾先生行述》《思及先生行迹》《泰西思及艾先生行迹》《西海艾先生行略》《泰西思及先生语录》

续表

原　名	译　名	国　籍	东来年	卒　年	卒　地	所著书
Ferreira（Gaspar）	费奇规	葡萄牙	明万历三十二年（一六〇四）	清顺治六年（一六四九）		《振心诸经》《周年主保圣人单》《玫瑰经十五编》
Sambiaso（Francesco）	毕方济	意大利	明万历四十二年（一六一四）	清顺治六年（一六四九）	广东	《画答》《睡画二答》《灵言蠡勺》《奏折》《皇帝御制诗》
Furtado（Francisco）	傅汎际	葡萄牙	明天启元年（一六二一）	清顺治十年（一六五三·二·一）	澳门	《名理探》《寰有诠》
Longobardi（Nicolao）	龙华民	意大利	明万历二十五年（一五九七）	清顺治十一年（一六五四·九·一）	北京	《死说》《念珠规程》《灵魂道体》《圣教日课》《圣若撒法始末》《地震解》《急救事宜》《圣人祷文》
Semedo（Alvaro）	鲁德照	葡萄牙	明万历四十一年（一六一三）	清顺治十五年（一六五八·五·六）	澳门	《字考》
Diaz（Emmanuel Jeune）	阳玛诺	葡萄牙	明万历三十八年（一六一〇）	清顺治十六年（一六五九·三·四）	杭州	《圣若瑟行实》《天问略》《十诫真诠》《圣经直解》《天学举要》《唐景教碑颂正诠》《代疑论》《袖珍日课》《经世全书》《经世全书句解》《避罪指南》《天神祷文》

续表

原 名	译 名	国 籍	东来年	卒 年	卒 地	所著书
Cunha (Simon da)	瞿西满	葡萄牙	明崇祯二年（一六二九）	清顺治十七年（一六六〇·九）	澳门	《经要直指》
Ferran (Andre)	郎安德	葡萄牙	清顺治十五年（一六五八）	清顺治十八年（一六六一）	福州	
Martini (Martino)	卫匡国	匈牙利	明崇祯十六年（一六四三）	清顺治十八年（一六六一）	杭州	《真主灵性理证》《逑友篇》
Greslon (Gerommo de)	贾宜睦	意大利	明崇祯十年（一六三七）	清康熙元年（一六六二·九·四）	漳州	《提正编》《辨惑论》
Costa (Ignatius da)	郭纳爵	葡萄牙	明崇祯七年（一六三四）	清康熙五年（一六六六）	广东	《原染亏益》《身后编》《老人妙处》《教要》
Schall von Bell (Johannes Adam)	汤若望	日耳曼	明天启二年（一六二二）	清康熙五年（一六六六）又康熙八年（一六六九·八·一五）	北京	《真福训诠》《古今交食考》《西洋测日历》《星图》《交食历指》《交食表》《恒星历测》《恒星表》《共译各图八线表》《恒星出没》《学历小辨》《测食略》《测天约说》《大测》《奏疏》《新历晓惑》《新法历引》《历法西传》《新法表异》《敕谕》《寿文》

续表

原　名	译　名	国　籍	东来年	卒　年	卒　地	所 著 书
Ruggieri（Michaele）	罗明坚	意大利	明万历九年（一五八一）	清康熙六年（一六六七·五·二）		《天主圣教实录》
Santa Maria（Antonio de）	利安当	西班牙	明崇祯六年（一六三三）	清康熙八年（一六六九·五·一三）	广东	《正学镠石》
Brancati（Franceaco）	潘国光	意大利	明崇祯十年（一六三七）	清康熙十年（一六七一·四·二五）	上海	《十诫劝谕》《圣体规仪》《圣教四规》《圣安德助宗徒瞻礼》《天阶》《瞻礼口铎》《天神规课》《天神会课》
Rougemont（Francois de）	卢日满	荷　兰	清顺治十六年（一六五九）	清康熙十五年（一六七六·二·四）	漳州	《要理六端》《天主圣教要理》《问世编》
Gouvea（Antonio de）	何大化	葡萄牙	明崇祯九年（一六三六）	清康熙十六年（一六七七·二·一四）	福州	《蒙引要览》
Magalhaens（Gabriel de）	安文思	葡萄牙	明崇祯十三年（一六四〇）	清康熙十六年（一六七七·五·六）	北京	《复活论》《中国新志》

续表

原名	译名	国籍	东来年	卒年	卒地	所著书
Lobelli (Giovani Andrea)	陆安德	意大利	清顺治十六年（一六五九）	清康熙二十二年（一六八三）	澳门	《圣教略说》《真福直指》《善生福终正路》《圣教问答》《圣教撮言》《圣教要理》《默想大全》《默想规矩》《万民四末图》
Buglio (Luigi)	利类思	意大利	明崇祯十年（一六三七）	清康熙二十三年（一六八四·一〇·七）	北京	《天主正教约征》《主教要旨》《超性学要》《狮子说》《司铎要典》《性灵说》《不得已辨》《御览西方要纪》《圣母小日课》《已亡者日课经》《圣教简要》《善终瘗茔礼典》《弥撒经典》《日课概要》《圣事礼典》《安先生行述》《天主圣体》《三位一体》《万物原始》《天神形物之造》《灵魂》《首人受造》《昭祀经典》《进呈鹰论》《圣事礼典》

续表

原　名	译　名	国　籍	东来年	卒　年	卒　地	所著书
Verbiest（Ferdinand）	南怀仁	比利时	清顺治十六年（一六五九）	清康熙二十七年（一六八八・一・二九）	北京	《妄推吉凶辩》《熙朝定案》《验气图说》《坤舆图说》《告解原义》《善恶报略说》《教要序论》《不得已辩》《仪象志》《仪象图》《康熙永年历法》《测验纪略》《坤舆全图》《简平规总星图》《赤道南北星图》《妄占辨》《预推纪验》《形性理推》《光向异验理推》《理辨之引咎》《目司图总》《理推各国说》《御览简平新仪式用法》《进呈穷理学》
Motel（Jacques）	穆迪我	荷　兰	清顺治十四年（一六五七）	清康熙三十一年（一六九二・六・二）	武昌	《圣洗规仪》
Couplet（Philippe）	柏应理	比利时	清顺治十六年（一六五九）	清康熙三十二年（一六九三・五・一六）	卧亚	《天主圣教永年瞻礼单》《天主圣教百问答》《四末真论》《圣波尔日亚行实》《圣若瑟祷文》《周岁圣人行略》
San Poscual（Augustin de）	利安定	西班牙	清康熙九年（一六七〇）	清康熙三十四年（一六九五）	未详	《永福天衢》《天成人要集》

续表

原　名	译　名	国　籍	东来年	卒　年	卒　地	所著书
Intorcetta（Prospero）	殷铎泽	意大利	清顺治十六年（一六五九）	清康熙三十五年（一六九六・一〇・三）	杭州	《耶稣会例》《西文四书直解》《泰西殷觉斯先生行述》
Greslon（Adrien）	聂仲迁	法兰西	清康熙十四年（一六七五）	清康熙三十六年（一六九七・三）	赣州	《古圣行实》
Brollo（Basillio）	叶宗贤		清康熙二十三年（一六八四）	清康熙四十三年（一七〇四・七・一六）	西安	《宗元直指》
Pinuela（Pedoro）	石铎禄	墨西哥	清康熙十五年（一六七六）	清康熙四十三年（一七〇四・七・三〇）	漳州	《初会问答》《永暂定衡》《大赦解略》《默想神功》《哀矜炼灵略说》
Pereyra（Thomas）	徐日升	西班牙	清康熙十二年（一六七三）	清康熙四十七年（一七〇八・二・二四）	北京	《南先生行述》《律吕正义续篇》
Castner（Gaspar）	庞嘉宾	日耳曼	清康熙十八年（一六七九）	清康熙四十八年（一七〇九・二・九）	北京	
San Juan Bautista（Manuel de）	利安宁	西班牙	清康熙二十四年（一六八五）	清康熙四十九年（一七一〇・三・一〇）	北京	《破迷集》《圣文都辣圣母日课》

续表

原　名	译　名	国　籍	东来年	卒　年	卒　地	所著书
Chavagnac（Emerie de）	沙守真		清康熙三十九年（一七〇〇）	清康熙五十六年（一七一七·九·一四）	饶州	《真道自证》
Noel（Francois）	卫方济	比利时	清康熙二十六年（一六八七）	清雍正七年（一七二九·九·七）	里尔	《人罪至重》
Bouvet（Jaochiu）	白晋	法国	清康熙二十六年（一六八七）	清雍正八年（一七三〇）	北京	《天学本义》《古今敬天鉴》
Tellez（Manoel）	德玛诺	葡萄牙	清康熙四十三年（一七〇四）	清雍正十一年（一七三三）	饶州	《显相十五端玫瑰经》
Premare（Joseph Marie de）	马若瑟	葡萄牙	清康熙三十七年（一六九八）	清乾隆三年（一七三八·九·一七）	澳门	《圣若瑟传》《杨淇园行迹》
Parrenin（Dominique）	巴多明	法兰西	清康熙二十八年（一六八九）	清乾隆六年（一七四一·九·二）	北京	《济美篇》《德行谱》
d'Entrecolles（Francois Xavier）	殷弘绪	法兰西	清康熙三十七年（一六九八）	清乾隆六年（一七四一）		《主经体味》《逆耳忠言》《莫居凶恶劝》《训慰神编》

续表

原　名	译　名	国　籍	东来年	卒　年	卒　地	所著书
Mendez（Martino）	孟由义	葡萄牙	清康熙二十三年（一六八四）	清乾隆八年（一七四三·一·二）	澳门	
Hinderer（Romain）	德玛诺	法兰西	清康熙四十六年（一七〇七）	清乾隆九年（一七四四·八·四）	南京	《与弥撒功程》
Kogler（Ignace）	戴进贤	日耳曼	清康熙五十五年（一七一六）	清乾隆十一年（一七四六·三·二九）	北京	《仪象考成》
Mailla（Joseph Marie Anne de Moyria de）	冯秉正	法兰西	清康熙四十二年（一七〇三）	清乾隆十三年（一七四八·六·二八）	北京	《朋来集说》《圣心规程》《圣体仁爱经规条》《圣经广益》《盛世刍荛》《圣年广益》《避静汇钞》
Varo（Francisco）	万济谷		清顺治十一年（一六五四）	未详	未详	《圣教明证》
Benvente（Alvare）	白亚维	西班牙	清康熙十九年（一六八〇）	未详	未详	《要经略解》

续表

原名	译名	国籍	东来年	卒年	卒地	所著书
Ortiz（Hortis）	白多玛	西班牙	清康熙三十四年（一六九五）	未详	未详	《圣教切要》《四终略意》
Silva（Antonio de）	林安多	葡萄牙	清康熙三十四年（一六九五）	未详	未详	《崇修精蕴》
Duarte（Jean）	聂若望	葡萄牙	清康熙三十九年（一七〇〇）	未详	未详	《八天避静神书》

第五讲　阳明学派之余波及其修正

——黄梨洲　附：孙夏峰　李二曲　余姚王学家　李穆堂

凡一个有价值的学派，已经成立而且风行，断无骤然消灭之理，但到了末流，流弊当然相缘而生。继起的人，往往对于该学派内容有所修正，给他一种新生命，然后可以维持于不敝。王学在万历、天启间，几已与禅宗打成一片。东林领袖顾泾阳宪成、高景逸攀龙提倡格物，以救空谈之弊，算是第一次修正。刘蕺山宗周晚出，提倡慎独，以救放纵之弊，算是第二次修正。明清嬗代之际，王门下惟蕺山一派独盛，学风已渐趋健实。清初讲学大师，中州有孙夏峰，关中有李二曲，东南则黄梨洲。三人皆聚集生徒，开堂讲道，其形式与中晚明学者无别。所讲之学，大端皆宗阳明，而各有所修正。三先生在当时学界各占一部分势力，而梨洲影响于后来者尤大。梨洲为清代浙东学派之开创者，其派复衍为二。一为史学，二即王学。而稍晚起者有江右之李穆堂，则王学最后一健将也。今本讲以梨洲为中坚，先以夏峰、二曲，而浙东诸儒及穆堂附焉。清代阳明学之流风余韵，略具于是矣。

※　※　※

孙夏峰，名奇逢，字启泰，号钟元，直隶容城人。生明万历十二年，卒清康熙十四年（一五八四——一六七五），年九十二。他在清初诸儒中最为老辈，当顺治元年已经六十一岁了。他在明季以节侠闻。天启间魏阉窃柄，荼毒正人，左光斗、魏大中、周顺昌被诬下狱时，一般人多惧祸引避；夏峰与其友鹿伯顺善继倾身营救，义声动天下。此外替个人急难主持公道，替地方任事开发公益，所做的事很不少。崇祯九年，清师入关大掠，畿辅列城俱陷。他以一诸生督率昆弟亲戚，调和官绅，固守容城，清兵攻之不下而去。其后流寇遍地，人无安枕，他率领子弟门人入易州五公山避乱，远近闻风来依者甚众。他立很简单的规条互相约束，一面修饬武备抵抗寇难，一面从容讲学，养成很健全的风俗。在中国历史上，三国时代田子泰以后，夏峰算是第二个人了。鼎革以后，他依旧家居讲学。未几，清廷将畿辅各地圈占，赏给旗员做采地。他的田园庐墓都被占去，举家避地南下。河南辉县之百泉山，即夏峰，亦名苏门山，为宋时邵康节所曾居。他因仰慕昔贤，暂流寓在那里。后来有一位马光裕，把自己的田分送给他，他便在夏峰躬耕终老，所以学者称为夏峰先生。他在明清两代被荐举十数次，屡蒙诏书特征，他始终不出。他八十一岁的时候康熙三年，曾有人以文字狱相诬陷。他闻信，从容说道："天下事只论有愧无愧，不论有祸无祸。"即日投呈当局请对簿，后亦无事。他的祖父从阳明高弟邹东廓守益受学，他的挚友鹿伯顺又专服膺阳明，所以他的学问自然是得力于阳明者最深。但他并无异同门户之见，对于程、朱、陆、王，各道其长而不讳其短。门人有问晦翁、阳明得失者，他说：

> 门宗分裂按：此四字疑有误，使人知反而求诸事物之际，晦翁之功也；然晦翁没而天下之实病不可不泄。词章繁兴，使人知反而求诸心性之中，阳明之功也；然阳明没而天下之虚病不可不补。《夏峰语录》

又说：

> 诸儒学问，皆有深造自得之处，故其生平各能了当一件大事。虽其

间异同纷纭，辩论未已，我辈只宜平心探讨，各取其长，不必代他人争是非求胜负也。一有争是非求胜负之心，却于前人不相干，便是己私，便是浮气。此病关系殊不小。同上

他对于朱、王两派之态度，大略如此。他并不是模棱调停。他确见得争辩之无谓，这是他独到之处。但他到底是王学出身，他很相信阳明所谓“朱子晚年定论”，所以他不觉得有大异同可争。

他不像晚明人空谈心性，他是很切实办事的人。观前文所述他生平行事，可见大概了。他很注重文献，著有《理学宗传》二十六卷，记述宋明学术流派；又有《畿辅人物考》《中州人物考》《两大案录》《甲申大难录》《孙文正公年谱》《苏门纪事》等书，皆有价值之史料。

他因为年寿长，资格老，人格又高尚，性情又诚挚，学问又平实，所以同时人没有不景仰他，门生弟子遍天下。遗老如申凫孟涵光、王五公余佑……达官如汤孔伯斌、魏环极象枢、魏石生裔介……皆及门受业。乃至乡农贩竖，他都不吝教诲。许多人见他一面，听他几句话，便奋志向上做人。要之，夏峰是一位有肝胆有气骨有才略的人。晚年加以学养，越发形成他的人格之尊严，所以感化力极大，屹然成为北学重镇。

※　　※　　※

李二曲，名颙，字中孚，陕西盩厔人。生明天启七年，卒清康熙四十四年（一六二七—一七〇五），年七十九。他是僻远省分绝无师承的一位穷学者。他父亲当兵，死于流寇之难。他幼年穷得没有饭吃，有人劝他母亲把他送到县里当衙役。他母亲不肯，一定要令他读书，几次送他上蒙馆。因为没有钱纳脩金，各塾师都不收他。后来好容易认识字，便借书来读，自动地把学问磨练出来。他学成之后，曾一度到东南，无锡、江阴、靖江、武进、宜兴各处的学者，相争请他讲演。在陕境内，富平、华阴，都是他常常设讲之地。康熙初年，陕抚荐他“山林隐逸”，特诏征他，力辞才免。其后又征“博学鸿儒”，地方官强迫起行。他绝粒六日，最后拔刀自刎，才肯饶他。

他觉得为虚名所累，从此把门反锁，除顾亭林来访偶一开门外，连子弟也不见面。康熙帝西巡，传旨地方官必要召见他。他叹道：这回真要逼死我了！以废疾坚辞，幸而免。他并不是矫情鸣高，但不肯在清朝做官，是他生平的志气。他四十岁以前，尝著《经世蠡测》《时务急策》《十三经纠缪》《廿一史纠缪》等书，晚年以为这是口耳之学，无当于身心，不复以示人，专以返躬实践悔过自新为主。所著《四书反身录》，极切实，有益修养。他教学者入手方法，说要“先观象山、慈湖、阳明、白沙之书，以洞斯道大原”。但对于晚明王学家之专好谈玄，却认为不对。他说：

> 先觉倡道，皆随时补救，如人患病不同，投药亦异。晦庵之后，堕于支离葛藤，故阳明出而救之以致良知，令人当下有得。及其久也，易至于谈本体而略工夫。……今日吾人通病，在于昧义命，鲜羞恶。苟有大君子，志切拯救，惟宜力扶廉耻。……《二曲集》卷十《南行述》

观此，他的讲学精神，大略可见了。他绝对不做性命理气等等哲理谈，一力从切身处逼拶，所以他的感化力入人甚深。他自己拔自疏微，所以他的学风，带有平民的色彩。著有《观感录》一篇，所述皆晚明真儒起自贱业者，内盐丁、樵夫、吏胥、窑匠、商贾、农夫、卖油佣、戍卒、网巾匠各一人。见《二曲集》卷二十二

总而论之，夏峰、二曲，都是极结实的王学家。他们倔强坚苦的人格，正孔子所谓“北方之强”。他们的创造力虽不及梨洲、亭林，却给当时学风以一种严肃的鞭辟。说他们是王学后劲，可以当之无愧。

※　　※　　※

现在要讲清代王学唯一之大师黄梨洲了。

梨洲名宗羲，字太冲，浙江余姚人，生明万历三十八年，卒清康熙三十四年（一六一〇—一六九五），年八十五。他是王阳明的同里后学。他的父亲忠端公尊素是东林名士，为魏阉所害。他少年便倜傥有奇气，常袖长

锥，思复父仇。年十九，伏阙上书讼父冤。崇祯初元，魏阉伏诛，他声誉渐高，隐然为东林子弟领袖。然而他从此折节厉学。从刘蕺山游，所得日益深粹。崇祯十七年，北京陷贼，福王立于南京，阉党阮大铖柄政，骤兴党狱，名捕蕺山及许多正人，他也在其列。他避难亡命日本，经长崎达江户。全谢山谓梨洲尝偕冯跻仲乞师日本，误也。他到日本在跻仲前四年。明年，福王走，南京覆，他和钱忠介肃乐起义兵守浙江拒清师，号世忠营。失败后，遁入四明山寨，把余兵交给王完勋翊，自己跟着鲁王在舟山，和张苍水煌言、冯跻仲京第等力图匡复，仍常潜行往来内地，有所布置。清廷极畏忌他。他晚年自述说道："自北兵南下，悬书购余者二，名捕者一，守围城者一，以谋反告讦者二三，绝气沙墠者一昼夜。其他连染逻哨之所及，无岁无之。可谓濒于十死者矣。"《南雷余集·怪说》读此可以知道他奔走国难所经历的艰苦何如了。明统既绝，他才绝意国事，奉母乡居，从事著述。其后设"证人讲会"于浙东，从游者日众。"证人"者，以蕺山所著书名其会也。康熙十七年，诏征博学鸿儒，许多人要荐他，他的门生陈锡嘏说："是将使先生为叠山九灵之杀身也！"乃止。未几，开明史馆，清廷必欲罗致他，下诏督抚以礼敦聘。他力辞不往。乃由督抚就他家中将他的著述关于史事者钞送馆中。又聘他的儿子百家、他的门生万斯同入馆备顾问。他晚年在他父亲墓傍自营生圹，中置石床，不用棺椁。子弟疑之，他作《葬制或问》一篇，援赵邠卿、陈希夷例，戒身后无得违命。他所以如此者，据全谢山说是"身遭国变，期于速朽"，但或者是他关于人生问题一种特别见解，也未可知。总之我们佩服梨洲，不仅在他的学问，而实在他的人格。学者若要稍为详细地知道，请读全谢山的《梨洲先生神道碑铭》。《鲒埼亭集》卷十一

梨洲的父亲被逮入狱时，告诉他一句话："学者最要紧是通知史事，可读《献征录》。"所以梨洲自少时即致力史学。他家里藏书本甚多，同乡钮氏世学楼、祁氏澹生堂、范氏天一阁的书，都到处借钞借读，所以他记诵极博，各门学问都有所探索。他少年便从刘蕺山受学，终身奉为依归，所以清初王学，不能不认他为嫡派。

全谢山总论梨洲学术曰：

公谓："明人讲学，袭语录之糟粕，不以六经为根柢，束书而从事于游谈。"故受业者必先穷经。经术所以经世，方不为迂儒之学，故兼令读书史。又谓："读书不多，无以证斯理之变化；多而不求于心，则为俗学。"故凡受公之教者，不坠讲学之流弊。公以濂洛之统，综合诸家，横渠之礼教，康节之数学，东莱之文献，艮斋、止斋之经济，水心之文章，莫不旁推交通，自来儒林所未有也。

陈悔庐汝咸说：

梨洲黄子之教人，颇泛滥诸家，然其意在乎博学详说以集其成。而其归究于蕺山慎独之旨，乍听之似驳，而实未尝不醇。全谢山《大理陈公神道碑铭》

这两段话对于梨洲学风，说得最为明白。谢山虽极其崇拜梨洲，然亦不阿其所好。他说：

先生之不免余议者则有二：其一，则党人之习气未尽，盖少年即入社会，门户之见，深入而不可猝去。其二，则文人之习气未尽，以正谊明道之余技，犹留连于枝叶。《鲒埼亭集·答问学术帖子》

这段话把梨洲的短处，也说得公平。总之，梨洲纯是一位过渡人物，他有清代学者的精神，却不脱明代学者的面目。

梨洲之学，自然是以阳明为根柢，但他对于阳明所谓"致良知"有一种新解释。他说：

阳明说"致良知于事事物物"。致字即是行字，以救空空穷理，在"知"上讨个分晓之非。乃后之学者，测度想像，求见本体，只在知识上立家当，

以为良知。则阳明何不仍穷理格物之训，而必欲自为一说耶？《明儒学案》卷十《姚江学案》

像他这样解释致良知——说致字即是行字，很有点像近世实验哲学的学风。你想认识路，只要往前行过，便自了然；关着门冥想路程，总是枉用功夫。所以他对于本体的测度想像，都认为无益。梨洲的见解如此，所以他一生无日不做事，无日不读书，独于静坐参悟一类功夫，绝不提倡。他这种解释，是否适合阳明本意，另为一问题，总之和王门所传有点不同了。所以我说梨洲不是王学的革命家，也不是王学的承继人，他是王学的修正者。

梨洲有一部怪书，名曰《明夷待访录》①。这部书是他的政治理想。从今日青年眼光看去，虽像平平无奇，但三百年前——卢骚《民约论》出世前之数十年，有这等议论，不能不算人类文化之一高贵产品。其开卷第一篇《原君》，从社会起源说起，先论君主之职务，次说道：

……后之为人君者不然。以为天下利害之权，皆出于我，我以天下之利尽归于己，天下之害尽归于人，亦无不可。使天下人，不敢自私，

---

① 梨洲极自负他的《明夷待访录》，顾亭林亦极重之。亭林与梨洲书云："读《待访录》，知百王之敝可以复振。"其折服可谓至矣。今本篇目如下：

《原君》《原臣》《原法》《置相》《学校》《取士上》《取士下》《建都》《方镇》《田制一》《田制二》《兵制一》《兵制二》《兵制三》《财计一》《财计二》《财计三》《胥吏》《奄宦上》《奄宦下》。凡二十一篇。

惟据全谢山跋云："原本不止于此，以多嫌讳不尽出。"然则此书尚非足本，很可惜。

此书乾隆间入禁书类。光绪间我们一班朋友曾私印许多送人，作为宣传民主主义的工具。

章太炎不喜欢梨洲，说这部书是向满洲上条陈，这是看错了。《待访录》成于康熙元、二年。当时遗老以顺治方殂，光复有日。梨洲正欲为代清而兴者说法耳。他送万季野北行诗，戒其勿上河汾太平之策，岂有自己想向清廷讨生活之理？

不敢自利，以我之大私为天下之大公，始而惭焉，久而安焉，视天下为莫大之产业，传诸子孙，受享无穷。……此无他，古者以天下为主，君为客，凡君之所毕世而经营者，为天下也。今也以君为主，天下为客，凡天下之无地而得安宁者，为君也。是以其未得之也，屠毒天下之肝脑，离散天下之子女，以博我一人之产业，曾不惨然，曰：我固为子孙创业也。其既得之也，敲剥天下之骨髓，离散天下之子女，以奉我一人之淫乐，视为当然，曰：此我产业之花息也。然则为天下之大害者，君而已矣。……而小儒规规焉以君臣之义无所逃于天地之间，至桀纣之暴，犹以为汤武不当诛之。……岂天下之大，于兆民万姓之中，独私其一人一姓乎？……

其《原法》篇云：

……后之人主，既得天下，唯恐其祚命之不长也，子孙之不能保有也，思患于未然以为之法。然则其所谓法者，一家之法，而非天下之法也。……法愈密，而天下之乱即生于法之中，所谓非法之法也。……夫非法之法，前王不胜其利欲之私以创之，后王或不胜其利欲之私以坏之。坏之者固足以害天下，其创之者亦未始非害天下者也。……论者谓有治人无治法，吾以谓有治法而后有治人。……

其《学校》篇说：

……必使治天下之具皆出于学校，而后设学校之意始备。……天子之所是未必是，天子之所非未必非。天子亦遂不敢自为非是，而公其非是于学校。……

像这类话，的确含有民主主义的精神——虽然很幼稚——对于三千年专制政治思想为极大胆的反抗。在三十年前——我们当学生时代，实为刺激青年最有力之兴奋剂。我自己的政治运动，可以说是受这部书的影响最早而最深。此外书中各篇，如《田制》《兵制》《财计》等，虽多半对当时立论，但亦有许多警拔之说。如主张迁都南京，主张变通推广“卫所屯田”之法，使民能耕者皆有田可耕，主张废止金银货币。此类议论，虽在今日或将来，依然有相当的价值。

梨洲学问影响后来最大者，在他的史学。现行的《明史》，大半是万季野稿本，而季野之史学，实传自梨洲。梨洲替季野作《历代史表序》，其末段云：

> 嗟乎！元之亡也，危素趋报恩寺，将入井中。僧大梓云：“国史非公莫知，公死是死国之史也。”素是以不死，后修《元史》，不闻素有一辞之赞。及明之亡，朝之任史事者众矣，顾独藉一草野之万季野以留之，不亦可慨也夫！《南雷文约》卷四

前明遗献，大率皆惓惓于国史。梨洲这段话，足见其感慨之深。他虽不应明史馆之聘，然而馆员都是他的后学，每有疑难问题，都咨询他取决。《历志》则求他审正后才算定稿，《地理志》则大半采用他所著《今水经》原文，其余史料经他鉴别的甚多。全作《神道碑铭》，缕举多条。他关于史学的著述，有重修《宋史》，未成书；有《明史案》二百四十卷，已佚；有《行朝录》八种——一、《隆武纪年》，二、《赣州失事记》，三、《绍武争立纪》，四、《鲁纪年》，五、《舟山兴废》，六、《日本乞师纪》，七、《四明山寨纪》，八、《永历纪年》。其余如《赐姓本末》记郑成功事、《海外恸哭记》《思旧录》等，今尚存，都是南明极重要史料。而其在学术上千古不磨的功绩，尤在两部学案。

中国有完善的学术史，自梨洲之著学案始。《明儒学案》六十二卷，梨洲一手著成。《宋元学案》，则梨洲发凡起例，仅成十七卷而卒，经他的儿子耒史名百家及全谢山两次补续而成。所以欲知梨洲面目，当从《明儒学案》求之。

著学术史有四个必要的条件：第一，叙一个时代的学术，须把那时代重要各学派全数网罗，不可以爱憎为去取。第二，叙某家学说，须将其特点提挈出来，令读者得很明晰的观念。第三，要忠实传写各家真相，不可以主观上下其手。第四，要把各人的时代和他一生经历大概叙述，看出那人的全人格。梨洲的《明儒学案》，总算具备这四个条件。那书卷首有“发凡”八条，说：

> 此编所列，有一偏之见，有相反之论。学者于其不同处，正宜着眼理会。……以水济水，岂是学问！

他这书以阳明学派为中坚。因为当时时代精神焦点所在，应该如此。但他对于阳明以外各学派，各还它相当位置，并不抹杀，正合第一条件。他又说：

> 大凡学有宗旨，是其人之得力处，亦是学者之入门处。……讲学而无宗旨，即有嘉言，是无头绪之乱丝也。学者而不能得其人之宗旨，即读其书，亦犹张骞初至大夏，不能得月氏要领。……每见钞先儒语录者，荟撮数条，不知去取之意谓何。其人一生精神未尝透露，如何见其学术？

我们读《明儒学案》，每读完一案，便觉这个人的面目活现纸上。梨洲自己说“皆从各人全集纂要钩元”。可见他用功甚苦。但我们所尤佩服者，在他有眼光能纂钩得出，这是合第二个条件。梨洲之前，有位周海门曾著《圣学宗传》一书，它的范围形式都和《明儒学案》差不多。梨洲批评他道：“是海门一人之宗旨，非各家之宗旨。”梨洲这部书，虽有许多地方自下批评，但他仅在批评里头表示梨洲自己意见，至于正文的叙述却极忠实，从不肯拿别人的话做自己注脚，这是合第三个条件。他在每案之前，各做一篇极翔实的小传，把这个人的时代、经历、师友渊源详细说明，令读者能把这个人的人格捉摸到手，这是合第四个条件。所以《明儒学案》这部书，我认为是极有价值的创作，将来做哲学史、科学史、文学史的人，对于它的组织虽有许多应改良之处，对于它的方法和精神，是永远应采用的[①]。

此外梨洲之重要著作，如《易学象数论》六卷，力辩河洛方位图说之非，为后来胡朏明渭《易图明辨》的先导。如《授书随笔》一卷，则阎百诗若璩问《尚书》而作此告之，实百诗《古文尚书疏证》的先导。这两部书都于清代经学极有关系。他又最喜历算之学，著有《授时历故》《大统历推法》《授时历假如》《西历、回回历假如》《勾股图说》《开方命算》《割圜八线解》《测圜要义》等书，皆在梅定九文鼎以前，多所发明。其遗文则有《南雷文定》，凡五集，晚年又自删定为《南雷文约》四卷。又尝辑明代三百年之文为《明文海》四百八十二卷，又续辑《宋文鉴》《元文钞》，皆未成。

他的兄弟宗炎，字晦木，倜傥权奇过梨洲，尝以奔走国事为清吏所捕，梨洲集壮士以计篡取之。著有《忧患学易》一书，考证《太极图》出自道士陈抟，其书今佚。梨洲子耒史，能传家学，续辑《学案》，又从梅定九学算，有著书。

梨洲弟子最著者万充宗斯大、万季野斯同兄弟，别见次讲。

※　※　※

阳明、蕺山、梨洲，皆浙东人。所以王学入到清代，各处都渐渐衰息，惟浙东的流风余韵，还传衍得很长。阳明同县余姚人著籍弟子最显者，曰徐曰仁爱、钱绪山德洪。明清之交名其学者，则梨洲与沈求如国模。求如亲受业绪山，年辈在梨洲上，国变时已八十余岁了。他的学风和梨洲不同，全然属于周海门汝登一派，几与禅宗无异。梨洲少年时，曾极力和他抗辩。余姚

---

① 唐鉴著《国朝学案小识》訾议梨洲，谓其以陈（白沙）、王（阳明）与薛（敬轩）、胡（敬斋）平列，为不识道统。可谓偏陋已极。无论道统之说我们根本不能承认，试思明代学术，舍陈、王外更有何物？梨洲尊陈、王而不废薛、胡，还算公道，岂有专取薛、胡而弃陈、王之理。

之姚江书院，实求如所创。求如弟子最著者曰韩遗韩孔当、邵鲁公曾可，相继主讲姚江书院。而梨洲则倡证人学会。故康熙初年浙东王学，略成沈、黄两派对峙的形势。鲁公之孙邵念鲁廷采受业韩孔当，又从梨洲学算。念鲁继主姚江讲座最久，两派始归于一。时清圣祖提倡程朱学，孙承泽、熊锡履辈揣摩风气，专以诋毁阳明为事，念鲁常侃侃与抗不稍慑，著有《阳明王子传》《蕺山刘子传》《王门弟子传》《刘门弟子传》《宋遗民所知录》《明遗民所知录》《姚江书院志略》《东南纪事》记南明闽浙事、《西南纪事》记南明滇桂事、《思复堂文集》等书。盖阳明同里后辈能昌其学者以念鲁为殿，其兼擅史学，则梨洲之教也。念鲁族孙二云晋涵，为乾嘉间小学名家，亦邃于史。而鄞县全谢山祖望与二云最交亲，同为浙学后劲，下方更专篇论之。

※　※　※

阳明虽浙人，而在赣服官讲学最久，故当时门下以江右为最盛。其后中绝殆将百年了，及康熙末而有临川李穆堂绂出。乾隆十五年卒，年七十八。穆堂并未尝以讲学自居，然其气象俊伟，纯从王学得来。他历仕康、雍、乾三朝，内而卿贰，外而督抚，皆经屡任。他办事极风烈而又条理缜密，但赋性伉直，常触忤权贵。所以一生风波极多，暮年卒以锢废终，而其气不稍挫。全谢山所作《临川李公神道碑铭》说：

> 公以博闻强识之学，朝章国故，如肉贯弗，抵掌而谈，如决溃堤而东注。不学之徒，已望风不敢前席。而公扬休山立，左顾右盼，千人皆废，未尝肯少接以温言。故不特同事者恶之，即班行者亦多畏之。尝有中州一巨公，自负能昌明朱子之学，一日谓公曰："陆氏之学，非不岸然，特返之吾心，兀兀多未安者，以是知其于圣人之道未合也。"公曰："君方总督仓场而进羡余，不知于心安否？是在陆门，五尺童子且唾之矣！"其人失色而去，终身不复与公接。……世方以闭眉合眼喔咿嚅唲伺察庙堂意旨随声附和为不传之秘，则公之道宜其所往辄穷也。《鲒埼亭集》卷十七

凡豪杰之士，往往反抗时代潮流，终身挫折而不悔，若一味揣摩风气，随人毁誉，还有什么学问的独立。明末王学全盛时，依附王学的人，我们很觉得可厌。清康雍间，王学为众矢之的，有毅然以王学自任者，我们却不能不崇拜到极地。并非有意立异，实则个人品格，要在这种地方才看出来。清代"朱学者流"——所谓以名臣兼名儒者，从我们眼中看来，真是一文不值！据我个人的批评，敢说：清代理学家，陆王学派还有人物，程朱学派绝无人物！参看第九讲程朱学派。李穆堂却算是陆王派之最后一人了。他所著书有《穆堂类稿》五十卷、《续稿》五十卷、《别稿》五十卷、《春秋一是》二十卷、《陆子学谱》二十卷、《阳明学录》若干卷。除《类稿》外，今不传。

邵念鲁、全谢山结浙中王学之局，李穆堂结江右王学之局。这个伟大学派，自此以后，便仅成为历史上名词了。

我因为讲黄梨洲，顺带着把王学讲个结束，已经将时代躐讲几十年了。以后仍请读者回转眼光，再看明末清初别个学派。

第六讲　清代经学之建设

——顾亭林　阎百诗　附：胡朏明　万充宗

清儒的学问，若在学术史上还有相当价值，那么，经学就是他们惟一的生命。清儒的经学，和汉儒宋儒都根本不同，是否算得一种好学问，另为一问题。他们这一学派学问，也离不了进化原则，经一百多年才渐渐完成。但讲到“荜路蓝缕”之功，不能不推顾亭林为第一。顾亭林说：“古今安得别有所谓理学者！经学即理学也。自有舍经学以言理学者，而邪说以起。”又说：“今日只当著书，不当讲学。”他这两段话，对于晚明学风，表出堂堂正正的革命态度，影响于此后二百年思想界者极大。所以论清学开山之祖，舍亭林没有第二个人。

亭林初名绛，国变后改名炎武，字曰宁人，学者称为亭林先生。江苏昆山人。生明万历四十一年，卒清康熙二十一年，年七十（一六一三—一六八二）。他是一位世家子弟——江南有名的富户。他承祖父命出继堂叔为子。他的母亲王氏，十六岁未婚守节，抚育他成人。他相貌丑怪，瞳子中白而边黑；性情耿介，不谐于俗，惟与同里归元恭庄为友，时有归奇顾怪之目[①]。他少年便留心经世之学，最喜欢钞书，遍览二十一史，明代十三朝实录，天下图经，前辈文编、说部，以至公移邸钞之类，有关于民生利害者，分类录出，旁推互证，著《天下郡国利病书》。未成而国难作。清师下江南，亭林纠合同志起义兵守吴江。失败后，他的朋友死了好几位，他幸而逃脱。他母亲自从昆山城破之日起绝粒二十七日而死，遗命不许他事满洲。他本来是一位血性男子，受了母亲这场最后热烈激刺的教训，越发把全生涯的方向决定了[②]。他初时只把母亲浅殡，立意要等北京恢复、崇祯帝奉安后才举行葬礼。过了两年，觉得这种希望很杳茫，勉强把母先葬。然而这一段隐痛，永久藏在他心坎中，终身不能忘却。他后来弃家远游，到老不肯过一天安逸日子，就是为此。他葬母之后，隆武帝唐王在福建，遥授他职方司主事。他本要奔赴行在，但因为道路阻隔，去不成。他看定了东南的悍将惰卒，不足集事，且民气柔脆，地利亦不宜于进取，于是决计北游，想通观形势，阴结豪杰，以图光复。曾五谒孝陵明太祖陵，在南京，六谒思陵明怀宗陵，在直隶昌平，其时他的家早已破了，但他善于理财，故一生羁旅，曾无困乏。每到一地，他认为有注意价值者，便在那里垦田。垦好了，交给朋友或门生经理，他又往别处去。江北之淮安，山东之章丘，山西雁门之北、五台之东，都有他垦田遗迹[③]。可见他绝对地不是一位书呆子，他所提倡穷经致用之学，并非纸上空谈。若论他生平志事，本来不是求田问舍的人。原有的家产尚且弃而不顾，他到处经营这些事业，弄些钱做什么用处？我们试想一想。他下半世的生涯，大半消磨在旅行中。他旅行，照例用两匹马换着

---

① 归元恭，明亡后屡次起义。晚年筑土室于丛冢间，与妻偕隐，自署门联云："妻太聪明夫太怪，人何寥落鬼何多。"

② 《亭林余集》里头有一篇《王硕人行状》，读之便可知亭林受他母亲影响到怎么程度。

③ 相传山西票号由亭林创办。一切组织规则，皆其手定，后人率循之，遂成为二百余年金融中心。此事不见前贤所作传，未知确否。

骑，两匹骡驮带应用书籍。到一险要地方，便找些老兵退卒，问长问短，倘或和平日所闻不合，便就近到茶房里打开书对勘。到晚年，乃定居陕西之华阴。他说："秦人慕经学，重处士，持清议，实他邦所少。而华阴绾毂关河之口，虽足不出户，而能见天下之人，闻天下之事。一旦有警，入山守险，不过十里之遥。若志在四方，则一出关门，亦有建瓴之势。"可见他即住居一地，亦非漫无意义。他虽南人，下半世却全送在北方，到死也不肯回家。他本是性情极厚、守礼极严的君子。他父母坟墓，忍着几十年不祭扫。夫人死了，也只临风一哭。为何举动反常到如此田地？这个哑谜，只好让天下万世有心人胡猜罢了。他北游以前，曾有家中世仆，受里豪嗾使，告他"通海"当时与鲁王、唐王通者，谓之通海。他亲自把那仆人抓住投下海去，因此闹一场大官司，几乎送命。康熙三年，他在京，山东忽然闹什么文字狱，牵连到他。他立刻亲到济南对簿，入狱半年。这是他一生经过的险难。比起黄梨洲，也算平稳多了。康熙十七年开博学鸿儒科，都中阔人，相争要罗致他。他令他的门生宣言："刀绳具在，无速我死。"次年开明史馆，总裁叶方蔼又要特荐他。他给叶信说道："七十老翁何所求？正欠一死。若必相逼，则以身殉之矣。"清廷诸人，因此再不敢惹他。他的外甥徐乾学、徐元文，少时由他抚养提拔；后来他们做了阔官，要迎养他南归，他无论如何都不肯。他生平制行极严。有一次徐乾学兄弟请他吃饭，入座不久，便起还寓。乾学等请终席张灯送归，他作色道："世间惟有淫奔、纳贿二者皆于夜行之，岂有正人君子而夜行者乎？"其方正类如此。

我生平最敬慕亭林先生为人，想用一篇短传传写他的面影，自愧才力薄弱，写不出来。但我深信他不但是经师，而且是人师。我以为现代青年，很应该用点工夫，多参阅些资料，以看出他的全人格。有志于是者，请读全谢山《鲒埼亭集·亭林先生神道碑铭》；《亭林文集》中卷三《与叶讱庵书》《答原一、公肃两甥书》，卷四《与人书》十余篇，又《与潘次耕书》；《亭林余集》：《王硕人行状》《答潘次耕书》等篇。若更要详细一点，请读张石洲的《亭林先生年谱》。

※　※　※

亭林学术大纲，略见于他所作《与友人论学书》《文集》卷三，其文曰：

……窃叹夫百余年以来之学者，往往言心言性，而茫乎不得其解也。命与仁，孔子之所罕言也；性与天道，子贡之所未得闻也；性命之理，著之《易传》，未尝数以语人。其答问士也，则曰“行己有耻”；其为学，则曰“好古敏求”。其与门弟子言，举尧舜相传所谓危微精一之说，一切不道，而但曰“允执其中，四海困穷，天禄永终”。呜呼！圣人之所以为学者，何其平易而可循也。……今之君子则不然，聚宾客门人之学者数十百人，“譬诸草木，区以别矣”，而一皆与之言心言性。舍多学而识以求一贯之方，置四海之困穷不言，而终日讲危微精一。是必其道之高于孔子，而其门弟子之贤于子贡也，我弗敢知也。《孟子》一书，言心言性，亦谆谆矣。乃至万章、公孙丑、陈代、陈臻、周霄、彭更之所问，与孟子之所答者，常在乎出处去就辞受取与之间。以伊尹之元圣，尧舜其君其民之圣德大功，而其本乃在乎千驷一介之不视不取。伯夷、伊尹之不同于孔子也，而其同者则以“行一不义、杀一不辜而得天下不为”。是故性也，命也，孔子之所罕言，而今之君子之所恒言也。出处去就辞受取与之辨，孔子、孟子之所恒言，而今之君子所罕言也。……我弗敢知也。愚所谓圣人之道者如之何？曰“博学于文”，曰“行己有耻”。自一身以至于天下国家，皆学之事也；自子臣弟友以至于出入往来辞受取与之间，皆有耻之事也。耻之于人大矣！不耻恶衣恶食，而耻匹夫匹妇之不被其泽。……呜呼！士而不先言耻，则为无本之人；非好古而多闻，则为空虚之学。以无本之人而讲空虚之学，吾见其日从事于圣而去之弥远也。……

亭林学术之最大特色，在反对向内的——主观的学问，而提倡向外的——客观的学问。他说：

自宋以后，一二贤智之徒，病汉人训诂之学得其粗迹，务矫之以归于内；而“达道”“达德”“九经”“三重”之事置之不论，此真所谓“告子未尝知义”者也。《日知录》卷七“行吾敬故谓之内也”条

又说：

孟子言：“学问之道无他，求其放心而已矣。”然则但求放心，遂可不必学问乎？与孔子言“以思无益不如学也”者，何其不同耶？……孟子之意，盖曰能求放心，然后可以学问。“使弈秋诲二人弈，其一人专心致志，惟弈秋之为听；一人虽听之，一心以为有鸿鹄将至。……”此放心而不知求也。然但知求放心，而未尝穷中罫之方，悉雁行之势，亦必不能从事于弈。同上“求其放心”条

亭林著作中，像这类的话很不少，以上所引，不过略举为例。要之清初大师，如夏峰、梨洲、二曲辈，纯为明学余波。如船山、舜水辈，虽有反明学的倾向，而未有所新建设，或所建设未能影响社会。亭林一面指斥纯主观的王学不足为学问，一面指点出客观方面许多学问途径来。于是学界空气一变，二三百年间跟着他所带的路走去。亭林在清代学术史所以有特殊地位者在此。

亭林所标“行己有耻，博学于文”两语，一是做人的方法，一是做学问的方法。做人为什么专标“行己有耻”呢？因为宋明以来学者，动辄教人以明心见性，超凡入圣。及其末流，许多人滥唱高调，自欺欺人，而行检之间，反荡然无忌惮。晚明政治混浊，满人入关，从风而靡，皆由于此。亭林深痛之，所以说：

古之疑众者行伪而坚，今之疑众者行伪而脆。《文集》卷十四《与人书》

亭林以为人格不立，便讲一切学问都成废话，怎样才能保持人格？他以

为，最忌的是圆滑，最要的是方严。他说：

读屈子《离骚》之篇原文云：“彼尧舜之耿介兮，固中道而得路；何桀纣之昌披兮，夫惟捷径以窘步。”乃知尧舜所以行出乎人者，以其耿介也。同乎流俗，合乎污世，则不可以入尧舜之道矣。《日知录》卷十三“耿介”条

老氏之学所以异乎孔子者，“和其光、同其尘”，此所谓似是而非也。《卜居》《渔父》二篇尽之矣。非不知其言之可从也，而义有所不当为也。扬子云而知此义也，《反离骚》其可不作矣。寻其大指，“生斯世也，为斯世也，善斯可矣”，此其所以为莽大夫与？同上“乡原”条

亭林欲树人格的藩篱，简单直捷提出一个“耻”字。他说：

礼义廉耻，是谓四维。四维不张，国乃灭亡。……然而四者之中，耻为尤要。故夫子之论士曰：“行己有耻。”孟子曰：“人不可以无耻，无耻之耻，无耻矣。”又曰：“耻之于人大矣。为机变之巧者，无所用耻焉。”所以然者，人之不廉而至于悖礼犯义，其原皆生于无耻也。故士大夫之无耻，谓之国耻。同上“廉耻”条

亭林以为无耻之习中于人心，非闹到全个社会灭亡不止。他尝借魏晋间风俗立论，极沉痛地说道：

有亡国，有亡天下。亡国与亡天下奚辨？曰：易姓改号，谓之亡国。“仁义充塞，而至于率兽食人，人将相食”，谓之亡天下。……保国者，其君其臣肉食者谋之；保天下者，匹夫之贱，与有责焉耳矣。同上“正始”条

他确信改良社会，是学者的天职，所以要人人打叠自己，说道：

匹夫之心，天下人之心也。

又说：

> 松柏后凋于岁寒，鸡鸣不已于风雨。

他自己称述生平说：

> 某虽学问浅陋，而胸中磊磊，绝无阉然媚世之习。《与人书》十一

他教训他最亲爱的门生，没有多话，但说：

> 自今以往，当思“以中材而涉末流”之戒。《文集》卷四《与潘次耕书》

总而言之，亭林是教人竖起极坚强的意志抵抗恶社会。其下手方法，尤在用严正的规律来规律自己。最低限度，要个人不至与流俗同化；进一步，还要用个人心力改造社会。我们试读亭林著作，这种精神，几于无处不流露。他一生行谊，又实在能把这种理想人格实现。所以他的说话，虽没有什么精微玄妙，但那种独往独来的精神，能令几百年后后生小子如我辈者，尚且“顽夫廉，懦夫有立志”。

※　　※　　※

亭林教人做学问，专标“博学于文”一语。所谓“文”者，非辞章之谓。“文”之本训，指木之纹理，故凡事物之条理亦皆谓之文。古书“文”字皆作此解。亭林说：

> 自身而至于国家天下，制之为度数，发之为音容。莫非文也。品节斯，斯之谓礼。《日知录》卷七“博学于文”条

亭林专标“博学于文”，其目的在反对宋明学者以谈心说性为学。他解释《论语》道：“夫子之文章，无非夫子之言行与天道，故曰：吾无隐乎尔，吾无行而不与二三子者。”《日知录》卷七“夫子之言行与天道”条其意以

为，所谓人生哲学性，所谓宇宙原理天道，都散寄于事物条理文章之中。我们做学问，最要紧是用客观功夫，讲求事物条理，愈详博愈好，这便是“博学于文”。若厌它琐碎，嫌它粗浅，而专用主观的冥想去求“性与天道”，那却失之远了。他说：“昔之清谈谈老庄，今之清谈谈孔孟。……不考百王之典，不综当代之务，……以明心见性之空言，代修己治人之实学。”同上正指此辈。

然则他自己博学于文的方法怎么样呢？他虽没有详细指授我们，我们可以从他的传记和著述中约略看出些来。

书籍自然是学问主要的资料。亭林之好读书，盖其天性。潘次耕《日知录序》说：“先生精力绝人，无他嗜好，自少至老，未尝一日废书。”据他自己说，十一岁便读《资治通鉴》《文集》卷二《钞书自序》。他纂辑《天下郡国利病书》，从崇祯己卯起，凡阅书一千余部《文集》卷六《肇域志序》。崇祯己卯，他年才二十六耳，其少年之用力如此。潘次耕请刻《日知录》，他说：“要以临终绝笔为定。”《文集》卷五《与次耕书》其老年之用力如此。他说：“生平所见之友，以穷以老而遂至于衰颓者什而七八。赤豹……复书曰：‘老则息矣，能无倦哉！’此言非也。君子之学，死而后已。”《文集》卷五《与人书》六大概亭林自少至老，真无一日不在读书中。他旅行的时候极多，所计画事情尤不少，却并不因此废学。这种剧而不乱、老而不衰的精神，实在是他学问大成的主要条件。

亭林读书，并非专读古书。他最注意当时的记录，又不徒向书籍中讨生活，而最重实地调查。潘次耕说：“先生足迹半天下，所至交其贤豪长者，考其山川风俗疾苦利病，如指诸掌。”《日知录序》全谢山说：“先生所至呼老兵逃卒，询其曲折，或与平日所闻不合，则即坊肆中发书而对勘之。”《亭林先生神道碑铭》可见亭林是最尊实验的人。试细读《日知录》中论制度论风俗各条，便可以看出他许多资料，非专从纸片上可得。就这一点论，后来的古典考证家，只算学得“半个亭林”罢了。

亭林所以能在清代学术界占最要位置，第一，在他做学问的方法，给后人许多模范；第二，在他所做学问的种类，替后人开出路来。

其做学问方法，第一要看他搜集资料何等精勤。亭林是绝顶聪明人，谅来谁也要承认。但他做功夫却再笨没有了。他从小受祖父之教，说“著书不如钞书”。《文集》卷二《钞书自序》他毕生学问，都从钞书入手。换一方面看，也可说他“以钞书为著书”。如《天下郡国利病书》《肇域志》，全属钞撮未经泐定者，无论矣[①]。若《日知录》，实他生平最得意之作。我们试留心细读，则发表他自己见解者，其实不过十之二三，钞录别人的话最少居十之七八。故可以说他主要的工作，在钞而不在著。

有人问：“这样做学问法，不是很容易吗？谁又不会钞？”哈哈！不然不然。有人问他《日知录》又成几卷，他答道：

> 尝谓今人纂辑之书，正如今人之铸钱。古人采铜于山，今人则买旧钱名之曰废铜以充铸而已。所铸之钱既已粗恶，而又将古人传世之宝舂剉碎散，不存于后，岂不两失之乎？承问《日知录》又成几卷，盖期之以废铜。而某自别来一载，早夜诵读，反复寻究，仅得十余条，然庶几采山之铜也。《文集》卷四《与人书》十

你说《日知录》这样的书容易做吗？他一年工夫才做得十几条。我们根据这种事实，可以知道：不独著书难，即钞也不容易了。须知凡用客观方法研究学问的人，最要紧是先彻底了解一事件之真相，然后下判断。能否得真相，全视所凭藉之资料如何。资料，从量的方面看，要求丰备；从质的方面看，要求确实。所以资料之搜罗和别择，实占全工作十分之七八。明白这个

---

① 《天下郡国利病书》自序云：“历览二十一史，以及天下郡县志书，一代名公文集，及章卷文册之类。有得即录，共成四十余帙。”

《肇域志》自序云：“先取《一统志》，后取各省府州县志，后取二十一史，参互书之，凡阅书一千余部，本行不尽，则注之旁行；旁行不尽，则别为一集，曰备录。”

意思，便可以懂得亭林所谓采山之铜与废铜之分别何如。他这段话对于治学方法之如何重要，也可以领会了。

亭林的《日知录》，后人多拿来比黄东发的《黄氏日钞》和王厚斋的《困学纪闻》。从表面看来，体例像是差不多，细按它的内容，却有大不同处。东发、厚斋之书，多半是单词片义的随手札记。《日知录》不然，每一条大率皆合数条或数十条之随手札记而始能成，非经过一番“长编”功夫，绝不能得有定稿。试观卷九宗室、藩镇、宦官各条，卷十苏松二府田赋之重条，卷十一黄金、银、铜各条，卷十二财用、俸禄、官树各条，卷二十八押字、邸报、酒禁、赌博各条，卷二十九骑、驿、海师、少林僧兵、徙戎各条，卷三十古今神祠条，卷三十一长城条，则他每撰成一条，事前要多少准备功夫，可以想见。所以每年仅能成十数条，即为此。不然，《日知录》每条短者数十字，最长亦不过一二千字，何至旬月才得一条呢？不但此也，《日知录》各条多相衔接，含有意义。例如卷十三周末风俗、秦纪会稽山刻石、两汉风俗、正始、宋世风俗、清议、名教、廉耻、流品、重厚、耿介、乡原之十二条，实前后照应，共明一义，剪裁组织，煞费苦心。其他各卷各条，类此者也不少。所以我觉得，拿阎百诗的《潜丘札记》和《黄氏日钞》《困学纪闻》相比，还有点像。顾亭林的《日知录》却与他们都不像。他们的随手札记，性质属于原料或粗制品，最多可以比绵纱或纺线。亭林精心结撰的《日知录》，确是一种精制品，是篝灯底下纤纤女手亲织出来的布。亭林作品的价值全在此。后来王伯申的《经传释词》《经义述闻》，陈兰甫的《东塾读书记》，都是模仿这种工作。这种工作，正是科学研究之第一步，无论做何种学问都该用它。

亭林对于著述家的道德问题，极为注意。他说：“凡作书者莫病乎其以前人之书改窜为自作也。”《文集》卷二《钞书自序》又说：“晋以下人，则有以他人之书而窃为己作者，郭象《庄子注》、何法盛《晋中兴书》之类是也。若有明一代之人，其所著书，无非窃盗而已。”《日知录》卷十八“窃书”条又说：“今代之人，但有薄行而无儁才，不能通作者之义，其盗窃所成之书，必不如元本，名为‘钝贼’何辞。”同上他论著述的品格，谓：“必古人所未及就，后世之所必不可无者，而后为之。”《日知录》卷十九“著书之难”条他做《日知录》，成书后常常勘改，“或古人先我而有者，则削之”。《日知录自序》然则虽自己所发明而与前人暗合者尚且不屑存，何况剽窃！学者必须有此志气，才配说创造哩。自亭林极力提倡此义，遂成为清代学者重要之信条，“偷书贼”不复能存立于学者社会中，于学风所关非细。

大学者有必要之态度二：一曰精慎，二曰虚心。亭林著作最能表现这种精神。他说：“著述之家，最不利乎以未定之书传之于人。”《文集》卷四《与潘次耕书》又说：“古人书如司马温公《资治通鉴》，马贵与《文献通考》，皆以一生精力为之。……后人之书，愈多而愈舛漏，愈速而愈不传。所以然者，视成书太易，而急于求名也。”《日知录》卷十九“著书之难”条潘次耕请刻《日知录》，他说要再待十年。其《初刻日知录自序》云：“旧刻此八卷，历今六七年。老而益进，始悔向日学之不博，见之不卓。……渐次增改，……而犹未敢自以为定。……盖天下之理无穷，而君子之志于道也，不成章不达。故昔日之所得，不足以为矜；后日之所成，不容以自限。”《文集》卷二我常想，一个人要怎么样才能老而不衰？觉得自己学问已经成就，那便衰了。常常看出“今是昨非”，便常常和初进学校的青年一样。亭林说：“人之为学，不可自小，又不可自大。……自小，少也；自大，亦少也。”《日知录》卷七“自视欿然”条他的《日知录》，阎百诗驳正若干条，他一见便欣然采纳见赵执信所作阎墓志。他的《音学五书》，经张力臣改正一二百处见《文集》卷四《与潘次耕书》。他说：“时人之言，亦不敢没，君子之谦也，然后可以进于学。”《日知录》卷二十“述古”条这种态度，真永远可为学者模范了。

亭林的著述，若论专精完整，自然比不上后人；若论方面之多、气象规模之大，则乾嘉诸老，恐无人能出其右。要而论之，清代许多学术，都由亭林发其端，而后人衍其绪。今列举其所著书目，而择其重要者，稍下解释如下：

《日知录》三十二卷 是他生平最得意的著作。他说："平生之志与业，皆在其中。"《文集》卷三《与友人论门人书》又说："有王者起，将以见诸行事，以跻斯世于治古之隆，而未敢为今人道也。"《文集》卷四《与人书》二十五又说："意在拨乱涤污，法古用夏，启多闻于来学，待一治于后王。"《文集》卷六《与杨雪臣书》读这些话，可以知道他著书宗旨了。《四库总目提要》叙列这部书的内容："前七卷皆论经义，八卷至十二卷皆论政事，十三卷论世风，十四、十五卷论礼制，十六、十七卷论科举，十八至二十一卷论艺文，二十二至二十四卷论名义，二十五卷论古事真妄，二十六卷论史法，二十七卷论注书，二十八卷论杂事，二十九卷论兵及外国事，三十卷论天象术数，三十一卷论地理，三十二卷杂考证。"大抵亭林所有学问心得，都在这书中见其梗概。每门类所说的话，都给后人开分科研究的途径。

《天下郡国利病书》一百卷，《肇域志》一百卷 这两部书都是少作。《利病书》自序云："……乱后多有散佚，亦或增补。而其书本不曾先定义例，又多往代之言，地势民风，与今不尽合，年老善忘，不能一一刊正。……"《肇域志》自序亦略同。据此知并非成书了。但这两部书愿力宏伟，规模博大。后来治掌故学、地理学者，多感受他的精神。

《音学五书》三十八卷 这书以五部组织而成：一、《古音表》三卷，二、《易音》三卷，三、《诗本音》十卷，四、《唐韵正》二十卷，五、《音论》三卷。他自己对于这部书很满意，说道："某自五十以后，于音学深有所得，为《五书》以续三百篇以来久绝之传。"《文集》卷四《与人书》二十五清儒多嗜音韵学，而且研究成绩极优良，大半由亭林提倡出来。

《金石文字记》六卷 亭林笃嗜金石，所至搜辑碑版，写其文字，以成此书。他对于金石文例，也常常论及。清代金石学大昌，亦亭林为嚆矢。

此外著述，尚有《五经同异》三卷、《左传杜解补正》三卷、《九经误字》一卷、《五经考》一卷、《求古录》一卷、《韵补正》一卷、

《二十一史年表》十卷、《历代宅京记》二十卷、《十九陵图志》六卷、《万岁山考》一卷、《昌平山水记》二卷、《岱岳记》八卷、《北平古今记》十卷、《建康古今记》十卷、《营平二州史事》六卷、《官田始末考》一卷、《京东考古录》一卷、《山东考古录》一卷、《顾氏谱系考》一卷、《谲觚》一卷、《茀录》十五卷、《救文格论》《诗律蒙告》《下学指南》各一卷、《当务书》六卷、《菰中随笔》三卷、《文集》六卷、《诗集》五卷。其书或存或佚，今不具注。但观其目，可以见其影响于后此学术界者何如矣。

要之，亭林在清学界之特别位置，一在开学风，排斥理气性命之玄谈，专从客观方面研察事务条理；二曰开治学方法，如勤搜资料综合研究，如参验耳目闻见以求实证，如力戒雷同剿说，如虚心改订不护前失之类皆是；三曰开学术门类，如参证经训史迹，如讲求音韵，如说述地理，如研精金石之类皆是。独有生平最注意的经世致用之学，后来因政治环境所压迫，竟没有传人！他的精神，一直到晚清才渐渐复活。至于他的感化力所以能历久常新者，不徒在其学术之渊粹，而尤在其人格之崇峻。我深盼研究亭林的人，勿将这一点轻轻看过。

附：亭林学友表

亭林既老寿，且足迹半天下，虽不讲学，然一时贤士大夫，乐从之游。观其所与交接者，而当时学者社会之面影略可睹焉。今钩稽本集，参以他书，造此表。其人无关学术者不录，弟子及后辈附见。

归庄　字元恭，昆山人，明诸生。国变后改名祚明。与亭林少同学，最相契，尝同举义于苏州。其卒，亭林哭以诗，极称其学。著有《归元恭文钞》。

万寿祺　字年少，徐州人，明孝廉。入清服僧服，易名慧寿。著有《隰西草堂集》。亭林早年游淮上与定交，有诗赠之。

路泽溥　字安卿，曲周人，尝拯亭林于难。亭林《广师篇》云："险阻备尝，与时屈伸，吾不如路安卿。"

潘柽章　字力田，吴江人，次耕之兄。亭林早年挚友。长于史学，与吴赤溟合著《明史》，亭林以所储史料尽供给之。后死于湖州庄氏史狱。亭林哭以诗，甚恸。所著书未成，今存者仅《国史考异》《松陵文献》两种，其学术大概，别详第八讲。

吴炎　字赤溟，吴江人，与潘力田同学同难，亭林哭之。

贾必选　字徙南，上元人。明孝廉，入清杜门著书。有《松荫堂学易》。《亭林诗集》有《贾仓部必选说易》一首。

王潢　字元倬，上元人，有《南陔集》。亭林集中有赠诗。

任唐臣　字子良，掖县人。亭林从假吴才老《韵谱》读之，自此始治音韵学。

张尔岐　字稷若，号蒿庵，济南人。著有《仪礼郑注句读》十七卷。亭林为之序。清儒治礼学，自稷若始也。长亭林一岁，亭林长称之曰先生。《广师篇》云："独精三《礼》，卓然经师，吾不如张稷若。"亭林集中《与友人论学书》（见前），所与者即稷若也。稷若答书略云："《论学书》粹然儒者之言，特拈'博学''行己'二事为学鹄，真足砭好高无实之病。……愚见又有欲质者：性命之理，夫子固未尝轻以示人，其所与门弟子详言而谆复者，何一非性命之显设散见者欤！苟于博学有耻，真实践履，自当因标见本，合散知总，心性天命将有不待言而庶几一遇者。故性命之理，腾说不可也，未始不可默喻；侈于人不可也，未始不可验诸己；强探力索于一日不可也，未始不可优裕渐渍以俟自悟。如谓于学人分上了无交涉，是将格尽天下之理，而反遗身以内之理也。……"盖稷若与亭林，不苟异亦不苟同如此。所著除《仪礼句读》外，尚有《蒿庵集》《蒿庵闲话》等。

徐夜　字东痴，济南人。以诗名，举博学鸿词不就，与亭林有酬答诗。

马骕　字宛斯，邹平人，著《绎史》百六十卷，专研古史，时人称为"马三代"。亭林极服其书，常与游郊外访碑。

刘孔怀　字果庵，长山人，精于考核，亭林游山东常住其家，与辨析疑义。著有《四书字徵》《五经字徵》《诗经辨韵》等书。

傅山　字青主，阳曲人。亭林游山西，住其家。《广师篇》云："萧然物外，自得天机，吾不如傅青主。"著有《霜红龛集》。

李因笃　字子德，一字天生，洪洞人。康熙戊午征鸿博，授检讨，不就职。与亭林交最笃，尝徒步往济南急其难。后亭林垦荒雁门，卜居华阴，皆子德董其事。亭林集中与子德论学书最多。子德于经学、史学俱深粹，著有《受祺堂集》。

王宏撰　字无异，号山史，华阴人，明诸生。康熙戊午征鸿博，不赴。耆学好古，著有《易象图述》《山志》《砥斋集》等书。亭林常住其家。《广师篇》云："好学不倦，笃于朋友，吾不如王山史。"

李颙　别见。二曲晚年反闭土室，惟亭林至乃启关相见。《广师篇》云："坚苦力学，无师而成，吾不如李中孚。"

申涵光　字凫孟，永平人。孙夏峰弟子，著有《聪山集》。亭林有赠答诗。

孙奇逢　别见。亭林曾亲至辉县访夏峰，有《赠孙徵君》诗。

朱彝尊　别见。亭林在关中始交竹垞，有赠答诗。《广师篇》云："文章尔雅，宅心和厚，吾不如朱锡鬯。"

屈大均　字翁山，番禺人。著有《翁山文外》。在关中交亭林，有赠答诗。

颜光敏　字修来，曲阜人。著有《乐圃集》。亭林下济南狱时，修来奔走最力。

张弨　字力臣，山阳人。贫而嗜古，喜集金石文字。亭林著《音学五书》，力臣任校刻。《广师篇》云："精心六书，信而好古，吾不如张力臣。"

王锡阐　别见。《广师篇》云："学究天人，确乎不拔，吾不如王寅旭。"集中有《赠王高士锡阐》诗。

吴志伊　字任臣，莆田人。著有《周礼大义》《礼通》《十国春秋》《山海经广注》等书。《广师篇》云："博闻强记，群书之府，吾不如吴任臣。"

阎若璩 别见。百诗谒亭林于太原，出《日知录》相质，为改订若干条。

杨瑀 字雪臣，武进人。著有《飞楼集》百二十卷。《广师篇》云："读书为己，探赜洞微，吾不如杨雪臣。"

钱澄之 原名秉镫，字饮光，桐城人。在明末声誉已高。福王立于南京，马、阮兴大狱捕清流，饮光与焉。后从永历帝入滇，间关九死。永历亡，易僧装终老。著有《田间易学》《田间诗学》《藏山阁稿》《田间集》《明末野史》等书。亭林集中有《赠钱编修秉镫》一诗。

戴廷栻 字枫仲，祁县人。博学好古，著有《半可集》。尝为亭林筑室于祁之南山，且藏书供众览。

戴笠 初名鼎立，字耘野，吴江人。潘次耕之师。亭林有书与论学。

黄宗羲 别见。亭林六十四岁时，曾与梨洲通书，见梨洲所著《思旧录》中。但二人似始终未交晤。

汤斌 字孔伯，号荆岘，相州人。孙夏峰弟子，在清为达官，谥文正。孔伯修《明史》，以书来问义例，亭林答之。

朱鹤龄 字长孺，吴江人。明诸生，入清不仕，著《毛诗通义》《尚书稗传》《春秋集说》等书。又注杜工部、李义山诗。亭林集中有赠诗。

陈芳绩 字亮工，常熟人。父鼎和，为亭林友。亮工著有《历代地理沿革表》四十七卷。亭林集中有赠亮工诗数首。

潘耒 字次耕，号稼堂，吴江人。力田之弟。遭家难，年甫数岁，易姓为吴，从母姓也。既壮，从亭林学于汾州。亭林视之犹子，集中与论学书最多。次耕康熙戊午鸿博荐入翰林，与修《明史》，参订义例，分纂志传，用力最勤。亭林著述自《日知录》及《文集》其他多种，皆由次耕编定校刻。次耕又师事徐俟斋、戴耘野，皆经纪其后事，风义独绝。著有《遂初堂集》。

徐乾学 字原一，号建庵，昆山人。亭林外甥。官至刑部尚书，主修《大清一统志》。著有《读礼通考》《憺园集》。

徐元文 字公肃，号立斋，健庵之弟。官至大学士。尝主修《明史》。

※　　※　　※

说亭林是清代经学之建设者，因为他高标“经学即理学”这句话，成为清代经学家信仰之中心。其实亭林学问，决不限于经学；而后此之经学，也不见得是直衍亭林之传。其纯以经学名家，而且于后来经学家学风直接有关系者，或者要推阎百诗，其次则胡朏明和万充宗。

阎百诗，名若璩，别号潜丘居士，山西太原人，寄籍江苏之山阳，生明崇祯九年，卒清康熙四十三年（一六三六—一七〇四），年六十九。他的父亲名修龄，号牛叟，本淮南盐商，但很风雅，也可算一位名士或一位遗老。百诗人格之峻整，远不如亭林，生平行谊，除学者日常生活外，无特别可记。康熙十七年，他应博学鸿儒科，下第，很发牢骚。其后徐健庵乾学在洞庭山开局修《大清一统志》，聘他参与其事。他六十八岁的时候，清圣祖南巡，有人荐他，召见，赶不上，他很懊丧。时清世宗方在潜邸，颇收罗名士，把他请入京，他垂老冒病而往，不久便卒于京寓。其行历可记者仅如此。所著书曰《古文尚书疏证》八卷、《毛朱诗说》一卷、《四书释地》六卷、《潜邱札记》六卷、《孟子生卒年月考》一卷、《困学纪闻注》二十卷。

百诗仅有这点点成绩，为什么三百年来公认他是第一流学者呢？他的价值，全在一部《古文尚书疏证》。《尚书》在汉代，本有今古文之争。伏生所传二十八篇，叫作“今文尚书”。别有十六篇，说是孔安国所传，叫作“古文尚书”。然而孔安国这十六篇，魏晋之间，久已没有人看见。到东晋，忽然有梅赜其人者，拿出一部《古文尚书》来，篇数却是比今文增多二十五篇，而且有孔安国做的全传，即全部的注。到初唐，陆德明据以作《经典释文》，孔颖达据以作《正义》。自此以后，治《尚书》者，都用梅赜本，一千余年，著为功令。中间虽有吴棫、朱熹、吴澄、梅鷟诸人稍稍怀疑，但都未敢昌言攻击。百诗著这部《古文尚书疏证》，才尽发其覆，引种种证据证明那二十五篇和孔传都是东晋人赝作。百诗从二十岁起就着手著这部书，此后四十年间，随时增订，直至临终还未完成。自这部书出版后，有毛西河奇龄著《古文尚书冤词》和他抗辩，在当时学术界为公开讨论之绝大问题，结果阎胜毛败。《四库提要》评阎书所谓："有据之言，先立于不可败也。"自兹以后，惠定宇栋之《古文尚书考》，段茂堂玉裁之《古文尚书撰异》等，皆衍阎绪，益加绵密，而伪古文一案，遂成定谳。最后光绪年间，虽有洪右臣良品续作《冤词》，然而没有人理他，成案到底不可翻了。

请问：区区二十篇书的真伪，虽辨明有何关系，值得如此张皇推许吗？答道：是大不然。这二十几篇书和别的书不同。二千余年来公认为神圣不可侵犯之宝典，上自皇帝经筵进讲，下至蒙馆课读，没有一天不背诵他。忽焉真赃实证，发现出全部是假造！你想，思想界该受如何的震动呢？学问之最大障碍物，莫过于盲目的信仰。凡信仰的对象，照例是不许人研究的。造物主到底有没有？耶稣基督到底是不是人？这些问题，基督教徒敢出诸口吗？何止不敢出诸口，连动一动念也不敢哩。若使做学问的都如此，那么，更无所谓问题，更无所谓研究，还有什么新学问发生呢？新学问发生之第一步，是要将信仰的对象一变为研究的对象。既成为研究的对象，则因问题引起问题，自然有无限的生发。中国人向来对于几部经书，完全在盲目信仰的状态之下。自《古文尚书疏证》出来，才知道这几件"传家宝"里头，也有些靠不住，非研究一研究不可。研究之路一开，便相引于无穷。自此以后，今文和古文的相对研究，六经和诸子的相对研究，乃至中国经典和外国经典相对研究，经典和"野人之语"的相对研究，都一层一层地开拓出来了。所以百诗的《古文尚书疏证》，不能不认为近三百年学术解放之第一功臣。

百诗为什么能有这种成绩呢？因为他的研究方法实有过人处。他的儿子说道："府君读书，每于无字句处精思独得，而辩才锋颖，证据出入无方，当之者辄失据。常曰：'读书不寻源头，虽得之，殊可危！'手一书至检数十书相证，侍侧者头目为眩，而府君精神涌溢，眼烂如电。一义未析，反复穷思，饥不食，渴不饮，寒不衣，热不扇，必得其解而后止。"阎咏《左汾近稿·先府君行述》他自己亦说："古人之事，应无不可考者。纵无正文，亦隐在书缝中，要须细心人一搜出耳。"《潜邱札记》卷六戴东原亦说："阎百诗善读书。百诗读一句书，能识其正面背面。”段玉裁著《戴先生年谱》大抵百诗学风，如老吏断狱，眼光极尖锐，手段极严辣，然而判断必凭证据，证据往往在别人不注意处得来。《四库提要》赞美他说：“考证之学，未之或先。”《古文尚书疏证》条下百诗在清学界位置之高，以此。

《四库提要》又说：“若璩学问淹通，而负气求胜，与人辩论，往往杂以毒诟恶谑，与汪琬遂成仇衅，颇乖著书之体。”《潜邱札记》条下据他的著述和传记看来，这种毛病，实所不免，比顾亭林的虚心差得多了。又以著书体例论，如《古文尚书疏证》，本专研究一个问题，乃书中杂入许多信札日记之类，与全书宗旨无涉。如《四书释地》，标名释地，而所释许多溢出地理范围外。如《孟子生卒年月考》，考了一大堆，年月依然无著。诸如此类，不能不说他欠谨严。虽然，凡一个学派的初期作品，大率粗枝大叶，瑕类很多，正不必专责备百诗哩。

※　※　※

清初经师，阎、胡齐名。胡朏明，名渭，号东樵，浙江德清人，卒康熙五十三年（一七一四），年八十二。他行历更简单，不过一老诸生，曾和阎百诗、万季野、黄子鸿同参《一统志》局。晚年清圣祖南巡，献颂一篇，圣祖赐他“耆年笃学”四个大字。他一生事迹可记者仅此。他著书仅四种：一、《禹贡锥指》二十卷，附图四十七幅；二、《易图明辨》十卷；三、《洪范正论》五卷；四、《大学翼真》七卷。他的学风，不尚泛博，专就一个问题做窄而深的研究，开后人法门不少。几部书中，后人最推重的是《禹贡锥指》。这部书虽然有许多错处，但精勤搜讨，开后来研究地理沿革的专门学问，价值当然也不可磨灭。但依我看，东樵所给思想界最大影响，还是在他的《易图明辨》。《易图明辨》是专辨宋儒所传“太极”“先天”“后天”，即所谓“河图”“洛书”等种种矫诬之说。这些图是宋元明儒讲玄学的惟一武器，闹得人神昏眼乱，始终莫名其妙。但他们说是伏羲、文王传来的宝贝，谁也不敢看轻他，看不懂只好认自己笨拙罢了。明清之交，黄梨洲宗羲、晦木宗炎兄弟，始著专书辟其谬。东樵曾否见他们的书不可知，但他却用全副精力做十卷的书，专来解决这问题。他把这些图的娘家找出来，原来是华山道士陈抟弄的把戏，展转传到邵雍。又把娘家的娘家寻根究柢，原来是误读谶纬等书加以穿凿傅会造出来的。于是大家都知道这些都是旁门左道，和《易经》了无关系。我们生当今日，这些鬼话，久已没人过问，自然也不感觉这部书的重要。但须知三百年前，像周濂溪《太极图说》、朱子《易本义》一类书，其支配思想界的力量，和四书五经差不了多少。东樵这种廓清辞辟，真所谓"功不在禹下"哩。《洪范正论》的旨趣，也大略相同，专扫荡汉儒"五行灾异"之说，破除迷信。所以我说，东樵破坏之功，过于建设。他所以能在学术界占重要位置者，以此。

※　　※　　※

万充宗也是初期经学界一位重要人物。充宗名斯大，浙江鄞县人，康熙二十二年卒（一六八三），年五十一。父泰，字履安，黄梨洲老友。履安有八子，都以学问著名。充宗行六，最幼的是季野斯同。八兄弟皆从学梨洲，但都不大理会他的阳明学。季野称史学大师，而充宗以经学显。梨洲替充宗作墓志铭，述其治学方法曰：充宗"以为非通诸经不能通一经，非悟传注之失则不能通经，非以经释经则亦无由悟传注之失。何谓通诸经以通一经？经文错互，有此略而彼详者，有此同而彼异者。因详以求其略，因异以求其同，学者所当致思也。何谓悟传注之失？学者入传注之重围，其于经也，无庸致思；经既不思，则传注无失矣，若之何而悟之。何谓以经解经？世之信传注者过于信经，试拈二节为例文繁不引。……充宗会通各经，证坠辑缺，聚讼之议，涣然冰释，奉正朔以批闰位，百注遂无坚城。……"读这段话，充宗的经学怎样做法，可以概见了。充宗著书，有《学春秋随笔》十卷、《学礼质疑》二卷、《仪礼商》三卷、《礼记偶笺》三卷、《周官辨非》二卷。依我看，《周官辨非》价值最大。《周官》这部书，历代学者对它怀疑的很不少，著专书攻击而言言中肯者，实以此书为首。万氏兄弟皆讲风节，充宗尤刚毅。张苍水煌言就义，他亲自收葬，即此可想见其为人。可惜死得早了，若使他有顾、黄、阎、胡的年寿，他所贡献于学界怕不止此哩。

※　　※　　※

同时还有一位学者，不甚为人所称道而在学术史上实有相当位置者，曰姚立方。立方名际恒，一字首源，安徽休宁人，寄籍仁和，为诸生生卒年待考。据《古文尚书疏证》知道，他比阎百诗小十一岁，但未知卒在何年。毛西河《诗话》云："亡兄为仁和广文，尝曰：'仁和只一学者，犹是新安人。'谓姚际恒也。予尝作《何氏存心藏书序》，以似兄。兄曰：'何氏所藏有几？不过如姚立方腹笥已耳。'……"据此则立方学问之博可以概见。立方五十岁着手注九经，阅十四年而成，名曰《九经通论》；又著《庸言录》，杂论经史理学诸子。这两部书，我都未得见，不知其内容如何？所见者只有他的《古今伪书考》。自《易经》的孔子《十翼》起，下至许多经注，许多子书，他都怀疑，真算一位"疑古的急先锋"了。他别有书十卷，专攻《伪古文尚书》。阎百诗说他"多超人意外"，喜欢极了，手钞许多，散入《疏证》各条下。见《古文尚书疏证》卷八。我想，立方这个人奇怪极了，我希望将来有机会全读他的著作，再下批评。

附：初期经学家表

清代经学，至惠定宇、戴东原而大成，前此只能算启蒙时代。除本讲及前后诸讲特举论列之诸家外，就忆想所及，表其姓名，其蹈袭明学绪余者不入。

黄宗炎　字晦木，余姚人，梨洲之弟。著有《忧患学易》一书，内分《周易象辞》十九卷、《寻门余论》二卷、《图学辨惑》一卷。《图学辨惑》即辨先后天方圆等图也。又有《六书会通》，论小学。

张尔岐　见亭林学友表。

朱鹤龄　同上

钱澄之　同上

陈启源　字长发，吴江人，著《毛诗稽古编》三十卷。

冯景　字山公，钱唐人。与阎若璩友，尝助其著《古文尚书疏证》。所著有《解春集》二十卷。卢文弨其外孙也。

臧琳　字玉林，武进人，著《经义杂记》三十卷、《尚书集解》百二十卷。阎若璩极称其书，且谓为隐德君子。嘉庆间，其玄孙庸始校刻其书。

第七讲　两畸儒

——王船山　朱舜水

《中庸》说："君子之道，闇然而日章。"南明有两位大师，在当时，在本地，一点声光也没有，然而在几百年后，或在外国，发生绝大影响。其人曰王船山，曰朱舜水。

船山名夫之，字而农，一号薑斋，湖南衡阳人。因晚年隐居于湘西之石船山，学者称为船山先生。生明万历四十七年，卒清康熙三十一年（一六一九——一六九二），年七十四。他生在比较偏僻的湖南，除武昌、南昌、肇庆三个地方曾作短期流寓外，未曾到过别的都会。当时名士，除刘继庄献廷外，没有一个相识。又不开门讲学，所以连门生也没有。张献忠蹂躏湖南时候，他因为不肯从贼，几乎把命送掉。清师下湖南，他在衡山举义反抗，失败后走桂林。大学士瞿文忠式耜很敬重他，特荐于永历帝，授行人司行人。时永历帝驻肇庆，王化澄当国，纪纲大坏，独给谏金堡等五人志在振刷，不为群小所容，把他们下狱，行将杀害。船山奔告少傅严起恒，力救他们。化澄于是参起恒，船山亦三上疏参化澄。化澄恨极，誓要杀他，有降帅某救他，才免。返桂林，依瞿式耜。因母病回衡阳。其后式耜殉节桂林，起恒也在南宁遇害。船山知事不可为，遂不复出。当时清廷严令剃发，不从者死。他誓死抵抗，转徙苗瑶山洞中，艰苦备尝。到处拾些破纸或烂帐簿之类充著作稿纸。著书极多，二百年来几乎没有人知道。直至道光咸丰间，邓湘皋显鹤才搜集起来，编成一张书目。同治间曾沅圃国荃才刻成《船山遗书》，共七十七种二百五十卷。此外未刻及已佚的还不少。内中说经之书：关于《易经》者五种《周易内传》《周易大象解》《周易稗疏》《周易考异》《周易外传》，关于《书经》者三种《书经稗疏》《尚书考异》《尚书引义》，关于《诗经》者三种《诗经稗疏》《诗经考异》《诗广传》，关于《礼记》者一种《礼记章句》，关于《春秋》者四种《春秋稗疏》《春秋家说》《春秋世论》《续春秋左传博议》，关于四书者五种《四书训义》《四书稗疏》《四书考异》《四书大全说》《四书详解》，关于《小学》者一种《说文广义》。其解释诸子之书，则有《老子衍》《庄子解》《庄子通》《吕览释》《淮南子注》。其解释宋儒书，则有《张子正蒙注》《近思录释》。其史评之书，则有《读通鉴论》《宋论》。其史料之书，则有《永历实录》。其杂著，则有《思问录内外篇》《俟解》《噩梦》《黄书》《识小录》《龙源夜话》等。此外诗文集、诗余、诗话及诗选、文选等又若干种。内中最特别的，有《相宗络索》及《三藏法师八识规矩论赞》之两种。研究法相宗的著述，晚唐来千余年，此为仅见了。邓湘皋既述其目，系以叙论曰："先生生当鼎革，窃自维先世为明世臣，存亡与共，甲申后崎岖岭表，备尝险阻。既知事不可为，乃退而著书，窜伏祁、永、涟、邵山中，流离困苦，一岁数徙其处，……故国之戚，生死不忘。……当是时，海内儒硕，北有容城，西有盩厔，东南则有昆山、余姚。先生刻苦似二曲，贞晦过夏峰，多闻博学，志节皎然，不愧顾、黄两先生。顾诸君子肥遁自甘，声名亦炳，虽隐逸之荐，鸿博之征，皆以死拒，而公卿交口，天子动容，其志易白，其书易行。先生窜身瑶峒，绝迹人间，席棘饴荼，声影不出林莽。门人故旧，又无一有气力者，为之推挽。殁后遗书散佚。后生小子，至不能举其名姓，可哀也已。"这段话可谓极肃括，极沉痛，读之可以想见船山为人了。

船山和亭林，都是王学反动所产人物。但他们不但能破坏，而且能建设。拿今日的术语来讲，亭林建设方向近于“科学的”，船山建设方向近于“哲学的”。

西方哲家，前此惟高谈宇宙本体，后来渐渐觉得不辨知识之来源，则本体论等于瞎说，于是认识论和论理学，成为哲学主要之部分。船山哲学正从这方向出发。他有《知性论》一篇，把这个问题提出，说道：

> 言性者皆曰吾知性也。折之曰性弗然也，犹将曰性胡弗然也。故必正告之曰：尔所言性者，非性也。今吾勿问其性，且问其知。知实而不知名，知名而不知实，皆不知也。……目击而遇之，有其成象，而不能为之名，如是者，于体非茫然也，而不给于用，无以名之，斯无以用之也；曾闻而识之，谓有名之必有实，而究不能得其实，如是者，执名以起用，而茫然于其体，虽有用，固异体之用，非其用也。夫二者则有辨矣。知实而不知名，弗求名焉，则用将终绌。问以审之，学以证之，思以反求之，则实在而终得乎名，体定而终伸其用。……知名而不知实，以为既知之矣，则终始于名而惝怳以测其影，斯问而益疑，学而益僻，思而益甚其狂惑，以其名加诸迥异之体，枝辞日兴，愈离其本。……夫言性者，则皆有名之可执，有用之可见，而终不知何者之为性，盖不知何如之为“知”，而以知名当之。……故可直折之曰：其所云性者非性，其所自谓知者非知。……《薑斋文集》卷一

然则他对于“知”的问题怎样解答呢？他排斥“唯觉主义”。他说：

> 见闻可以证于知已知之后，而知不因见闻而发。《正蒙注》卷四上
>
> 耳与声合，目与色合，皆心所翕辟之牖也。合，故相知；乃其所以合之故，则岂耳目声色之力哉！故舆薪过前，群言杂至，而非意所属，则见如不见，闻如不闻，其非耳目之受而即合，明矣。同上

前文所录《知性》篇言“知名不知实”之弊，其意谓向来学者所论争只

在名词上，然而名词的来源，实不过见闻上一种习气。他说：

感于闻见，触名思义，不得谓之知能。……闻见，习也，习之所知者有穷。同上

又说：

见闻所得者，象也。……知象者本心也，非识心者象也。存象于心而据之以为知，则其知者象而已。象化其心，而心唯有象，不可谓此吾心之知也明矣。同上

“象化其心”怎么解呢？他说：

其所为信诸己者，或因习气，或守一先生之言，渐渍而据为己心。《俟解》

他根据这种理论，断言“缘见闻而生之知非真知”同上。以为因此发生二蔽：其一，“流俗之徇欲者以见闻域其所知”；其二，则“释氏据见闻之所穷而遂谓无”。他因此排斥虚无主义，说道：

目所不见，非无色也；耳所不闻，非无声也；言所不通，非无义也；故曰：“知之为知之，不知为不知。”知其有不知者存，则既知有之矣，是知也。……《思问录·内篇》

他又从论理方面难虚无主义，说道：

言无者激于言有者而破除之也，就言有者之所谓有而谓无其有也，天下果何者而可谓之无哉？……言者必有所立，而后其说成。今使言者立一“无”于前，博求之上下四维古今存亡而不可得，穷矣。同上

他于是建设他的实有主义，说道：

无不可为体。人有立人之体，百姓日用而不知尔，虽无形迹而非无实。使其无也，则生理以何为体而得存耶？……《正蒙注》卷三下

他所认的实体是什么？就是人的心。他说：

过去，吾识也；未来，吾虑也；现在，吾思也。天地古今以此而成，天下之亹亹以此而生。《思问录·内篇》

他的本体论重要根据，大概在此。我们更看他的知识论和本体论怎么地结合。他所谓“真知”是：“诚有而自喻，如暗中自指其口鼻，不待镜而悉。”《正蒙注》卷四上这种知，他名之曰“德性之知”。但他并不谓知限于此。他说：

因理而体其所以然，知以天也（超经验的）。事物至而以所闻所见者证之，知以人也（经验的）。通学识之知于德性之所喻而体用一源，则其明自诚而明也。《正蒙注》卷三下

又说：

谁知有其不知，而必因此（所知者）以致之（即大学致知之致），不迫于其所不知而索之。《思问录·内篇》

又说：

内者心之神，外者物之法象。法象非神不立，神非法象不显。多闻而择，多见而识，乃以启发其心思而令归于一，又非徒恃存神而置格物穷理之学也。《正蒙注》卷四上

欲知船山哲学的全系统，非把他的著作全部仔细细绎后，不能见出。可

惜，我未曾用这种苦功，而且这部小讲义中也难多讲。简单说：

一、他认“生理体”为实有。

二、认宇宙本体和生理体合一。

三、这个实体即人人能思虑之心。

四、这种实体论，建设在知识论的基础之上。其所以能成立者，因为有超出见闻习气的“真知”在。

五、见闻的“知”，也可以补助“真知”，与之骈进。

依我很粗浅的窥测，船山哲学要点大略如此。若所测不甚错，那么，我敢说他是为宋明哲学辟一新路。因为知识本质、知识来源的审查，宋明人是没有注意到的。船山的知识论对不对，另一问题。他这种治哲学的方法，不能不说比前人健实许多了。他著作中有关于法相宗的书两种，或者他的思想受法相宗一点儿影响，也未可知。

亭林极端地排斥哲理谈——最不喜讲“性与天道”。船山不然，一面极力提倡实行，一面常要研求最高原理。为什么如此呢？船山盖认为有不容已者。他说：

> 人之生也，君子而极乎圣，小人而极乎禽兽。苟不知所以生，不知所以死，则为善为恶，皆非性分之所固有，职分之所当为。下焉者何弗荡弃彝伦，以遂其苟且私利之欲？其稍有耻之心而厌焉者，则见为寄生两间，去来无准，恶为赘疣，善亦弁髦。生无所从，而名与善皆属沤瀑，以求异于逐而不返之顽鄙，乃其究也不可以终日，则又必佚出猖狂，为无缚无碍之邪说，终归于无忌惮。自非究吾之所始与其所终，神之所化，鬼之所归，效天下之正而不容不惧以终始，恶能释其惑而使信于学？……《张子正蒙注·自序》

船山之意以为，要解决人生问题，须先讲明人之所以生。若把这问题囫囵躲过不讲，那么，人类生活之向上便无根据，无从鞭策起来。否则为不正当的讲法所误，致人生越发陷于不安定。船山所以不废哲理谈者，意盖在此。

船山虽喜言哲理，然而对于纯主观的玄谈，则大反对。他说：

> 经云“事有终始，知所先后，则近道矣”；递推其先，则曰“在格物，物格而后知至”。……盖尝论之：何以谓之德？行焉而得之谓也；何以谓之善？处焉而宜之谓也。不行胡得？不处胡宜？则君子之所谓知者，吾心喜怒哀乐之节，万物是非得失之幾，诚明于心而不昧之谓耳。……今使绝物而始静焉，舍天下之恶而不取天下之善，堕其志，息其意，外其身，于是而洞洞焉，晃晃焉，若有一澄澈之境……庄周、瞿昙氏之所谓知，尽此矣。然而求之于身，身无当也；求之于天下，天下无当也。行焉而不得，处焉而不宜，则固然矣。于是曰：“吾将不行，奚不得？不处，奚不宜？”乃势不容已，而抑必与物接，则又洸洋自恣，未有不蹶而狂者也。……有儒之驳者起焉，有志于圣人之道，而惮至善之难止也……于是取《大学》之教，疾趋以附二氏之途，以其恍惚空明之见，名之曰：此明德也，此知也，此致良知而明明德也。体用一，知行合，善恶泯，介然有觉，颓然任之，而德明于天下矣。乃罗织朱子之过，而以穷理格物为其大罪。天下之畏难苟安以希冀不劳，无所忌惮而坐致圣贤者，翕然起而从之。……《大学衍补传》

船山反对王学的根本理由大概如此，他所以想另创新哲学的理由亦在此。至于他的哲学全系统如何？我因为没有研究清楚，不敢多说。有志研究的人，请把他所著《正蒙注》《思问录・内篇》做中坚，再博看他别的著作，或者可以整理出来。

自将《船山遗书》刻成之后，一般社会所最欢迎的是他的《读通鉴论》和《宋论》。这两部自然不是船山第一等著作，但在史评一类书里头，可以说是最有价值的。他有他的一贯精神，借史事来发表。他有他的特别眼光，立论往往迥异流俗。所以这两部书可以说是有主义有组织的书。若拿出来和吕东莱的《东莱博议》、张天如的《历代史论》等量齐观，那便错了。“攘夷排满”是里头主义之一种，所以给晚清青年的刺激极大。现在事过境迁，这类话倒觉无甚意义了。

船山本来不是考证学派，但他的经说，考核精详者也不少。邓湘皋说：“当代经师，后先生而兴者无虑百十家，所言皆有根柢。然诸家所著，有据为新义，辄为先生所已言者。《四库总目》于《春秋稗疏》曾及之。以余所见，尤非一事，盖未见其书也。”湘皋这话很不错，越发可见船山学问规模之博大了。

船山学术，二百多年没有传人。到咸同间，罗罗山泽南像稍为得着一点。后来我的畏友谭壮飞嗣同研究得很深。我读船山书，都是壮飞教我。但船山的复活，只怕还在今日以后哩！

※　※　※

有一位大师，在本国几乎没有人知道，然而在外国发生莫大影响者，曰朱舜水。日本史家通行一句话，说“德川二百余年太平之治”。说到这句话，自然要联想到朱舜水。

舜水名之瑜，字鲁玙，浙江余姚人。生明万历二十八年，卒清康熙二十一年（一六〇〇—一六八二），年八十三。他是王阳明、黄梨洲的胞同乡。他比梨洲长十一岁，比亭林长十四岁，他和亭林同一年死，仅迟三个月。最奇怪的，我们研究他的传记，知道他也曾和梨洲同在舟山一年，然而他们俩像未曾相识。其余东南学者，也并没有一位和他有来往。他的“深藏若虚”，可比船山还加几倍了。

崇祯十七年明亡时候，他已经四十五岁了。他早年便绝意仕进，那时不过一位贡生，并无官职。福王建号南京，马士英要罗致他，他不就，逃跑了。从南京失陷起，到永历被害止，十五年间，他时而跑日本，跑安南，跑暹罗，时而返国内，日日奔走国事。他曾和张苍水煌言在舟山共事，他曾入四明山助王完勋翊练寨兵，他曾和冯跻仲京第到日本乞师，他曾随郑延平成功入长江北伐。到最后百无可为，他因为抵死不肯剃发，只得亡命日本以终老。当时日本排斥外人，不许居住，有几位民间志士敬重他为人，设法破例留他住在长崎。住了七年，日本宰相德川光圀，请他到东京，待以宾师之礼。光圀亲受业为弟子。其余藩侯藩士日本当时纯为封建制，像我国春秋时代请业的很多。舜水以极光明俊伟的人格、极平实淹贯的学问、极肫挚和蔼的感情，给日本全国人以莫大的感化。德川二百年，日本整个变成儒教的国民，最大的动力实在舜水。后来德川光圀著一部《大日本史》，专标“尊王一统”之义。五十年前，德川庆喜归政，废藩置县，成明治维新之大业，光圀这部书功劳最多。而光圀之学全受自舜水。所以舜水不特是德川朝的恩人，也是日本维新致强最有力的导师。

舜水并没有开门讲学，也没有著书。我们研究这个人，只靠他一部文集里头的信札和问答。他以羁旅穷困之身，能博邻国全国人的尊敬，全恃他人格的权威。他说：“不佞生平，无有言而不能行者，无有行而不如其言者。”《文集》卷九《答安东守约书》又说：“弟性直率，毫不犹人，不论大明、日本，唯独行其是而已，不问其有非之者也。”《文集》卷十二《答小宅生顺问》又说：“自流离丧乱以来，二十六七年矣，其濒于必死，大者十余。……是故青天白日，隐然若雷霆震惊于其上，至于风涛险巇，倾荡颠危，则坦然无疑，盖自信者素耳。”《文集》卷十八《德始堂记》又说：“仆事事不如人，独于‘富贵不能淫，贫贱不能移，威武不能屈’，似可无愧于古圣先贤万分之一。一身亲历之事，固与士子纸上空谈者异也。”《文集》卷八《答小宅生顺书》他是个德行纯粹而意志最坚强的人，常常把整个人格毫无掩饰地表现出来与人共见。所以当时日本人对于他，“如七十子之服孔子”，殊非偶然。

他的学风，主张实践，排斥谈玄。他说：“先儒将现前道理，每每说向极微极妙处，固是精细工夫，然圣狂分于毫厘，未免使人惧。不佞举极难重事，一概都说到明明白白平平常常，似乎肤浅庸陋，然‘人人皆可为尧舜’之意也。……末世已不知圣人之道，而偶有向学之机，又与之辨析精微而逆折之，使智者诋为刍狗，而不肖者望若登天。……此岂引掖之意乎？”《文集》卷九《答安东守约书》又说：“颜渊问仁，孔子告以非礼勿视听言动。夫视听言动者，耳目口体之常事；礼与非礼者，中智之衡量；而‘勿’者下学之持守。岂夫子不能说玄说妙言高言远哉？抑颜渊之才不能为玄为妙骛高骛远哉？……故知道之至极者，在此而不在彼也。”《文集》卷十八《勿斋记》舜水之教人者，大略如此。

这种学风，自然是王学的反动。所以他论阳明，许以豪杰之士，但谓其多却讲学一事《文集》卷六《答佐野回翁书》。不惟王学为然，他对于宋以来所谓“道学家”，皆有所不满。他说：“有良工能于棘端刻沐猴，此天下之巧匠也，然不佞得此，必诋之为砂砾。何也？工虽巧，无益于世用也。……宋儒辨析毫厘，终不曾做得一事，况又于其屋下架屋哉？”《文集》卷九《与安东守约书》

他论学问，以有实用为标准。所谓实用者，一曰有益于自己身心，二曰有益于社会。他说：“为学之道，在于近里着己，有益天下国家，不在掉弄虚脾，捕风捉影。……勿剽窃粉饰，自号于人曰：我儒者也。处之危疑而弗能决，投之艰大而弗能胜，岂儒者哉？”《文集》卷十《答奥村庸礼书》他所谓学问如此，然则不独宋明道学，即清儒之考证学，也非他所许，可以推见了。

舜水娴习艺事，有巧思。“尝为德川光圀作《学宫图说》，图成，模之以木，大居其三十分之一，栋梁枅椽，莫不悉备。而殿堂结构之法，梓人所不能通晓者，舜水亲指授之，及度量分寸，凑离机巧，教喻缜密，经岁乃毕。光圀欲作石桥，舜水授梓人制度，梓人自愧其能之不及。此外，器物衣冠，由舜水绘图教制者甚多。”据今井弘济、安积觉合撰《舜水先生行实》我们因这些事实，可以见舜水不独为日本精神文明界之大恩人，即物质方面，所给他们的益处也不少了。

总而言之，舜水之学和亭林、习斋皆有点相近。博学于文功夫，不如亭林，而守约易简或过之；摧陷廓清之功不如习斋，而气象比习斋博大。舜水之学不行于中国，是中国的不幸；然而行于日本，也算人类之幸了。

夏峰、梨洲、亭林、船山、舜水这些大师，都是才气极倜傥而意志极坚强的人。舜水尤为伉烈。他反抗满洲的精神，至老不衰。他著有《阳九述略》一篇，内分《致虏之由》《虏祸》《灭虏之策》等条，末题“明孤臣朱之瑜泣血稽颡谨述”。此外，《文集》中关于这类的话很多。这类话入到晚清青年眼中，像触着电气一般，震得直跳，对于近二十年的政治变动，影响实在不小。他死后葬在日本，现在东京第一高等学校，便是他生前的住宅、死后的坟园。这回大震灾，侥幸没有毁掉。听说日本人将我们的避难学生就收容在该校。我想，这些可爱的青年们当着患难时候，瞻仰这位二百多年前蒙难坚贞的老先生的遗迹，应该受不少的感化罢！

第八讲　清初史学之建设

——万季野　全谢山　附：初期史学家及地理学家

我最爱晚明学者虎虎有生气。他们里头很有些人，用极勇锐的努力，想做大规模的创造。即以对于明史一事而论，我觉得他们的气魄，比现代所谓学者们高得多了。

史事总是时代越近越重要。考证古史，虽不失为学问之一种，但以史学自任的人，对于和自己时代最接近的史事，资料较多，询访质证亦较便，不以其时做成几部宏博翔实的书以贻后人，致使后人对于这个时代的史迹永远在迷离徜侃中，又不知要费多少无谓之考证才能得其真相，那么，真算史学家对不起人了。我常想：将来一部"清史"——尤其关于晚清部分，真不知做如何交代？直到现在，我所知道的，像还没有人认这问题为重要，把这件事引为己任。比起晚明史学家，我们真是惭愧无地了。

※　　※　　※

明清之交各大师，大率都重视史学——或广义的史学，即文献学。试一阅亭林、梨洲、船山诸家著述目录，便可以看出这种潮流了。内中专以史学名家，极可佩服而极可痛惜的两个人，先要叙他们一叙。

吴炎，字赤溟；潘柽章，字力田，俱江苏吴江人。两位都是青年史学家——顾亭林忘年之友，不幸被无情的文字狱牺牲了。两位所要做的事业，都未成功，又蒙奇祸而死，死后没有人敢称道他。我们幸而从顾亭林、潘次耕著述里头得着一点资料。《亭林诗集·汾州祭吴潘二节士诗》，有“一代文章亡左马，千秋仁义在吴潘”之句，可谓推挹到极地了。《亭林文集》有《书吴潘二子事》一篇。据所记，则赤溟、力田二人，皆明诸生，国变时，年仅二十以上，发愿以私人之力著成一部《明史》。亭林很敬慕他们，把自己所藏关于史料之书千余卷都借给他们。康熙二年，湖州庄廷鑨史狱起，牵累七十多人，陆丽京圻即其一也，而吴、潘皆与其难。亭林说他们“怀纸吮笔，早夜矻矻，其所手书盈床满箧，而其才足以发之”。又说：“二子少余十余岁，而余视为畏友。”他们的学问人格可想见了。力田实次耕之兄，遇难后家属都被波累，次耕改从母姓为吴，其后次耕从亭林及徐昭法学，克成德业，从兄志也。两人合著的《明史》，遭难时抄没焚烧了。亭林藏书也烧在里头。赤溟别无著书。我仅在《归元恭文续钞》里面看见他作的一篇序。力田著书存者有《国史考异》《松陵文献》两种。但《国史考异》已成者三十卷，烧剩下的仅有六卷。次耕的《遂初堂集》，对于这两部书各有一篇序。我们从这两篇序里头，可以看出力田的著述体例及其用力方法，大约大部分功夫，费在鉴别史料上头。用科学精神治史，要首推两君了。因本校图书馆无《遂初堂集》，未能征引原文，改天再补入。两君的《明史稿》之遭劫，我认为我们史学界不能回复之大损失，呜呼！

※　　※　　※

我在第五讲里头曾经说过，黄梨洲是清代史学开山之祖。梨洲门下传受他的史学者，是万充宗的兄弟万季野。

季野名斯同，卒康熙四十一年（一七〇二），年六十五。他的籍贯家世，在第五讲已经叙过了。他的父兄都是有学问的人。兄弟八人，他最幼。据全谢山作的传，说他小孩子时候异常淘气，他父亲履安先生泰每说要把他送和尚庙里当徒弟，他顽性依然不改；于是把他锁在空房里头。他看见架上有明史料数十册，翻一翻觉得有趣，几日间读完了，自是便刻志向学。逾年，遂随诸兄后，学于梨洲。在梨洲门下年最少，梨洲最赏爱他。梨洲学问方面很多，所著《明史案》，今仅存其目，曾否成书盖未可知。季野学固极博，然尤嗜文献，最熟明代掌故，自幼年即以著《明史》为己任。康熙十七年诏征鸿博，有人荐他，他力拒乃免。明年，开明史馆，亭林的外甥徐元文当总裁，极力要罗致他，他因为官局搜罗资料较容易，乃应聘入京。给他官，他不要，请以布衣参史事，不署衔，不受俸。住在元文家里，所有纂修官的稿都由他核定。他极反对唐以后史书设局分修的制度，说道：

> 昔迁、固才既杰出，又承父学，故事信而言文。其后专家之书，才虽不逮，犹未至如官修者之杂乱也。譬如入人之室，始而周其堂寝匽湢，继而知其蓄产礼俗，久之其男女少长性质刚柔轻重贤愚无不习察，然后可制其家之事。若官修之史，仓卒而成于众人，不暇择其才之宜与事之习，是犹招市人而与谋室中之事也。吾所以辞史局而假馆总裁所者，惟恐众人分操割裂，使一代治乱之迹，闇昧而不明耳。**钱大昕《潜研堂集·万季野先生传》**

季野自少时已委身于明史，至是旅京十余年，继续他的工作，著成《明史稿》五百卷。他略述著书旨趣道：

> 史之难言久矣。……而在今则事之信尤难。好恶因心，而毁誉随之；一家之事，言者三人，而其传各异矣，况数百年之久乎！言语可曲附而成，事迹可凿空而构，其传而播之者，未必皆直道之行也；其闻而书之者，未必有裁别之识也。非论其世，知其人，而具见其表里，则吾以为信而人受其枉者多矣。……《实录》者，直载其事与言而无所增饰者也。因其世以考其事，核其言而平心察之，则其人之本末，十得八九矣。然言之发或有所由，事之端或有所起，而其流或有所激，则非他书不能具也。凡《实录》之难详者，吾以他书证之；他书之诬且滥者，吾以所得于《实

录》者裁之；虽不敢具谓可信，而枉者或鲜矣。昔人于《宋史》已病其繁芜，而吾所述将倍焉。非不知简之为贵也，吾恐后之人务博而不知所裁，故先为之极，使知吾所取者有可损，而所不取者必非其事与言之真而不可益也。方苞《望溪文集·万季野先生墓表》

自唐以后，设官局修史，大抵凑杂成篇，漫无别择，故所成之书，芜秽特甚。内中如欧阳永叔之《五代史记》、朱晦庵之《通鉴纲目》等，号称为有主义的著作，又专讲什么“春秋笔法”，从一两个字眼上头搬演花样。又如苏老泉、东坡父子，吕东莱，张天如等辈，专做油腔滑调的批评，供射策剿说之用，宋明以来大部分人——除司马温公、刘原父、郑渔仲诸人外——所谓史学大率如此。到潘力田、万季野他们所做的工作便与前不同。他们觉得：历史其物，非建设在正确事实的基础之上，便连生命都没有了，什么“书法”和批评，岂非都成废话？然而欲求事实的正确，决非靠空洞的推论和尖巧的臆测所能得。必须用极耐烦工夫，在事实自身上旁推反勘，才可以得着真相。换一句话说，他们的工作，什有七八费在史料之搜集和鉴别。他们所特别致力者虽在明史，但这种研究精神，影响于前清一代史学界不少。将来健实的新史学，恐怕也要在这种研究基础之上，才能发生哩。

现行《明史》，在二十四史中——除马、班、范、陈四书外，最为精善，殆成学界公论了。《明史》虽亦属官局分修，然实际上全靠万季野。钱竹汀说：“乾隆初，大学士张公廷玉等奉诏刊定《明史》，以王公鸿绪《史稿》为本而增损之。王氏稿大半出先生手。”《潜研堂集·万季野传》盖实录也。乾隆四年张廷玉《进明史表》云：“惟旧臣王鸿绪之《史稿》，经名人三十载之用心。……”名人即指季野，不便质言耳。关于这件事，我们不能不替万季野不平，而且还替学界痛惜。盖明史馆总裁，自徐元文后，继任者为张玉书，为陈廷敬，为王鸿绪，都敬礼季野。季野费十几年工夫，才把五百卷的《明史稿》著成。季野卒于京师，旁无亲属，所藏书籍数十万卷，都被钱名世其人者全数乾没去，《明史稿》原本，便落在王鸿绪手。鸿绪本属佥壬巧宦，康熙末年，依附皇八子构煽夺嫡，卒坐放废。这类人有什么学问什么人格呢？他得着这部书，便攘为己有，叫人誊钞一分，每卷都题“王鸿绪著”，而且板心都印有“横云山人集”字样，拿去进呈，自此万稿便变成王稿了。这还不要紧，因为这位“白昼行劫的偷书贼”，赃证具在，人人共知，徒加增自己劣迹，并无损于季野。最可恨者，他偷了季野的书，却把它改头换面，颠倒是非，叫我们摸不清楚哪部分是真的，哪部分是假的。关于这件公案，后来学者零碎举发颇多，恕我未能把它汇集起来做一篇详细考证。记得魏默深《古微堂外集》有《书明史稿》两篇，可参看。季野所谓“非其事与言之真而不可益”者，他却“益”了许多。季野根本精神，一部分被偷书贼丧掉，真冤透了！

季野著书，除《明史稿》外，尚有《历代史表》六十卷、《纪元汇考》四卷、《庙制图考》四卷、《儒林宗派》八卷、《石经考》二卷、《周正汇考》八卷、《历代宰辅汇考》八卷、《宋季忠义录》十六卷、《六陵遗事》一卷、《庚申君遗事》一卷、《群书疑辨》十二卷、《书学汇编》二十二卷、《昆仑河源考》二卷、《河渠考》十二卷、《石园诗文集》二十卷。自《周正汇考》以下十种，钱竹汀都说未见。但《群书疑辨》现有单行本，《六陵遗事》《庚申君遗事》各丛书多采入，其余存佚便不可知了。又徐乾学的《读礼通考》，全部由季野捉刀。秦蕙田的《五礼通考》，恐怕多半也是偷季野的。全谢山《万贞文先生传》云：“先生之初至京也，时议意其专长在史。及昆山徐侍郎居忧，先生与之语丧礼。侍郎因请先生纂《读礼通考》一书，上自国恤，以讫家礼，十四经之笺疏，廿一史之志传，汉唐宋诸儒之文集说部，无或遗者，……乃知先生之深于经。侍郎因请先生遍成五礼之书二百余卷。”据此则徐书全出季野手，毫无疑义。惟秦氏《五礼通考》不得捉刀者主名，或说出戴东原，或说出某人某人，都无确据。据谢山说，季野既续作五礼之书二百余卷，这部书往哪里去了呢？只怕也像《明史稿》一样，被阔人偷去撑门面了。我们读《历代史表》，可以看出季野的组织能力；读《群书疑辨》，可以看出他考证精神；读《读礼通考》，可以看出他学问之渊博和判断力之锐敏。除手创《明史》这件大事业不计外，专就这三部书论，也可以推定季野在学术界的地位了。

季野虽属梨洲得意门生，但关于讲学宗旨狭义的讲学和梨洲却不同。梨洲很有些门户之见，季野却一点也没有。《四库提要》说："明以来谈道统者，扬己陵人，互相排轧，卒酿门户之祸。斯同目睹其弊，著《儒林宗派》，凡汉后唐前传经之儒，一一具列，持论独为平允。"他这部书著在《明儒学案》以后，虽彼此范围，本自不同，亦可见他对于梨洲的偏见，不甚以为然了。

还有一件应注意的事。季野晚年对于颜习斋的学术，像是很悦服的。他替李刚主所著的《大学辨业》作一篇序，极表推崇之意。据刚主述季野自道语云："吾自误六十年矣。吾少从黄先生游，闻四明有潘先生者曰：'朱子道，陆子禅。'启超案：此当是潘平格，字德舆。怪之，往诘其说，有据。同学因轰言予叛黄先生。先生亦怒，予谢曰：'请以往不谈学，专穷经史。'遂忽忽至今。……"《恕谷后集》卷六《万季野小传》据此愈可证明，季野虽出黄门，对于什么程朱陆王之争，他却是个局外中立者。至于他的人格，受梨洲教育的影响甚深，自无待言。

季野兄子经，字九沙，斯大子；言，字贞一，斯年子。皆传家学，而尤致力于史。九沙著《明史举要》。贞一在史馆，独任《崇祯长编》。而九沙最老寿，全谢山尝从问业，衍其绪。

※ ※ ※

章实斋学诚论浙东学术，从阳明、蕺山说到梨洲，说道："……梨洲黄氏，出蕺山刘氏之门，而开万氏弟兄经史之学，以至全氏祖望辈尚存其意。……世推顾亭林氏为开国儒宗，然自是浙西之学，不知同时有梨洲出于浙东，虽与顾氏并峙，而上宗王、刘，下开二万，较之顾氏，源远而流长矣。顾氏宗朱，而黄氏宗陆，盖非讲学专家各持门户之见者，故互相推服而不相非诋。……浙东贵专家，浙西尚博雅，各因其习而习也。"又说："浙东之学，言性命者必究于史，此其所以卓也。"又说："朱陆异同所以纷纶，则惟腾空言而不切于人事耳。知史学之本于《春秋》，知《春秋》之将以经世，则知性命无可空言，而讲学者必有事事，不特无门户可持，亦且无以持门户矣。浙东之学，虽源流不异，而所遇不同，故其见于世者，阳明得之而为事功，蕺山得之而为节义，梨洲得之为隐逸，万氏兄弟得之为经术史裁。授受虽出于一，而面目迥殊，以其各有事事故也。彼不事所事，而但空言德性，空言问学，则黄茅白苇，极目雷同，不得不殊门户以为自见地耳。故惟陋儒则争门户也。”《文史通义》卷五从地理关系上推论学风，实学术史上极有趣味之一问题。实斋浙东人，或不免有自誉之嫌。然而这段话，我认为大端不错。最少也可说，清代史学界伟大人物，属于浙东产者最多。

现在要讲浙东第三位史学大师全谢山。以年代编次，梨洲第一，季野第二。

谢山名祖望，字绍衣，浙江鄞县人，生康熙四十四年，卒乾隆二十年（一七〇五—一七五五），年五十一。他生当承平时代，无特别事迹可纪，然其人格之峻严狷介，读他全集，到处可以见出。他尝入翰林，因不肯趋附时相，散馆归班候补，便辞官归。曾主讲本郡蕺山书院，因地方官失礼，便拂衣而去，宁捱饿不肯曲就。晚年被聘主讲吾粤之端溪书院，对于粤省学风，影响颇深。粤督要疏荐他，他说是“以讲学为市”，便辞归。穷饿终老，子又先殇，死时竟至无以为殓。他体弱善病，所有著述，大率成于病中，得年仅及中寿，未能竟其所学。假使他像梨洲、亭林一般获享大年，不知所成当更何若。这真可为我学界痛惜了。他的朋友姚薏田玉裁说他：“子病在不善持志。理会古人事不了，又理会今人事，安得不病！”董秉纯著《全谢山年谱》这话虽属责善雅谑，却极能传出谢山学风哩。

谢山著述今存者，有《鲒埼亭集》三十八卷、《外集》五十卷、《诗集》十卷、《经史问答》十卷、《校水经注》三十卷、《续宋元学案》一百卷、《困学纪闻三笺》若干卷、辑《甬上耆旧诗》若干卷。其未成或已佚者，则有《读史通表》《历朝人物世表》《历朝人物亲表》等。《鲒埼亭集》被杭堇浦世骏藏匿多年，又偷了多篇，今所传已非完璧。同治间徐时栋著《烟屿楼集》，有《记杭堇浦》篇，述始末颇详。《水经注》则谢山与其友赵东潜一清合作，屡相往复讨论，各自成书，而谢山本并经七校。《宋元学案》，黄梨洲草创，仅成十七卷，其子耒史百家续有补葺，亦未成；谢山于黄著有案者增订之，无案者续补之，泐为百卷本，但亦未成而殁。今本则其同县后学王梓材所续订，而大体皆谢山之旧也。

沈果堂彤说："读《鲒埼亭集》，能令人傲，亦能令人壮，得失相半。"谢山亦深佩其言云杨钟羲《雪桥诗话》三集卷四。若问我对于古今人文集最爱读某家，我必举《鲒埼亭》为第一部了！谢山性情极肫厚，而品格极方峻，所作文字，随处能表现他的全人格，读起来令人兴奋。他是个史学家，但他最不爱发空论，像苏明允、张天如一派的史论文章，全集可说没有一篇。他这部集，记明末清初掌故约居十之四五，订正前史讹舛约居十之二三，其余则为论学书札及杂文等。内中他自己的亲友及同乡先辈的传记，关系不甚重要的，也有一部分。他生当清代盛时，对于清廷并没有什么愤恨，但他最乐道晚明仗节死义之士与夫抗志高蹈不事异姓者，真是"其心好之，不啻若自其口出"。试看他关于钱忠介、张苍水、黄梨洲、王完勋……诸人的记述，从他们立身大节起，乃至极琐碎之遗言佚事，有得必录，至再至三，像很怕先辈留下的苦心芳躅从他手里头丢掉了。他所作南明诸贤之碑志记传等，真可谓情深文明，其文能曲折尽情，使读者自然会起同感。所以晚清革命家，受他暗示的不少。可惜所叙述者，只有江浙人独详，别个地方不多。但也难怪他，他只是记自己闻见最亲切的史迹。他最善论学术流派，最会描写学者面目，集中梨洲、亭林、二曲、季野、桴亭、继庄、穆堂……诸碑传，能以比较简短的文章，包举他们学术和人格的全部，其识力与技术，真不同寻常。他性极狷介，不能容物，对于伪学者如钱谦益、毛奇龄、李光地等辈，直揭破他们的面目，丝毫不肯假借。他的文笔极锋利，针针见血，得罪人的地方也很不少，所以有许多人恨他。他对于宋明两朝"野史"一类书，所见最多，最能用公平敏锐的眼光，评定他们的价值。此外订正历代史迹之传讹及前人评论史迹失当者甚多，性质和万季野《群书疑辨》有点相像。《鲒埼亭集》内容和价值大略如此。

谢山是阳明、蕺山、梨洲的同乡后学，受他们的精神感化甚深。所以他的学术根柢，自然是树在阳明学派上头。但他和梨洲有两点不同：第一，梨洲虽不大作玄谈，然究未能尽免；谢山著述，却真无一字理障了。第二，梨洲门户之见颇深，谢山却一点也没有。所以我评论谢山，说他人格的光明俊伟，是纯然得力王学，可以与他的朋友李穆堂同称王门后劲。若论他学术全体，可以说是超王学的，因为对王学以外的学问，他一样地用功，一样地得力。

《宋元学案》这部书，虽属梨洲创始，而成之者实谢山。谢山之业，视梨洲盖难数倍。梨洲以晚明人述明学，取材甚易。谢山既生梨洲后数十年，而所叙述又为梨洲数百年前之学，所以极难。《鲒埼亭集》卷三十《蕺山相韩旧塾记》云："予续南雷《宋儒学案》，旁搜不遗余力。盖有六百年来儒林所不及知而予表而出之者。"据董小钝所撰年谱，则谢山之修此书，自乾隆十年起至十九年止，十年间未尝辍，临没尚未定稿，其用力之勤可想。拿这书和《明儒学案》比较，其特色最容易看出者：第一，不定一尊。各派各家乃至理学以外之学者，平等看待。第二，不轻下主观的批评。各家学术为并时人及后人所批评者，广搜之以入"附录"，长短得失，令学者自读自断，著者绝少作评语以乱人耳目。第三，注意师友渊源及地方的流别。每案皆先列一表，详举其师友及弟子，以明思想渊源所自，又对于地方的关系多所说明，以明学术与环境相互的影响。以上三端，可以说是《宋元学案》比《明儒学案》更进化了。至于里头所采资料，颇有失于太繁的地方。例如《涑水学案》之全采《潜虚》，《百源学案》之多录《皇极经世》等。我想这是因为谢山未能手订全稿，有许多本属"长编"，未经删定。后有学者，能将这书再修正增删一遍，才算完黄、全未竟之志哩。

从《永乐大典》里头纂辑佚书，是乾隆开四库馆最初的动机，读朱笥河筠请开四库馆原折便可知道了。然而这种工作，实由谢山和李穆堂最先发起。本集卷十七有《钞永乐大典记》一篇详述其始末。这件事于谢山学术虽无甚关系，于清朝掌故却很有关系，附记于此。

浙东学风，从梨洲、季野、谢山起以至于章实斋，厘然自成一系统，而其贡献最大者实在史学。实斋可称为“历史哲学家”，其著作价值更高了。下文别有一篇详论他，现在且缓讲。

※　　※　　※

此外要附带讲两个人，曰无锡二顾。

顾祖禹，字景范，江苏无锡人。生明天启四年，卒清康熙十九年（一六二四—一六八〇），年五十七。他父亲是一位绩学遗老。他和阎潜丘、胡东樵交好，同在徐健庵的《大清一统志》局中修书，除此以外，他未曾受清朝一官一禄。他平生著述，只有一部《读史方舆纪要》，从二十九岁做起，一日都不歇息，到五十岁才做成。然而这一部书已足令这个人永远不朽了。这书自序中述他父亲临终的话，说道：“及余之身而四海陆沉，九州鼎沸……嗟乎！园陵宫阙，城郭山河，俨然在望，而十五国之幅员，三百年之图籍，泯焉沦没，文献莫征，能无悼叹乎？余死，汝其志之。”又自述著书本意道：“……凡吾所以为此书者，亦重望乎世之先知之也。不先知之，而以惘然无所适从者任天下之事，举宗庙社稷之重，一旦束手而畀诸他人，此先君子所为愤痛呼号扼腕以至于死也。”可见他著述动机，实含着无限隐痛。这部书凡一百三十卷：首舆图，次历代州域形势，次直隶等十三省封域山川险要，次川渎异同。这部书体裁很特别，可以说是一百三十卷几百万言合成一篇长论文。每卷皆提挈纲领为正文，而凡所考证论列，则低一格作为解释，解释之中又有小注。解释之文，往往视正文十数倍。所以他这书，可以说是自为书而自注之。因此之故，眉目极清晰，令读者感觉趣味。依我看，清代著作家组织力之强，要推景范第一了。他自述著述经过，说道：“集百代之成言，考诸家之绪论，穷年累月，矻矻不休，至于舟车所经，亦必览城郭，按山川，稽道里，问关津；以及商旅之子，征戍之夫，或与从容谈论，考核异同。”其用力之勤，可以推见。然而他并不自满足，他说：“……按之图画，索之典籍，亦举一而废百耳，又或了了于胸中，而身至其地，反若聩聩焉。……予之书其足据乎？”其虚心又如此。魏冰叔禧最佩服这书，其所作序，称为“数千百年绝无仅有之作”。又说：“祖禹贯穿诸史，出以己所独见。其深思远识，有在语言文字之外者。”可谓知言。景范这书，专论山川险隘，攻守形势，而据史迹以推论得失成败之故。其性质盖偏于军事地理，殆遗老力谋匡复所将有事耶？然而这部书的组织及其研究方法，真算得治地理学之最好模范。我们若能将这种精神应用到政治地理、经济地理、文化地理之各部分，那么，地理便不至成为干燥无味的学科了。

顾栋高，字复初，一字震沧，江苏无锡人。生卒年无考，大约和全谢山年辈相当。他著有一部好书，名曰《春秋大事表》。这部书的体例，是将全部《左传》拆散，拈出若干个主要题目，把书中许多零碎事实按题搜集起来，列为表的形式，比较研究。其有用特别眼光考证论列者，则别为叙说论辨考等。凡为表五十篇、叙说等百三十一篇。《礼记》说：“属辞比事，《春秋》之教。”治史的最好方法，是把许多事实连属起来比较研究，这便是“属辞比事”。这些事实，一件件零碎摆着，像没有什么意义，一属一比，便会有许多新发明。用这种方法治历史的人，向来很少。震沧这部书，总算第一次成功了。他研究的结果，虽有许多令我们不能满足，但方法总是对的。震沧所著，还有《司马温公年谱》《王荆公年谱》两书，体例也极精审。后来如钱竹汀、丁俭卿、张石洲等做了许多名人年谱，像还没有哪部比得上他。所以我认震沧为史学界有创作能力的人。

附：初期史学家及地理学家表

马骕　字骢御，一字宛斯，邹平人，康熙十二年卒。著《绎史》一百六十卷，起天地开辟讫秦之亡。顾亭林见之惊叹，谓为不可及。此书搜罗极富，可算一部好类书，惜别择不精耳。骕尚有《左传事纬》十二卷，将《左传》的编年体改为纪事本末体，亦便读者。其后有李锴，字铁君，奉天人，著《尚史》七十卷，改《绎史》之纪事本末体为纪传体，其材料全本《绎史》云。

吴伟业　字骏公，号梅村，太仓人。康熙十年卒。梅村文学人人共知，其史学似亦用力甚勤。著有《春秋地里志》十六卷、《春秋氏族志》二十四卷。二书吾皆未见，恐已佚。若存，或有价值也。今存《绥寇纪略》一书，专记明季流寇始末，题梅村撰。但梅村所撰，原名《鹿樵野史》，今本乃彼一不肖门生邹漪所盗改，颠倒是非甚多，非梅村之旧也。

第九讲　程朱学派及其依附者

——张杨园　陆桴亭　陆稼书　王白田　附：其他

王学反动，其第一步则返于程朱，自然之数也。因为几百年来好谭性理之学风，不可猝易，而王学末流之敝，又已为时代心理所厌，矫放纵之敝则尚持守，矫空疏之敝则尊博习，而程朱学派，比较的路数相近而毛病稍轻。故由王返朱，自然之数也。

清初诸大师，夏峰、梨洲、二曲，虽衍王绪，然而都有所修正。夏峰且大有调和朱王的意味了。至如亭林、船山、舜水，虽对于宋明人讲学形式，都不大以为然，至其自己得力处，大率近于朱学，读诸家著作中关于朱王之批评语可见也。其专标程朱宗旨以树一学派，而品格亦岳然可尊者，最初有张杨园、陆桴亭，继起则陆稼书、王白田。

杨园名履祥，字考夫，浙江桐乡县人。所居曰杨园里，故学者称杨园先生。生明万历三十九年，卒清康熙十三年（一六一一—一六七四），年六十四。九岁丧父，母沈氏授以《论语》《孟子》，勉励他说："孔孟只是两家无父儿也。"他三十二岁，谒黄石斋问学；三十四岁，谒刘蕺山，受业为弟子。当时复社声气甚广，东南人士，争相依附。杨园说："东南坛坫，西北干戈，其为乱一也。"又说："一人声气，便长一'傲'字，便熟一

‘伪’字，百恶都从此起矣。”于是断断自守，不肯和当时名士来往。甲申闻国变，缟素不食者累日，嗣后便杜门谢客，训童蒙以终老。晚年德望益隆，有事以师礼者，终不肯受，说道：“近见时流讲学之风，始于浮滥，终于溃败，平日所深恶也，岂肯躬自蹈之！”黄梨洲方以绍述蕺山鼓动天下，杨园说：“此名士，非儒者也。”杨园虽学于蕺山，而不甚墨守其师说，尝辑《刘子粹言》一书，专录蕺山矫正阳明之语。他极不喜欢阳明的《传习录》，说道：“读此书使人长傲文过，轻自大而卒无得。”又说：“一部《传习录》，吝骄二字足以蔽之。”他一生专用刻苦功夫，闇然自修，尝说：“人知作家计须苦吃苦挣，不知读书学问与夫立身行己，俱不可不苦吃苦挣。”晚年写《寒风伫立图》，自题云：“行己欲清，恒入于浊。求道欲勇，恒病于怯。噫！君之初志，岂不曰‘古之人古之人’，老斯至矣，其仿佛乎何代之民？”他用力坚苦的精神，大略可见了。他所著有《经正录》《愿学记》《问目》《备忘录》《初学备忘》《训子语》《言行见闻录》《近鉴》等书。他居乡躬耕，习于农事，以为“学者舍稼穑外别无治生之道。能稼穑则无求于人而廉耻立；知稼穑之艰难，则不敢妄取于人而礼让兴。”《补农书》这部书，有海昌人范鲲曾刻之。陈梓做的《杨园小传》，说这书“不戒于火，天下惜之”。据钱林《文献征存录》说，因为某次文字狱，怕有牵累把板毁了。农书尚且遭此厄，可谓大奇。杨园因为是清儒中辟王学的第一个人，后来朱学家极推尊他，认为道学正统。依我看，杨园品格方严，践履笃实，固属可敬，但对于学术上并没有什么新发明、新开拓，不过是一位独善其身的君子罢了。当时像他这样的人也还不少，推尊太过，怕反失其真罢。

※　　※　　※

陆桴亭，字道威，江苏太仓人。生明万历三十九年，卒清康熙十一年（一六一一——一六七二），年六十二。早岁有志事功，尝著论论平流寇方略，语极中肯。明亡，尝上书南都，不见用，又尝参人军事，被清廷名捕。事既解，返乡居，凿池十亩，筑亭其中，不通宾客，号曰桴亭，故学者称桴亭先生。所著有《思辨录》。全谢山谓其“上自周汉诸儒以迄于今，仰而象纬律历，下而礼乐政事异同，旁及异端，其所疏证剖析盖数百万言，无不粹且醇。……而其最足废诸家纷争之说，百世俟之而不惑者，尤在论明儒”《鲒埼亭集·陆桴亭先生传》。桴亭不喜白沙、阳明之学，而评论最公，绝不为深文掊击。其论白沙曰：

> 世多以白沙为禅宗，非也。白沙曾点之流，其意一主于洒脱旷闲以为受用，不屑苦思力索，故其平日亦多赋诗写字以自遣，便与禅思相近。……是故白沙“静中养出端倪”之说，《中庸》有之矣，然不言戒慎恐惧，而惟咏歌舞蹈以养之，则近于手持足行无非道妙之意矣。……其言养气，则以勿忘勿助为要。夫养气必先集义，所谓必有事焉也，白沙但以勿忘勿助为要，失却最上一层矣。……《思辨录·诸儒异学篇》

其论阳明曰：

> 阳明之学，原自穷理读书中来。不然，龙场一悟，安得六经皆凑泊？但其言朱子格物之非，谓尝以庭门竹子试之，七日而病。是则禅家参竹篦之法，元非朱子格物之说，阳明自误会耳。盖阳明少时，实尝从事于禅宗，而正学工夫尚寡。初官京师，虽与甘泉讲道，非有深造。南中三载，始觉有得，而才气过高，遽为致良知之说，自树一帜，是后毕生鞅掌军旅之中，虽到处讲学，然终属聪明用事，而少时之熟处难忘，亦不免逗漏出来，是则阳明之定论也。要之，致良知固可入圣，然切莫打破敬字，乃是坏良知也。其致之亦岂能废穷理读书？然阳明之意，主于简易直捷以救支离之失，故聪明者喜从之。而一闻简易直捷之说，则每厌穷理读书之繁，动云“一切放下”“直下承当”。心粗胆大，只为断送一敬字，不知即此简易直捷之一念，便已放松脚跟也。故阳明在圣门，狂者之流，门人昧其苦心以负之耳。同上

此外论各家的话很多，大率皆极公平极中肯。所以桴亭可以说是一位最好的学术批评家——倘使他做一部《明儒学案》，价值只怕还在梨洲之上。因为梨洲主观的意见，到底免不掉，桴亭真算得毫无成心的一面镜子了。桴亭常说："世有大儒，决不别立宗旨。譬之国手，无科不精，无方不备，无药不用，岂有执一海上方而沾沾语人曰'舍此更无科无方无药也'？近之谈宗旨者，皆海上方也。"这话与梨洲所谓"凡学须有宗旨，是其人得力处，亦即学者用力处"者，正相反了。由此言之，后此程朱派学者，硬拉桴亭为程朱宗旨底下一个人，其实不对。他不过不宗陆王罢了，也不见得专宗程朱。程朱将"性"分为二，说："义理之性善，气质之性恶。"此说他便不赞同。他论性却有点和颜习斋同调。他教学者止须习学六艺，谓"天文、地理、河渠、兵法之类，皆切于世用，亟当讲求"，也和习斋学风有点相类。他又不喜欢讲学，尝说："天下无讲学之人，此世道之衰；天下皆讲学之人，亦世道之衰也。"又说："近世讲学，多似晋人清谈。清谈甚害事。孔门无一语不教人就实处做。"他自述存养功夫，对于程朱所谓"静中验喜怒哀乐未发气象"者，亦有怀疑。他说："尝于夜间闭目危坐，屏除万虑以求其所谓'中'。究之念虑不可屏，一波未平，一波又起。间或一时强制得定，嗒然若忘，以为此似之矣。然此境有何佳处，而先儒教人为之？……故除却'戒慎恐惧'别寻'未发'，不是槁木死灰，便是空虚寂灭。"据此看来，桴亭和程朱门庭不尽相同，显然可见了。

他的《思辨录》，颜习斋、李恕谷都很推重，我未得见原本。《正谊堂丛书》里头的《思辨录辑要》系马肇易负图所辑，张孝先伯行又删订一番，必须与程朱相合的话始行录入，已经不是桴亭真面了。

※　　※　　※

陆稼书，名陇其，浙江平湖人。生明崇祯三年，卒清康熙三十一年（一六三〇—一六九二），年六十三。他是康熙间进士出身，曾任嘉定、灵寿两县知县，很有惠政，人民极爱戴他，后来行取御史，很上过几篇好奏疏。他是鲠直而恬淡的人，所以做官做得不得意，自己也难进易退。清朝讲理学的人，共推他为正统。清儒从祀孔庙的头一位便是他。他为什么独占这样高的位置呢？因为他门户之见最深最严，他说："今之论学者无他，亦宗朱子而已。宗朱子为正学，不宗朱子即非正学。董子云：'诸不在六艺之科、孔子之术者，皆绝其道勿使并进，然后统纪可一而法度可明。'今有不宗朱子者，亦当绝其道勿使并进。"质而言之，他是要把朱子做成思想界的专制君主，凡和朱学稍持异同的都认为叛逆。他不惟攻击陆王，乃至高景逸、顾泾阳学风介在朱王之间者，也不肯饶恕。所以程朱派的人极颂他卫道之功，比于孟子距杨、墨。平心而论，稼书人格极高洁，践履极笃实，我们对于他不能不表相当的敬意。但因为天分不高，性情又失之狷狭，或者也因王学末流猖狂太甚，有激而发，所以日以尊朱黜王为事。在他自己原没有什么别的作用，然而那些戴假道学面具的八股先生们，跟着这条路走，既可以掩饰自己的空疏不学，还可以唱高调骂人，于是相争捧他捧上天去。不独清代学界之不幸，也算稼书之不幸哩。稼书办事是肯认真肯用力的，但能力真平常，程朱派学者大率如此，也难专怪他。李恕谷尝记他一段轶事道："陆稼书任灵寿，邵子昆任清苑，并有清名，而稼书以子昆宗陆王，遂不相合，刊张武承所著《王学质疑》相诟厉。及征嘎尔旦，抚院将命稼书运饷塞外。稼书不知所措，使人问计子昆。子昆答书云：'些须小事，便尔张皇，若遇宸濠大变，何以处之？速将《王学质疑》付之丙丁，则仆之荒计出矣。'……"恕谷著《中庸传注问》我们对于稼书这个人的评价，这种小事，也是该参考的资料哩。

※　※　※

王白田，名懋竑，字予中，江苏宝应人，生康熙七年，卒乾隆六年（一六六八—一七四一），年七十四。他是康熙间进士出身，改授教官，雍正间以特荐召见授翰林院编修，不久便辞官而归。他是一位极谨严方正的人。王安国念孙之父说他："自处闺门里巷，一言一行，以至平生出处大节，举无愧于典型。"《王文肃公集·朱子年谱序》他生平只有一部著作，曰《朱子年谱》四卷，附《考异》四卷。这部书经二十多年，四易稿然后做成，是他一生精力所聚，也是研究朱学唯一的好书。要知道这部书的价值，先要知道明清以来朱王两派交涉的形势。

朱子和陆子是同时讲学的朋友，但他们做学问的方法根本不同。两位见面和通信时已经有不少的辩论。后来两家门生，越发闹成门户水火，这是公然的事实，无庸为讳的。王阳明是主张陆学的人，但他千不该万不该做了一部书，叫作《朱子晚年定论》。这部书大意是说：朱子到了晚年，也觉得自己学问支离，渐渐悔悟，走到陆象山同一条路上去了。朱子学问是否免得了支离两个字，朱陆两家学问谁比谁好，另一问题。但他们俩的出发点根本不同，这是人人共见的。阳明是一位豪杰之士，他既卓然有所自信，又何必依傍古人？《晚年定论》这部书，明明是援朱入陆，有高攀朱子、借重朱子的意思。既失朱子面目，也失自己身分，这是我们不能不替阳明可惜的。这部书出来之后，自然引起各方面反动。晚明时候，有一位广东人陈清澜建著一部《学蔀通辨》专驳他，朱王两派交换炮火自此始。后来顾亭林的《日知录》也有一条驳《晚年定论》，驳得很中要害。而黄梨洲一派大率左袒阳明，内中彭定求的《阳明释毁录》最为激烈。争辩日烈，调停派当然发生。但调停派却并非第三者，乃出于两派之自身，一边是王派出身的孙夏峰，一边是朱派出身的陆桴亭，都是努力想把学派学说异中求同，省却无谓的门户口舌。但这时候，王学正值盛极而衰的末运；朱学则皇帝喜欢他，大臣恭维他，一种烘烘热热的气势。朱派乘盛穷追，王派的炮火渐渐衰熄了。这场战争里头，依我看，朱派态度很有点不对。陈清澜是最初出马的人，他的书纯然破口谩骂，如何能服人？陆稼书比较稳健些，但太褊狭了，一定要将朱派造成专制的学阀，对于他派要应用韩昌黎“人其人火其书”的手段，如何行得去呢？尤可恨的，许多随声附和的人，对于朱陆两派学说内容并未尝理会过，一味跟着人呐喊瞎骂，结果当然惹起一般人讨厌，两派同归于尽。乾嘉以后，“汉学家”这面招牌出来，将所有宋明学一齐打倒，就是为此。在这个时候，朱陆两派各有一个人将自己本派学说平心静气忠忠实实地说明真相，既不做模棱的调和，也不做意气的攻击。其人为谁？陆派方面是李穆堂，朱派方面是王白田。而白田的成绩，就在一部《朱子年谱》。

《朱子年谱》，从前有三个人做过：一、李果斋晦，朱子门人，其书三卷，魏了翁为之序；二、李古冲默，明嘉靖间人；三、洪去芜璟，清康熙间人。果斋本今不存，因为古冲本以果斋本作底本而改窜一番，后者行而前者废了。洪本则将古冲本增删，无甚特识。古冲生王学正盛之时，脑子里装满了《朱子晚年定论》一派话，援朱入陆之嫌疑，实是无可解免。白田著这部新年谱的主要动机，自然是要矫正这一点。但白田和陈清澜一派的态度截然不同。清澜好用主观的批评。虽然客观方面也有些。白田则尽力搜罗客观事实，把年月日调查得清清楚楚，令敌派更无强辩的余地，所以他不用说闲话争闲气，自然壁垒森严，颠扑不破。我常说王白田真是"科学地研究朱子"。朱子著作注释纂辑之书无虑数百卷，他钻在里头寝馈几十年，没有一个字不经过一番心，而且连字缝间也不放过。此外，别派的著作，如张南轩、吕伯恭、陆梭山、象山、陈同甫、陈止斋等，凡和朱子有交涉的，一律忠实研究，把他们的交情关系和学说异同，都照原样介绍过来。他于《年谱》之外，又附一部《年谱考异》，凡事实有须考证的都严密鉴定一番，令读者知道他的根据何在；又附一部《朱子论学切要语》，把朱子主要学说都提挈出来。我们要知道朱子是怎样一个人，我以为非读这部书不可，而且读这部书也足够了。

白田其他的著述，还有一部《白田草堂存稿》，内中也是研究朱子的最多。他考定许多伪托朱子的书或朱子未成之书由后人续纂者，如《文公家礼》《通鉴纲目》《名臣言行录》及《易本义》前面的九个图和筮仪等等，都足以廓清障雾，为朱子功臣。此外许多杂考证也有发明，如考汉初甲子因《三统历》窜乱错了四年，也是前人没有留意到的事。

※　※　※

清初因王学反动的结果，许多学者走到程朱一路，即如亭林、船山、舜水诸大师，都可以说是朱学者流。自余如应潜斋㧑谦、刁蒙吉包、徐俟斋枋、朱柏庐用纯等气节品格能自异于流俗者不下数十辈，大抵皆治朱学别详附表。故当晚明心学已衰之后，盛清考证学未盛以前，朱学不能不说是中间极有力的枢纽。然而依草附木者流亦出乎其间，故清代初期朱派人独多而流品亦最杂。

清初依草附木的，为什么多跑朱学那条路去呢？原来满洲初建国时候，文化极朴陋。他们向慕汉化，想找些汉人供奔走，看贝科第出身的人便认为有学问。其实这些八股先生，除了《四书大全》《五经大全》外，还懂什么呢？入关之后，稍为有点志节学术的人，或举义反抗，或抗节高蹈。其望风迎降及应新朝科举的，又是那群极不堪的八股先生，除了《四书集注》外更无学问。清初那几位皇帝，所看见的都是这些人，当然认这种学问便是汉族文化的代表。程朱学派变成当时宫廷信仰的中心，其原因在此。古语说："城中好高髻，四方高一尺。"专制国皇帝的好尚，自然影响到全国。靠程朱做阔官的人越发多，程朱旗下的喽啰也越发多。况且挂着这个招牌，可以不消读书，只要口头上讲几句"格物穷理"便够了。那种谬为恭谨的样子，又可以不得罪人。恰当社会人心厌倦王学的时候，趁势打死老虎，还可以博卫道的美名。有这许多便宜勾当，谁又不会干呢？所以那时候的程朱学家，其间伏处岩穴闇然自修者，虽未尝没有可以令我们佩服的人；至于那些"以名臣兼名儒"的大人先生们，内中如汤斌，如魏裔介，如魏象枢等，风骨尚可钦，但他们都是孙夏峰门生，半带王学色彩。汤斌并且很受排挤不得志。其余如熊赐履、张玉书、张伯行等辈，不过一群"非之无举，刺之无刺"的"乡愿"。此外越爱出锋头的人，品格越不可问。诚有如王昆绳所谓"朝乞食墦间，暮杀越人于货，而摭拾程朱唾余，狺狺焉詈阳明于四达之衢"者，今试举数人为例：

一孙承泽　他是明朝一位阔官，李闯破北京投降李闯，满洲入关，投降满洲，他却著了许多理学书，摆出一副道貌岩岩的面孔。据全谢山说，清初排陆王的人，他还是头一个领袖哩。看《鲒埼亭集·陈汝咸墓志》

一李光地　他号称康熙朝"主持正学"的中坚人物，一双眼睛常常钉在两庑的几块冷猪肉上头，他的官却是卖了一位老朋友陈梦雷换来。他的老子死了，他却贪做官不肯奔丧，他临死却有一位外妇所生的儿子来承受家产。看全祖望《鲒埼亭集·李文贞遗事》、钱林《文献征存录》“李光地”条

一方苞 他是一位“大理学家”，又是一位“大文豪”。他曾替戴南山做了一篇文集的序。南山着了文字狱，他硬赖说那篇序是南山冒他名的。他和李恕谷号称生死之交，恕谷死了，他作一篇墓志铭说恕谷因他的忠告背叛颜习斋了。看刘调赞、冯辰纂的《恕谷年谱》。他口口声声说安贫乐道，晚年却专以殖财为事，和乡人争乌龙潭鱼利打官司。看萧奭龄著《永宪录》

此外像这一类的程朱学派还不少，我不屑多污我的笔墨，只举几位负盛名的为例罢了。我是最尊崇先辈，万分不愿意说人坏话的人。但对于这群假道学先生实在痛恨不过，破口说那么几句，望读者恕我。

总而言之，程朱学派价值如何，另一问题。清初程朱之盛，只怕不但是学术界的不幸，还是程朱的不幸哩。

第十讲　实践实用主义

——颜习斋　李恕谷　附：王昆绳　程绵庄　恽皋闻　戴子高

有清一代学术，初期为程朱陆王之争，次期为汉宋之争，末期为新旧之争。其间有人焉，举朱陆汉宋诸派所凭藉者一切摧陷廓清之，对于二千年来思想界，为极猛烈极诚挚的大革命运动。其所树的旗号曰“复古”，而其精神纯为“现代的”。其人为谁？曰颜习斋及其门人李恕谷。

颜习斋，名元，字浑然，直隶博野县人。生明崇祯八年，卒清康熙四十三年（一六三五——七〇四），年七十。他是京津铁路线中间一个小村落——杨村的小户人家儿子。他父亲做了蠡县朱家的养子，所以他幼年冒姓朱氏。他三岁的时候，满洲兵入关大掠，他父亲被掳，他母亲也改嫁去了。他二十多岁，才知道这些情节，改还本姓。正要出关寻父，碰着三藩之乱，蒙古响应，辽东戒严，直到五十一岁方能成行。北达铁岭，东抵抚顺，南出天覆门，困苦不可名状。经一年余，卒负骨归葬。他的全生涯，十有九都在家乡过活。除出关之役外，五十六七岁时候，曾一度出游，到过直隶南部及河南。六十二岁，曾应肥乡漳南书院之聘，往设教，要想把他自己理想的教育精神和方法在那里试验。分设四斋，曰文事，曰武备，曰经史，曰艺能。正在开学，碰着漳水决口，把书院淹了，他自此便归家不复出。他曾和孙夏峰、李二曲、陆桴亭通过信，但都未识面。当时知名之士，除刁蒙吉包、王介祺余佑外，都没有来往。他一生经历大略如此。

他幼年曾学神仙导引术，娶妻不近，既而知其妄，乃折节为学。二十岁前后，好陆王书，未几又从事程朱学，信之甚笃。三十岁以后，才觉得这路数都不对。他说唐虞时代的教学是六府——水火金木土谷，三事——正德、利用、厚生；《周礼》教士以三物：六德——知仁圣义忠和，六行——孝友睦婣任恤，六艺——礼乐射御书数；孔子以四教——文行忠信。和后世学术专务记诵或静坐冥想者，门庭迥乎不同。他说："必有事焉，学之要也。心有事则存，身有事则修，家之齐，国之治，皆有事也。无事则治与道俱废。故正德、利用、厚生曰事，不见诸事，非德非用非生也。德、行、艺曰物，不征诸物，非德非行非艺也。"李塨著《习斋年谱》卷上他以为，离却事物无学问；离却事物而言学问，便非学问；在事物上求学问，则非实习不可。他说："如天文、地志、律历、兵机等类，须日夜讲习之力，多年历验之功，非比理会文字之可坐而获也。"《存学编》卷二《性理书评》所以他极力提倡一个"习"字，名所居曰"习斋"。学者因称为习斋先生。他所谓习，绝非温习书本之谓，乃是说凡学一件事都要用实地练习功夫。所以我叫他作"实践主义"。他讲学问最重效率。董仲舒说："正其谊不谋其利，明其道不计其功。"他翻这个案，说要"正其谊以谋其利，明其道而计其功"。他用世之心极热，凡学问都要以有益于人生、可施诸政治为主。所以我又叫他作"实用主义"。王昆绳说："先生崛起无师受，确有见于后儒之高谈性命，为参杂二氏而乱孔孟之真；确有见于先王先圣学教之成法，非静坐读书之空腐；确有见于后世之乱，皆由儒术之失其传。而一复周、孔之旧，无不可复斯民于三代。……毅然谓圣人必可学，而终身矻矻于困知勉行，无一言一事之自欺自恕，慨然任天下之重，而以弘济苍生为心。……"《居业堂集·颜先生年谱序》这话虽出自门生心悦诚服之口，依我看还不算溢美哩。

习斋很反对著书。有一次，孙夏峰的门生张天章请他著礼仪水政书，他说："元之著《存学》也，病后儒之著书也，尤而效之乎？且纸墨功多，恐习行之精力少也。”《年谱》卷下所以他一生著书很少，只有《存学》《存性》《存治》《存人》四编，都是很简短的小册子。《存学编》说孔子以前教学成法，大指在主张习行六艺，而对于静坐与读书两派痛加驳斥。《存性编》可以说是习斋哲学的根本谈，大致宗孟子之性善论，而对于宋儒变化气质之说不以为然。《存治编》发表他政治上主张，如行均田、复选举、重武事……《存人编》专驳佛教，说他非人道主义。习斋一生著述仅此，实则不过几篇短文和信札笔记等类凑成，算不得著书也。戴子高《习斋传》说他：“推论明制之得失所当因革者，为书曰《会典大政记》，曰：如有用我，举而错之。”但这书我未得见，想是失传了。有《四书正误》《朱子语类评》两书，今皆存。这书是他读朱子《四书集注》及《语类》随手批的，门人纂录起来，也不算什么著述。他三十岁以后，和他的朋友王法乾养粹共立日记；凡言行善否、意念之欺慊，逐时自勘注之。后来他的门生李恕谷用日记做底本，加以平日所闻见，撰成《习斋先生年谱》二卷。钟金若錂又辑有《习斋先生言行录》四卷，补年谱所未备；又辑《习斋纪余》二卷，则录其杂文。学者欲知习斋之全人格及其学术纲要，看《年谱》及《言行录》最好。

※　　※　　※

这个实践实用学派，自然是由颜习斋手创出来。但习斋是一位闇然自修的人，足迹罕出里门，交游绝少，又不肯著书。若当时仅有他这一个人，恐怕这学派早已湮灭没人知道了。幸亏他有一位才气极高、声气极广、志愿极宏的门生李恕谷，才能把这个学派恢张出来。太史公说：“使孔子名周闻于天下者，子贡先后之也。”孔子是否赖有子贡，我们不敢说；习斋之有恕谷，却真是史公所谓“相得而益彰”了。所以这派学问，我们叫它作“颜李学”。

恕谷名塨，字刚主，直隶蠡县人。生顺治十六年，卒雍正十一年（一六五九—一七三三），年七十五。父明性，学行甚高。习斋说生平严事者六人，明性居其一。恕谷以父命从习斋游，尽传其学，而以昌明之为己任。习斋足不出户，不轻交一人，尤厌见时贵。恕谷则常来往京师，广交当时名下士，如万季野、阎百诗、胡朏明、方灵皋辈，都有往还。时季野负盛名，每开讲会，列坐都满。一日会讲于绍宁会馆，恕谷也在座，众方请季野讲“郊社之礼”。季野说：且慢讲什么“郊社”，请听听李先生讲真正的圣学。王昆绳才气不可一世，自与恕谷为友，受他的感动，以五十六岁老名士，亲拜习斋之门为弟子。程绵庄、恽皋闻，皆因恕谷才知有习斋，都成为习斋学派下最有力人物。所以这派虽由习斋创始，实得恕谷然后长成。习斋待人与律己一样地严峻。恕谷说：交友须令可亲，乃能收罗人才，广济天下。论取与之节，习斋主张非力不食，恕谷主张通功易事。习斋绝对地排斥读书，恕谷则谓礼乐射御书数等，有许多地方非考证讲究不可，所以书本上学问也不尽废。这都是他对于师门补偏救弊处。然而学术大本原所在，未尝与习斋有出入。他常说：“学施于民物，在人犹在己也。”又以为：“教养事业，惟亲民官乃能切实办到。”他的朋友郭金汤做桐乡知县，杨勤做富平知县，先后聘他到幕府，举邑以听。他欣然前往，政教大行。但阔人网罗他，他却不肯就。李光地做直隶巡抚，方以理学号召天下，托人示意他往见。他说部民不可以妄见长官，竟不往。年羹尧开府西陲，两次来聘，皆力辞以疾。其自守之介又如此。

恕谷尝问乐学于毛奇龄，毛推为盖世儒者，意欲使恕谷尽从其学；恕谷不肯，毛遂作《大学逸讲笺》以攻习斋。方苞与恕谷交厚，尝遣其子从学恕谷，又因恕谷欲南游，拟推其宅以居恕谷。然方固以程朱学自命者，不悦习斋学，恕谷每相见，侃侃辨论，方辄语塞。及恕谷卒，方不俟其子孙之请，为作墓志，于恕谷德业一无所详，而唯载恕谷与王昆绳及方论学同异，且谓恕谷因方言而改其师法。恕谷门人刘用可调赞说方纯构虚辞，诬及死友云。

恕谷承习斋教，以躬行为先，不尚空文著述，晚年因问道者众，又身不见用，始寄于书。所著有《小学稽业》五卷、《大学辨业》四卷、《圣经学规纂》二卷、《论学》二卷、《周易传注》七卷、《诗经传注》八卷、《春秋传注》四卷、《论语传注》二卷、《大学》《中庸》传注各一卷、《传注问》四卷、《经说》六卷、《学礼录》四卷、《学乐录》二卷、《拟太平策》一卷、《田赋考辩》《宗庙考辩》《禘祫考辩》各一卷、《阅史郄视》五卷、《平书订》十四卷《平书》为王昆绳所著，已佚。此书为恕谷评语、《恕谷文集》十三卷。其门人冯辰、刘调赞共纂《恕谷先生年谱》四卷。

※ ※ ※

颜李的行历，大略说过，以下要说他们学术的梗概。

颜李学派，在建设方面，成绩如何，下文别有批评。至于破坏方面，其见识之高，胆量之大，我敢说从古及今未有其比。因为自汉以后二千年所有学术，都被他否认完了。他否认读书是学问，尤其否认注释古书是学问，乃至否认用所有各种方式的文字发表出来的是学问。他否认讲说是学问，尤其否认讲说哲理是学问。他否认静坐是学问，尤其否认内观式的明心见性是学问。我们试想，二千年来的学问，除了这几项更有何物？都被他否认得干干净净了。我们请先看他否认读书是学问的理由。习斋说：

> 以读经史订群书为穷理处事以求道之功，则相隔千里；以读经史订群书为即穷理处事，而曰道在是焉，则相隔万里矣。……譬之学琴然，书犹琴谱也，烂熟琴谱，讲解分明，可谓学琴乎？故曰，以讲读为求道之功，相隔千里也。更有一妄人指琴谱曰，是即琴也：辨音律，协声韵，理性情，通神明，此物此事也。谱果琴乎？故曰，以书为道，相隔万里也。……歌得其调，抚娴其指，弦求中音，徽求中节，声求协律，是之谓学琴矣，未为习琴也。手随心，音随手，清浊疾徐有常功，鼓有常规，奏有常乐，是之谓习琴矣，未为能琴也。弦器可手制也，音律可耳审也，诗歌惟其所欲也，心与手忘，手与弦忘，于是乎命之曰能琴。今手不弹，心不会，但以讲读琴谱为学琴，是渡河而望江也，故曰千里也。今目不睹，耳不闻，但以谱为琴，是指蓟北而谈滇南也，故曰万里也。《存学篇》卷二《性理书评》

这种道理，本来一说便明。若说必读书才有学问，那么，许多书没有出现以前，岂不是没有一个有学问的人么？后儒解释《论语》“博学于文”，大率说是“多读书”。习斋说：“儒道之亡，亡在误认一‘文’字。试观帝尧‘焕乎文章’，固非大家帖括，抑岂四书五经乎？周公监二代所制之‘郁郁’，孔子所谓‘在兹’，颜子所谓‘博我’者，是何物事？后儒全然误了。”《言行录·学须篇》又说：“汉宋儒满眼只看得几册文字是‘文’，然则虞夏以前大圣贤皆鄙陋无学矣。”《四书正误》卷三。又说：“后儒以文墨为文，将博学改为博读、博讲、博著，不又天渊之分耶？”《习斋年谱》卷下可谓一针见血语了。

“读书即学问”这个观念从哪里发生呢？习斋以为：“汉宋诸儒，但见孔子叙《书》、传《礼》、删《诗》、正《乐》、系《易》、作《春秋》，误认纂修文字是圣人；则我传述注解便是贤人，读之熟、讲之明而会作书文者，皆圣人之徒矣，遂合二千年成一虚花无用之局。……”《四书正误》卷三孔子曾否删《书》《诗》，定《礼》，系《易》等等，本来还属历史上一个疑问。就令有之，也断不能说孔子之所以为孔子者专在此，这是显而易见之理。据习斋的意思，以为“孔子是在强壮时已学成内圣外王之德，教成一班治世之才，不得用乃周游，又不得用乃删述，皆大不得已而为之者。其所删述，不过编出一部‘习行经济谱’，望后人照样去做。战国说客，置学教而学周游，是不知周游为孔子之不得已也；宋儒又置学教及行道当时，而自幼即学删述，教弟子亦不过如是，是不知删述为孔子之尤不得已也。如效富翁者，不学其经营治家之实，而徒效其凶岁转移及遭乱记产籍以遗子孙者乎！”《存学编》卷三、《年谱》卷下这些话说孔子说得对不对，另一问题。对于后儒误认读书即学问之心理，可谓洞中症结了。

习斋为什么恨读书恨到这步田地呢？他以为专读书能令人愚，能令人弱。他有一位门生，把《中庸》“好学近乎知”这句话问他，他先问那人道：“你心中必先有多读书可以破愚之见，是不是呢？”那人道：“是。”他说：“不然，试观今天下秀才晓事否？读书人便愚，多读更愚。但书生必自智，其愚却益深。……”《四书正误》卷二又说：“读书愈多愈惑，审事机愈无识，办经济愈无力。”《朱子语类评》朱子曾说：“求文字之工，用许多工夫，费许多精神，甚可惜。”习斋进一步说道：“文家把许多精神费在文墨上诚可惜矣，先生辈舍生尽死，在思、读、讲、著四字上做工夫，全忘却尧舜三事六府、周孔六德六行六艺，不肯去学，不肯去习，又算什么？千余年来率天下入故纸堆中，耗尽身心气力，作弱人病人无用人者，皆晦庵为之也。”《朱子语类评》恕谷说：“读阅久则喜静恶烦，而心板滞迂腐矣。……故予人以口实，曰‘白面书生’，曰‘书生无用’，曰‘林间咳嗽病猕猴’。世人犹谓诵读可以养身心，误哉！……颜先生所谓读书人率习如妇人女子，以识则户隙窥人，以力则不能胜一匹雏也。”《恕谷后集·与冯枢天论读书》这些话不能说它太过火，因为这些“读书人”实在把全个社会弄得糟透了。恕谷说：

> 后世行与学离，学与政离。宋后二氏学兴，儒者浸淫其说，静坐内视，论性谈天，与孔子之言一一乖反；至于扶危定倾，大经大法，则拱手张目授其柄于武人俗士。当明季世，朝庙无一可倚之人，坐大司马堂批点《左传》，敌兵临城，赋诗进讲，觉建功立名，俱属琐屑，日夜喘息著书，曰此传世业也。卒至天下鱼烂河决，生民涂炭。呜呼！谁生厉阶哉。《恕谷文集·与方灵皋书》

习斋恨极这种学风，所以咬牙切齿说道：

> 率古今之文字，食天下之神智。《四书正误》卷四

他拿读书比服砒霜，说道：

> 仆亦吞砒人也。耗竭心思气力，深受其害，以致六十余岁，终不能入尧舜周孔之道。但于途次闻乡塾群读书声，便叹曰，可惜许多气力！

但见人把笔作文字，便叹曰，可惜许多心思！但见场屋出入人群，便叹曰，可惜许多人才！故二十年前，但见聪明有志人，便劝之多读；近来但见才器，便戒勿多读书。……噫！试观千圣百王，是读书人否？虽三代后整顿乾坤者，是读书人否？吾人急醒！《朱子语类评》

这些话可谓极端而又极端了。咳！我不晓得习斋看见现在学校里成千成万青年，又当作何叹息哩！但我们须要牢牢紧记，习斋反对读书，并非反对学问。他因为认定读书与学问截然两事，而且认读书妨害学问，所以反对它。他说：

人之岁月精神有限，诵说中度一日，便习行中错一日；纸墨上多一分，便身世上少一分。《存学编》卷一

恕谷亦说：

纸上之阅历多，则世事之阅历少；笔墨之精神多，则经济之精神少。宋明之亡以此。《恕谷年谱》

观此，可知他反对读书，纯为积极的，而非消极的。他只是叫人把读书的岁月精神腾出来去做学问。至于他所谓学问是什么，下文再说。

习斋不惟反对读书，而且反对著书。看上文所引的话多以读著并举，便可见。恕谷比较地好著书，习斋曾告诫他，说道："今即著述尽是，不过宋儒为误解之书生，我为不误解之书生耳，何与儒者本业哉！"《年谱》卷下总而言之，凡纸上学问，习斋无一件不反对。

※　※　※

反对读书不自颜李始，陆王学派便已反对，禅宗尤其反对。颜李这种话，不是助他们张目吗？不然不然。颜李所反对不仅在读书，尤在宋明儒之谈玄式的讲学。习斋说：

近世圣道之亡，多因心内惺觉、口中讲说、纸上议论三者之间见道，而身世乃不见道。学堂辄称书院，或曰讲堂，皆倚《论语》“学之不讲”一句为遂非之柄。殊不思孔门为学而讲，后人以讲为学，千里矣。《年谱》卷下

习斋之意，凡学而注重讲，不论讲什么，不论讲得对不对，总之已经错了路数了。他说：“孔子说‘予欲无言’‘无行不与’，当时及门皆望孔子以言，孔子惟率之下学而上达。非吝也，学教之成法固如是也。道不可以言传也，言传者有先于言者也。”《存学编》卷一《由道》可见无论何种学问，决非一讲所能了事了。何况宋明所讲之学，开口总是什么性咧，命咧，天咧，理咧，气咧。习斋以为，“性命之理，不可讲也；虽讲，人亦不能听也；虽听，人亦不能醒也；虽醒，人亦不能行也”《存学编》卷一《总论讲学》。《论语》说“夫子之言性与天道不可得而闻”，宋儒都说是颜、曾以下够不上“闻”。习斋说：“如是，孔子不几为千古拙师，七十子竟成愚徒乎！”《年谱》卷下他的意思，以为这些本来是不应闻的、不必闻的，并没有够得上够不上的问题。《论语》：“民可使由之，不可使知之。”习斋以为，“由”便够了，何必要“知”？要“使知”，便都枉用心力，还会闹毛病。《存学编·由道》章大意孟子说：“行之而不著焉，习矣而不察焉，终身由之而不知其道者，众也。”习斋说：近世讲学家正做得这章书的反面：“著之而不行焉，察矣而不习焉，终身知之而不由其道者，众也”。这话是刁蒙吉说的，习斋引他。所以他说：

汉宋诸先生，只要解惺；教人望世，亦只要他解惺。故罄一生心力，去作注疏，作集注。圣人只要人习行，不要人解惺。天下人尽习行，全不解惺，是道之明于天下也。天下人尽解惺，全不习行，是道之晦于天下也。道明于天下，尧舜之民不识不知，孔门三千徒众，性道不得闻；道晦于天下，今世家讲而人解。《四书正误》卷三

总之，习斋学风，只是教人多做事，少讲话，多务实际，少谈原理。他说："宋儒如得一路程本，观一处又观一处，自喜为通天下路程，人人亦以晓路称之。其实一步未行，一处未到，周行芜榛矣。"《年谱》卷下又说："有圣贤之言可以引路。今乃不走路，只效圣贤言以当走路。每代引路之言增而愈多，卒之荡荡周道上鲜见人也。"《存学篇》卷三又说："专说话的人，便说许多尧舜话，终无用。即如说糟粕无救于饥渴，说稻粱鱼肉亦无救于饥渴也。"《朱子语类评》他反对讲学之理由，大略如此。

※　※　※

宋明儒所讲个人修养方法，最普通的为主静主敬、穷理格物等等。颜李学派对于这些法门，或根本反对，或名同实异，今分述如下。

主静是颜李根本反对的。以朱陆两派论，向来都说朱主敬、陆主静。其实"主静立人极"这句话，倡自周濂溪。程子见人静坐，便叹为善学；朱子教人"半日静坐"，教人"看喜怒哀乐未发之中"。程朱派何尝不是主静？所以"静"之一字，虽谓为宋元明七百年间道学先生们公共的法宝，亦无不可。习斋对于这一派话，最为痛恨。他说："终日危坐以验未发气象为求中之功，此真孔子以前千圣百王所未尝闻也。"《存学编》卷二朱子口头上常常排斥佛学，排斥汉儒。习斋诘问他："你教人半日静坐，半日读书，是半日当和尚，半日当汉儒。试问十二个时辰，那一刻是尧、舜、周、孔？"《朱子语类评》颜李书中，像这类的话很多，今不备引了。但他们并非用空言反对，盖从心理学上提出极强的理由，证明静中所得境界实靠不住。习斋说：

洞照万象，昔人形容其妙，曰镜花水月。宋明儒者所谓悟道，亦大率类此。吾非谓佛学中无此境也，亦非谓学佛者不能致此也。正谓其洞照者无用之水镜，其万象皆无用之花月也。不至于此，徒苦半生为腐朽之枯禅；不幸而至此，自欺更深。何也？人心如水，但一澄定，不浊以泥沙，不激以风石，不必名山巨海之水能照百态，虽沟渠盆盂之水皆能照也。今使竦起静坐，不扰以事为，不杂以旁念，敏者数十日，钝者三五年，皆能洞照万象如镜花水月。功至此，快然自喜，以为得之矣。或邪妄相感，人物小有征应，愈隐怪惊人，转相推服，以为有道矣。予戊申前亦尝从宋儒用静坐工夫，故身历而知其为妄，不足据也。《存学编》卷二有一段大意与此同，而更举实例为证云："吾闻一管姓者，与吾友汪魁楚之伯同学仙于泰山中，止语三年。汪之离家十七年，其子往视之。管能豫知，以手画字曰：'汪师今日有子来。'既而果然。未几其兄呼还，则与乡人同也。吾游燕京，遇一僧敬轩，不识字，坐禅数月，能作诗，既而出关，则仍一无知人也。……"天地间岂有不流动之水？不着地、不见泥沙、不见风石之水？一动一着，仍是一物不照矣。今玩镜里花、水中月，信足以娱人心目；若去镜水，则花月无有矣。即对镜水一生，徒自欺一生而已矣。若指水月以照临，取镜花以折佩，此必不可得之数也。故空静之理，愈谈愈惑；空静之功，愈妙愈妄。……《存人编》

这段话真是餍心切理之谈。天下往往有许多例外现象，一般人认为神秘不可思议，其实不过一种变态的心理作用。因为人类本有所谓潜意识者，当普通意识停止时，它会发动——做梦便是这个缘故。我们若用人为的功夫将普通意识制止，令潜意识单独出锋头，则"镜花水月"的境界，当然会现前。认这种境界为神秘，而惊异它，歆羡它，固属可笑。若咬定说没有这种境界，则亦不足以服迷信者之心，因为他们可以举出实例来反驳你。习斋虽没有学过近世心理学，但这段话确有它的发明。他承认这种变态心理是有的，但说它是靠不住的，无用的。从来儒家辟佛之说，没有比习斋更透彻的了。

主静若仅属徒劳无功，也可以不管它。习斋以为主静有大害二。其一，是坏身体。他说："终日兀坐书房中，萎惰人精神，使筋骨皆疲软，以至天下无不弱之书生，无不病之书生。生民之祸，未有甚于此者也。"《朱子语类评》其二，是损神智。他说："为爱静空谈之学久，则必至厌事。遇事即茫然，贤豪且不免，况常人乎？故误人才败天下事者，宋人之学也。”《年谱》卷下这两段话，从生理上、心理上分别说明主静之弊，可谓博深切明。

习斋于是对于主静主义，提出一个正反面曰“主动主义”。他说：“常动则筋骨竦，气脉舒，故曰‘立于礼’，故曰‘制舞而民不肿’。宋元来儒者皆习静，今日正可言习动。”《言行录》卷下《世性编》又说：“养身莫善于习动。夙兴夜寐，振起精神，寻事去做，行之有常，并不困疲，日益精壮。但说静息将养，便日就惰弱了。故曰君子庄敬日强，安肆日偷。”同上《学人篇》这是从生理上说明习动之必要。他又说：“人心动物也，习于事则有所寄而不妄动。故吾儒时习力行，皆所以治心。释氏则寂室静坐，绝事离群，以求治心，不惟理有所不可，势亦有所不能，故置数珠以寄念。……”《言行录》卷上《刚峰篇》又说：“吾用力农事，不遑食寝，邪妄之念，亦自不起。信乎‘力行近乎仁’也。”同上《理欲篇》这是从心理上说明习动之必要。尤奇特者，昔人多以心不动为贵，习斋则连心也要它常动。他最爱说“提醒身心，一齐振起”二语。怎样振起法呢？“身无事干，寻事去干；心无理思，寻理去思。习此身使勤，习此心使存。”《言行录》卷下《鼓琴篇》他笃信这个主动主义，于是为极有力之结论道：

> 五帝、三王、周孔，皆教天下以动之圣人也，皆以动造成世道之圣人也。汉唐袭其动之一二以造其世也。晋宋之苟安，佛之空，老之无，周、程、朱、邵之静坐，徒事口笔，总之皆不动也，而人才尽矣，世道沦矣！吾尝言，一身动则一身强，一家动则一家强，一国动则一国强，天下动则天下强。自信其考前圣而不缪，俟后圣而不惑矣。《言行录》卷下《学须篇》

宋儒修养，除主静外，还有主敬一法。程朱派学者常拿这个和陆王派对抗。颜李对于主敬，是极端赞成的，但宋儒所用的方法却认为不对。习斋说：“宋儒拈‘穷理居敬’四字，以文观之甚美；以实考之，则以读书为穷理功力，以恍惚道体为穷理精妙，以讲解著述为穷理事业，以俨然静坐为居敬容貌，以主一无适为居敬工夫，以舒徐安重为居敬作用。……”《存学编》卷二习斋以为这是大错了。他引《论语》的话作证，说道：“曰‘执事敬’，曰‘敬事而信’，曰‘敬其事’，曰‘行笃敬’，皆身心一致加功，无往非敬也。若将古人成法皆舍置，专向静坐收摄徐行缓语处言主敬，则是儒其名而释其实，去道远矣。”《存学编》卷三恕谷说：“圣门不空言敬。‘敬其事’‘执事敬’‘行笃敬’‘修己以敬’，孟子所谓必有事焉也。程子以‘主一无适’训敬，粗言之犹可通，谓为此事则心在此事不又适于他也；精言之则‘心常惺惺’‘心要在腔子里’案此皆程朱言主敬法门。乃离事以言敬矣。且为事之敬，有当主一无适者，亦有未尽者。瞽者善听，聋者善视，绝利一源，收功百倍，此主一无适也。武王不泄迩，不忘远，刘穆之五官并用，则神明肆应，敬无不通，又非可以主一无适言也。”又说：“宋儒讲主敬，皆主静也。‘主一无适’乃静之训，非敬之训也。”《论语传注问》是则同为讲主敬，而颜李与程朱截然不同。总之谓离却事有任何学问，颜李绝不承认也。

※ ※ ※

宋儒之学自称曰道学，曰理学。其所标帜者曰明道，曰穷理。颜李自然不是不讲道理的人，但以为宋儒所讲道理都讲错了，而且明道穷理的方法也都不对。宋儒最爱说道体，其说正如《老子》所谓“有物混成，先天地生，字之曰道”者。习斋说：“道者，人所由之路也，故曰‘道不远人’。宋儒则远人以为道者也。”《四书正误》四恕谷说：“路从足，道从辵，皆言人所共由之义理，犹人所由之街衢也。《中庸》言行道，《论语》言适道，《尚书》言遵道，皆与《孟子》言由道由路同。遂亦可曰‘小人之道’‘小人道消’，谓小人所由之路也。若以道为定名，为专物，则老庄之说矣。”《恕谷年谱》卷五恕谷更从初民狩猎时代状况说明道之名所由立，而谓道不出五伦六艺以外。他说：“道者，人伦庶物而已矣。奚以明其然也？厥初生民，浑浑沌沌。既而有夫妇父子，有兄弟朋友，朋友之尽乃有君臣。诛取禽兽、茹毛饮血、事轨次序为礼，前呼后应、鼓舞相从为乐，挽强中之为射，乘马随徒为御，归而计件、锲于册为书数。因之衣食滋、吉凶备，其伦为人所共由，其物为人所共习；犹逵衢然，故曰道。伦物实实事也，道虚名也。异端乃曰‘道生天地’，曰‘有物混成先天地生’，是道为天地前一物矣。天地尚未有，是物安在哉？且独成而非共由者矣，何以谓之道哉！”《恕谷后集·原道篇》这段话所说道的范围，举例或不免稍狭，然大指谓社会道德起原在于规定人与人及人与事物之关系，不能不算是特识。因此，他们不言天道，只言人道。恕谷说：“人，天之所生也，人之事即天之道也。子，父母所出也，然有子于此，问其温清定省不尽，问其继志述事不能，而专思其父母从何而来，如何坐蓐以有吾身，人孰不以妄骇目之耶？”《周易传注序》宋儒所谓明道、传道，乃至中外哲学家之形而上论，皆属此类，所以颜李反对他们。

宋儒说的理及明理方法有两种。一、天理，即天道，指一个仿佛空明的虚体，下手功夫在“随处体认天理”，结果所得是“人欲净尽，天理流行”。二、物理，指客观的事物原理，下手功夫在“即凡天下之物，莫不因其已知之理而益穷之，以求至乎其极”，结果所得是“一旦豁然贯通，则众物之表里精粗无不到，而吾心之全体大用无不明”。其实两事只是一事。因为他们最高目的，是要从心中得着一种虚明灵觉境界，便是学问上抓住大本大原，其余都是枝叶。颜李学派对于这种主张，极力反对。习斋说：“理者，木中纹理也，指条理言。”《四书正误》卷六又说：“前圣鲜有说理者，孟子忽发出，宋人遂一切废弃而倡为明理之学。不知孟子所谓理义悦心，有自己注脚，曰‘仁义忠信，乐善不倦’。仁义等又有许多注脚。……今一切抹杀，而心头玩弄，曰‘孔颜乐处’，曰‘义理悦心’，使前后贤豪皆笼盖于释氏极乐世界中。……”同上恕谷说：“后儒改圣门不言性天之矩，日以理气为谈柄，而究无了义。……不知圣经无在伦常之外而别有一物曰道曰理者。……在人通行者，名之曰道。故小人别有由行，亦曰小人之道。理字则圣经甚少。《中庸》‘文理’与《孟子》‘条理’同，言秩然有条，犹玉有脉理、地有分理也。……今乃以理置之人物以前，则铸铁成错矣。……”

《中庸传注问》训“理”为条理，而以木之纹理、玉之脉理为喻，最合古义。后此戴东原《孟子字义疏证》，即从这个训诂引出许多妙义来。理之界说已定，那么，不能于事物之外求理，甚明。故恕谷说：“事有条理，理即在事中。《诗》曰‘有物有则’，离事物何所为理乎？”《论语传注问》既已除却事物无所谓理，自然除却应事接物无所谓穷理。所以习斋说：“凡事必求分析之精，是谓穷理。”《存学编》卷二怎样分析才能精呢？非深入事中不可。朱子说：“岂有见理已明而不能处事者？”习斋驳他道：“见理已明而不能处事者多矣！有宋诸先生便谓还是见理不明，只教人再穷理；孔子则只教人习事。迨见理于事，则已彻上彻下矣。此孔子之学与程朱之学所由分也。”同上卷三又说：“若只凭口中所谈、纸上所见、心内所思之理义养人，恐养之不深且固也。”同上颜李主张习六艺。有人说：“小学于六艺已粗知其概，但不能明其所以然，故入大学又须穷理。”恕谷答道：“请问穷理是阁置六艺专为穷理之功乎，抑功即在于学习六艺，年长则愈精愈熟而理自明也。譬如成衣匠学针黹，由粗及精，遂通晓成衣要诀；未闻立一法曰，学针黹之后又阁置针黹而专思其理若何也。”《圣经学规纂》这段譬喻，说明习斋所谓“见理于事”，真足令人解颐。夫使穷理仅无益，犹可言也，而结果必且有害。恕谷说：“道学家教人存诚明理，而其流每不明不诚，盖高坐空谈，捕风捉影，诸实事概弃掷为粗迹，惟穷理是务。离事言理，又无质据，且执理自是，遂好武断。”《恕谷文集·恽氏族谱序》这话真切中中国念书人通病。戴东原说“宋儒以理杀人”，颜李早论及了。

然则朱子所谓“即物穷理”功夫对吗？朱子对于这句话自己下有注解道：“上而无极太极，下而至于一草一木一昆虫之微，亦各有理。一书不读，则缺了一书道理；一事不穷，则缺了一事道理；一物不格，则缺了一物道理。须逐着一件与它理会过。”恕谷批评他道：“朱子一生功力志愿，皆在此数言，自以为表里精粗无不到矣。然圣贤初无如此教学之法也。《论语》曰‘中人以下，不可语上’；‘夫子之言性与天道，不可得闻’；《中庸》曰‘圣人有所不知不能’；《孟子》曰‘尧舜之知而不遍物’。可见初学不必讲性天，圣人亦不能遍知一草一木也。朱子乃如此浩大为愿，能乎？”《大学辨业》朱子这类话，荒唐极了！天下哪里能够有这样穷理的人？想要无所不知，结果非闹到一无所知不可，何怪陆王派说他“支离”！习斋尝问一门人自度才智何取，对云：“欲无不知能。”习斋说：“误矣！孔门诸贤，礼乐兵农各精其一；唐虞五臣，水火农教，各司其一。后世菲资，乃思兼长，如是必流于后儒思著之学矣。盖书本上见，心头上思，可无所不及，而最易自欺欺世，究之莫道一无能，其实一无知也。”《言行录·刁过之篇》所以宋明儒两种穷理方法，在颜李眼中，都见得一无是处。

※　　※　　※

颜李学派，本重行不重知。他们常说“可使由不可使知”，是古人教学良法。看起来，像对于知识方面太忽视了，实亦不然。他们并不是不要知识，但以为必从实行中经验得来才算真知识。前文引恕谷成衣匠之喻，已略见一斑了。习斋解《大学》的“格物”，说明知识之来源如下：

> 李植秀问“格物致知”。予曰：知无体，以物为体，犹之目无体，以形色为体也。故人目虽明，非视黑视白，明无由用也；人心虽灵，非玩东玩西，灵无由施也。今之言致知者，不过读书讲问思辨已耳，不知致吾知者皆不在此也。譬如欲知礼，任读几百遍礼书，讲问几十次，思辨几十层，总不算知；直须跪拜周旋亲下手一番，方知礼是如此。譬如欲知乐，任读乐谱几百遍，讲问思辨几十层，总不能知；直须搏拊击吹口歌身舞亲下手一番,方知乐是如此。是谓“物格而后知至”。……格即“手格猛兽”之格。……且如这冠，虽三代圣人，不知何朝之冠也；虽从闻见而知为某种之冠，亦不知皮之如何暖也；必手取而加诸首，乃知如此取暖。如这蔬蔬，虽上智老圃，不知为可食之物也；虽从形色料为可食之物，亦不知味之如何辛也；必箸取而纳之口，乃知如此味辛。故曰手格其物而后知至。《四书正误》卷一

《大学》格物两字，是否如此解法，另为一问题。但他的主张以为从闻见而偶得的知识靠不住，从形色上揣料而得的知识也靠不住。知识之到来知至，须经过一定程序，即“亲下手一番”便是。换而言之，无所谓先天的知识，凡知识皆得自经验。习斋又说：“今试予生知圣人以一管，断不能吹。”《言行录·世情篇》这种“唯习主义”的知识论，正是颜李派哲学的根本立场。

※　※　※

王阳明高唱“知行合一”，从颜李派看来，阳明派还是偏于主知，或还是分知行为二；必须如习斋所说见理于事、因行得知，才算真的知行合一。阳明说“不行只是不知”，习斋翻过来说不知只是不行，所以他不教人知，只教人行。行又不是一躺过便了，最要紧是“习”。他说：

> 自验无事时种种杂念，皆属生平闻见言事境物，可见有生后皆因“习”作主。《年谱》卷上

又说：

> 心上想过，口上讲过，书上见过，都不得力，临事依旧是所习者出。《存学编》卷一

又说：

> 吾尝谈天道性命，若无甚扞格，一着手算九九数便差，《年谱》卷下又云：“书房习算，入市便差。”以此知心中惺觉，口中讲说，纸上敷衍，不由身习，皆无用也。《存学编》卷二

习斋以“习”名其斋。因为他感觉“习”的力量之伟大，因取《论语》“习相远”和“学而时习”这两句话极力提倡。所以我说他是“唯习主

义”。习斋所讲的“习”，函有两义：一是改良习惯，二是练习实务。而改良习惯的下手方法又全在练习实务，所以两义还只是一义。然则习些什么呢？他所最提倡的就是六艺——礼、乐、射、御、书、数。他说：“习行礼乐射御之学，健人筋骨，和人血气，调人情性，长人神智。一时习行，受一时之福；一日习行，受一日之福。一人习之，锡福一人；一家习之，锡福一家；一国天下皆然，小之却一身之疾，大之措民物之安。”《言行录·刁过之篇》他的朋友王法乾和他辩论，说这些都是粗迹。他答道：

学问无所谓精粗。喜精恶粗，此后世之所误苍生也。《存学编》卷一

法乾又说：“射御之类，有司事，不足学。须当如三公坐论。”他答道：

人皆三公，孰为有司？学正是学作有司耳。譬之于医，《素问》《金匮》，所以明医理也；而疗疾救世，则必诊脉制药针灸摩砭为之力也。今有妄人者，止务览医书千百卷，熟读详说，以为予国手矣，视诊脉制药针灸摩砭以为术家之粗不足学也。一人倡之，举世效之，岐黄盈天下，而天下之人病相枕死相藉也，可谓明医乎？若读尽医书而鄙视方脉药饵针灸摩砭，不惟非岐黄，并非医也，尚不如习一科、验一方者之为医也。……《存学编》卷一《学辩一》

《习斋年谱》记他一段事道：

返鄢陵，访李乾行等论学。乾行曰：“何须学习？但须操存功至，即可将百万兵无不如意。”先生悚然，惧后儒虚学诬罔至此，乃举古人兵间二事扣其策。次日问之，乾行曰：“未之思，亦不必思，小才小智耳。”先生曰：“小才智尚未能思，大才智又何在？岂君操存未至耶？”乾行语塞。

习斋这些话，不但为一时一人说法。中国念书人思想笼统，作事颟顸，受病一千多年了，人人都好为阔大精微的空论。习斋专教人从窄狭的粗浅的切实练习去。他说："宁为一端一节之实，无为全体大用之虚。"《存学编》卷一何只当时，在今日恐怕还是应病良药罢。

我们对于习斋不能不稍为觖望者，他的唯习主义，和近世经验学派本同一出发点，本来与科学精神极相接近，可惜他被"古圣成法"四个字缚住了，一定要习唐虞三代时的实务，未免陷于时代错误。即如六艺中"御"之一项，在春秋车战时候，诚为切用，今日何必要人人学赶车呢？如"礼"之一项，他要人习《仪礼》十七篇里头的昏礼、冠礼、士相见礼等等，岂不是唱滑稽戏吗？他这个学派不能盛行，未始不由于此。倘能把这种实习功夫，移用于科学，岂非大善！虽然，以此责备习斋，毕竟太苛了。第一，严格的科学，不过近百余年的产物，不能责望诸古人。第二，他说要如古人之习六艺，并非说专习古时代之六艺，如学技击便是学射，学西洋算术便是学数，李恕谷已屡屡论及了。第三，他说要习六艺之类的学问，非特专限于这六件，所以他最喜欢说"兵农礼乐水火工虞"。总而言之，凡属于虚玄的学问，他无一件不反对；凡属于实验的学问，他无一件不赞成。使习斋、恕谷生在今日，一定是两位大科学家，而且是主张科学万能论者，我敢断言！

虽然，颜李与科学家，正自有别。科学家之实验实习，其目的专在智识之追求。颜李虽亦认此为增进智识之一法门，其目的实在人格全部之磨练。他们最爱说的话，曰"身心一齐竦起"，曰"人己事物一致"，曰"身心道艺一致加功"。以习礼论，有俯仰升降进退之节，所以劳动身体；习行时必严恭寅畏，所以振竦精神；讲求节文度数，所以增长智慧。每日如此做去，则身心两方面之锻练，常平均用力而无间断，拿现代术语来讲，则体育、德育、智育"三位合一"也。颜李之理想的教育方针，实在如此。他们认这三件事缺一不可，又认这三件事非同时齐着力不可。

他们锻炼心能之法，务在"提竦精神，使心常灵活"。《习斋年谱》卷上习斋解《孟子》"操则存，舍则亡"两句话，说道："识得'出入无时'是心，操之之功始有下落。操如操舟之操，操舟之妙在舵，舵不是死操的，又如操兵操国柄之操，操兵必要坐作进退如法，操国柄必要运转得政务。今要操心，却要把持一个死寂，如何谓之操？”《四书正误》卷六。案：此钱绪山语，习斋取之。盖宋儒言存养之法，主要在令不起一杂念，令心中无一事。颜李则“不论有事无事，有念无念，皆持以敬”。《恕谷年谱》卷三拿现在的话来讲，则时时刻刻集中精神便是。孔子说：“居处恭，执事敬，与人忠。”习斋说：“此三语最为赅切详备。盖执事、与人之外，皆居处也，则凡非礼勿视听言动具是矣；居处、与人之外，皆执事也，则凡礼乐射御书数之类具是矣；居处、执事之外，皆与人也，则凡君礼臣忠、父慈子孝、兄友弟恭、夫义妇顺、朋友先施皆具是矣。”《言行录·学人篇》做一件事，便集中精神于一件事；接一个人，便集中精神于一个人；不做事不接人而自己独处的时候，便提起一种严肃的精神，令身心不致散漫无归着。这是颜李学派修养的不二法门。

※　　※　　※

颜李也可以说是功利主义者。习斋说：

以义为利，圣贤平正道理也。《尚书》明以利用与正德、厚生并为三事。利贞，利用安身，利用刑人，无不利，利者义之和：《易》之言利更多。……后儒乃云“正其谊不谋其利”，过矣。宋人喜道之，以文其空疏无用之学。予尝矫其偏，改云：正其谊以谋其利，明其道而计其功。《四书正误》卷一

恕谷说：

董仲舒曰：“正其道不谋其利，修其理不急其功。”语具《春秋繁露》，本自可通。班史误易“急”为“计”。宋儒遂酷遵此一语为学术，以为“事求可，功求成”，则取必于智谋之末，而非天理之正。后学迂弱无能，皆此语误之也。请问行天理以孝亲而不思得亲之欢，事上而不欲求上之获，

有是理乎？事不求可，将任其不可乎？功不求成，将任其不成乎？……《论语传注问》

这两段话所讨论，实学术上极重要之问题。《老子》说的“为而不有”，我们也认为是学者最高的品格。但是，把效率的观念完全打破，是否可能？况且凡学问总是要应用到社会的，学问本身可以不计效率，应用时候是否应不计效率？这问题越发复杂了。我国学界，自宋儒高谈性命鄙弃事功，他们是否有得于“为而不有”的真精神，且不敢说，动辄唱高调把实际上应用学问抹杀，其实讨厌。《朱子语类》有一段：“江西之学陆象山只是禅，浙学陈龙川却专是功利。……功利，学者习之便可效，此意甚可忧。”你想，这是什么话？习斋批评他道：

都门一南客曹蛮者，与吾友王法乾谈医，云“惟不效方是高手”。殆朱子之徒乎？朱子之道，千年大行，使天下无一儒，无一才，无一苟定时，因不愿见效故也。宋家老头巾，群天下人才于静坐读书中，以为千古独得之秘；指干办政事为粗豪，为俗吏，指经济生民为功利，为杂霸。究之使五百年中平常人皆读讲《集注》、揣摩八股、走富贵利达之场，高旷人皆高谈静敬、著书集文、贪从祀庙庭之典。莫论唐虞三代之英，孔门贤豪之士，世无一人，并汉唐杰才亦不可得。世间之德乃真乱矣，万有乃真空矣！……《朱子语类评》

宋儒自命直接孔孟，何止汉唐政治家，连孔门弟子都看不起。习斋诘问他们说：

……何独以偏缺微弱兄于契丹臣于金元之宋，前之居汴也，生三四尧孔六七禹颜？后之南渡也，又生三四尧孔六七禹颜？而乃前有数圣贤，上不见一扶危济难之功，下不见一可相可将之材，拱手以二帝畀金，以汴京与豫矣！后有数十圣贤，上不见一扶危济难之功，下不见一可相可

将之才，推手以少帝赴海，以玉玺与元矣！多圣多贤之世乃如此乎？噫！《存学编》卷二

这话并不是尖酸刻薄。习斋盖深有感于学术之敝影响到社会，痛愤而不能已于言。他说："吾读《甲申殉难录》，至'愧无半策匡时难，惟余一死报君恩'，未尝不泣下也。至览尹和靖《祭程伊川文》'不背其师有之，有益于世则未'二语，又不觉废卷浩叹，为生民怆惶久之。"《存学编》卷二既属一国中智识阶级，则对于国之安危盛衰，自当负绝对责任。说我自己做自己的学问，不管那些闲事，到事体败坏之后，只叹息几句了事，这种态度如何要得？所以颜李一派常以天下为己任，而学问皆归于致用，专提《尚书》三事——正德、利用、厚生为标帜。习斋说："宋人但见料理边疆便指为多事，见理财便指为聚敛，见心计材武便憎恶斥为小人。此风不变，乾坤无宁日矣！"《年谱》卷下又说："兀坐书斋人，无一不脆弱，为武士农夫所笑。"《存学编》卷三《性理评》又说："宋元来儒者却习成妇女态，甚可羞。'无事袖手谈心性，临危一死报君王'即为上品矣。"同上卷一《学辨》又说："白面书生，微独无经天纬地之略、兵农礼乐之才，率柔脆如妇人女子，求一豪爽倜傥之气亦无之。间有称雄卓者，则又世间粗放子。……"《习斋记余》卷一《泣血集序》恕谷说："道学家不能办事，且恶人办事。"《恕谷年谱》卷上又说："宋儒内外精粗，皆与圣道相反：养心必养为无用之心，致虚守寂；修身必修为无用之身，徐言缓步；为学必为无用之学，闭门诵读。不尽去其病，世道不可问矣！"同上

宋儒亦何尝不谈经世？但颜李以为，这不是一谈便了的事。习斋说："陈同甫谓：'人才以用而见其能否，安坐而能者不足恃；兵食以用而见其盈虚，安坐而盈者不足恃。'吾谓：德性以用而见其醇驳，口笔之醇者不足恃；学问以用而见其得失，口笔之得者不足恃。"《年谱》卷上又说："人不办天下事，皆可为无弊之论。"《言行录·杜生篇》有人说：《一统志》《广舆记》等书，皆书生文字，于建国规模山川险要未详。习斋说："岂

惟是哉？自帖括文墨遗祸斯世，即间有考纂经济者，总不出纸墨见解，可叹！”《年谱》卷下李二曲说：“吾儒之学，以经世为宗。自传久而谬，一变训诂，再变词艺，而儒名存实亡矣。”习斋评他道：“见确如此，乃膺当路尊礼，集多士景从，亦只讲书说话而已。何不举古人三事三物之经世者使人习行哉！后儒之口笔，见之非，固无用；见之是，亦无用。此益伤吾心也。”同上呜呼！倘使习斋看见现代青年日日在讲堂上、报纸上高谈什么主义什么主义者，不知其伤心更何如哩。

想做有用之学，先要求为可用之人。恕谷说：“圣学践形以尽性，今儒堕形以明性。耳目但用于听读，耳目之用去其六七；手但用于写，手之用去其七八；足恶动作，足之用去九；静坐观心而身不喜事，身心之用亦去九。形既不践，性何由全？”《年谱》卷上这话虽然是针对当时宋学老爷们发的，但现代在学堂里所受的教育，是否能尽免此弊，恐怕还值得一猛醒罢！

※　　※　　※

习斋好动恶静，所以论学论政，皆以日日改良进步为鹄。他有一天鼓琴弦断，解而更张之，音调顿佳，因叹道：“为学而惰，为政而懈，亦宜思有以更张之也。彼无志之人，乐言迁就、惮于更张、死而后已者，可哀也。”《言行录·鼓琴篇》又说：“学者须振萎惰，破因循，每日有过可改，有善可迁，即日新之学也。改心之过，迁心之善，谓之正心；改身之过，迁身之善，谓之修身；改家国天下之过，迁家国天下之善，谓之齐治平。学者但不见今日有过可改，有善可迁，便是昏惰了一日；为政者但不见今日有过可改，有善可迁，便是苟且了一日。”《言行录·王次亭篇》总之，常常活着不叫他死，常常新着不叫他旧，便是颜李主动之学。他们所谓身心内外一齐振起者，指此。

※　　※　　※

习斋不喜欢谈哲理，但他对于“性”的问题，有自己独到的主张。他所主张，我认为在哲学上很有价值，不能不稍为详细叙述一下。

中国哲学上争论最多的问题就是性善恶论。因为这问题和教育方针关系最密切，所以向来学者极重视它。孟子、告子、荀子、董仲舒、扬雄，各有各的见解。到宋儒程朱，则将性分而为二：一、义理之性，是善的；二、气质之性，是恶的。其教育方针，则以“变化气质”为归宿。习斋大反对此说，著《存性编》驳他们，首言性不能分为理、气，更不能谓气质为恶。其略曰：

……若谓气恶，则理亦恶；若谓理善，则气亦善。盖气即理之气，理即气之理，乌得谓理纯一善而气质偏有恶哉？譬之目矣，眶皰睛，气质也，其中光明能见物者，性也。将谓光明之理专视正色，眶皰睛乃视邪色乎？余谓更不必分何者为义理之性、气质之性。……能视即目之性善，其视之也则情之善，其视之详略远近则才之强弱。**启超案：孟子论性善，附带着论“情”论“才”，说“乃若其情，则可以为善矣”，又说“若夫为不善，非才之罪也”。习斋释这三个字道：“心之理曰性，性之动曰情，情之力曰才。”见《年谱》卷下。《存性编》亦有专章释此三字，今不详引。**皆不可以恶言。盖详且远固善，即略且近亦第善不精耳，恶于何加？惟因有邪色引动，障蔽其明，然后有淫视而恶始名焉。然其为之引动者，性之咎乎？气质之咎乎？若归咎于气质，是必无此目，然后可全目之性矣。……**《存性篇·驳气质性恶》**

然则性善的人，为什么又会为恶呢？习斋以为皆从“引蔽习染”而来，而引蔽习染皆从外入，绝非本性所固有。程子说：“清浊虽不同，然不可以浊者不为水。”朱子引申这句话，因说：“善固性也，恶亦不可不谓之性。”主张气质性恶的论据如此。习斋驳他们道：

请问浊是水之气质否？吾恐澄澈渊湛者水之气质，其浊者乃杂入水性本无之土，正犹吾言性之有引蔽习染也，其浊之有远近多少，正犹引蔽习染之有轻重深浅也。若谓浊是水之气质，则浊水有气质，清水无气

质矣，如之何其可也。同上《借水喻性》

程子又谓“性本善而流于恶”。习斋以为也不对，驳他道：

原善者流亦善，上流无恶者下流亦无恶。……如水出泉，若皆行石路，虽自西海达东海，绝不加浊。其有浊者，乃亏土染之，不可谓水本清而流浊也。知浊者为土所染，非水之气质，则知恶者是外物染乎性，非人之气质矣。同上《性理书评》

习斋论引蔽习染之由来，说得极详尽。今为篇幅所限，不具引了。看《存性篇·性说》。习斋最要的论点，在极力替气质辩护。为什么要辩护呢？因为他认定气质为各个人做人的本钱。他说：

尽吾气质之能，则圣贤矣。《言行录》卷下

又说：

昔儒视气质甚重。习礼习乐习射御书数，非礼勿视听言动，皆以气质用力。即此为存心，即此为养性。故曰“志至焉，气次焉，持其志，无暴其气”，故曰“养吾浩然之气”，故曰“唯圣人然后可以践形”。魏晋以来，佛老肆行，乃于形体之外，别状一空虚幻觉之性灵；礼乐之外，别作一闭目静坐之存养。佛者曰入定，儒者曰吾道亦有入定也；老者曰内丹，儒者曰吾道亦有内丹也。借五经、《语》《孟》之文，行《楞严》《参同》之事。以躬习其事为粗迹，则自以气骨血肉为分外。于是始以性命为精，形体为累，乃敢以有恶加之气质矣。《存性编·性理书评》

气质各有所偏，当然是不能免的。但这点偏处，正是各人个性的基础。习斋以为教育家该利用它，不该厌恶它。他说：“偏胜者可以为偏至之圣贤。……宋儒乃以偏为恶，不知偏不引蔽，偏亦善也。”同上又说：“气禀偏而即命之曰恶，是指刀而坐以杀人也，庸知刀之能利用杀贼乎！”同上习斋主张发展个性的教育，当然和宋儒“变化气质”之说不能相容。他说：

> 人之质性各异，当就其质性之所近、心志之所愿、才力之所能以为学，则无龃龉扞格终身不就之患。故孟子于夷、惠曰不同道，惟愿学孔子，非止以孔子独上也，非谓夷、惠不可学也。人之质性近夷者自宜学夷，近惠者自宜学惠。今变化气质之说，是必平丘陵以为川泽，填川泽以为丘陵也，不亦愚乎？且使包孝肃必变化而为庞德公，庞德公必变化而为包孝肃，必不可得之数，亦徒失其为包为庞而已矣。《四书正误》卷六

有人问他，你反对变化气质，那么《尚书》所谓“沉潜刚克，高明柔克”的话，不对吗？他说：“甚刚人亦必有柔处，甚柔人亦必有刚处，只是偏任惯了。今加学问之功，则吾本有之柔自会胜刚，本有之刚自会胜柔。正如技击者好动脚，教师教他动手以济脚，岂是变化其脚？”《言行录》卷下《王次亭篇》质而言之，程朱一派别气质于义理，明是袭荀子性恶之说，而又必自附于孟子，故其语益支离。习斋直斥之曰：

> 耳目口鼻手足五脏六腑筋骨血肉毛发秀且备者，人之质也，虽蠢犹异于物也。呼吸充周荣润运用乎五官百骸粹且灵者，人之气也，虽蠢犹异于物也。故曰“人为万物之灵”，故曰“人皆可以为尧舜”。其灵而能为尧舜者，即气质也。非气质无以为性，非气质无以见性也。今乃以本来之气质而恶之，其势不并本来之性而恶之不已也。以作圣之气质，而视为污性坏性害性之物，明是禅家“六贼”之说，能不为此惧乎？《存性篇·正性理评》

习斋之断断辨此，并非和程朱论争哲理。他认为这问题在教育关系太大，故不能已于言。他说：

大约孔孟以前责之习，使人去其所本无。程朱以后责之气，使人憎其所本有。是以人多以气质自诿，竟有“山河易改，本性难移”之谚矣。其误世岂浅哉！同上

他于是断定程朱之说“蒙晦先圣尽性之旨，而授世间无志人以口实”《存学编》卷一《上孙钟元先生书》。他又断言，凡人“为丝毫之恶，皆自玷其光莹之体；极神圣之善，始自践其固有之形”同上《上陆桴亭先生书》。习斋对于哲学上和教育上的见解，这两句包括尽了。

※　　※　　※

以上所讲，颜李学派的主要精神，大略可见了。这种议论，在今日还有许多人听见了摇头咋舌，何况二百年前？他们那时作这种主张，简直可以说大着胆冒天下之不韪。习斋说：

宋儒，今之尧舜周孔也。韩愈辟佛，几至杀身，况敢议今世之尧舜周孔乎？季友著书驳程朱之说，发州决杖，况敢议及宋儒之学术品诣乎？此言一出，身命之虞，所必至也。然惧一身之祸而不言，委气数于终误，置民物于终坏，恐结舌安坐不援沟渎与强暴横逆纳人于沟渎者，其忍心害理不甚相远也。《上陆桴亭书》

又说：

予未南游时，尚有将就程朱附之圣门之意。自一南游，见人人禅子，家家虚文，直与孔门敌对。必破一分程朱，始入一分孔孟，乃定以为孔孟与程朱判然两途，不愿作道统中乡原矣。《年谱》卷下

他并非闹意气与古人争胜。他是一位心地极光明而意志极强毅的人，自己所信，便以百折不挠的精神赴之，丝毫不肯迁就躲闪。他曾告诫恕谷道：

> 立言但论是非，不论异同。是，则一二人之见，不可易也；非，则虽千万人所同，不随声也。岂惟千万人？虽百千年同迷之局，我辈亦当以先觉觉后觉，不必附和雷同也。《言行录·学问篇》

试读这种话，志节何等卓荦！气魄何等沉雄！他又说：“但抱书入学，便是作转世人，不是作世转人。”《存学编》卷三他临终那年，有几句话嘱付恕谷道：“学者勿以转移之权委之气数。一人行之为学术，众人从之为风俗。民之瘼矣，忍度外置之乎？”恕谷闻言，泣数行下。《恕谷年谱》卷下呜呼习斋！非天下之大仁大勇者，其孰能与于斯？

※　※　※

习斋、恕谷抱这种宏愿，想要转移学风，别造一个新社会。到今日二百年了，到底转移了没有？哎！何止没有转移，只怕病根还深几层哩！若长此下去吗？那么，习斋有一番不祥的预言，待我写来。他说：

> 文盛之极则必衰。文衰之返则有二：一是文衰而返于实，则天下厌文之心，必转而为喜实之心，乾坤蒙其福矣。……一是文衰而返于野，则天下厌文之心，必激而为灭文之念，吾儒与斯民沦胥以亡矣。如有宋程朱党伪之禁，天启时东林之逮狱，崇祯末张献忠之焚杀，恐犹未已其祸也！而今不知此幾之何向也。《易》曰：“知幾其神乎！”余曰：知幾其惧乎！《存学编》卷四

呜呼！今日的读书人听啊，自命智识阶级的人们听啊，满天下小百姓厌恶我们的心理一日比一日厉害，我们还在那里做梦。习斋说“未知幾之何向”。依我看，“灭文”之幾早已动了，我们不“知惧”，徒使习斋、恕谷长号地下耳。

※　※　※

同时服膺颜氏学且能光大之者，北有王昆绳，南有恽皋闻、程绵庄，而其渊源皆受自恕谷。

昆绳，名源，一字或庵，顺天大兴人。卒康熙四十九年（一七一〇），年六十三。他是当时一位老名士。他少年从梁鹪林以樟游，鹪林教以宋儒之学，他不以为然，最喜谈前代掌故及关塞险隘攻守方略，能为文章。魏冰叔禧极推重他。他说自韩愈以后而文体大坏，故其所作力追先秦、西汉。自言“生平性命之友有二，一曰刘继庄，二曰李恕谷。此二人者实抱天人之略，非三代以下之才”。《文集·复姚梅友书》后来继庄死了，他作一篇很沉痛的传文，我们因此才能知道继庄的人格和学术。三藩平后，京师坛坫极盛，万季野、阎百诗、胡东樵诸人各以所学提倡后进，昆绳也是当中一位领袖。他才气横溢，把这些人都看不在眼内，独倾心继庄和恕谷。他读了恕谷的《大学辨业》和习斋的《存学编》过后，大折服，请恕谷为介，执贽习斋之门，年已五十六了。自此效习斋作日记纠身心得失，晚年学益进。恕谷批评他道：“王子所谓豪杰之士者非耶！迹其文名远噪，公卿皆握手愿交，意气无前；且半百耆儒，弟子请业者满户外，乃一闻圣道，遂躬造一甕牖绳枢潜修无闻之士，伛偻北面，惟恐不及。非诚以圣贤为志，其能然乎？”《恕谷后集·王子传》他早年著有《兵法要略》《舆图指掌》等书。受业习斋后，更著有《平书》十卷、《读易通言》五卷，皆佚。其集曰《居业堂文集》二十卷，今存。他好游，晚年弃妻子，遍游名山大川，卒客死淮上。

昆绳未从学习斋以前，最服膺阳明学，对于当时借程朱做招牌的人深恶痛绝，曾有几篇极痛快的文字骂他们。节录如下：

> 源生平最服姚江，以为孟子之后一人。……盖宋儒之学，能使小人肆行而无所忌，束缚沮抑天下之英雄不能奋然以有为。……宸濠之乱……不终日而谈笑平之，此岂徒恃语言文字者所能办？乃今之谤之者，谓其事功圣贤所不屑也；其学术为异端，不若程朱之正也。其心不过欲蔑其事功，以自解其庸阘无能为之丑；尊程朱以见己之学问切实，而阴以饰其卑陋不可对人之生平。内以自欺，而外以欺乎天下。孰知天下之人之不可欺，而只自成其为无忌惮之小人也哉？……《文集·与李中孚先生书》

又：

今天下之尊程朱、诋姚江，侈然一代大儒自命，而不伪者几人哉？行符其言者，真也；言不顾行者，伪也。真则言或有偏，不失为君子；伪则其言愈正，愈成其为小人。有人于此，朝乞食墦间，暮杀越人于货，而掇拾程朱绪论，狺狺焉詈阳明于五达之衢，遂自以为程朱也。吾子许之乎？……且夫对君父而无惭，置其身于货利之场、死生祸福之际而不乱，其内行质之幽独而不愧，播其文章议论于天下而人人信其无欺，则其立说，程朱可也，陆王可也，不必程朱不必陆王而自言其所行亦可也。否则尊程朱即程朱之贼，尊陆王即陆王之贼，伪耳。况大言欺世而非之不胜举、刺之不胜刺者哉。尝闻一理学者力诋阳明，而迁官稍不满其欲，流涕不能止。一识者讥之曰："不知阳明谪龙场时有此泪否？"其人惭沮无以答。又一理学者见其师之子之妻之美，悦焉；久之，其夫死，约以为妻，未小祥而纳之。而其言曰："明季流贼之祸皆阳明所酿。"呜呼！若辈之行如此类者岂堪多述。……故今之诋姚江者，无损于姚江毛发；则程朱之见推，实程朱万世之大阨尔。……《文集·与朱字绿书》

这两段话，可以看出昆绳早年面目和当时所谓程朱学派者之品格何如，故录之。此外，阐发颜李学术与夫谈经济、考史迹之文尚多，恕不录了。

※　　※　　※

恽皋闻，名鹤生，江苏武进人，生卒年无考。尝在秦中晤谢野臣，语以习斋为学大旨，心善之。后至蠡县访习斋，则已没，乃从恕谷求所著各书遍读之，自称私淑弟子。仿恕谷立日谱考究身心功过，每相见辄互证得失，其与恕谷往复切磋之语，见于《恕谷年谱》者甚多。皋闻每自南方寄书至，恕谷再拜然后启读，其重之如此。皋闻书言："南旋以《存学》示人，虽倔强者亦首肯，知斯道之易行。"恕谷喜曰："颜先生之道南矣！"皋闻所著书有《诗说》及《春秋附笔》。晚归常州，为一乡祭酒，故家子弟多从之游。

其后常州学术大昌，戴子高谓皆自皋闻开之。

程绵庄，名廷祚，字启生，江苏上元人。卒乾隆三十二年（一七六七），年七十七。少笃于治经，后从恽皋闻闻颜李之学，上书恕谷，致愿学之意。康熙庚子，恕谷南游金陵，他屡过问学。读习斋《存学编》，题其后云："古之害道出于儒之外，今之害道出于儒之中。习斋先生起燕赵，当四海倡和翕然同风之日，乃能折衷至当而有以斥其非，盖五百年间一人而已。"绵庄之学，以习斋为主，而参以梨洲、亭林，故读书极博而皆归于实用。所著有《易通》六卷、《大易择言》三十卷、《彖爻求是说》六卷、《晚书订疑》若干卷、《尚书通议》三十卷、《青溪诗说》二十卷、《论语说》《周礼说》各四卷、《禘说》二卷、《春秋识小录》三卷。其集曰《青溪居士集》，诗文各二十卷。今惟《晚书订疑》有刻本。《论语说》则戴子高采若干则入《颜氏学记》中，精到语颇多。

※　　※　　※

习斋之学，虽不为时流所喜，然而经恕谷极力传播，昆绳、皋闻、绵庄相与左右之，当时有志之士闻风兴起者也很不少。诸公既没，而考证学大兴，掩袭天下，学者差不多不知有习斋、恕谷了。其遗书亦什九散佚不可见。近代头一位出来表章他们的，曰戴子高。

子高名望，浙江德清人。卒同治十二年（一八七三），年三十七。他所遭极人生不堪之境遇，赵扐叔之谦替他作的墓表说道："君生四岁，父殁；曾祖八十余，祖五十余，尚存；母及诸母皆寡。三世茕茕，抱一孺子而泣。……无何，曾祖与祖相继奄忽。家贫岁饥，无所依赖，君挟册悲诵，寡母节衣缩食资君以学。……庚申乱作，君奉母避入山，大困，无所得食。有至戚官闽中，母数命君往，不获已。……自闽归，将迎其母，闻湖州已陷，则仰天长号，僵仆绝气；复忍死出入豺虎之丛求母所在，迄无所遇。……君至痛在心，未壮而殁。……然处颠顿狼狈呻吟哭泣中，终不废学，学日益进。……"他一生困阨的大概，略可见了。他于同治八年辑成《颜氏学记》十卷。据自序所述，他之学颜李学，得力于他的朋友程履正贞。他费了好多年功夫，才把颜李的著述次第搜得，中间又经乱散失。当时每举颜李姓氏问人，人无知者。他于是发愤辑成这部《学记》，卷一至卷三记习斋，卷四至卷七记恕谷，卷八记昆绳，卷九记绵庄，卷十则为颜李弟子录。自序曰：

……其言忧患来世，正而不迂，质而不俗，以圣为轨，而不屑诡随于流说。其行则为孝子，为仁人。於乎！如颜氏者，可谓百世之师已。其余数君子，亦皆豪杰士也。同时越黄氏、吴顾氏，燕秦间有孙氏、李氏，皆以耆学硕德负天下重望，然于圣人之道，犹或沿流忘原，失其指归。如颜氏之摧陷廓清，比于武事，其功顾不伟哉！世乃以其不事述作，遂谓非诸公匹，则吾不知七十子之徒与夫孟、荀、贾、董诸子，其视后儒著书动以千百计者何如也？语曰“淫文破典”，孔子曰：“天下有道，则行有枝叶；天下无道，则辞有枝叶。”敢述圣者之言，用告世之知德君子。《谪麐堂遗集》

子高说戴东原作《孟子绪言》，其论性本自习斋，最为有识。他对于方望溪之诬恕谷，极为不平；又说皖北某巨公序程绵庄书颠倒白黑，不知其人为谁也。这部《学记》，体裁全仿梨洲两《学案》，能提要钩玄，价值不在黄书下。

子高尝从陈硕甫奂、宋于庭翔凤游，于训诂学所造甚深，又好西汉今文家言，著有《论语注》二十卷、《管子校正》二十四卷。赵扮叔辑其遗文曰《谪麐堂遗集》。子高晚年被曾文正聘任校书，然其学与流俗异，终侘傺以死。

※　※　※

自子高《学记》出，世始稍稍知有颜李学。而近人徐菊人世昌亦提倡之，属其门客为颜李《语要》各一卷、《颜李师承记》九卷。《语要》破觚为圆，诬颜李矣，不逮《学记》远甚。《师承记》搜采甚勤，可观也。又汇刻《颜李遗书》数十种，亦徐氏行事之差强人意者。

第十一讲　科学之曙光

——王寅旭　梅定九　陈资斋　附：其他

做中国学术史，最令我们惭愧的是，科学史料异常贫乏。其中有记述价值的，只有算术和历法方面。这类学问，在清代极发达，而间接影响于各门学术之治学方法也很多。

历算学在中国发达甚古，然每每受外来的影响而得进步。第一次为唐代之婆罗门法，第二次为元代之回回法，第三次则明清之交耶稣会士所传之西洋法。西洋法传来之初期，学者如徐文定、李凉庵辈，以绝对信仰的态度迎之。研习其法而唤起一种自觉心，求中国历算学之独立者，则自王寅旭、梅定九始。

寅旭名锡阐，一号晓庵，又号天同一生，江苏吴江人。生明崇祯元年，卒清康熙二十一年（一六二八—一六八二），年五十五。晓庵与张杨园、顾亭林、潘力田友善，又尝与万充宗、徐圃臣往复论学。亭林《广师篇》说："学究天人，确乎不拔，吾不如王寅旭。"可见其倾倒之至了。尝作《天同一生传》云："天同一生者，帝休氏之民也。治《诗》《易》《春秋》，明历律象数。学无师授，自通大义，与人相见，终日缄默。若与论古今，则纵横不穷。家贫不能多得书，得亦不尽读，读亦不尽忆。间有会意，即大喜雀跃，往往尔汝古人。……帝休氏衰，乃隐处海曲，冬絺夏褐，日中不爨，意泊如也。惟好适野，怅然南望，辄至悲欷，人皆目为狂生。生曰，我所病者未能狂耳。因自命希狂，号天同一生。'天同一'云者，不知其所指，或曰即庄周齐物之意，或曰非也。……"《晓庵文集》卷三读这篇寓言短传，可想见他的品格和理想了。他又自书这传后云："天同一生挟过人之才，不获当帝休之隆与时偕行，徒使志拟天地，迹近佯狂，以诡秘贻讥。……"可见他才气不可一世，而对于明清兴亡抱隐痛。志节狷介，不肯媚世，和顾亭林绝相类，不独学问能自立名世也。

寅旭之生，正当历议争哄时。利、徐翻译书既盛行，学者转相诵习，或未研其理法而摭拾以自炫。旧派则杨光先为领袖，作枝辞游辞与之争。寅旭少即嗜此学，潜心测实，"每夜辄登屋卧鸱尾间，仰观星象，竟夕不寐，复发律算书玩索精思，于推步之理宏亮而不滞。久之则中西两家异说，皆能条其原委，考镜其得失"。《文献征存录》卷三他自述实测之经历道："……每遇交会，必以所步所测课较疏密，疾病寒暑无间，……于兹三十年所，而食分求合于杪，加时求合于分，戛戛乎其难之。……"《推步交朔叙》他自立新法测日月食。据阮芸台元《畴人传》说，他"不爽杪忽"。我们是门外汉，不惟不敢下批评，而且不能述要领，但举其论治学方法之言，以见其学之所自而已。他说："……当顺天以求合，不当为合以验天。法所以差，固必有致差之故；法所吻合，犹恐有偶合之缘。测愈久则数愈密，思愈精则理愈出。"《历测》又说："……其合其违，虽可预信，而分杪远近之细，必屡经实测而后可知。合则审其偶合与确合，违则求其理违与数违，不敢苟焉以自欺而已。"《推步交朔叙》又说："专术之赜，纠缪万端，不可以一发躁心浮气乘于其间。"《测日小记叙》又说："天运渊元，人智浅末，学之愈久而愈知其不及，入之弥深而弥知其难穷。……若仅能握觚而即以创法自命，师心任目，撰为卤莽之术，约略一合，傲然自足，胸无古人，其庸妄不学未尝艰苦可知矣。"同上读这些话，可以知道寅旭的学问是怎样得来的了。我们常说，治科学能使人虚心，能使人静气，能使人忍耐努力，能使人忠实不欺。寅旭便是绝好模范。历算学所以能给好影响于清学全部者，亦即在此。

寅旭对于当时新旧之争，当然不以守旧为然，然亦非一味地盲从新法。他说："近代西洋新法，大抵与《土盘历》同原，而书器尤备，测候加精。……徐文定以为，欲求超胜，必须会通；会通之前，先须翻译；翻译有绪，然后令深知法意者参详考定。其意原欲因西法求进，非尽更成宪也。文定既逝，继其事者仅能终翻译之绪，未遑及会通之法，至矜其师说，龋龁异己，廷议纷纷。……今西法且盛行，向之异议者亦诎而不复争矣。然以西法有验于今，可也；如谓不易之法无事求进，不可也。……"《历说一》他批评当时所谓西法，有不知法意者五，当辨者十。他自著《晓庵新法》六篇，自言："会通若干事，考正若干事，表明若干事，增葺若干事。旧法虽舛而未遽废者两存之，理虽可知而非上下千年不得其数者阙之。虽得其数而远引古测未经目信者，别为补遗。"《晓庵新法·自序》他那种不设成见、实事求是的精神，大略可见了。

寅旭著述除《晓庵新法》六卷外，尚有《大统西历启蒙》，隐括中西历术，简而不遗。有《丁未历稿》，寅旭每岁皆推历，而丁未年与潘次耕布算，特著其说。有《推步交朔》及《测日小记》，辛酉八月朔当日食，以中西法及己所创新法预定时刻分秒，至其时与徐圃臣辈以五家法同测，而己法最密合，故志之。有《三辰志略》，则寅旭自创一仪器，可兼测日月星，自为之说，自为之解，其文仿《考工记》。有《圜解》，解勾股割圜之法，绘图立说，详言其所以然。梅定九序之，谓"能深入西法之堂奥而规其缺漏"。定九尝评："近代历学以吴江为最，识解在青州薛凤祚以上。"见杭世骏《道古堂集》本传徐敬可曾劝定九为寅旭历书补作图注，以发其深湛之思。定九亦说"王先生书用法精简，好立新名，骤读不能解"，锐意欲注之，惜因老病未成见定九《绩学堂文钞·书徐敬可圜解序后》。我们看这种故实，不独知寅旭，益可以知定九了。

※ ※ ※

钱东生林说："历算之学，王氏精核，梅氏博大，各造其极，未可轩轾。"所以清代治此学者必曰王、梅，而梅学尤盛行于时。

梅定九，名文鼎，字勿庵，安徽宣城人，卒康熙六十年（一七二一），年八十九。他二十七岁时，从遗献倪观湖问历法，著《历学骈枝》二卷，倪为首肯。自此便毕世委身此学。中年丧偶，不再娶，闭户覃思，谢绝人事。值书之难读者，必欲求得其说，往往至废寝食，格于他端中辍，耿耿不忘，或读他书无意中砉然有触而积疑冰释，乘夜秉烛亟起书之，或一夕枕上所得累数日书不尽，每漏四五下，犹篝灯夜读，昧爽则已兴矣。数十年如一日，其精力过人如此。闻有通兹学者，虽在远道，不惮褰裳往从；人有问者，亦详告之无隐。节录毛际可撰传、方苞撰墓表、杭世骏撰传、阮元撰《畴人传》原文。所著历算书八十余种，其要目如下：

（甲）历学之部：

（一）阐明古历法者

《历经图注》二卷。　《元史》所载《历经》，为许衡、郭守敬等合著，其文简古，故释之。

《古今历法通考》七十卷。　自洛下闳、射姓之历起，以次论刘洪、姜岌、张子信、何承天、祖冲之、刘焯诸历，李淳风之《麟德历》，僧一行之《大衍历》，晚唐《宣明历》，王朴之《钦天历》，宋之《统天历》，耶律楚材之《庚午元历》，讫郭守敬之《授时历》止。所校论者凡七十余家，实中国历学史之大观也。

《春秋以来冬至考》一卷。

《庚午元历考》一卷。　元太祖时，有西域人与耶律楚材争月蚀，西法并绌，楚材乃作《西征庚午元历》。此书专考之。

《元历补注》二卷。　根据郭守敬历草以注《授时历》。

《明大统历立成注》二卷。

（二）研究西域历法者　唐《九执历》，为西法输入之始，其后复有《婆罗门十一曜经》及《都聿利斯经》，皆九执之属。元则有札马鲁丁之《西域万年历》，明则有马沙亦黑、马哈麻之《回回历》，此皆印度及阿剌伯之学说，在千年前即已与中法参用者。定九推究其术，著欧罗巴法渊源所自。

《回回历补注》三卷。

《西域天文书补注》二卷。

《三十杂星考》一卷。

《四省表景立成》一卷。 陕西、河南、北直、江南四省之回教寺中，各有表景，据之以说明里差。

《周髀算经补注》一卷。 以《周髀》释西域历家盖天之说。

《浑盖通宪图说订补》一卷。 研究《元史·札马鲁丁传》中之“盖天仪”，谓为《周髀》遗法流入西方。

《西国日月考》一卷。 研究太阳历。

（三）批评《崇祯历书》者 《崇祯历书》百余卷，利、徐所编，即所谓欧罗巴之新西法也。定九发明或订正之，为以下各书：

《历书细草补注》三卷。《历书》中有细草以便入算，定九以《历指》大意隐括而为之注。

《交食蒙求订补》二卷，《附说》二卷。 此书已佚，补其细草。

《交食图订误》一卷。

《求赤道宿度法》一卷。 用弧三角法订正《历书》中细草。

《交食管见》一卷。 言各地所见日月食何故不同，并立随地测验之捷法。

《日差原理》一卷。

《火纬本法图说》一卷。

《七政前均简法》一卷。

《上三星轨迹成绕日圆象》一卷。

《黄赤距纬图辨》一卷。

《太阴表影辨》一卷。

《二星经纬考异》一卷。

《星晷真度》一卷。

（四）手订历志及关于历学之意见

《宣城分野志》。

《江南通志·分野志》。

《明史·历志》。《明史》之《历志》，本由吴志伊专任，徐善、刘献廷、杨文言各有增定，最后则请正于黄梨洲及定九。定九为订正讹舛五十余处。

《历志赘言》一卷。　大意谓明朝的《大统历》实即元朝的《授时历》，故明《历志》应该对于元《历志》叙述《授时历》阙略之处详为订补。又《回回历》为《授时》所自出，亦当叙其渊源。其余如朱载堉、袁黄等学说，皆当备载。尤当特详于利、徐改法之沿革。

《历学疑问》一卷。　历学入门简明之书。清圣祖极赏之。

《学历说》一卷。　大意谓古代历家，因法疏多误，乃附会禨祥之说以文饰其误，最为不当。

（五）所创制之测算器及其图说

《测器考》二卷。

《自鸣钟说》一卷。

《壶漏考》一卷。

《日晷备考》三卷。

《赤道提晷说》一卷。

以上皆对于旧器之考订及说明。

《勿庵揆日器图说》一卷。《诸方节气加时日轨高度表》一卷。

《揆日浅说》一卷。

《测景捷法》一卷。

《璇玑尺解》一卷。

《测星定时简法》一卷。

《勿庵侧望仪式》一卷。《勿庵仰观仪式》一卷。

《勿庵浑盖新式》一卷。

《勿庵月道仪式》一卷。

以上皆自制器及自创法之说明。

《分天度理》一卷。

《陆海针经》一卷（一名《里差捷法》）。

以上二书，应用历算学以绘地图。

（乙）算学之部

《勿庵筹算》七卷。

《勿庵笔算》一卷。 以上二书，皆改横为直，便中土书写。

《勿庵度算》二卷。 当时西法用两比例尺，定九只用一尺，又有矩算法。

《比例数解》四卷。 说明“对数”之理。

《三角法举要》五卷。 以西法之三角与古法之勾股合论。

《方程论》六卷。

《几何摘要》三卷。 因《几何原本》行文古奥，故易为显浅之文，且删繁补遗，以便学者。

《勾股测量》二卷。 摭拾《周髀算经》《海岛算经》《测圆海镜》等书之言割圆术者发明之。

《九数存古》一卷。 释《九章算术》。

以上九书，合为《中西算学通》。

《少广拾遗》一卷。

《方田通法》一卷。

《几何补编》四卷。 利、徐所译《几何》，仅成前六卷，止于测“面”。此书以意推演其量“体”之法，妙悟极多。

《西镜录订注》一卷。 《西镜录》不知谁作，惟其书成于《天学初函》以后，多加精之法，故为之注。

《权度通几》一卷。　说重学原理。

《奇器补诠》二卷。　补王征《奇器图说》。

《正弦简法补》一卷。

《弧三角举要》五卷。

《堑堵测量》一卷。

《用勾股解几何原本之根》一卷。　谓“几何不言勾股，然其理并勾股也。故其最难通者，以勾股释之则明”。

《仰观覆矩》一卷。

《方圆幂积》二卷。

《丽泽珠玑》一卷。　最录与朋友论算资益之语。

《古算器考》一卷。

《数学星槎》一卷。　专为初学算者之向导。

我在这里讲王、梅学术，自己觉得很惭愧，因为我是完全一个门外汉，实在不配讲。以上所列许多书目，我连极简单的提要也做不出来——内中偶凑几句，恐怕也是外行话，至于批评，那更不用说了。但依我最粗浅的推测，则梅定九在学界所贡献之成绩大略如下：

第一，自来言历法者，多杂以占验迷信。看《汉书·艺文志》之“数术略”及各史历志便知，虽唐元两代所输入之西域学亦所不免。历学脱离了占验独立，而建设在真正科学基础之上，自利、徐始启其绪，至定九才把这种观念确定。《学历说》讲得最透快。

第二，历学之历史的研究，自定九始。——恐怕直到现在，还没有第二个人比他研究得更博更通。凡一种学问经过历史的研究，自然一不会侊侗，二不会偏执。定九所以能成为斯学大家者，以此。

第三，向来治历学者，多认为一种单纯技术，虽黄梨洲、王寅旭似尚不免。定九认定历学必须建设在数学基础之上。所以明末清初因历学发生争议，其结果仅能引起学者社会对于历学之兴味。自《梅氏历算全书》出世，始引起多数人对于算学之兴味。老实说，从前算学是历学附庸，定九以后才“蔚为大国”且“取而代之”了。

第四，定九并不是专阐发自己的“绝学”，打“藏诸名山”的主意，他最努力于斯学之普及。他说：“吾为此学，皆历最艰苦之后，而后得简易。从吾游者，坐进此道，而吾一生勤苦，皆为若用矣。吾惟求此理大显，使古人绝学不致无传，则死且无憾，不必身擅其名也。”《畴人传》本传观此可以见大学者之态度及愿力。历算能成为清代的显学，多由定九的精神和方法濬发出来。

第五，定九生当中西新旧两派交哄正剧时，他虽属新派的人，但不盲从，更不肯用门户之见压迫人；专采“求是”的态度，对于旧派不惟不抹杀，而且把许多古书重新解释，回复其价值，令学者起一番自觉，力求本国学问的独立。后此戴东原震、焦里堂循、李尚之锐、汪孝婴莱等辈，皆因研究古算书得有新发明。这种学风，不能不说是定九开辟出来。

※　　※　　※

自《崇祯历书》刊行以后，治历学者骤盛。若黄梨洲及其弟晦木，若毛西河，若阎百诗，皆有所撰述。青年史家潘力田亦与王寅旭共学，有往复讨论书，见《晓庵遗书》中；其弟次耕，事寅旭，有著书。明史馆中专任《历志》之人，如吴任臣志伊等，并有名于时。而其间专以历算名家者，则有：

薛凤祚，字仪甫，淄川人。作《天学会通》，以对数立算。定九谓其书详于法而无快论以发其趣。其全书尝刻于南京，尚有《写天新语》《气化迁流》《四线新比例》等。

揭暄，字子宣，广昌人。深明西术，而又别有悟入，谓七政之小轮，皆出自然，亦如盘水之运旋，而周遭以行，急而生漩涡，遂成留逆。当时共指为创论。

方中通，字位伯，桐城人，以智子。著《数度衍》二十五卷，于《九章》之外搜罗甚富。尝与揭暄相质难，著《揭方问答》。

孔兴泰，字林宗，睢州人。著《大测精义》，求半弧正弦法，与梅氏

《正弦简法补》之说不谋而合。

杜知耕，字端甫，柘城人。著《几何论约》及《数学钥图注》。梅氏谓其释《九章》颇中肯綮。

毛乾乾，字心易。与定九论周径之理，因复推论及方圆相容相变诸率。

梅文鼐，字和仲；文鼏，字尔素，俱定九弟，与兄同治历算。文鼐著《步五星式》六卷，文鼏著《经星同异考》一卷。文鼏善制图，梅氏书中各图多出其手。

这几位都是定九同时人，学有心得，而薛仪甫最名家，时亦称梅、王、薛云。清圣祖喜历算，故揣摩风气者亦往往学之，李光地辈是也，然不能有所发明。同时有杨光先者，专著书难西术，名《不得已书》，然不解数理，弇陋强辩，徒争意气，非学者也。

自王、梅提倡斯学之后，许多古算书渐渐复活，经学大师大率兼治算。戴东原校《算经》十种，大辟町畦；而李尚之、汪孝婴、董方立能为深沉之思，发明算理不少。晚清则西欧新算输入，而李壬叔、华若汀辈能名家。盖有清一代，作者绳绳不绝，当别为专篇论列之。

第十二讲　清初学海波澜余录

从第五讲到第十一讲，把几个重要学派各列举几位代表人物，叙述其学说梗概，清初学界形势大略可见了。然而顺康间承晚明之敝，反动猛起，各方面有许多瑰奇之士，不相谋，不相袭，而各各有所创获。或著作失传，或无门弟子恢张其业，故世罕宗之。又或行谊可訾议，或本非纯粹的学者，而所见殊有独到处。总之，那时候学界气象，如久经严冬，一旦解冻启蛰，万卉抽萌，群动蠕跃，煞是可爱。本讲要把这些人——为我现在记忆所及者，提出十来位来讲讲。

一、方密之　附：黄扶孟

方以智，字密之，安徽桐城人。明崇祯庚辰进士，官翰林院检讨。国变后从永历帝于云南，永历亡，出家为僧，号药地。他著有《通雅》五十二卷，考证名物、象数、训诂、音声。其目录为：音义杂论、读书类略、小学大略、诗说、文章薪火、疑始、释诂、天文、地舆、身体、称谓、姓名、官制、事制、礼仪、乐曲、乐舞、器用、衣服、宫室、饮食、算数、植物、动物、金石、谚原、切韵声原、脉考、古方解。《四库提要》很恭维这部书，说道："明之中叶以博洽著者称杨慎，而陈耀文起而与争，然慎好伪说以售欺，耀文好蔓引以求胜。次则焦竑亦喜考证，而习与李贽游，动辄牵缀佛书，伤于芜杂。然以智崛起崇祯中，考据精核，迥出其上。风气既开，国初顾炎武、阎若璩、朱彝尊等沿波而起，始一扫悬揣之空谈。……"

顾、阎辈是否受密之影响，尚难证明。要之密之学风，确与明季之空疏武断相反，而为清代考证学开其先河，则无可疑。他的治学方法有特征三端，一曰尊疑。他说："……吾与方伎游，即欲通其艺也。欲物，欲知其名也。物理无可疑者，吾疑之，而必欲深求其故也。以至于颓墙败壁之上有一字焉吾未之经见，则必详其音义考其原本，既悉矣，而后释然于吾心。……"《通雅》钱澄之序述密之语又说："学不能观古今之通，又不能疑，焉贵书簏乎？……"又说："因前人备列以贻后人，因以起疑。……"俱自序又说："副墨洛诵，推至疑始。案：此用庄子语。始作此者，自有其故，不可不知，不可不疑也。"卷一，叶一可见他的学问，全由疑入。"无问题则无学问"，此理他见得极透。二曰尊证。他说："考究之门虽卑，然非比性命可自悟，常理可守经而已，必博学积久，待征乃决。"凡例又说："是正古文，必藉他证，乃可明也。……智每驳定前人，必不敢以无证妄说。"卷首之一，叶五至六立论要举证，是清儒最要的信条，他倡之最力而守之最严。三曰尊今。他说："古今以智相积而我生其后，考古所以决今，然不可泥古也。古人有让后人者，韦编杀青，何如雕板？龟山在今，亦能长律；河源详于阔阔，江源详于《缅志》；南极下之星，唐时海中占之，至泰西入，始为合图，补开辟所未有。……"卷首之一，叶一又说："后人因考辨而积悟之，自详于前，前人偶见一端，而况有传讹强争者乎？"卷五十，叶二又说："世以智相积而才日新，学以收其所积之智也。日新其故，其故愈新。"卷首之三，叶二十二又说："先辈岂生今而薄今耶？时未至也，其智之变，亦不暇及也。不学则前人之智非我有矣；学而徇迹引墨，不失尺寸，则诵死人之句耳。"同上所以，他虽极博古而亦不贱今，他不肯盲从古人，全书千数百条，每条都有自己独创的见解。

依我看，《通雅》这一部书，总算近代声音训诂学第一流作品。清代学者除高邮王氏父子以外，像没有哪位赶得上他。但乾嘉诸老，对于这部书很少征引，很少称道，不知是未见其书，抑或有什么门户之见？清儒是看不起明儒的。密之纯属明人，这书又成于崇祯年间，也许清儒很少人读过。密之最大的发明，在以音求义。他说："音有定，字无定，随人填入耳。各土各时有宜，贵知其故。"卷五十，叶一因此，他最注意方言和谚语，书中特辟《谚原》一篇，其小序曰："叔然作反切，本出于俚里常言，宋景文笔记之，如'鲫溜'为就，'突栾'为团，'鲫令'为精，'窟笼'为孔，不可胜举。讹失日以远矣，然相沿各有其原，考之于古，颇有阖合。方音乃天地间自然而转者，上古之变为汉、晋，汉、晋之变为宋、元，势也。"卷四十九，叶一故以为欲做辨当名物的工作，"须足迹遍天下，通晓方言，方能核之"。凡例又不惟地方差别而已。他以为，"天地岁时推移而人随之，声音亦随之。方言训诂相传，遂为典实"。同上"乡谈随世变而改，不考世变之言，岂能通古今之诂而是正名物乎？"卷首之一，叶二十一他说："古今之音，大概五变。"凡例"岁差自东而西，地气自南而北。方言之变，犹之草木移接之变也。历代训诂、谶纬、歌谣、小说，即具各时之声称。"卷首之一，叶二十二"上古之音，见于古歌三百。汉晋之音，见于郑、应、服、许之论注。至宋渐转，元周德清始起而畅之。《洪武正韵》，依德清而增入声也。"卷五十，叶二十他说："古字简少通用。"卷二，叶十五所以"古人解字，皆属借义，如赋诗断章"。卷二，叶十八"周末至汉，皆以韵为解"。同上其于形亦然，"汉碑字见形相似，即借用之"。同上，叶二十有许多字因"事变义起，不得不分别，故未分字先分音，取其易记"。卷一，叶五其后则"因有一音，则借一字配之"。同上，叶十八他以为文字孳乳寖多之故，皆由于此。"世变既繁，不得不尔，所以合所以分皆当知之。"同上，叶五他以为后人将古字增减或造新字，好古者动诋为俗，不知"六书之道，原以适用为主，未可谓后人必无当也"。卷二，叶三十二他最能辨别伪书，但以为虽伪亦复有用。他说："书不必尽信，贵明其理，或以辨名当物，或以验声音称谓之时变。则秦汉以降之所造所附，亦古今之征也。"卷首之一，叶五他对于古言古训，爬罗剔抉，费了多少心血，真算得中国文字之功臣了。但他却有一句极骇人的话，说道："字之纷也，即缘通与借耳。若事属一字，字各一义，如远西因事乃合音，因音而成字，不重不共，不尤愈乎？"卷一，叶十八创造拼音文字之议，在今日才成为学界一问题，多数人听了还是咋舌掩耳，密之却已在三百年前提起。他的见识气魄如何，可以想见了。

密之所造的新字母，乃斟酌古韵、华严字母、神珙谱、邵子衍、沈韵、唐韵、徽州所传朱子谱、中原音韵、洪武正韵、郝京山谱、金尼阁谱而成。分为三十六韵十六摄而统以六余声，自为《旋韵图》表之。具见《通雅》卷五十《切韵声原》中。可惜我于此学毫无研究，不惟不会批评，并且不会摘要。有志斯道者请看原书。

密之所著书，尚有《经学编》，有《易图说》，似皆佚。又拟著《方域图》《官制图》，似尚未成。他早年才气英发，为复社领袖，晚年间关万里，奔走国难，石烂海枯，乃自逃于禅悦。钱饮光说："今道人既出世矣，然犹不肯废书，独其所著书好作禅语，而会通以庄、《易》之旨，……若所谓《通雅》，已故纸视之矣。"读此可知密之学术之变迁及其究竟了。

桐城方氏，在全清三百年间，代有闻人，最初贻谋之功，自然要推密之。但后来桐城学风并不循着密之的路走，而循着灵皋方苞的路走，我说这也是很可惜的事。

※　　※　　※

同时皖人中有黄生，字扶孟，歙县人。明诸生，入清不仕，著有《字诂》一卷、《义府》一卷，《四库全书》著录；亦专主以声音通训诂。其族孙承吉说道："公年差少于顾亭林。顾书公所未见，公书顾亦弗知。顾撰《音学五书》，厥功甚伟，惟尚未能得所会通。……公实有见于声与义之相因而起，遂濬及于义通则声通，为古今小学家之所创获。"又说："此学喻之者惟高邮王氏，引申触类，为从古之所无，即先后乎王氏及与王氏同时者亦皆不得而与。盖他儒以韵求声，王乃言声而不言韵，可谓穷本知归。公生于王氏百数十载之前，非有来者相谋，而所造若是。……”《重刻字诂义府后序》虽子孙诵芬之辞，或未免稍过其实。总之《字诂》这部书在清代声音训诂学里头占有重要位置，我们是要承认的。

二、陈乾初

陈确，字乾初，浙江海宁人，卒康熙十六年（一六七七），年七十四。他是刘蕺山门生，却极不喜欢理学。黄梨洲作他的墓志铭，说道：“乾初读书卓荦，不喜理学家言。尝受一编读之，心弗善也，辄弃去，遂四十年不阅。其后……问学于山阴先师，深痛末学之支离，见于辞色。……先师梦奠，得其遗书而尽读之，憬然而喻，取其四十年所不阅者重阅之，则又格格不能相入。”《南雷文约》他这个人的气象，大略可见了。梨洲又说：

> 乾初深痛“《乐记》人生而静以上不容说，才说性便已不是性”之语。案：此是程子语。谓从悬空卜度至于心行路绝，自是禅门种草。宋人指《商书》“维皇降衷”、《中庸》“天命之谓性”为本体，必欲求此本体于父母未生以前，而过此以往即属气质，则工夫全无着落。当知“尽其心者知其性也”之一言，即是孟子道性善本旨。盖人性无不善，于扩充尽才之后见之，如五谷不艺植不耔耘，何以见其种之美耶？……性之善不可见，分见于气、情、才。故《中庸》以喜怒哀乐明性之中和，孟子以恻隐、羞恶、辞让、是非明性之善，皆就气、情、才言。后儒言“既发谓之情”“才出于气，有善有不善”者，非也。同上

又说：

乾初谓：人心本无所谓天理，人欲恰到好处即天理；其主于无欲者，非也。同上

读这两段话，前一段何其与颜习斋《存性篇》辨气质性恶之说酷相类，后一段何其与戴东原《孟子字义疏证》顺情养欲之说酷相类也！颜、戴二君，并非蹈袭乾初，因为我相信他们并没有读过乾初的书。但乾初以蕺山门人而有这种见地，真算得时代精神之先驱者了。

乾初不信《大学》为孔、曾所作，著《大学辨》以辨之。其略曰：

子言之矣："下学而上达"，《易》称"蒙养即圣功"，何小大之有？《论语》二十篇中，于《易》《诗》《书》《礼》《乐》三致意焉，而无一言及《大学》。小戴置其篇于《深衣》《投壶》之后，垂二千余年，莫有以为圣经者。而程子始目为孔氏之遗书，又疑其错简而变易其文。朱子又变易程子之文，且为之补传，以绝无证据之言，强以为圣经，尊之《论语》之上。即其篇中两引夫子之言，一引曾子之言，则自"十目"一节之外，皆非曾子之言可知。……朱彝尊《经义考》引

这是他用考证眼光证明《大学》之晚出。但他所以断断致辨者，不徒在其来历，而尤在其内容。他以为："《大学》言知不言行，格致诚正之功先后失其伦序。"《经义考》引所以不得不辨。读者须知，《大学》这篇书，经程朱捧场之后，它的身分高到何等地步，七八百年间为"格致"两个字打的笔墨官司，也不知糟蹋天地间几多纸料。乾初这种怪论，当然是冒天下之大不韪。所以当时学者如张杨园、黄梨洲、刘伯绳、沈甸华等——都是乾初学友，都纷纷移书责他，他却毅然不顾。他临死前一年，还有书和梨洲往复，大旨谓："世儒习气，敢于诬孔孟，必不敢倍程朱，可为痛心！"吴骞著《陈乾初先生年谱》引他的独立不惧精神，可概见了。

乾初对于社会问题，常为严正的批评，与实践的改革。深痛世人惑于风

水，曝棺不葬，著《葬论》《丧实论》诸篇，大声疾呼，与张杨园共倡立“葬亲社”，到处劝人实行。屠爌、陆圻征文寿母，他说：“世俗之事，非所当行。”当时东南社集讲会极盛，他说：“衎衎醉饱，无益身心。”一切不赴。甲申以后，起义死事的人甚多，好名依附者亦往往而有。乾初说：“非义之义，大人弗为。人之贤不肖，生平具在。故孔子谓‘未知生焉知死’。今人动称末后一着，遂使奸盗优倡，同登节义，浊乱无纪。死节一案，真可痛也！”黄撰墓志引他又尝著《书潘烈妇碑后》，说道：“吾以为烈妇之死非正也。某尝怪三代以后，学不切实，好为激烈之行，寖失古风，欲一论辩其非。……”吴著《年谱》引他立论不徇流俗，大略如此。

他和梨洲同门，但生前论学，往往不合。梨洲也不深知他。《南雷集》中他的墓志铭两篇，第一篇泛泛叙他的庸德而已，第二篇才把他学术要点摘出，自言：“详玩遗稿，方识指归，有负良友多矣。因理其绪言，以忏前过。”梨洲服善之诚，实可敬。乾初遗著，世罕传本，不知尚存否？得梨洲一文，我们可以知道一位拔俗学者的面影，也算幸事了。

三、潘用微

潘平格，字用微，《学案小识》作“用徵”，误。浙江慈溪人。他的学术像没有师承，也没有传授。他所著有《求仁录》一书，我未得见，仅从唐鉴《国朝学案小识》所引观其崖略。以下都是从唐著转引。大概说：“孔门之学以求仁为宗。仁者，浑然天地万物一体，而发见于吾人日用平常之事者也。……故曰：‘有能一日用其力于仁矣乎？我未见力不足者。’……”又说：“学者之患，在于不知真心见在日用，而别求心，故有种种弊病以各成其学术。”他反对主敬主静之养心法，以为养心用操持法总是不对，说道：“操持者，意也，识也；操持此心，是以意识治意识也。”所以他说：“敬即是心，而非敬以治心；心即是敬，而非主敬持敬。”而结论归到“本体工夫非有二”，说道：“工夫二字，起于后世佛老之徒。盖自伦常日用之外另有一事，故说是工夫。若主敬之学，先立体以为致用之本；穷理之学，先推极知识以为遇事之用；亦是另有一事，可说是工夫。……这便是学养子而后嫁了。”又说：“晦庵不信《大学》而信伊川之改《大学》，不格物而补格物之传，以至象山、阳明不信曾、思、孟而谓颜子没而圣学亡，今敢于悖先圣而不敢以悖后世诸贤，……总由学者读注听讲，先入于近儒之说，故意见偏陂，窠臼难拔。某常说：‘不得看注，不得看诸贤语录。’盖尝深中其病，确知其害。”用微之学，我未见其全书，不敢轻下批评。约略看来，大率也是从宋明学上很用过苦功而力求解放者。《归元恭文集》里头有《上潘先生书》两通，第一通很尊仰他，第二通很诋毁他。像是元恭曾游用微之门，后来不以为然，又退出来。李恕谷记万季野自述道：“吾少从黄先生游，闻四明有潘先生者，曰‘朱子道，陆子禅’，怪之，往诘其说，有据。同学因轰言予畔黄先生，先生亦怒。……”《恕谷后集·万季野小传》然则季野亦颇心折其学了。可惜他生在浙东，浙东正是蕺山、梨洲势力范围，不容他有发展余地。这个人便成为“中道而殇”的学者了。

四、费燕峰

费密，字此度，号燕峰，四川新繁人。生明天启五年，卒清康熙三十七八年（一六二五—一六九八或九九），年七十四五。当张献忠荼毒全蜀时，他团乡兵拒贼，贼不能犯。永历在滇，蜀人杨展据叙州嘉定、永宁为明守，燕峰以中书舍人参其军，屯田积谷为一方保障。吴三桂入蜀，燕峰避乱陕西，寻即东下，自是流寓江淮间四十余年。四十九岁，诣苏门谒孙夏峰。夏峰年九十矣，与谈学甚契。见《夏峰年谱》尝游京师，交李恕谷，为作《大学辨业序》。见《恕谷年谱》工诗，为王渔洋所推服。见《池北偶谈》遗著三种，曰《弘道书》，曰《荒书》，曰《燕峰诗钞》，近年大关唐氏始刻之。《荒书》记明清间蜀乱，为极翔实之史料。徐立斋、万季野在明史馆，以不得见为恨。《弘道书》成于晚年，为书三卷十五篇，曰《统典论》，曰《弼辅录论》，曰《道脉谱论》，曰《古经旨论》，曰《原教》，曰《圣人取人定法论》，凡六篇，为上卷；《祀典议》五篇及《先王传道述》《圣门传道述》《吾道述》，凡八篇，为中卷；《圣门定旨两变序记》一篇为下卷；其间复以表十一篇分附焉。

骤看这部书名和目录，很像是一部宋明道学先生们理障的著作，其实大大不然。燕峰是对于宋元学术革命的急先锋。这部书惊心动魄之言，不在颜习斋《四存编》之下。其最不同之点，则习斋连汉唐学派一概排斥，燕峰则提倡注疏。就这点论，燕峰不能如习斋之彻底，其学风实与后此乾嘉学派颇接近。但乾嘉学者并未受燕峰影响，不可不知。燕峰和同时的颜习斋、毛西河，虽同为反宋学的健将，而燕峰之特色，则在研究历史上学术变迁之迹，能说明宋学所自出。他以为，中国学术自三国六朝以后分为南北两派，而宋学则从南派衍来。其论南北派曰：

> ……迨于魏晋，王弼、何晏，习为清谈，儒学始变，朝野相尚，损实坏政。中原沦没，宋、齐、梁、陈，偏安江左，诸儒谈经，遂杂玄旨，何承天、周弘正、雷次宗、刘瓛、沈麟士、明山宾、皇侃、虞喜、周舍、伏曼容、张绪诸君子，缁素并听，受者甚广。北方旧族，执经而言圣人之道，卢玄、王保安、刁冲、刘兰、张吾贵、李同轨、徐遵明、熊安生、刘焯、刘炫诸儒，弟子著录千万计，古经得传，深有赖焉。……《原教》

他续论自唐迄宋学术变迁大势，说道：

> 唐啖助、王玄感、陆淳以来，诂经已出意见，尚未大变乱也。经旨大变，

创于王轸，和以贾昌朝。而刘敞为说，始异古注疏，然不著天下。王安石自昌朝发，独任己私，本刘敞《七经小传》，尽改古注为《新义》，……诬辩幽诞，以为道德性命之微。……安石言之则为《新义》，行之则为新法，天下骚然，宋遂南渡。当是时不守古经言“足兵足食”“好谋而成”，从生聚教训实处讲求，思以立国，而朝士所争，乃王安石、程颐之学术，上殿专言“格物”，道德性命之说益炽。吕祖谦、陆九渊、朱熹、张栻、陈亮，论各不同，而九渊与熹尤显。……熹为《集注》，力排七十子古今诸儒，独取二程。然二程与安石稍异者，不过“静坐”“体验”“会活泼泼地”，气质之性耳，一切道德性命臆说，悉本安石焉。……今之非安石者皆是也。安石、程朱，小殊而大合，特未尝就数家遗书细求耳。……明永乐专用熹说《四书五经大全》，命科举以为程式。生徒趋时，递相祖受。七十子所遗、汉唐相传共守之实学殆绝。……王守仁虽以熹穷理格物为非，而复溯九渊本心之说，改九渊接孟轲。自此穷理、良知二说并立，学者各有所好，互相仇敌。……《道脉谱论》

他又论宋儒之学乃剽窃佛道两家而来，历举邵雍之出于陈抟，周敦颐之出于寿涯。其考证虽不逮黄晦木、胡朏明之详博，而论断尤痛切。谓：

诸儒辟二氏，谓其惑世诬民，若不可令一日容于斯世；而阴窃其说以自润，又何以服二氏？《圣门定旨两变序记》

又谓：

羲、文、周、孔至宋，乃托二氏再生于天地之间。吾道受辱至此，百尔君子，欲不愤得乎？《道脉谱论》

他以为，“凡宋儒所自诩为不传之秘者，皆仿佛为见，依倚成理。昔儒非不知之也，但不以为学”《古经旨论》。所以不以为学之故，他以为一因其不能普及，二因其不能应用。所谓不能普及者，他说：

圣人立教，十人中五人能知，五人不能知，五人能行，五人不能行，不以为教也……今大郡十余万家，长老子弟秀杰者，虽上下不齐，而常千百人于孝弟忠信诗书六艺之文可以与知也。浸汩敷衍于后儒性理新说，多者五六人或二三人，或千里无一人焉。道不远人，说何艰深若此？《原教》

所谓不能应用者，他说：

清谈害实，起于魏晋，而盛于宋南北。……齐逞臆见，专事口舌，又不降心将人情物理平居处事点勘离合。说者自说，事者自事，终为两段。即有好议论，美听而已矣。……后儒所论，惟深山独处乃可行之，城居郭聚有室有家，必不能也。……无论其未尝得而空言也，果静极矣，活泼泼地会矣，坐忘矣，冲漠无朕至矣，心无时不在腔子里，性无不复，即物之理无不穷，本心之大无不立而良知无不致矣，亦止与达摩面壁、天台止观同一门庭，何补于国？何益于家？何关于政事？何救于民生？……《圣门定旨两变序记》

他又极论空言高论之有害政治，说道：

论政当以身所当者为定。……井田封建，先王之善政也；郡县阡陌，后王之善政也。……专言三代，欲以为治，不过儒生饰辞耀世，苟实行之，误国家而害民生，必如社仓、青苗空竭四海而后止也。……自宋以来，天下之大患，在于实事与议论两不相侔，故虚文盛而真用薄。儒生好议论，然草野诵读，未尝身历政事，执固言理，不达世变，滞古充类，责人所难。……《先王传道述》

他又反对宋儒之禁欲主义，说道：

饮食男女，人之大欲存焉。众人如是，贤哲亦未尝不如是也。……欲不可纵，亦不可禁者也。不可禁而强禁之，则人不从；遂不禁任其纵，则风俗日坏。圣人制为礼乐，因人所欲，而以不禁禁之也。《统典论》

又说：

生命人所共惜也，妻子人所深爱也，产业人所至要也，功名人所极慕也，饥寒困辱人所难忍也，忧患陷阨人所思避也，义理人所共尊也。然恶得专取义理，一切尽舍而不合量之欤？论事必本于人情，议人必兼之时势。功过不相掩，而得失必互存，不当以难行之事徒侈为美谈，不当以必用之规遂指为不肖。《弼辅录论》

燕峰学术的要点大略如上。我们拿来和亭林、习斋、乾初、东原诸家之说并读，当可发现其相同之点甚多。盖明学反动的结果，一时学风不期然而然也。但燕峰于破坏方面，不能如习斋之彻底；于建设方面，不能如亭林之健实；又没有弟子以张其军，遗书亦湮晦罕传。所以这样精悍的思想家，三百年间几乎没人知道。最初表张他的，为同治间之戴子高。他的《谪麐堂集》中有《费舍人别传》一篇，但亦语焉不详。最近遗著出世，这位大学者渐渐复活起来了。

五、唐铸万　胡石庄　附：易堂九子

同时四川还有一位怪人，曰唐铸万。但费、唐两位，虽属蜀产，然中年以后都流寓江淮，我们是要注意的。

唐甄，原名大陶，字铸万，号圃亭，四川达州人。生明崇祯三年，卒清康熙四十三年（一六三〇——一七〇四），年七十五，与阎百诗、颜习斋同年卒。顺治丁酉举人，曾任山西长子县知县，仅十个月便去官，在任内劝民植桑八十万株。他早年因蜀乱避地居苏州，遂游长终老于苏。家计赤贫，常常断炊，采废圃中枸杞叶为饭，衣服典尽，败絮蓝缕，陶陶焉振笔著书不辍。他学无师授，我们读他的书，知道他曾与王昆绳、魏冰叔、顾景范为友。他著书九十七篇，初名曰《衡书》，晚乃改名《潜书》。魏冰叔初见《潜书》，大惊曰："此周秦之书也。今犹有此人乎？"梅定九一见便手录全部，曰："此必传之作，当藏之名山以待其人耳。"俱见王闻远著《圃亭先生行略》潘次耕为之序曰："古之立言重世者，必有卓绝之识，深沉之思，蕴积于中，多不可制，吐而为辞，风发泉涌。若先秦诸子之书，醇驳不同，奇正不一，要皆独抒已见，无所蹈袭，故能历千载而不磨。……斯编远追古人，貌离而神合，不名《潜书》，直名《唐子》可矣！"本书卷首铸万品格高峻，心胸广阔，学术从阳明入手，亦带点佛学气味，确然有他的自得，又精心研究事务条理，不为蹈空骛高之谈。这部《潜书》，刻意摹追周秦诸子，想要成一家之言，魏、潘恭维的话，未免过当。依我看，这部书有粗浅语却无肤泛语，有枝蔓语却无蹈袭语，在古今著作之林，总算有相当位置。大约王符《潜夫论》、荀悦《申鉴》、徐干《中论》、颜之推《家训》之亚也。

铸万宗阳明心学，其自得处颇类心斋、东崖父子之以乐为学，尝自述其下手法门道：

> 甄晚而志于道，而知即心是道，不求于外而壹于心。而患多忧多恚为心之害；有教我以主静者，始未尝不静，久则复动矣；有教我以主敬者，始未尝不敬，久则复纵矣。从事于圣人之言，博求于诸儒之论，为之未尝不力，而忧恚之疾终不可治。因思心之本体，虚而无物者也。时有穷达，心无穷达；地有苦乐，心无苦乐；人有顺逆，心无顺逆。三有者，世之妄有也；三无者，心之本无也。奈何以其所妄有加之于其所本无哉？心本无忧恚，而劳其心以治忧恚，非计之得也。……吾今而知疾之所由来矣。

> 吾之于人也，非所好而见之，则不宜于其人；吾之于食也，非所好而进焉，则不宜于其味。……即此一人，即此一事，或宜于朝不宜于夕，或不宜于朝而宜于夕。其所不宜者，必当吾之不悦时也。其所宜者，必当吾之悦时也。然则宜在悦不在物也，悦在心不在宜也。故知不悦为戕心之刃，悦为入道之门。……于是舍昔所为，从悦以入，……无强制之劳，有安获之益。……《悦入篇》

这段话大概是铸万一生得力所在。他以为“不悦则常怀烦懑，多见不平，多见非理，所以一切怨天尤人不相亲爱，皆由此生；悦则反是”。我认为这话是很好的。我自己的修养也是向这条路上走。他又说：“古人教亦多术矣，不闻以悦教人，而予由此入者何？予蜀人也，生质如其山川，湍急不能容而恒多忧恚。细察病根，皆不悦害之。悦为我门，非众之门。”这段话更好。讲学专标一宗旨，此如指独步单方以疗百病，陆桴亭尝非之。铸万主张各自搜寻自己病根，各自找药，最为通达。他说地理关系影响到人的生质书中屡说这种话，亦极有理致。

铸万虽极力提倡心学，然与宋明儒明心见性之说不同。他养心专为治事用，所以心学只算手段，不算目的。他说：“事不成，功不立，又奚贵无用之心？不如委其心而放之。”《辨儒篇》所以他对于客观的事物条理，认为必须详实研究。他说：

> 顾景范语唐子曰：“子非程子、朱子，且得罪于圣人之门。”唐子曰：“是何言也！二子古之贤人也，吾何以非之？乃其学精内而遗外。”……顾子曰：“内尽即外治。”唐子曰：“然则子何为作方舆书也？但正子之心，修子之身，险阻战备之形，可以坐而得之，何必讨论数十年，而后知居庸、雁门之利，崤函、洞庭之用哉！”……《有为篇》

读此可以知他对于客观研究的态度如何了。《潜书》下篇所讲，都是他对于政治上的意见，大抵按切事势，不为迂谈，亦可见他用力所在。

铸万对于社会问题，亦有许多特见。《备孝篇》说爱子者当无分男女，爱之若一；《内伦篇》《夫妇篇》说男女平等之理；《鲜君篇》《抑尊篇》《室语篇》力言君主专制政体之弊；《破祟篇》痛斥自杀之非；《大命篇》痛叹贫富不均之现象，谓天下之乱皆从此起，皆惊心动魄之言，今录其一二：

> 自秦以来，凡为帝王者皆贼也。……今也有负数匹布或担数斗粟而行于途者，或杀之而有其布粟，是贼乎？非贼乎？……杀一人而取其匹布斗粟，犹谓之贼；杀天下之人而尽有其布粟之富，乃反不谓之贼乎？三代以后有天下之善者，莫如汉。然高帝屠城阳、屠颍阳，光武屠城三百。……古之王者，有不得已而杀者二：有罪不得不杀，临战不得不杀。……非是奚以杀为？若过里而墟其里，过市而窜其市，入城而屠其城，此何为者？大将……偏将……卒伍……杀人，非大将、偏将、卒伍杀之，天子实杀之；官吏杀之，非官吏杀之，天子实杀之。杀人者众手，天子实为之大手。……百姓死于兵与因兵而死者十五六，暴骨未收，哭声未绝，于是乃服衮冕、乘法驾、坐前殿受朝贺；高宫室、广苑囿以贵其妻妾，以肥其子孙。彼诚何心而忍享之？若上帝使我治杀人之狱，我则有以处之矣。……《室语篇》

这些话与黄梨洲的《原君》篇不谋而合。三百年前有此快论，不能不说是特识。当清圣祖时，天下讴歌圣明，这种议论，也算大胆极了。他的《存言篇》，有一段说当时社会困穷凋敝之实状，亦是绝好史料，可为官书粉饰讴歌之反证。他又说：

> 天地之道故平，平则万物各得其所。及其不平也，此厚则彼薄，此乐则彼忧。为高台者必有洿池，为安乘者必有茧足。王公之家一宴之味，

费上农一岁之获，犹食之而不甘。吴西之民，非凶岁，为麸粥，杂以荍秆之灰；无食者见之，以为是天下之美味也。人之生也，无不同也。今若此，不平甚矣！提衡者权重于物则坠，负担者前重于后则倾，不平故也。……呜呼！吾惧其不平以倾天下也。……《大命篇》

这话虽短，现代社会主义家之言汗牛充栋，只怕也不过将这点原理发挥引申罢了。

铸万的哲学——人生观，也有独到之处。他论人死而不死之理，颇能将科学的见解和宗教的见解调和起来。他说：

唐子见果蠃，曰果蠃与天地长久也；见桃李，曰桃李与天地长久也；见鹳鸽，曰鹳鸽与天地长久也。天地不知终始，而此二三类者见敝不越岁月之间，而谓之同长而并久，其有说乎？百物皆有精，无精不生，既生既壮，练而聚之，复传为形。形非异，即精之成也；精非异，即形之初也。收于实，结于弹，禅代不穷。自有天地，即有是果蠃、鹳鸽，以至于今。人之所知，限于其目，今年一果蠃生，来年一果蠃死，今日为鹳鸽之子者生，来日为鹳鸽之母者死，何其速化之可哀乎？察其形为精，精为形，万亿年之间，虽易其形为万亿果蠃，实万亿果蠃而一蔓也，虽易其形而为万亿鹳鸽，实万亿鹳鸽而一身也。果鸟其短忽乎？天地其长久乎？……人所欲莫如生，所恶莫如死，虽有高明之人，亦自伤不如龟鹤，自叹等于蜉蝣，不察于天地万物之故，反诸身而自昧焉。是故知道者，朋酒羔羊以庆友朋而不自庆，被衰围绖以致哀于亲而不自哀，盖察乎传形之常，而知生非创生、死非卒死也。……物之绝续众矣，必有为绝为续者在其中，而后不穷于绝续也。人之死生多矣，必有非生非死者在其中，而后不穷于生死也。……仲尼观水而叹逝者，……时之逝也，日月迭行，昼夜相继，如驰马然；世之逝也，自皇以至于帝王，自帝王以至于今兹，如披籍然；人之逝也，少焉而老至，老矣而死至，如过风然。此圣人与众人同者也。

> 圣人之所以异于众人者，有形则逝，无形则不逝，顺于形者逝，立乎无形者不逝。无古今，无往来，无生死，其斯为至矣乎。《博观篇》

这篇上半所讲，就是庄子说“万物皆种也，以不同形相禅”的道理。近代生物学家讲细胞遗传，最足以为他所说“传形不穷”的明证。但他所说“有非生非死者在其中”，又非专指物质的细胞而言。细胞之相禅，人与果蠃、鹳鸮所同；精神之相禅，则人所独。精神之顺应的相禅，尽人所同；精神之自主的相禅，则圣贤豪杰所独。铸万之人生观，大概如此。

然则儒家圣贤何故不谈这种哲理耶？即《潜书》中亦何故很少谈这种哲理耶？铸万以为实在是不该谈。他说：

> ……如徒以身而已，一年十二月，一月三十日，一日九十六刻，一刻之间万生万死，草木之根枝化为尘土，鸟兽之皮骨化为尘土，人之肢体化为尘土；忽焉而有，忽焉而无。……而谓其灭则俱灭焉，必不然矣。不知，不智；知而不言，不仁。孔孟岂有不知！何为不言？非不言也，不可言也。圣人治天下，治其生也。生可治，死不可治，故生可言，死不可言也。……圣人若治死，必告人以死之道，则必使露电其身，粪土富贵，优偶冠裳；则必至政刑无用，赏罚无施。……夫天下之智者一二，愚者千万，为善者少，为恶者多，而生死之理又不可以众著。……是故圣人以可言者治天下，以不可言者俟人之自悟。……甄也生为东方圣人之徒，死从西方圣人之后矣。《有归篇》

这话说得极平允，他对于佛法的信仰和彻悟，亦可想见了。他又说：“老养生，释明死，儒治世，三者各异，不可相通。合之者诬，校是非者愚。”《性功篇》这种见地，比向来攘斥佛老或会通三教等学说，又高明得多了。

※　　※　　※

同时复有著书成一家言者曰胡石庄。

胡承诺，字君信，号石庄，湖北天门人。明崇祯举人，生卒年无考，著《绎志》六十一篇三十余万言，其篇目如下：

志学	明道	立德	养心	修身	言行	成务	辨惑	圣王
睿学	至治	治本	任贤	去邪	大臣	名臣	谏诤	功载
吏治	选举	朋党	辨奸	教化	爱养	租庸	杂赋	导川
敕法	治盗	三礼	古制	建置	禨祥	兵略	军政	武备
名将	兴亡	凡事	立教	论交	人道	出处	取与	慎动
庸行	父兄	宗族	夫妇	祀先	奉身	养生	经学	史学
著述	文章	杂说	兼采	尚论	广征	自叙		

石庄这个人和他这部书，从前几乎没有人知道，李申耆兆洛家藏有石庄的《读书录》写本四册，有柴虎臣绍炳的跋。申耆说他“文体类《淮南》《抱朴》，鳞杂细碎，随事观理而体察之”。这部书被人借观失掉，申耆大以为恨。其后，申耆又从旧书摊里得着这部《绎志》，托人刊刻，又失去多年，最后乃复得，道光十七年才托顾竹泉锡麒刻出。申耆批评他“贯通古今，包合宇宙，不敝之纂述也”。竹泉说：“有《说苑》《新序》《法言》《申鉴》《人物志》《潜夫论》《中说》之宏肆，而精粹过之。有《正蒙》《近思录》《读书录》《呻吟语》之醇明，而条贯过之。”毛岳生说：“自前明来，书之精博有益于理道名实，决可见诸施设者，惟顾氏《日知录》与先生是书为魁杰。”俱见本书卷首谭仲修献说：“读《绎志》，觉胡先生视亭林更大，视潜斋更实，视梨洲更确，视习斋更文。遗编晚出，知者盖鲜。显晦之数，岂有待耶？”《复堂日记》诸君对于这部书，可谓推崇极了。依我看，这书虽没有什么创获的见解，然而它的长处在能通贯。每阐一义，四方八面都引申到，又广取历史上事迹做印证，实为一有系统之著作。可惜陈腐空廓语往往不免，价值虽在《日知录》《思问录》《潜书》下，比后来桐城派的“载道之文”，却高十倍了。毛岳生说欲“少删其繁近”，可惜没有

着手。若经删汰一番，或者倒能增长它的价值。

※ ※ ※

铸万、石庄都是想“立言不朽”的人，他们的工作总算不虚，留下的书确能在学术界占相当位置。当时打这种主意的人也不少，如王昆绳、刘继庄辈皆是。此外有所谓易堂九子者，学问路数有点和唐、胡相近，名声远在唐、胡上，而成就不及他们。今在这里附论一下。

易堂九子皆江西人：宁都魏善伯祥、魏冰叔禧、魏和公礼、邱邦士维屏、李力负腾蛟、彭中叔任、曾青藜传灿、南昌彭躬庵士望、林确斋时益也。他们当明末乱时，相约隐居于宁都之翠微山，其共同讨论学问之所，名曰易堂，因以得名。九子中以三魏为领袖，次则邱邦士、彭躬庵，三魏中又以冰叔为魁，世所称魏叔子也。他们的学风，以砥砺廉节、讲求世务为主，人格都很高洁。冰叔当康熙己未举鸿博时，被荐不至。时江西有谢秋水文洊辟程山学舍集同志讲程朱学，病易堂诸人“言用而遗体”，贻书冰叔争之。冰叔复书道：“今之君子，不患无明体者，而最少适用。学道人当练于世务，否则试之以事则手足错乱，询之以古则耳目茫昧，忠信谨守之意多，而狭隘杓牵之病作，非所以广圣贤学也。”《魏叔子文集·复谢程山书》易堂学风，观此可见一斑了。但他们专以文辞为重，颇有如颜习斋所谓“考纂经济总不出纸墨见解”者。他们的文章也带许多帖括气，最著名的《魏叔子集》，讨厌的地方便很多。即以文论，品格比《潜书》《绎志》差得远了。

六、刘继庄

刘献廷，字君贤，号继庄，顺天大兴人。生顺治五年，卒康熙三十四年（一六四八—一六九五），年四十八。“先世本吴人，以官太医，遂家顺天。继庄年十九，复寓吴中，其后居吴江者三十年。晚学游楚，寻复至吴，垂老始北归，竟反吴卒焉。”《鲒埼亭集·刘继庄传》文他为万季野所推重，引参明史馆事，又尝与顾景范、黄子鸿、阎百诗、胡东樵同修《大清一统志》。尝游湖南，交王船山，当时知有船山者，他一人而已。王昆绳说生平只有两个朋友，第一个是刘继庄，第二个才是李恕谷。《恕谷后集·王子传》全谢山说："予独疑继庄出于改步之后，遭遇昆山兄弟徐乾学、元文而卒老死于布衣。又其栖栖吴头楚尾间，漠不为枌榆之念，将无近于避人亡命者之所为？是不可以无稽也，而竟莫之能稽。"《刘继庄传》文，下并同。又说"盖其踪迹非寻常游士所阅历，故似有所讳而不令人知。"谢山所提出这个闷葫芦，我们生几百年后，史料益缺乏，更无从猜度，总之知道继庄是一个极奇怪人便了。他的著作或未成或散佚，现存的只有一部《广阳杂记》。谢山从那部书里头摘出他的学术要点如下：

> 继庄之学，主于经世。自象纬律历，以及边塞关要财赋军器之属，旁而岐黄者流，以及释道之言，无不留心。深恶雕虫之技。其生平自谓于声音之道别有所窥，足穷造化之奥，百世而不惑。尝作《新韵谱》，其悟自华严字母入，而参之以天竺陀罗尼、泰西蜡顶话、小西天梵书暨天方、蒙古、女真等音，又证之以辽人林益长之说，而益自信。同时吴修龄自谓仓颉以后第一人，继庄则曰是其于天竺以下书皆未得通，而但略见华严之旨者也。继庄之法，先立鼻音二，以鼻音为韵本，有开有合，各转阴阳上去入之五音，阴阳即上下二平，共十声，而不历喉腭舌齿唇之七位，故有横转无直送，则等韵重叠之失去矣。次定喉音四，为诸韵之宗，而后知泰西蜡顶话、女直国书、梵音尚有未精者。以四者为正喉音，而从此得半音、转音、伏音、送音、变喉音，又以二鼻音分配之，一为东北韵宗，一为西南韵宗，八韵立而四海之音可齐。于是以喉音互相合，凡得音十七；喉音与鼻音互相合，凡得音十；又以有余不尽者三合之，凡得音五。共三十二音，为韵父。而韵历二十二位，为韵母。横转各有五子，而万有不齐之声摄于此矣。尝闻康甲夫家有红毛文字，惜不得观之以合泰西腊顶语之异同。又欲谱四方土音以穷宇宙元音之变，乃取《新韵谱》

为主，而以四方土音填之，逢人便可印正。盖继庄是书，多得之大荒以外者，囊括浩博，学者骤见而或未能通也。

其论向来方舆之书，大抵详于人事，而天地之故概未有闻。当于疆域之前别添数则，先以诸方之北极出地为主，定简平仪之度制，为正切线表，而节气之后先、日蚀之分杪、五星之陵犯占验，皆可推矣。诸方七十二候各各不同，如岭南之梅十月已开，桃李腊月已开，而吴下梅开于惊蛰，桃李开于清明，相去若此之殊。今世所传七十二候，本诸《月令》，乃七国时中原之气候。今之中原，已与七国之中原不合，则历差为之。今于南北诸方细考其气候，取其核者详载之为一则，传之后世，则天地相应之变迁可以求其微矣。燕京、吴下，水皆东南流，故必东南风而后雨。衡、湘水北流，故必北风而后雨。诸方山水之向背分合，皆当按籍而列之，而风土之刚柔暨阴阳燥湿之征，又可次第而求矣。诸方有土音，又有俚音，盖五行气运所宣之不同，各谱之为一则，合之土产，则诸方人民性情风俗之微，皆可推而见矣。此固非一人所能为，但发其凡而分观其成，良亦古今未有之奇也。

其论水利，谓西北乃二帝三王之旧都，二千余年未闻仰给于东南。何则？沟洫通而水利修也。自刘、石云扰，以讫金、元，千有余年，人皆草草偷生，不暇远虑，相习成风，不知水利为何事。故西北非无水也，有水而不能用也。不为民利，乃为民害，旱则赤地千里，潦则漂没民居；无地可潴，无道可行，人固无如水何，水亦无如人何。虞学士始奋然言之，郭太史始毅然行之，未几竟废，三百年无过而问者。有圣人者出，经理天下，必自西北水利始。水利兴，而后足食教化可施也。西北水利莫详于《水经》郦注，虽时移势易，十犹可得其六七。郦氏略于东南，人以此少之。不知水道之当详，正在西北。欲取二十一史关于水利农田战守者，各详考其所以，附以诸家之说，以为之疏，以为异日施行者之考证。

又言朱子《纲目》非其亲笔，故多迂而不切，而关系甚重者反遗之，当别作纪年一书。

凡继庄所撰著，其运量皆非一人一时所能成。故虽言之甚殷而难于毕业。是亦其好大之疵也。

观此，则继庄学术之大概可见了。内中最重要的是他的《新韵谱》。音韵学在明清之交，不期而到处兴起。但其中亦分两派，一派以韵为主，顾亭林、毛西河、柴虎臣等是；一派以音为主，方密之、吴修龄及继庄等是。以音为主者，目的总在创造新字母，又极注重方言。密之、继庄同走这一条路。继庄自负如此，其书必有可观——最少也足供现在提倡字母的人参考——今失传，真可惜了。次则他的地理书，所注重者为地文地理、人文地理。在那时候有这种见解，实可佩服，可惜没有著成。又他想做的《水经注疏》，虽像没有着手，然而在赵东潜、全谢山、戴东原以前，早已认识这部书的价值，也不能不说是他的特识。要之继庄是一位极奇怪的人。王昆绳说："生死无关于天下者，不足为天下士，即为天下士，不能与古人争雄长，亦不足为千古之士。若处士者，其生其死，固世运消长所关，而上下千百年中不数见之人也。"又说："其心廓然大公，以天下为己任，使得志行乎时，建立当不在三代下。"《居业堂集·刘处士献廷墓表》昆绳义气不可一世，而推服继庄到这步田地！继庄真成了一个"谜的人物"了。

七、毛西河 附：朱竹垞　何义门　钱牧斋

毛奇龄，字大可，浙江萧山人。其徒称为西河先生。卒康熙五十五年，年九十四。他本是一位有才华而不修边幅的文人，少为诗词，颇得声誉，然负才佻达，喜臧否人物，人多怨之。尝杀人，亡命淮上有年，施闰章为营救，幸免。康熙己未，举鸿博，授检讨。时京师治经学者方盛，他也改行为"经师"，所著经学书凡五十种，合以其他著述共二百三十四卷。《四库全书》著录他的书多至四十部《皇清经解》所收亦不少。晚年门弟子颇多，李恕

谷也从他问业，俨然“一代儒宗”了。他自己说有许多经学书是早年所著，因乱遗失其稿，晚年重行补订。这话不知是否靠得住，姑妄听之。

西河有天才而好立异，故其书往往有独到处。有《河图洛书原舛编》《太极图说遗议》，辨图书之伪，在胡东樵《易图明辨》前，但在黄晦木后。有《仲氏易》，自称是他哥哥的遗说，是不是且不管他，这部书驳杂的地方也很多，但提倡汉儒——荀爽、虞翻诸人的《易》学，总算由他开创。后来惠定宇之《易汉学》，却受他的影响。有《春秋毛氏传》，虽然武断地方甚多，但对于当时著为功令的胡传严为驳辨，廓清之功也不少。有《竟山乐录》，自言家藏有明代宗藩所传《唐乐笛色谱》，因得以推复古乐。这些话是否靠得住且不管他；他的音乐造诣何如，也非我们门外汉所能批评；但研究音乐的人，他总算很早，所以能引动李恕谷从他问业。有《蛮司合志》，记云南、四川各土司沿革，虽其中错谬不少，却是前此所无之书。以上几部书，我们不能不认它相当的价值。他对于宋儒猛烈攻击，有《大学知本图》《中庸说》《论语稽求编》等，但常有轻薄嫚骂语，不是学者态度。还有一部《四书改错》，骂朱子骂得最厉害，后来听见清圣祖要把朱子升祀大成殿，赶紧把板毁了。他因为要立异和人争胜，所以虽然敢于攻《仪礼》攻《周礼》，却因阎百诗说《古文尚书》是假的，他偏翻过来说是真的，做了一部《古文尚书冤词》，这回投机却失败了，没有一个人帮他。

这个人品格是无足取的，全谢山作了一篇《毛西河别传》，胪列他好些劣迹，我也懒得征引了，但举篇中论他学术的一段。谢山说西河著述中，“有造为典故以欺人者如谓《大学》《中庸》在唐时已与《论》《孟》并列于小经；有造为师承以示人有本者如所引《释文》旧本，考之宋椠《释文》，亦并无有，盖捏造也；有前人之误已经辨正而尚袭其误而不知者如邯郸淳写魏石经，洪盘洲、胡梅磵已辨之，而反造为陈寿《魏志》原有邯郸写经之文；有信口臆说者如谓后唐曾立石经之类；有不考古而妄言者如熹平石经《春秋》，并无《左传》，而以为有《左传》；有前人之言本有出而妄斥为无稽者如“伯牛有疾”章《集注》，出于晋栾肇《论语驳》，而谓朱子自造，则并《或问》《语类》亦似未见者，此等甚多；有因一言之误而诬其终身者如胡文定公曾称秦桧，而遂谓其父子俱附和议，则籍溪、致堂、五峰之大节，俱遭含沙之射矣；有贸然引证而不知其非者如引周公朝读书百篇，以为《书》百篇之证，周公即见《冏命》《甫刑》耶；有改古书以就已者如汉《地理志》回浦县，乃今台州以东，而谓在萧山之江口，且本非县名，其谬如此”。谢山性太狷急，其抨击西河或不免过当。要之，西河是“半路出家的经生”，与其谓之学者，毋宁谓之文人也。

※　　※　　※

同时“文人的学者”，有两个人应该附论，这两人在学术界的冲动力不如西河，品格却比他高——一是朱竹垞，一是何义门。

朱彝尊，字竹垞，浙江秀水人，卒康熙四十八年（一七〇九），年八十一。他也是康熙己未鸿博的检讨。他的诗和王渔洋齐名，但他在学问界也有很大的贡献。他著有《日下旧闻》四十二卷，专考京城掌故。有《经义考》三百卷，把自汉至明说经的书大概都网罗齐备，各书序跋目录都录人，自己更提要批评。私人所撰目录学书，没有比他更详博的了。又有《瀛洲道古录》若干卷，专记翰林院掌故；《五代史注》若干卷；《禾录》若干卷，记秀水掌故；《鹾志》若干卷，记盐政。竹垞之学，自己没有什么心得，却是搜集资料极为淹博，所以在清学界该还他一个位置。

何焯，字屺瞻，号义门，江苏长洲人，卒康熙六十一年（一七二二），年六十二。他早年便有文名，因为性情伉直，屡遭时忌，所以终身潦倒。他本是翁叔元门生，叔元承明珠意旨参劾汤斌而夺其位，他到叔元家里大骂，把门生帖子取回。他喜欢校书，生平所校极多。因为中间曾下狱一次，家人怕惹祸，把他所有著作稿都焚毁了。现存的只有《困学纪闻笺》《义门读书记》两种。他所校多半是小节，又并未有用后来校勘家家法。全谢山说他不脱帖括气，诚然。但清代校勘学，总不能不推他为创始的人。

更有一位人格极不堪，而在学界颇有名的人，曰钱牧斋。

钱谦益，字牧斋，晚号蒙叟，江苏常熟人。他是一位东林老名士，但晚节猖披已甚。清师渡江，首先迎降，任南礼部尚书，其后因做官做得不得意，又冒充遗老，论人格真是一无可取。但他极熟于明代掌故，所著《初学集》《有学集》中，史料不少。他尝亲受业于释憨山德清，人又聪明。晚年学佛，著《楞严蒙钞》，总算是佛典注释里头一部好书。他因为是东林旧人，所以黄梨洲、归元恭诸人都敬礼他，在清初学界有相当的势力。

八、吕晚村　戴南山

初期学者有为文字狱所牺牲的两位，曰：吕晚村、戴南山。这两位都因身罹大祸，著作什九被烧毁，我们无从见其真相。据现在流传下来的遗书而论，两位都像不过是帖括家或古文家，不见得有很精深学问。但他们总是和清代学术有关系的人，虽然资料缺乏，也得记一记。

吕留良，字用晦，号晚村，浙江石门人。卒康熙二十二年（一六八三），年五十五。他是一位廪生，康熙间曾荐举山林隐逸、博学鸿儒，皆不就。笃守程朱学说，著书颇多，学风和朱舜水像有点相近。对于满洲征服中国，愤慨最深。尝说："孔子何以许管仲不死公子纠而事桓公，甚至美为仁者？是实一部《春秋》之大义也。君臣之义固重，而更有大于此者。所谓大于此者何耶？以其攘夷狄，救中国于被发左衽也。"他的著述中像这样的论调大概甚多。他卒后，他的门生严鸿逵、沈在宽诵法其学。康熙末年，有湘人曾蒲潭静因读晚村所批时文有论"夷夏之防"等语，大感动。到他家中求其遗书尽读之，因与严、沈及晚村之子葆中为密友，自是思想大变。雍正初年，对于功臣猜忌特甚，川陕总督岳钟琪有点不自安。蒲潭乃派他的门生张熙上书钟琪，劝他革命。后来事情闹穿了，将蒲潭及沈、张等，提京廷讯。闹了几年，结果将晚村剖棺戮尸，子孙族灭，门生故旧，株连无数。晚村所有著述，焚毁都尽。只有雍正御撰《驳吕留良四书义》一书，今尚流传，因此可见晚村学说之一二。吾家中有此书，待检出后择要征引。又据雍正上谕，知晚村有日记，有文集。文集中有致吴三桂书。上谕说："其所著文以及日记等类，或镌板流传，或珍藏秘密，皆人世耳目所未经，意想所未到者。朕翻阅之余，不胜惶骇。盖其悖逆狂噬之词，凡为臣子者所不忍寓之于目，不忍出之于口，不忍述之于纸笔者也。"据此，则晚村之言论如何激烈，可以想见。雍正所著《大义觉迷录》，专为驳晚村学说而作，内中辨夷夏的话最多，次则辨封建，据此亦可略见晚村著作内容如何了。雍正七年四月上谕引晚村文集，有"今日之穷，为羲皇以来所仅见"语。以与唐铸万《潜书·存言篇》对照，可想见所谓"康熙全盛"时民生状况如何，实极重要之史料。雍正因晚村之故痛恨浙江人，说道："朕向来谓浙江风俗浇漓，人怀不逞，如汪景祺、查嗣庭之流，皆谤讪悖逆，甚至民间氓庶，亦喜造言生事，皆吕留良之遗害也。"七年上谕浙中学者，自舜水、梨洲以至谢山，皆民族观念极盛，本非倡自晚村。然晚村在当时浙学界有不小的势力，我们倒是因读雍正上谕才得知道哩。

戴名世，字田有，号南山，安徽桐城人。康熙五十二年下狱论死，年六十一。他本是一位古文家，桐城派古文，实应推他为开山之祖。他从小喜读《左传》《史记》，有志自撰明史。同县方孝标尝游云南，著《滇黔纪闻》，述永历间事，南山好其书。或说方孝标尝受吴三桂伪职，似不确。后有永历宦官出家为僧号犁支者，与南山门人余石民湛谈永历遗事颇多，南山采以入其集。康熙五十年为都御史赵申乔所劾，大狱遂起。其狱牵连至数百人方苞、韩菼等皆在内，因康熙帝从宽处置，论死者仅南山一人而止。《南山集》在当时为禁书，然民间传本不绝。集中并无何等奇异激烈语，看起来南山不过一位普通文士，本绝无反抗清廷之意，他是康熙四十八年榜眼，时年已五十七岁了。但他对于当时官修《明史》，确有所不满。他说：

> 昔者宋之亡也，区区海岛一隅，仅如弹丸黑子，不逾时而又已灭亡，而史得以备书其事。今以弘光之帝南京，隆武之帝闽越，永历之帝两粤、帝滇黔，地方数千里，首尾十七八年，揆以《春秋》之义，岂遽不为昭

烈之在蜀，帝昺之在崖州？而其事渐以灭没！……老将退卒、故家旧臣、遗民父老，相继渐尽，而文献无征，凋残零落，使一时成败得失与夫孤忠效死流离播迁之情状，无以示于后世，岂不可叹也哉？终明之世，三百年无史，金匮石室之藏，恐终沦散放失，而当世流布诸书缺略不详，毁誉失实。嗟乎！世无子长、孟坚，不可聊且命笔。鄙人无状，窃有志焉。……余夙者之志，于《明史》有深痛，辄好问当世事，而身所与士大夫接甚少，士大夫亦无以此为念者。……《南山集·与余生书》

读这篇书，南山对于《明史》的感想，略可概见；而其身遘大祸亦即以此。康熙中叶，文网极宽，思想界很有向荣气象。此狱起于康熙倦勤之时，虽办理尚属宽大，然监谤防口之风已复开矣。跟着就是雍正间几次大狱，而乾嘉学风，遂由此确立了。

※ ※ ※

本讲所列举的不伦不类十几个人，论理，不应该在一块儿评论。但因此益可见清初学术方面之多，与波澜之壮阔。凡学界之“黎明期运动”，大率都是这种气象。乾嘉以后，号称清学全盛时代，条理和方法虽比初期致密许多，思想界却已渐渐成为化石了。

第十三讲　清代学者整理旧学之总成绩（一）

——经学、小学及音韵学

以乾嘉学派为中坚之清代学者，一反明人空疏之习，专从书本上钻研考索，想达到他们所谓“实事求是”的目的。依我们今日看来，他们的工作，最少有一半算是白费。因为他们若肯把精力用到别个方向去，成就断不止此。但这是为时代性所限，我们也不能太过责备。至于他们的研究精神和方法，确有一部分可以做我们模范的，我们万不可以看轻它。他们所做过的工作，也确有一部分把我们所应该的已经做去，或者替我们开出许多门路来，我们不能不感谢。今将他们所表现的总成绩，略分门类择要叙述，且评论其价值。我个人对于继续整理的意见，也顺带发表一二。

一、经学

自顾亭林高标“经学即理学”之徽帜，以与空谈性命之陋儒抗，于是二百年来学者家家谈经，著作汗牛充栋。阮氏《皇清经解》、王氏《皇清经解续编》所收作者凡百五十七家，为书都三百八十九种、二千七百二十七卷，亦云盛矣，而未收及续出者尚不在其列。几部古经，是否值得费那么大功夫去研究，另为一问题。他们费这些功夫，到底把这几部古经研究清楚没有？以下请逐部说明。

※　※　※

（甲）《易经》　《易经》是一部最带神秘性的书。孔子自称“假年以学”，相传还有“韦编三绝”的故事，可见得这书自古已称难懂了。汉代今文博士有施、孟、梁邱三家，又有费氏的古文，又有京、焦的别派。自王弼注出，盛行江左，唐人据之以作《正义》，自是汉《易》诸家俱废。今官书之《十三经注疏》，所宗者弼学也。而五代、北宋间，道士陈抟始以道教中丹鼎之术附会《易》文，展转传至邵康节、周濂溪，于是有《先天》《太极》诸图，《易》益棼乱不可理。程伊川作《易传》，少谈天道，多言人事，稍称絜净。朱晦庵又综合周、邵、程之说作《易本义》，为明清两朝功令所宗。盖自王、韩康伯以后，《易》学与老庄之道家言混合；自周、邵以后，《易》学与后世矫诬之道教混合。清以前《易》学之重要流别变迁，大略如此。

清代《易》学第一期工作，专在革周、邵派的命。黄梨洲的《易学象数论》首放一矢。其弟黄晦木宗炎著《图书辨惑》，把濂溪《太极图说》的娘家——即陈抟自称从累代道士传来的《无极图》——找出来了。同时毛西河有《河图洛书原舛》，大致与二黄之说相发明。其后胡朏明著《易图明辨》，引证详博，把所有一切怪诞的图——什么无极太极，什么先天后天，什么太阳少阳太阴少阴，什么六十四卦的圆圈方位，一概打扫得干干净净，一千年罩蒙住《易经》的云雾算是开光了，这不能不说是清初学者的功劳。

他们对于周邵派的破坏算是成功了，建设的工作怎么样进行呢？论理，他们专重注疏，自应归到王韩一派，但王注援老庄以谈名理，非他们所喜。而且“辅嗣《易》行无汉学”，前人已经说过，尤为汉学先生们所痛恨。所以他们要另辟一条新路来。

清儒说《易》之书收入《皇清经解》者，最先的为毛西河之《仲氏易》。但这部书专凭个人臆见，学无渊源，后来学者并不重视它，所以影响也甚小。可以代表清儒《易》学者不过三家，曰惠定宇，曰张皋文，曰焦里堂。

惠定宇所著书，曰《周易述》二十一卷、《易汉学》七卷、《易例》二卷。其《九经古义》中关于《易》者亦不少。定宇的见解是：愈古愈好，凡汉人的话都对，凡汉以后人的话都不对。然则汉人的《易》说一部无存，怎么办呢？幸而有唐李鼎祚的《周易集解》，内中征引许多汉儒各家遗说。定宇把它们都搜集起来，爬梳整理一番，用的劳力真不小。我们读这几部书，才知道汉人《易》学的内容如何。这便是惠氏在学界一大成绩，然成绩亦止于此而已，若说他已经把这部《易经》弄通了，我们绝对不敢附和。为什么呢？因为汉儒说《易》是否合于《易》旨，我们先已根本怀疑。汉儒讲的什么“互体”，什么“卦变”，什么“半象”“两象”，什么“纳甲”“纳音”“爻辰”，什么“卦气六日七分”，依我们看来，都是当时燕齐方士矫诬之说，和陈、邵《太极》《先天》等图没有什么分别。王辅嗣把它们廓清辞辟，一点都不冤枉。定宇辈因为出自汉人，便认作宝贝，不过盲从罢了。而且定宇还有一个大毛病，是不知家法。同为汉儒，而传受渊源不同，彼此矛盾的地方便不少。定宇统而名之曰“汉学”，好像汉人只有此学，又好像汉人个个都是此学，这便大错了。定宇说的不过东汉末年郑康成、荀慈明、虞仲翔等几个人之学，顶多可以代表一两派，而且各人所代表的派也不能相通。惠氏凡汉皆好的主张，只怕汉儒里头先自打起架来，他已无法和解了。

张皋文所著书，主要的是《周易虞氏义》九卷，还有《虞氏易礼》《易言》《易事》《易候》及《荀氏九家义》《易义别录》等。皋文凭藉定宇的基业，继长增高，自然成绩要好些。他的长处在家法明瞭，把虞仲翔一家学问，发挥尽致。别家作为附庸，分别搜择，不相杂厕。我们读这几部书，可以知道汉《易》中最主要的部分——《虞氏易》有怎样的内容，这是皋文的功劳。若问皋文的《易》学是否真《易》学，便要先问仲翔的《易》学是否真《易》学，可惜这句话我是回答不出来的。

焦里堂所著书，有《易章句》十二卷、《易通释》二十卷、《易图略》八卷，统名《雕菰楼易学三书》。阮芸台说他："石破天惊，处处从实测而得，圣人复起，不易斯言。"王伯申说他："凿破混沌，扫除云雾，可谓精锐之兵。"阮、王都是一代大儒，不轻许可，对于这几部书佩服到如此，其价值可推见了。里堂之学，不能叫作汉学，因为他并不依附汉人。不惟不依附，而且对于汉人们所纠缠不休的什么"飞伏""卦气""爻辰""纳甲"之类一一辩斥，和黄、胡诸人辩斥陈、邵《易》图同一摧陷廓清之功。里堂精于算理，又精于声音训诂，他靠这种学问做帮助，而从本经中贯穴钩稽，生出妙解。王伯申说："要其法，则比例二字尽之。所谓比例者，固不在他书而在本书也。"里堂这几部书，是否算得《易经》真解，虽不敢说，但他确能脱出二千年传注重围，表现他极大的创作力。他的创作却又非凭空臆断，确是用考证家客观研究的方法得来，所以可贵。他发明几个重要原则，曰旁通，曰相错，曰时行，曰当位、失道，曰比例，都是从《彖》《象》《系辞》所说中推勘出来。我细绎里堂所说明，我相信孔子治《易》确曾用这种方法。我对于里堂有些不满的，是嫌他太骛于旁象而忽略本象。"旁通""相错"等是各卦各爻相互变化孳衍出来的义理，是第二步义理；本卦本爻各自有其义理，是第一步义理。里堂专讲第二步，把第一步几乎完全抛弃，未免喧宾夺主了。

此外说《易》之书，虽然还有许多，依我看，没有什么价值，一概不论了。专就这三家看来，成绩还不算坏。《易经》本是最难懂的一部书，我们能否有方法彻底懂它，很是问题。若问比较上可靠的方法吗？我想：焦里堂带我们走的路像是不错。我们应用他以本书解本书之法，把它所阙略的那部分——即本卦本爻之意义，重新钩稽一番，发现出几种原则来驾驭它，或者全部可以彻底真懂。这便是我对于整理《易经》的希望及其唯一方法了。

※　※　※

（乙）《尚书》　《尚书》是一部最啰唣——问题最多的书。相传本有三千余篇，孔子删成百篇，已算得骇人听闻的神话了。所谓百篇者，在汉初已有人见过，只传得二十八篇，却是有百篇的序文见于《史记》。不久又有什么河内女子得着一篇《泰誓》，变成二十九篇。那篇《泰誓》是真是假，当时已成问题。然而不管真假，它只是昙花一现，忽然又隐身不见了。二十八篇或二十九篇正立于学官，人人诵习了二百年，到西汉末，忽然有所谓《古文尚书》者出，说是孔安国家藏，献入中秘，比原来的《今文尚书》多出十六篇来。因此惹起今古文之争，学界生出绝大波澜。西汉末的《古文尚书》是否靠得住，已成千古疑案。到东汉末，这新出的十六篇又隐身不见了。经一百多年到东晋之初，忽然又说《古文尚书》复活转来！却是由十六篇变成二十五篇，还带着一部孔安国的注！离奇怪诞，莫此为甚了。今文的二十八篇，到最近还有人对于它发生真假问题，这是后起之义，姑且不说。至所谓《古文尚书》者，伪中出伪，至再至三，说起来便令人头眩！内中夹着一个《书序》真假问题，越发麻烦极了。自唐人撰诸经《正义》，采用东晋晚出的《古文尚书》及《孔安国传》，自是这部书著为功令、立于学官者一千多年！直到清初，然后这种啰唣问题才解决十之八九了。

清初学者对于《尚书》第一件功劳，在把东晋《伪古文尚书》和《伪孔安国传》宣告死刑。这件案最初的告发人，是宋朝的朱子，其后元吴澄、明梅鷟等继续控诉。到清初，黄梨洲当原告律师，做了一部《授书随笔》给阎百诗，百诗便自己充当裁判官，著成《古文尚书疏证》八卷，宣告那部书的死刑。还有一位姚立方际恒可以算作原告律师，他作一部《尚书通论》，关于这问题搜出许多证据，其书似已失传，但一部分已被阎氏采入《疏证》了。同时被告律师毛西河不服判决，作了一部《古文尚书冤词》提起上诉。再审的裁判官便是惠定宇，著了一部《古文尚书考》，把被告的罪名越发弄确实了。还有两位原告律师：一是程绵庄廷祚作一部《晚书订疑》，一是段茂堂作一部《古文尚书撰异》，把毛律师强辩的话驳得落花流水！于是这件案总算定谳了。到光绪末年有一位洪右臣良品想再替被告上诉，却是“时效”已过，没有人受理了。这件案的决定，算是清儒在学术史上极有价值的事业。

假的部分剔出了，真的部分如何整理呢？《今文尚书》二十八篇，本属春秋以前的语体文，佶屈聱牙，最称难读。自《伪孔传》通行之后，汉儒传注一概亡佚，更没有一部完书可为凭藉。怎么办呢？乾隆中叶的学者，费了不少的劳力，著成三部书：一是江艮庭声的《尚书集注音疏》十二卷，一是王西庄鸣盛的《尚书后案》三十卷，一是孙渊如星衍的《尚书今古文注疏》三十卷。他们三位是各不相谋地同时分途去著自己的书。他们所用的方法也大致相同：都是拿《史记》《尚书大传》当底本，再把唐以前各种子书及笺注类的书，以至《太平御览》以前之各种类书，凡有征引汉儒解释《尚书》之文，慢慢搜集起来，分缀每篇每句之下，成为一部汉儒的新注。三部书里头，江艮庭的比较最坏。艮庭是惠定宇的派，一味地好古，没有什么别择剪裁。王西庄搜罗极博，但于今古文学说分不清楚，好为调和，转成矛盾，是其短处。孙渊如算是三家之冠了。他的体例，是“自为注而自疏之”，注文简括明显，疏文才加详，疏出注文来历，加以引申，就组织上论，已经壁垒森严。他又注意今古文学说之不同，虽他的别择比不上后来陈朴园的精审，但已知两派不可强同，各还其是，不勉强牵合，留待读者判断从违。这是渊如极精慎的地方，所以优于两家。

江、孙、王三家都是绝对的墨守汉学，非汉儒之说一字不录。他们著书的义例如此，本也甚好。但汉儒所说一定就对吗？怕未必然。《伪孔传》虽伪，但都是采录魏晋人旧说而成，安见所解没有过于汉人处？宋儒经说，独到之处甚多，时亦可以补汉人之阙失。乾嘉间学者对于他们一概排斥，也未免堕门户之见。光绪末年简竹居朝亮补救这种缺点，著一部《尚书集注述疏》，也仿渊如例，自注自疏。惟汉宋兼采，旁及《伪孔》。这书成于江、孙、王之后，自然收功较易；它的内容也稍嫌过繁，但采择汉宋各家说很有别裁，不失为一良著。

汉代今古文之争，本由《尚书》而起。东晋伪古文不必论矣，即所谓西汉真古文者来历已很不分明。嘉道以降，今文学兴，魏默深著《书古微》，提出《古文尚书》根本曾否存在之问题，是为阎百诗以后第二重公案，至今未决互见辨伪书条。

西汉晚出古文，真伪且勿论，其学说传于东汉而为马融、郑玄所宗述，则甚明也。其与西汉今文博士说牴牾殊多，又甚明也。江、孙、王之书，以辑采马、郑注为中坚，只能代表古文说，不能代表今文说。郑君虽云兼通今古，择善而从，但仍祖古文为多。道咸间，陈朴园乔枞著《今文尚书经说考》三十三卷、《欧阳夏侯遗说考》一卷，很费些劳力才搜集得来。我们从此可以知《尚书》最古的解释了。

《尚书》里头的单篇，最复杂的是《禹贡》。胡朏明著《禹贡锥指》十卷，是为清代研究古地理之首，虽其书许多疏舛经后人补正，最著者成芙卿（蓉镜）《禹贡班义述》，丁俭卿（晏）《禹贡锥指正误》等，其余单篇及笔记中，此类著作甚多。然始创之劳，应该纪念的。

《尚书大传》，为汉初首传《尚书》之伏生所著，而郑康成为之注。这书在“尚书学”里头位置之重要自不待言，但原书在宋时已残缺不完，明时全部亡佚了。清儒先后搜辑的数家，最后陈左海寿祺的《尚书大传辑校》最称完善，而皮鹿门锡瑞继著《尚书大传疏证》更补其阙失而续有发明，也算“尚书学”中一附带的成功了互见辑佚书条。

《书序》问题，亦至今未决。别于辨伪书条叙其经过，此不述。

总括起来，清儒之于“尚书学”，成绩总算不坏。头一件功劳，是把东晋伪古文打倒了，拨开无限云雾。剩下真的二十八篇，也经许多人费很大的劳力，解释明白了什之六七。我稍为不满意的，是他们有时拘守汉儒说太过；例如“粤若稽古”，郑注训“稽古”为“同天”，甚可笑，但以出于郑而强从之。关于校勘文字，时或缺乏判断的勇气；例如“在治忽”之或作“七始咏”，或作“来始滑”；“心腹肾肠”之或作“优贤扬”。诸家往往好为穿凿曲护，致晦真意。关于研究制度，好引异代之书强为比附。例如释“六宗”附会《月令》

之明堂，或《周官·大宗伯》之日月、星辰、司中、司命、风师、雨师等。这类都是多数清儒公共的毛病。后有治此经者，专从训诂上平实解释，不要穿凿，不要贪多，制度有疑则阙之。能泐成一部简明的注，或者这部书有人人能读的一天了。

※　※　※

（丙）《诗经》　《诗经》和《尚书》相反，算是问题最少的书。三百篇本文，几乎绝无疑议之余地。其最为聚讼之鹄者惟一《毛诗序》。《诗序》问题，别详辨伪书条下，现在暂且少讲。但略讲清朝以前《诗》学变迁形势。西汉十四博士，《诗经》惟鲁、齐、韩三家。毛氏则哀平间晚出古文，来历颇不分明。自郑康成依毛作《笺》，此后郑学孤行，而三家俱废。六朝经学，南北分派，惟《诗》则同宗毛、郑无异辞。唐初《正义》因之，郑学益成统一之局。惟自唐中叶以后，异论寖生，其发难大率由《诗序》。驯至"程大昌之妄改旧文，王柏之横删圣籍"《四库提要》语，猖披极矣。朱晦翁亦因不满于《诗序》而自作《集传》。元明以还，朱传立于学官，而毛、郑亦几废。清儒则乘此反动，以光复毛、郑之学为职志也。

清儒在《诗》学上最大的功劳，在解释训诂名物。康熙间，有陈长发启源的《毛诗稽古编》，有朱长孺鹤龄的《毛诗通义》，当时称为名著。由今观之，乾隆间经学全盛，而专治《诗》者无人。戴东原辈虽草创体例，而没有完书。到嘉道间，才先后出现三部名著：一、胡墨庄承珙的《毛诗后笺》，二、马元伯瑞辰的《毛诗传笺通释》，三、陈硕甫奂的《诗毛氏传疏》。胡、马皆毛、郑并释，陈则专于毛；胡、马皆有新解方标专条，无者阙焉，陈氏则纯为义疏体，逐字逐句训释。三书比较，胡、马贵宏博而陈尚谨严，论者多以陈称最。陈所以专毛废郑者，以郑固笺毛，而时复破毛，严格绳之，亦可谓为"不守师法"。又郑本最长于礼，恒喜引礼解诗，转生轇轕。孔冲远并疏毛、郑，疏家例不破注，故遇有毛、郑冲突之处，便成了"两姑之间难为妇"，勉强牵合打完场，那疏便不成片段了。硕甫专宗其一，也可以说他取巧。但《毛传》之于训诂名物，本极矜慎精审，可为万世注家法程；硕甫以极谨严的态度演绎它，而又常能广采旁征以证成其义，极絜净而极通贯，真可称疏家模范了。

名物训诂之外，最引人注意的便是作诗的本事和本意。讲到这一点，自然牵连到《诗序》问题了。清学正统派，打着“尊汉”的旗号，所以多数著名学者，大率群守《毛序》。然而举叛旗的人也不少，最凶的便是姚立方，著有《诗经通论》，次则崔东壁述著有《读风偶识》，次则方鸿濛玉润著有《诗经原始》。这三部书并不为清代学者所重，近来才渐渐有人鼓吹起来。据我们看，《诗序》问题早晚总须出于革命的解决，这三部书的价值，只怕会一天比一天涨高罢。《诗经通论》我未得见，仅从《诗经原始》上看见片段的征引，可谓精悍无伦。《读风偶识》谨严肃穆，纯是东壁一派学风。《诗经原始》稍带帖括气，训诂名物方面殊多疏舛，但论诗旨却有独到处。

今文学复活，古文的《毛氏诗》，当然也在排斥之列。最初做这项工作者，则为魏默深之《诗古微》。《诗古微》不特反对《毛序》，而且根本反对《毛传》，说全是伪作。我以为序和传要分别论。序呢，无疑是东汉人妄作。传呢，我并不敢说一定出自“子夏所传”《汉书·儒林传》述毛氏语，也许是西汉末年人造出来，但它对于训诂名物解释得的确好，虽以我向来崇尚今文的人也不敢鄙薄它。老实说，我是厌恶《毛序》而喜欢《毛传》的，因为年代隔远的人作序，瞎说某篇某篇诗的本事本意万不会对的，这种作品当然可憎。至于训释文句，何必问它子夏不子夏，毛公不毛公？我们现在悉心研索还可以做一部好极的来哩！所以我对于攻击《毛传》，认为不必。虽默深这部书，偏激的地方不少，但是亦有许多崭新的见解，可以供将来“新诗学”之参考。

齐、鲁、韩三家学说，汉以后便亡了。宋王应麟有《三家诗考》一卷，是为搜辑之始。到清嘉道以后，继起渐多。冯柳东登府有《三家诗异文疏证》九卷，有《三家诗异义遗说》二十卷，陈左海有《三家诗遗说考》十五卷，其子朴园有《四家诗异文考》五卷、《齐诗翼氏学疏证》二卷，严铁桥可均有《辑韩诗》二十一卷，这都是兴灭继绝、不无微劳的。

总括起来，清儒的《诗》学，训诂名物方面，我认为成绩很优良；诗旨方面，却不能满意，因为受《毛序》束缚太过了。但研究诗旨，却不能有何种特别的进步的方法，大约索性不去研究倒好。戴东原说："就全诗考其字义名物于各章之下，不必以作诗之意衍其说。盖字义名物，前人或失之者，可以详核而知，古籍具在，有明证也。作诗之意，前人既失其传者，难以臆见定也。"《诗补传自序》我想，往后研究《诗经》的人，只好以东原这话自甘。那么，清儒所做工作，已经给我们不少的便利了。

※　※　※

（丁）三《礼》　三《礼》依普通的次序，是一《周礼》、二《仪礼》、三《礼记》，有时加上《大戴礼》，亦叫作"四礼"。这几部书的时代真伪，都很有问题，留着在辨伪书条下再讨论，今且不说。三《礼》都是郑康成作的注。在康成毕生著述中，也可说是以这三部注为最。所以"三礼学"和"郑学"，几成为不可分的名词。虽然，自古说"议礼之家纷如聚讼"。自孔门诸子，已经有许多交锋争辩。秦汉以后更不必说了，一部《白虎通义》便是汉儒聚讼的小影，一部《五经异义》是郑康成和许慎对垒，一部《圣证论》是王肃和郑康成对垒。这种笔战，我们一看下去便头痛。六朝、隋、唐争论的也不少。昔战国诸子诋斥儒家，大都以"穷年不能究其礼"为口实，何况在千余年异论更多之后？所以宋学兴起，把这些繁言缛语摆脱不谈，实是当然的反动。中间虽经朱子晚年刻意提倡，但他自己既没有成书，门生所做又不对，提倡只成一句空话。宋元明三朝，可以说是三《礼》学完全衰熄的时代了。

这门学问是否有研究的价值，俟下文再说。现在且说清朝礼学复兴的渊源。自黄梨洲、顾亭林惩晚明空疏之弊，提倡读古书，读古书自然触处都感觉礼制之难懂了。他们两位虽没有关于礼学的专门著作，但亭林见张稷若治礼便赞叹不置，他的外甥徐健庵便著有《读礼通考》。梨洲大弟子万充宗、季野兄弟经学的著述，关于训诂方面的甚少，而关于礼制方面的最多，礼学盖萌芽于此时了。其后惠、戴两家，中分乾嘉学派。惠氏父子著《禘说》《明堂大道录》等书，对于某项礼制，专门考索。戴学出江慎修，慎修著《礼书纲目》，对于礼制为通贯的研究。而东原所欲著之《七经小记》中《礼学篇》虽未成，而散篇见于文集者不少。其并时皖儒如程易畴、金檠斋、凌次仲辈，皆笃嗜名物数制之学。而绩溪、泾县两胡竹村、景孟以疏《礼》名其家，皆江、戴之遗风也。自兹以往，流风广播，作者间出，而最后则孙仲容、黄儆季称最善云。

今先分经举其最有名之著述，而关于贯通的研究次于后。

（1）《周礼》 清儒礼学虽甚昌，然专治《周礼》的人很少。两《经解》所收，如江永《周礼疑义举要》、沈彤《周官禄田考》、段玉裁《周礼汉读考》、庄存与《周官记》《周官说》、徐养原《周官故书考》、王聘珍《周礼学》，不过寥寥数部，又皆属于局部的研究，未有贯穴全书者。惟一的《周礼》专家就是孙仲容诒让。他费二十年工夫成《周礼正义》八十六卷，这部书可算清代经学家最后的一部书，也是最好的一部书。其价值留待下文论新疏条下另行批评。

《考工记》本另为一部书，后人附入《周礼》。清儒对于这部书很有几种精深的著作。最著者为戴东原之《考工记图注》，阮芸台之《考工记车制图考》，乃其少作，亦精核。次则王宗涑之《考工记考辨》。

（2）《仪礼》 清儒最初治《仪礼》者为张稷若尔岐，著《仪礼郑注句读》，顾亭林所称“独精三《礼》，卓然经师”也。乾嘉间则有凌次仲廷堪的《礼经释例》十三卷，将全部《仪礼》拆散了重新比较整理贯通一番，发现出若干原则。凡通例四十，饮食之例五十有六，宾客之例十有八，射例二十，变例（即丧例）二十有一，祭例三十，器服之例四十，杂例二十有一。其方法最为科学的，实经学界一大创作也。次则有张皋文惠言的《仪礼图》，先为宫室衣服之图；宫室七，衣服十二。次则十七篇，每篇各为之图，士冠十，士昏十二，士相见一，乡饮酒九，乡射十三，燕十七，大射十二，聘三十，公食大夫十二，觐八，丧服三十九，士丧九，既夕十一，士虞六，特牲馈食十七，少牢馈食八，有司彻十八。其不能为图者则代以表凡六篇，每图每表皆缀以极简单之说明。用图表方法说经，亦可谓一大创作。宋人有《三礼图》等书，仅图器物，且多臆揣，不能援以为比。道咸间，则有邵位西懿辰《礼经通论》，专明此经传授源流，斥古文逸礼之伪。有这三部书振裘挈领，把极难读的《仪礼》变成人人可读，真算得劳苦功高了。其集大成者则有道光间胡竹村培翚之《仪礼正义》，为极佳新疏之一，当于新疏条下别论之。与竹村同时合作者有胡墨胡承珙之《仪礼古今文疏义》，但主于辨正文字，非为全书作新疏也，勿混视。

（3）《礼记》　清儒于《礼记》，局部解释之小书单篇不少，但全部笺注，尚未有人从事。其可述者，仅杭大宗世骏之《续礼记集说》。其书仿卫湜例，为录前人说，自己不下一字。所录自宋元人迄于清初，别择颇精审，遗佚之说多赖以存。例如姚立方的《礼记通论》，我们恐怕没有法子再得见，幸而要点都采撷在这书里头，才能知道立方的奇论和特识，这便是杭书的功德。次则郭筠仙嵩焘的《礼记质疑》，对于郑注所匡正不少。将来有著《礼记》新疏的人，这两部书总算最好的资料了。朱彬的《礼记训纂》未见，不敢批评。

《礼记》单篇别行之解释，有皮鹿门锡瑞之《王制笺》，康长素有为之《礼运注》，刘古愚光蕡之《学记臆解》，各有所新发明。

（4）《大戴礼》　《大戴礼》旧惟北周卢辩一注，疏略殊甚，且文字讹脱亦不少。乾嘉间戴东原、卢抱经从事校勘，其书始稍稍可读。阮芸台欲重注之，未成。而孔巽轩广森著《大戴礼记补注》，汪少山照著《大戴礼记补注》，二君盖不相谋，而其书各有短长，汪似尤胜。孔书刻于乾隆五十九年，有自序及阮元序。汪书年代无考，然有王昶序自称同学弟，则汪年辈或稍先于孔也。

《大戴礼》单篇别行之解释，则有黄相圃模之《夏小正分笺》《夏小正异义》。

书中《曾子立事》等十篇，清儒以为即《汉书·艺文志》“曾子十八篇”中之遗文，阮芸台元把他抽出单行，为《曾子注释》四卷。

（5）礼总　礼学家往往不专一经，因这门学问的性质本贯通群经也。

通贯群经的礼学著作，有几部书应该论列者：最初的一部为徐健庵乾学的《读礼通考》百二十卷。这部书是健庵居丧时编的，为言丧礼最详备之书，虽题健庵著，其实全出万季野之手，所以甚好。健庵为亭林之甥，也有相当的学问，礼学尤其所好。观《憺园集》论礼制诸篇可知。中间的一部是秦味经蕙田的《五礼通考》二百六十二卷。这书为续补《读礼通考》而作，我很疑心有一大部分也出万季野手，但未得确证，不敢断言看第八讲论万季野著述。曾涤生大佩服此书，说它“体大物博，历代典章具在；三《礼》之外，得此而四”；俞荫甫则说它“按而不断，无所折衷，可谓礼学之渊薮，而未足为治礼者之艺极”俱见《礼书通故》俞序。此书之短长，这两段话尽之了。此书成于众手，非味经自著。分纂的人确实可考者，有戴东原、王兰泉，也许钱竹汀、王西庄都在里头，其余二三等学者当更不少。所以全书各篇价值不同，有很好的，有较次的，不如《读礼通考》之画一谨严。依我看，这书是一部很好的类书，价值在《文献通考》上。专指礼制一部分言，《文献通考》范围更广，它所无的门类，自无从比较。或者也可以说是中国礼制史的长编。“按而不断，无所折衷”，固然是它的毛病，但我总觉得“折衷”这句话是空的，自己以为折衷，别人看来不过多一重聚讼的公案。汉代的石渠奏议、白虎观讨论，何尝不是想折衷？况且在场的人都是第一流学者了，你看算不算空论？所以案而不断，或者也是此书的最好处哩！最后的一部是黄儆季以周的《礼书通故》一百卷。儆季为薇香式三之子，传其家学，博而能精；又成书最晚草创于咸丰庚申，告成于光绪戊寅，先辈所搜辑所考证，供给他以极丰富的资料。所以这部书可谓为集清代礼学之大成。他对于每项礼制都博征古说而下以判断，正和《五礼通考》的性质相反。他的判断总算极矜慎极通明，但能否件件都算为定论，我却不敢说了。

以上三种，是卷帙最浩博、材料最丰富的。此外礼学重要著作，在初期则有惠天牧士奇的《礼说》、江慎修永的《礼书纲目》，算是这门学问筚路蓝缕的书。《礼书纲目》的体例，为后来秦、黄两家所本，虽后起者胜，而前人之功万不容没。在中叶则任幼植大椿、程易畴瑶田、金辅之榜、凌次仲廷堪都有精到的著作。檗斋的《礼笺》、易畴的《通艺录》最好，他们纯粹是戴东原一派的学风，专做窄而深的研究，所选的题目或者是很小的，但在这个题目的范围内，务把资料搜齐；类书式的案而不断，他们是不肯的，但判断总下得极审慎。所以他们所著虽多属小篇，但大率都极精锐。《东原集》中考证礼制之文有十几篇，正是如此。又焦里堂之《群经宫室图》，虽标题“群经”，而所重在三《礼》，考证宫室最通赡之书也。此外则孔巽轩的《礼学卮言》、武虚谷亿的《三礼义证》、金诚斋鹗的《求古录礼说》、凌晓楼曙的《礼说》、陈朴园的《礼说》，性质大略相同，都各有独到处。又如凌晓楼之《公羊礼疏》，侯君谟之《谷梁礼证》等，虽释他经，然专明彼中礼制一部分，亦礼学之流别也。其余各家文集笔记论礼精核之专篇极多，不能具录。

试总评清代礼学之成绩：就专经解释的著作论，《仪礼》算是最大的成功。凌、张、胡、邵四部大著，各走各的路，各做到登峰造极，合起来又能互相为用，这部经总算被他们把所有的工作都做尽了。《周礼》一向很寂寞，最后有孙仲容一部名著，忽然光芒万丈。剩下的就是《礼记》，我们很不满意。《大戴礼》本来是残缺的书，有好几位学者替他捧场，也还罢了。

就通贯研究的著作论，有徐、秦、黄三部大著，分量总算很重；其余碎金式的零册散篇，好的也不少。用从前经学家之眼光看，成绩不能不算十分优良了。但这门学问到底能否成立，我们不能不根本怀疑。头一件，所根据的几部经，先自有无数问题。《周礼》之难信，不必说了；《仪礼》成立的时代，也未有定论；《礼记》则各篇之真伪及时代，亦纠纷难理。万一所凭藉的资料或全部或一部分是假的，那么，所研究的岂非全部或一部分落空？第二件，就让一步说都是真的，然而几部书成立年代有很大的距离，总不能不承认。如说《周礼》《仪礼》是周公作，《礼记》是七十子后学者所记，首尾便一千多年了。然而里头所记各项礼制，往往东一鳞西一爪，非互勘不能说明。互勘起来，便矛盾百出。例如五等封建的里数，井田的亩数，《孟子》和《周礼》和《王制》何等矛盾。五帝的祀典，《月令》和

《帝系姓》何等矛盾。国学、乡学的制度及所在地，《礼记》各篇中相互何等矛盾。此类悉举，不下数十事。学者对于哪部经都不敢得罪，只好四方八面弥缝会通。根本不能会通的东西，越会通越弄到一塌糊涂。议礼所以纷如聚讼，就是为此。从古已然，墨守汉学的清儒为尤甚。解释专经时稍为好些；《仪礼》问题比较少，所以《仪礼》独多好书。所以他们的成绩虽然很好，我恐怕这些成绩多半是空的。

礼学的价值到底怎么样呢？几千年很琐碎很繁重的名物宫室、衣服、饮食之类，制度井田、封建、学校、军制、赋役之类，礼节冠昏丧祭之类，劳精敝神去研究它，实在太不值了。虽然，我们试换个方向，不把它当作经学，而把它当作史学。那么，都是中国法制史、风俗史……史……史的第一期重要资料了。所以这门学问不必人人都学，自无待言；说它没有学问的价值，却大大不对。清儒的工作，最少也算替后人把所需的资料搜集在一处，而且对于各种资料相互的关系，和别择资料的方法，有许多意见足供后人参考，这便是他们不可没的功劳。我们若用新史家的眼光去整理它，可利用的地方多着哩。

※　※　※

（戊）《春秋》三传　《春秋》是孔子惟一的著作，孟子、董仲舒、司马迁说得如彼其郑重，这部书地位之尊不待言了。但文字简单到如彼，非传不能明白，所以治《春秋》者不能舍传而专言经。西汉博士，只有《公羊》底下严、颜两家，也可以说《春秋》只有一传。后来《谷梁》出来，又后来《左氏》出来，东汉时便三传并行，各有专家，然终以《公羊》为最盛。六朝以后，《公》《谷》日废，《左氏》孤行。唐代便渐渐地“《春秋》三传束高阁，独抱遗经究终始”了。啖助、赵匡之流，把三传都攻击得一钱不值。自此以后，纷纷奋臆作传，而宋人胡安国的传盛行。明永乐将《胡传》立于学官，三传真皆废了。间有治《左传》者，不过拿来做策论的资料。清以前《春秋》学的形势，大略如此。清儒刻意复古，三传之学渐渐地都恢复转来。今分论之。

（1）《左氏传》　《左传》的真伪及著作年代很有问题，等到辨伪书条下再说。这部书本是史的性质而编在经部，所以学者对于它也有“史的研究”“经的研究”之两派。史的研究派有一部极好的书，是顾震沧栋高的《春秋大事表》，其内容及价值，前文已经说过看第八讲末段。经的研究派，大抵对于杜注、孔疏摭拾纠补。乾隆以前未有专注此传之人，到嘉道间刘孟瞻文淇、伯山毓崧父子继续著一部《左传正义》，可惜迄未成书。当于新疏条下别论之。

（2）《公羊传》　清儒头一位治《公羊传》者为孔巽轩广森，著有《公羊通义》，当时称为绝学。但巽轩并不通《公羊》家法，其书违失传旨甚多。《公羊》学初祖，必推庄方耕存与，他著有《春秋正辞》发明《公羊》微言大义，传给他的外孙刘申受逢禄，著《公羊何氏释例》，于是此学大昌。龚定庵自珍、魏默深源、凌晓楼曙、戴子高望都属于这一派，各有散篇的著述。而陈卓人立费毕生精力，成《公羊义疏》七十六卷，实为董、何以后本传第一功臣。其内容及价值，别于新疏条下论之。晚清则王壬秋闿运著《公羊笺》，然拘拘于例，无甚发明。其弟子廖季平平关于《公羊》著述尤多，然穿凿过甚，几成怪了。康先生有为从廖氏一转手而归于醇正，著有《春秋董氏学》《孔子改制考》等书，于新思想之发生，间接有力焉。

（3）《谷梁传》　《谷梁》学自昔号称孤微，清中叶以后稍振，其著作有钟朝美文烝之《谷梁补注》，有侯君谟康之《谷梁礼证》，有柳宾叔兴恩之《谷梁大义述》。柳书较佳。

综校清代《春秋》学之成绩，《左》《谷》皆微不足道。刘氏《左传正义》若成，则《左氏》重矣。惟《公羊》极优良，诸经除《仪礼》外，便算它了。今文学运动以《公羊》为中心，开出晚清思想界之革命，所关尤重。

※　　※　　※

（己）四书　“四书”之名，是朱子以后才有的。明人及清的理学家关于四书的著作颇多，清的汉学家却很少。最著名的，前有阎百诗的《四书释地》，后有翟晴江灏的《四书考异》，但都是局部的考证，无关宏旨。清儒有价值的著作，还是将《大学》《中庸》璧回《礼记》，《论语》《孟子》

各别研究。

（1）《论语》　《论语》有一部名著，曰刘楚桢宝楠、叔俛恭冕继续著成的《论语正义》，其价值及内容，在新疏条下别论之。今文派有戴子高的《论语注》，引《公羊》为解，虽多新见，恐非真义。别有焦里堂的《论语通释》，虽寥寥短册，发明实多。而简竹居之《论语集注述疏》，则疏解朱注。宋人经注之有疏，此为创见云。

《论语》单篇别行之解释，则有江慎修之《乡党图考》，盖礼学之流。

（2）《孟子》　《孟子》也有一部名著，曰焦里堂循的《孟子正义》，别于新疏条论之。戴东原的《孟子字义疏证》，为清代第一流著述，但其目的不专在释《孟子》，别于戴氏学专篇论之。

《孝经》本为附庸，亦无重要著述，不复论。《尔雅》别于新疏条小学修补之。

※　　※　　※

（庚）诸经新疏合评　现在之《十三经注疏》，其注出汉人者六《毛诗》《周礼》《仪礼》《礼记》《公羊传》《孟子》，出魏晋人者五《周易》《左传》《谷梁传》《论语》《尔雅》，伪托汉人者一《尚书》，出唐人者一《孝经》，其疏出唐人者九自《周易》至《谷梁传》，出宋人者四《孝经》《论语》《孟子》《尔雅》。清代提倡经学，于是注疏之研究日盛。然愈研究则愈发见其缺点。就疏的方面论，唐人孔、贾诸疏，本成于众手，别择不精，牴牾间出。且六朝经学，本分南北两派，北尊实诂，南尚空谈；初唐诸疏，除三《礼》外，率宗南派，大为清儒所不喜。宋人四疏，更不足道了。就注的方面论，除汉人六种外，其余七种，皆大为汉学家所不满意。以此之故，他们发愤另著新疏，旧注好的便疏旧注，不好的便连注一齐改造。自邵二云起到孙仲容止，作新疏者十余家。《十三经》中，有新疏者已得其十。这些新疏的作者，都是竭毕生之力，镕铸几百种参考书泐成一稿，真算得清朝经学的结晶体了。今列举各书，稍为详细点说明，备将来汇刻《新十三经注疏》者采择焉。一经有两部以上之新疏者，只采一部，余部附论。次第以著作年代先后为序。

《尔雅正义》二十卷余姚邵晋涵（二云）著，乾隆四十年属稿，五十年成，凡经十年。

附：《尔雅义疏》二十卷栖霞郝懿行（兰皋）著。

邵二云是头一位作新疏的人。这部《尔雅正义》，在清学史中应该特笔记载。旧注疏本《尔雅》，为晋郭璞注，宋邢昺疏。"邢疏多摭拾《毛诗正义》，掩为已说。南宋人已不满其书，后采列诸经之疏，聊取备数而已。"原序语二云此书，仍疏郭注。但旧本经文有讹舛，注亦多脱落。二云先据唐石经及宋椠本，详为增校，又博采汉舍人姓名也，旧认为官名，误、刘歆、樊光、李巡、孙炎、梁沈旋、陈顾野王、唐裴瑜诸家佚注，以郭为主，而分疏诸家于下。郭注云未详者，则博征他经之汉人注以补之。《尔雅》缘音训义者颇少，二云更取声近之字，旁推交通，申明其说。书凡三四易稿乃定。

郝氏《义疏》成于道光乙酉，后邵书且四十年，近人多谓郝优于邵。然郝自述所以异于邵者不过两点，一则"于字借声转处词繁不杀"，二则"释草木虫鱼异旧说者皆由目验"。胡培翚撰《郝墓表》引然则所异也很微细了，何况这种异点之得失，还很要商量呢？因前人成书增益补苴，较为精密，此中才以下尽人而可能。郝氏于义例绝无新发明，其内容亦袭邵氏之旧有十六七，实不应别撰一书。其有不以邵为然者，著一校补或匡误等书，善矣。《义疏》之作，剿说掠美，百辞莫辩。我主张公道，不能不取邵弃郝。

《尚书今古文注疏》三十卷阳湖孙星衍（渊如）著，乾隆五十九年属稿，嘉庆二十年成，凡经二十二年。

附：《尚书集注音疏》十二卷吴县江声（艮廷）著。

《尚书后案》三十卷嘉定王鸣盛（西庄）著。

《尚书集注述疏》三十五卷顺德简朝亮（竹居）著。

自《伪古文尚书》定案之后，旧注疏里头的《伪孔传》跟着根本推翻，孔颖达疏也自然“树倒猢狲散”了。于是这部经需要新疏，比别的经更形急切。孙、江、王三家和段茂堂的《古文尚书撰异》，都是供给这种需要的应时著述。但这件事业甚难，因为别的疏都是随注诠释，有一定范围。这部经现行的注既要不得，而旧注又皆散佚。必须无中生有造出一部注来，才可以做疏的基本。孙、江、王、段年辈相若，他们着手著述，像是不相谋，而孙书最晚成。四家中除段著专分别今古文字，罕及义训外，余三家皆诠释全经，纯属疏体。江氏裁断之识较薄，其书用篆体写经文，依《说文》改原字，其他缺点甚多。王氏用郑注而兼存伪传，又不载《史记》及《大传》异说，是其所短。孙书特色，一在辨清今古文界限，二在所辑新注确立范围。他认定《史记》为古文说因司马迁从孔安国问故，《尚书大传》及欧阳、大小夏侯为今文说因皆伏生所传，马融、郑玄为孔壁古文说因出自卫宏、贾逵。他名之曰“五家三科”，这些人的遗说都升之为注。其余先秦诸子及纬书、《白虎通》等之今文说，许氏《说文》中之古文说，皆附之疏中。取材矜慎，树例谨严，故最称善本。据钱衎石《记事稿》（卷十）说，渊如的经学书大半由李次白（贻德）续成，此书当亦在其列。

现在《尚书》新疏中诚无出孙著之右，但孙著能令我们满足否？还不能。汉人注也有许多不对的地方，我在前段《尚书》条已经论过。但这一点姑且不管，即以汉注论，马、郑注和欧阳、夏侯遗说，孙氏搜集未到而再经后人辑出者也很不少。所以我想现在若有位郝兰皋，倒有一桩买卖可做。试把孙、江、王以后续辑的《尚书》注重新审定一番，仍区画今古文，制新注新疏，一定可驾诸家之上而不算蹈袭，可惜竟无其人哩！

简竹居就是想做这桩买卖的人。可惜他学问不甚博，见解又迂滞一点。他的《集注述疏》，枝辞太多，还不能取孙渊如而代之哩。

《孟子正义》三十卷江都焦循（里堂）著，嘉庆二十年始为长编，二十三年属稿，二十四年成。

《孟子》有赵岐注，实汉经师最可宝之著作。惟今注疏本之孙奭疏，纯属伪撰，钱竹汀及《四库提要》已辨之。其书芜秽踳驳处不可悉数，与孔、贾诸疏并列，真辱没杀人了。所以新注之需要，除《尚书》外，则《孟子》最为急切。里堂学问方面极多，其最用力者为“《易》学三书”。注《易》既成，才着手做此书，已经垂老，书才成便死了。他说：“为《孟子》作疏者十难。”见本书卷末，文繁不录。但又说生在他的时代，许多难功夫都经前人做过，其难已减去七八。他备列所引当代人著述，从顾亭林、毛大可起到王伯申、张登封止，凡六十余家，可见他搜采之勤与从善之勇了。他以疏解赵注为主，但“于赵氏之说或有所疑，不惜驳破以相规正”卷三十，叶九。是于唐人“疏不破注”之例，也并未尝墨守。这书虽以训释训诂名物为主，然于书中义理也解得极为简当。里堂于身心之学，固有本原，所以能谈言微中也。总之，此书实在是后此新疏家模范作品，价值是永垂不朽的。

《诗毛氏传疏》三十卷长洲陈奂（硕甫）著，嘉庆十七年属稿，道光二十年成，凡经二十八年。

这部书和并时胡、马两家书的比较，前在《诗经》条下已略为说明。孔颖达《毛诗正义》，合《毛传》《郑笺》而并疏之。硕甫以为郑康成本治《韩诗》，后改从毛，而作笺又时杂鲁说，实为不守家法。他自序虽未明斥郑，言外实含此意。所以舍郑而专疏毛。他自述撰著方法，说道：“初仿《尔雅》，编作义类。凡声音训诂之用，天地山川之大，宫室衣服制度之精，鸟兽草木鱼虫之细，分别部居，各为探索，久乃剟除条例章句，揉成作疏。”原书自序可见他这部书，先有一番分类的草稿，后来才通贯成书，所以全书没有一点矛盾罅漏。硕甫是段茂堂弟子，最长于训诂，《毛传》是最古最好的训诂书，所以此书所疏训诂，最为精粹。至于礼数名物，则《毛传》阙而不详，《郑笺》所补，以这部分为多。而硕甫不满于郑，他“博引古书，广收前说，大抵用西汉以前之说，而与东汉人不苟同”。原书条例十九这一点是他很用力的地方，但成功如何，我却未敢十分相信。总之这部书，硕甫“毕生思虑，会萃于兹”自序语，其价值与《毛诗》同悬天壤，可断言也。

《仪礼正义》四十卷绩溪胡培翚（竹村）著。此书属稿及告成年月难确考，惟卷首有道光己酉十月罗惇衍序，称“先生力疾成书，书甫成，而遽归道山”。己酉为道光二十九年，竹村正以其年七月卒，然则书亦成于其年也。罗序又言此书“覃精研思，积四十余年”。然则嘉庆十年前后已属稿矣。

竹村为胡朴斋匡衷之孙。朴斋著有《仪礼释官》，甚精洽，故《仪礼》实其家学。竹村又受业于凌次仲，尽传其礼学，所以著《仪礼》新疏的资格，他总算最适当了。他以为“《仪礼》为周公所作，有残阙而无伪托。郑注以后，惟贾公彦疏盛行，然贾疏疏略，失经注意”，于是发愤著此书。自述“其例有四：曰补注，补郑君所未备也；曰申注，申郑君注义也；曰附注，近儒所说虽异郑指，义可旁通，广异闻祛专己也；曰订注，郑君注义偶有违失，详为辨正，别是非，明折衷也”。胡培系著《族兄竹村先生事状》引，见《研六室文钞》卷首。我们看这四个例，就可以知道此书内容大概了。

《春秋公羊传义疏》七十六卷。句容陈立（卓人）著，此书著作年月无考。因我仅见《经解续编》本，序例皆失载，无从考定。惟据《句溪杂著》卷六《论语正义序》云：“道光戊子秋，立随刘孟瞻、梅蕴生两师，刘楚桢、包孟开两先生赴乡闱。孟瞻师、楚桢先生病《十三经》旧疏多踳驳，欲仿江氏、孙氏《尚书》，邵氏、郝氏《尔雅》，焦氏《孟子》，别作义疏。孟瞻师任《左氏传》，楚桢先生任《论语》，而以《公羊》属立……”则是书发意著述，当在道光八年，时卓人年仅二十耳，惟《杂著》有刘文淇（孟瞻）癸卯七月叙，语意全在敦促卓人之著此书，则似癸卯时尚未有端绪。《杂著》自序称庚申出守滇南，不克履任，以后蹀躞道路，不能著述，又遭乱，藏书尽毁云云；《论语正义序》又言“近甫辑成稿本，复橐笔游楚越”。刘叔俛为作墓志铭，则其游楚越，正在授云南曲靖府不克到任之后。然则是书当成于癸卯（道光二十三年）、庚申（咸丰十年）之间，前后可十八年。惟戊子至癸卯间，预备功夫亦当不少耳。

注《公羊》的何邵公与郑康成齐名，自然是诸经注中之最好者。但徐彦的旧疏空言敷衍，毫无发明，因为唐时《公羊》之学久绝，也难怪他。然疏之当改造，则学界所同认了。凌晓楼尝锐意以此自任，晚年病风，精力不逮，仅成《公羊礼疏》十一卷。据刘孟瞻《句溪杂著序》。孟瞻，晓楼外甥也。卓人为晓楼弟子，继师志以成此书。此书严守“疏不破注”之例，对于邵公只有引申，绝无背畔，盖深知《公羊》之学专重口说相承，不容出入也。其所征引，自董仲舒、司马迁以下，凡汉儒治《公羊》家言者，殆网罗无遗；清儒自孔、庄、刘以下，悉加甄采，而施以严正的裁断；礼制一部分，则多采师凌说而笃宗郑氏，于程易畴、金辅之驳正最多。其于《公羊》家三世九旨诸说——邵公所谓“非常异义可怪之论”者，阐发无余蕴，不独非巽轩所梦见，即方耕、申受亦逊其精锐。在《公羊》学里头，大约算登峰造极的著作了。此书序例失传，不能知其义例要点。我是二十七八年前曾读过一遍，久已忘记，这段批评总不能写出原书的特色。

《论语正义》二十四卷宝应刘宝楠（楚桢）著，子恭冕（叔俛）续。叔俛后序云：“道光戊子，先君子与刘先生文淇、梅先生植之、包先生慎言、柳先生兴恩、陈丈立约各治一经。先君子发策得《论语》。先为长编数十巨册，次乃荟萃折衷之。……既而精力就衰，后所阙卷畀恭冕使续成。咸丰乙卯，将卒业，而先君子不起。又十年，及乙丑之秋，而后写定。”某某部分为叔俛所续，难确考。李莼客《越缦堂日记》谓所续为《雍也》篇以后，当有据。然莼客又指出，《公冶》篇以前所引书，有为楚桢未见及者。然则全书殆皆经叔俛增订矣。

附：《论语集注补正述疏》十卷顺德简朝亮（竹居）著。

《论语》学在汉有齐、鲁、古三家，自张禹合齐于鲁，郑康成复合齐、鲁于古，师法不可复辨。何晏《集解》，自言“集诸家之善，其不安者颇为改易”。然去取多乖，义蕴粗略，皇、邢二疏，益无所发明皇疏近人已疑其伪。刘氏此书，仍疏何注。叔俛所述凡例云：“注用《集解》者，所以存魏晋人著录之旧。而郑君遗注，悉载疏内。至引申经文，实事求是，不专一家。故于注义之备者则据注以释经；略者则依经以补疏；其有违失未可从者，则先疏经文，次及注义。”据此可知，他对于何平叔《集解》实深致不满，不过不得已而用之。故各章之疏，破注居半，在诸疏中算是最例外的了。陈卓人说：“视江、孙、邵、焦诸疏义，有过之无不及。”我未细读，不敢多评，大概总不错罢。

竹居疏晦翁《集注》，当然与汉学家不同调。但平心而论，晦翁《集注》实比平叔《集解》强。若把汉宋门户搁在一边，则疏它也何尝不可？只是竹居之疏，我总嫌他空话太多一点。

《左传旧注疏证》八十卷仪征刘文淇（孟瞻）著，子毓崧（伯山）、孙寿曾（恭甫）续，未成。

这部书始终未成，真是学界一件憾事。孟瞻、伯山父子之学，我们读《青溪旧屋》《通义堂》两集可以想见一斑。这部书之发起，据陈卓人说是道光八年和《论语正义》《公羊义疏》同时动议的。见前据伯山说：“草创四十年，长编已具，然后依次排比成书。”《通义堂集》卷六《先考行略》但《左传》卷帙如彼其繁重，卒业自属大难。孟瞻未及写定而卒，伯山继之，时值乱离，年仅五十卒，迄未能成；恭甫又继之，年四十五卒，至《襄公》而绝笔。三世一经，赍志以没，可哀矣。据《国史儒林传稿》此书既未得见，自无从妄下批评。但据伯山所述，知道它是革杜注的命。《左传》自刘歆创通义训后，贾逵、服虔两注盛行，自杜预剽窃成今注，而旧注尽废。预助司马氏篡魏，许多诐邪之说夹在注中，所谓“饰经术以文奸言”者，前人论之甚多，大概不为冤枉。这些且不管他。至于盗窃成书，总不能不说是破坏著述家道德。孟瞻父子，就是要平反这重公案。此书体例，“先取贾、服、郑三君之注疏通证明，凡杜氏所排击者纠正之，所剿袭者表明之，其沿用韦氏《国语注》者，亦一一疏记。他如《五经异义》所载《左氏》说，皆本《左氏》先师；《说文》所引《左传》，亦是古文家说；《汉书·五行志》所载刘子骏说，实《左氏》一家之学。又如经疏史注及《御览》等书所引《左传》注，不载姓名而与杜注异者，亦是贾、服旧说。凡若此者，皆称为旧注而加以疏证。其顾、惠注补及洪稚存、焦里堂、沈小宛等人专释《左氏》之书，以及钱、戴、段、王诸通人说，有可采咸与登例。末始下以己意，定其从违。上稽先秦诸子，下考唐以前史书，旁及杂家笔记文集，皆取为证佐。期于实事求是，俾《左氏》之大义炳然复明。”伯山《先考行略》此书若成，价值或为诸家新疏之冠，也未可知。今既不得见，所以我不嫌繁重，把伯山的话全录如右。刘家子弟闻尚有人，不审能把家藏稿本公之于世否？就是缺了昭、定、哀三公也无妨呀。

《周礼正义》八十六卷瑞安孙诒让（仲容）著，同治季年草创，光绪二十五年成。

此书和黄儆季的《礼书通故》，真算得清代经师殿后的两部名著了。此书重要的义例有如下诸点：其一，释经语极简，释注语极详。就这点论，和刘楚桢的《论语正义》正相反。盖楚桢本不信任何氏《集解》，仲容则谓“郑注详博渊奥，注明即经明，义本一贯也”。其二，多存旧疏，声明来历。盖贾疏在诸旧疏中本较好，原非《孟子》伪孙疏、《公羊》徐疏、《尚书》伪孔传之孔疏等可比也。唐疏多乾没旧义，近儒重修，时亦不免。如胡竹村《仪礼正义》袭贾疏处盖不少，而每没其名。仲容则绝不攘善，于著述家道德守之最严。其三，虽极尊郑注，而不墨守回护。他说："唐疏例不破注，六朝义疏家原不尽然。"且康成对于杜子春、郑众亦时有纠正。所以他窃比斯义，"寻绎经文，博稽众家，注有牾违，辄为匡纠"。其四，严辨家法，不强为牵合。清儒治礼，嗜博太过，每揉杂群书，强事会通。仲容谓"《周礼》为古文学，与今古师说不相同，曲为傅合，非惟于经无会，弥复增其纷纠"。所以他主以本书解本书，他书不合之处，疏通别白使不相淆。就这点论，最合守约之法。综而论之，仲容斯疏，当为清代新疏之冠，虽后起者胜，事理当然，亦其学识本有过人处也。《周礼》本书价值问题，迄未解决。仲容极端地尊信，是否适当，原很有商榷的余地。但这部书最少也是西汉末一种古籍，就令出于汉人理想的虚构，也很值得细心研究。仲容这部疏，总算替原书做一个大结束了。

以上所举九部新疏附见四部，十三经中已得九经了，余下四经，还要附带一讲。

一、《孝经》 有善化皮鹿门锡瑞的《孝经义疏》，但我未见，不敢批评。《孝经》价值本来仅等于《礼记》之一篇，我想有无不甚足为轻重的。

二、《谷梁传》 这部传可谓"数奇"。据我所知，邵二云曾著一部《谷梁正义》，像是未成。洪稚存《邵学士家传》说他著有《谷梁古注》，钱竹汀《邵君墓志铭》说他著有《谷梁正义》。我想或是《古注》已成，《正义》正在属稿。盖二云以五十四误药暴卒，著作多未成也。其后梅蕴生植之又拟著《谷梁集解正义》，亦未成而卒。薛寿《学诂斋文集》卷下《嵇庵集后序》云："丁亥、戊子间，先生欲仿孙氏《尚书》、焦氏《孟子》例，撰《谷梁集解正义》，草创疏证而书未成。"案：蕴生为刘孟瞻、刘楚桢之友，陈卓人之师。卓人述道光戊子与蕴生、二刘及包孟开赴乡闱时，相约著各书（看前文《公羊义疏》条注）。当时，楚桢任《论语》，孟瞻任《左氏》，卓人任《公羊》，蕴生则任《谷梁》。蕴生《嵇庵集》中有赠薛子寿诗云："泛舟及包、刘，遂结著书约。"即指此事也。蕴生中年咯血，寿仅五十（见孟瞻所为《梅君墓志铭》），故此书独不成。大概邵著拟另集古注如孙氏《尚书》例，梅著拟仍疏范宁《集解》如焦氏《孟子》例，但都未成，不必多讲了。

三、《礼记》　这部书始终未有人发心做新疏，总算奇事。

四、《易经》　做这部书的新疏，我想怕是不可能的。因为疏王、韩旧注，不独清儒所不肯，且亦没有什么引申发明的余地，除非疏李鼎祚的《集解》或另辑一注。但汉儒异说纷歧，遍疏亦穷于术。在我们看是"一邱之貉"，在尊崇汉学的清儒看是"两姑之间难为妇"。所以，或如焦里堂之空诸依傍，独抒己见；毛奇龄之《仲氏易》，姚配中之《周易姚氏学》等亦近此类。或如张皋文之专释仲翔，抱残守缺。皋文之《周易虞氏义》亦全经通释，但非疏体。若要作一部"惠氏《易汉学》式"之新疏，恐怕谁也没有这种勇气。

以上所举诸家新疏，是否算已经把这几部经完全弄明白？这几部经是否值得下恁么大的功夫？都是别的问题，我不敢轻下判断。但和现行的《十三经注疏》比较，最少有两种优异之点：第一，每一部疏由一人独力做成，不像旧疏成于众手；第二，每人只做一部疏，不像孔、贾辈之"包办的""万能的"。此专指唐疏言，几部恶劣的宋疏更不足齿论。我们对于几位著作家不能不十二分感服，因为他们的忠实和努力是很不容易学的。他们不为名，不为利，只是为学问而学问，把全生涯费在一部书，卒能贯彻初志。他们的学问有用无用另一问题，但他们做学问的方法真可学。做一门学问便要把他的内容彻底了解，凡一切关系的资料搜集一无遗漏。着手著述之时，先定计画，各有别裁。每下一判断，必待众证都齐之后。判断对不对另一问题，也许证甚博而断仍错，但待证乃断，便是忠实于学。所以这几部书，无论如何，总是在学术史上有纪念的价值。至于他们所以能著成这几部书，也非专靠他们个人之力。九部之中，两部成于乾隆末年，七部在嘉道以后，实由先辈已经做过许多工作，他们才利用而集其成。倘使他们生于明代或清初，也不能有这种成绩。所以，我名之为“清代经学的结晶体”。好事者能汇刻为一编，亦一佳话也。

※　　※　　※

（辛）其他通释群经之著作　清儒以经学为学问中心。凡笔记类如《日知录》《十驾斋养新录》《东塾读书记》等，文集类如戴、段、阮、钱等诸集，说经之文占大部分。想完全了解清人经学，这类书实极重要，但内容既不尽属于经，我只得别标一题评他们的价值。这里有几部书，应该特提：

一、朱竹垞彝尊的《经义考》三百卷　这部书把竹垞以前的经学书一概网罗，簿存目录，实史部谱录类一部最重要的书，研究“经学史”的人最不可少。还有谢蕴山启昆的《小学考》，也是踵朱书而成，其内容及价值当于谱录条下论之，今互见于此。

二、臧玉林琳的《经义杂记》三十卷　这书若出在乾嘉以后，并不稀奇，因为他是康熙初年作品，而饶有乾嘉学派精神，所以要另眼看待。这书久藏于家。嘉庆间，才由他的玄孙臧在东庸刻出。有人说，内中一部分是在东所著，归美先人。但无确据，不敢遽认为事实。

三、王伯申引之的《经义述闻》三十二卷　王石臞、伯申父子，为清学第一流大师，人人共知。这书名为“述闻”，盖伯申自言闻于石臞者，其实他们以父子而兼师友，此书亦可称父子合作也。这部书最大的价值，在校勘和训诂方面，许多难读或前人误解的文句，读了它便涣然冰释。王氏父子理解直凑单微，下判断极矜慎，所以能为一代所宗。试留心读嘉道以后著作，罕有能引《经义述闻》而驳之者。世所称“王氏四种”者，乃此书与《经传释词》《读书杂志》《广雅疏证》合称。实则四种合起来，才见得出王氏经学之全豹。今为叙述方便起见，那几部在小学及子书两条下别论。

四、俞荫甫樾的《群经平议》十卷　此书全应用《经义述闻》的方法，继续有所发明，价值也仅下《经义述闻》一等。

※　　※　　※

平心论之，清代风尚所趋，人人争言经学，诚不免汉人“碎义逃难”“说三字至二十余万言”之弊。虽其间第一流人物，尚或不免，承流望风者更不待言。所以在清末已起反动，现在更不消说无人过问了。他们若能把精力和方法用到别的方面，成就或者可以很大，仅用之几部古经，已觉十分可惜。即以经学论，讲得越精细，越繁重，越令人头痛，结果还是供极少数人玩弄光景之具，岂非愈尊经而经愈遭殃吗？依我看：这种成绩，只好存起来算做一代学术的掌故，将来有专门笃嗜此学之人，供他们以极丰富的参考。至于整理经学，还要重新辟一条路，令应读之经，非全数都应读也，注意。人人能读而且乐读。我虽然还没有具体方法，但大概在用简明的方法解释其文句，而用有趣味有组织的方法发明其义理。义理方面且另说，文句方面则清儒替我们做过的工作实不少。大约清儒经学诸书，名物制度一类，聚讼不结者尚很多；训诂一类，功夫已经做到八九成。这便是各位经师对于一般人最大的贡献了。

二、小学及音韵学

小学本经学附庸，音韵学又小学附庸，但清儒向这方面用力最勤，久已“蔚为大国”了。方才说，他们最大的贡献在训诂；他们为什么能有这种贡献？就因为小学、音韵学成为专门之业。今为叙述方便起见，所以于经学之外，别立一节论它。

“小学”是袭用汉人的术语，实际上应该叫作文字学。这门学问，可以分为两大类：一是研究一个字或一个辞的意义，二是研究字和辞的联缀用法。我为下文说明便利起见，杜撰两个新术语：第一类叫作“字义学”，第二类叫作“字用学”。音韵学也是字义学的一部分。所有小学书，什有九是字义学。字用学现在还幼稚得很哩。

字义学即是字典或辞典之学。我国古来之字典有三种组织法：一、以各字（或辞）所含意义分类组织，《尔雅》《方言》《释名》《广雅》等书便是。二、以各字的形体及所从偏旁分类组织，《说文》《玉篇》等书便是。三、以各字的读音分类组织，《切韵》《集韵》《广韵》等书便是。本节所讲，以第一二类归入小学，以第三类归入音韵学。

※　※　※

崇祯十五年出版之方密之以智《通雅》五十卷，实为近代研究小学之第一部书，体例略仿《尔雅》，而门类稍有增减看第十二讲方密之条。此书有许多新理解，先乾嘉学者而发明，但后来人征引很少，不知何故。《尔雅》一类书之专门研究，盖始于戴东原。他著有《尔雅文字考》十卷，其书成而未刻，今恐已佚。据自序所说，原系随手札记之书，大约于舍人、刘歆、樊光、李巡、郑康成、孙炎旧注多所搜辑，补郭注之漏，正邢疏之失，至于“折衷前古，使《尔雅》万七百九十一言，合之群经传记，靡所扞格，姑俟诸异日”。据此，知东原对于整理《尔雅》尚有许多计画，此书尚非满意之作也。此类书现存者，则有：

《方言疏证》十三卷休宁戴震（东原）著。互见本节音韵条。

扬雄《方言》，为西汉最好的小学书，东原首先提倡它。但这部书虽名为疏证，然而注重校勘，诠释的工作尚少。自序说：“广按群籍之引用《方言》及注者交互参订，改正讹字二百八十一，补脱字二十七，删衍字十七，逐条详证之。”盖自得此校本，然后《方言》可读。《四库》所著录，聚珍板所印行，即此本也。段茂堂著《东原年谱》，称“东原曾将《方言》分写于《说文》每字之上”，亦是一种整理法。

次则：

《尔雅正义》二十卷邵晋涵著，见前。

《尔雅释义》十卷，《释地》以下四篇注四卷嘉定钱坫（献之）著。

《尔雅义疏》二十卷郝懿行著，见前。

此为疏释《尔雅》之专书，皆乾嘉间作品。《尔雅》这部书，清儒认定它是周公所作，把它捧得很高。依我们看，不过西汉末刘歆一派人将汉儒传注采辑而成，年代也许在《方言》之后。但它把各字的性质意义分类排纂，又不但解释单字，而且兼及二字以上连缀而成的“辞”，在当时确是一种很进步的字典或辞典，价值当然不朽。清儒提倡小学，于是这部书的研究日盛。邵二云的《正义》，就是把戴东原所计画的事业赓续成功，在这门学问里头算是创作。郝兰皋补缀一番，愈益精密。这两部书的比较价值，前节已论过，不再赘了。钱著未细读，不敢妄评。此外有专释《尔雅》名物之书，如程瑶田《通艺录》中释宫、释草、释虫诸小记，任大椿之《释缯》，洪亮吉之《释舟》，刘宝楠之《释谷》，钱大昕之《释人》等。有专辑《尔雅》古注之书，如臧庸之《尔雅汉注》、黄奭之《尔雅古义》等。有释《尔雅》著作体例之书，王国维之《尔雅草木鸟兽虫鱼释例》甚好，惜仅限于一部分。这部书经二百年学者之探索，大概已发挥无余蕴了。

又次则：

《释名疏证》八卷、《补遗》一卷、《续释名》一卷镇洋毕沅（秋帆）著。

《释名》为汉末刘熙撰，时代较《说文》稍晚。这书体例和《尔雅》略同，但专以同音为训，为以音韵治小学之祖。《释名疏证》题毕秋帆著，实则全出江艮庭声之手。旧本讹脱甚多，毕、江据各经史注、唐宋类书及道释二藏校正之，复杂引《尔雅》以下诸训诂书证成其义。虽尚简略，然此二书自是可读。

其最博洽精核者，则：

《广雅疏证》十卷高邮王念孙（石臞）著。

《广雅》为魏张揖著，出《尔雅》《方言》《释名》之后，搜集更博。石臞本著，先校正其讹舛，继诠释其义训。校正讹字五百八十、脱者四百九十、衍者三十九、先后错乱者百二十三、正文误入音内者十九、音内字误入正文者五十七。自序其著作宗旨及体例云：“训诂之旨本于声音，故有声同字异，声近义同，虽或类聚群分，实亦同条共贯。……此之不寤，则有字别为音，音别为义，或望文虚造而违古义，或墨守成训而尟会通。……今则就古音以求古义，引申触类，不限形体。……其或张君误采，博考以证其失；先儒误说，参酌而寤其非。”所谓“就古音以求古义，引申触类”，实清儒治小学之最大成功处。而这种工作，又以高邮王氏父子做得最精而最通。《广雅疏证》实为研究“高邮学”者最初应读之书。读了它，再读《读书杂志》《经传释词》《经义述闻》，可以迎刃而解。石臞七十六岁才着手著此书，每日限定注若干个字，一日都不旷课，到临终前四年才成石臞年八十九。所以这部书可算他晚年精心结撰之作。昔郦道元作《水经注》，论者咸谓注优于经。《广雅》原书虽尚佳，还不算第一流作品；自《疏证》出，张稚让倒可以附王石臞的骥尾而不朽了。以石臞的身分，本该疏《尔雅》才配得上，因为邵疏在前，耻于蹈袭，所以走偏锋，便宜了张稚让。然和郝兰皋相比，兰皋也算笨极了！

此外应附记者有：

《小尔雅疏》八卷上虞王煦（汾原）著。

《小尔雅训纂》六卷长洲宋翔凤（于庭）著。

《小尔雅疏证》五卷嘉定葛其仁（铁生）著。

《小尔雅义证》十三卷泾县胡承珙（墨庄）著。

《小尔雅》，本是伪《孔丛子》中之一篇。清儒因它存辑汉人训诂不少，抽出来单行研究。以上四书，大略同时所著，不相谋而各有短长，也算是走偏锋而能成家的。

以上各书，都是清儒把汉、魏以前分义编纂的字典，用极绵密的工作去解释，成绩真可佩服。至于他们新编的字典则有：

《经籍纂诂》一百六十卷仪征阮元芸台编。互见类书条。

这部书是阮芸台任浙江学政时候，手创义例，命诂经精舍学生臧在东庸、臧礼堂和贵、洪筠轩颐煊、洪百里震煊、陈仲鱼鳣、周郑堂中孚等二十几位分途编辑的。各字依《佩文韵府》的次序排列。每字的解释，专辑集古书成说。所收者约为下列各种：一、古经古子本文中之训诂。如“仁者人也，义者宜也”，“元者善之长也，亨者嘉之会也”之类。所收子书最晚者为《颜氏家训》。二、各经注。以《十三经注疏》为主，佐以清儒所辑古佚注。三、汉魏以前子书及古史注。自《国语》韦注、《战国策》《吕览》《淮南子》高注，下至《列子》张注、《管子》房注、《荀子》杨注等。四、古史部集部注。限于《史记》裴集解、司马索隐、张正义，《汉书》颜注，《后汉书》李注，《三国志》裴注，《楚辞》王注，《文选》李注。五、小学古籍。《尔雅》《方言》《说文》《广雅》《释名》《小尔雅》《字林》《埤苍》《声类》《通俗文》《匡谬正俗》《经典释文》《一切经音义》《华严经音义》《翻译名义》《隶释》《隶续》等。唐以前训诂，差不多网罗具备，真是检查古训最利便的一部类书。这书虽依韵编次，但目的并非在研究韵学。所以我不把它编在音韵条而编在本条。

※　　※　　※

最简朴的古字典出在《尔雅》《方言》以前为《汉书·艺文志》所述的秦时李斯的《仓颉》七章、赵高的《爰历》六章、胡母敬的《博学》七章《汉志》说《史籀》十五篇，周宣王时书，我们不相信。汉兴，闾里书师把这三种揉合起来，每章六十字，共五十五章，名为《仓颉篇》。其后司马相如的《凡将》、史游的《急就》、扬雄的《训纂》、班固的《续训纂》，相继而起。这类字典，很像后世的《千字文》《百家姓》，又像医家的《汤头歌诀》，挑选几百或几千个单字，编成韵语，意义联贯，专备背诵之用，并没有什么训释。西东汉之交，研究日趋细密，便把所有的字分起类来——指事、象形、会意、形声、转注、假借，谓之六书。六书两字始见《周礼》，其六种名则首载《汉志》，次为《说文序》。东汉人说是起自周公时，我们不相信。大概是扬雄、刘歆、杜林这班小学家研究出来的。和帝永元间，许叔重根据六书义例，以各字的形体及所从偏旁分类，著成一部《说文解字》，遂为秦汉以来小学一大结束，又为后来字书永远模范。

《说文》这部书，清以前的人并不十分作兴它。宋元间徐铉、徐锴、李焘、吾邱衍等，虽间有撰述，然发明甚少，或反把它紊乱了。明末有一群文学家好用僻字，拿来当枕中鸿秘，但并不了解它的价值和作用赵宧光著《说文长笺》，顾亭林极攻击他；明清之交，方密之算是最初提倡《说文》的人，在《通雅》中常常称引或解释。康熙一朝经学家虽渐多，但对于《说文》并没有人十分理会。乾隆中叶，惠定宇著《读说文记》十五卷，实清儒《说文》专书之首，而江慎修、戴东原往复讨论六书甚详尽。东原对于这部书，从十六七岁便用功起，虽没有著作，然传授他弟子段茂堂。自是《说文》学风起水涌，占了清学界最主要的位置。谢蕴山启昆《小学考》，说当时关于《说文》的名著有三部：

《说文解字注》三十卷金坛段玉裁（茂堂）著。《小学考》作《说文解字读》，想是原名，后来很少人知道。

《说文统释》六十卷嘉定钱大昭（晦之）著。

《说文解字正义》三十卷海宁陈鳣（仲鱼）著。

茂堂的《说文注》，卢抱经序它说："自有《说文》以来，未有善于此书者。"《小学考》卷十引王石臞序它说："千七百年来无此作。"本书卷首百余年来，人人共读，几与正经正注争席了。《说文》自唐宋以来，经后人窜改或传钞漏落颠倒的不少。茂堂以徐锴本为主，而以己意推定校正的很多。后人或讥其武断，所以《段注订》钮树玉著，八卷、《段注匡谬》徐承庆著，八卷、《段注考正》冯桂芬著，十六卷一类书继续出得不少。内中一部分，诚足为茂堂诤友。但茂堂此注，前无凭藉，在小学界实一大创作。小有舛误，毫不足损其价值，何况后人所订所匡也未必尽对呢？茂堂又最长韵学，订古韵为十七部，每字注明所属之部，由声音以通训诂。王石臞序最称赞他这一点，我想这点自然是他的好处，但未足以尽之。

钱、陈两书未见，不知有无刻本？钱书有自序，述十例："一、疏证以佐古义，二、音切以复古音，三、考异以复古本，四、辨俗以证讹字，五、通义以明互借，六、从母以明孳乳，七、别体以广异义，八、正讹以订刊误，九、崇古以知古字，十、补字以免漏落。"《小学考》引晦之为竹汀弟，其书应有相当价值。陈仲鱼书，阮芸台谓其"以声为经，偏旁为纬"《论语古训序》，《小学考》引。果尔，则当与后此姚文田、朱骏声各书同体例参看次段，但书名"正义"，似是随文疏释，颇不可解。

自段注以后关于《说文》之著作，如严铁桥可均之《说文校议》三十卷、钱献之坫之《说文斠诠》十四卷，皆主于是正文字，而严著号称精核。其通释之书最著者，则：

《说文义证》五十卷曲阜桂馥（未谷）著。

《说文释例》二十卷安邱王筠（菉友）著。

《说文句读》三十卷同上。

桂书与段书不同之处：段书勇于自信，往往破字创义，然其精处卓然自成一家言；桂书恪守许旧，无敢出入，惟博引他书作旁证，又皆案而不断。桂之识力不及段，自无待言。但每字罗列群说颇似《经籍纂诂》，触类旁通，令学者细索而自得不为著者意见所束缚，所以我常觉得桂书比段书更为适用。王菉友《释例》，为斯学最闳通之著作价值可与凌次仲《礼经释例》、刘申受《公羊释例》相埒。凡名家著书，必有预定之计画，然后驾驭材料，即所谓义例是也。但义例很难详细胪举出来，近人著述方法进步，大率自标凡例，以便读者，然终不能十分详尽，古人则用此法者尚少。全在好学者通观自得，《说文》自然也是如此。又《说文》自大徐徐铉以后窜乱得一塌糊涂，已为斯学中人所公认，怎么样才能全部厘正它呢？必须发见出原著者若干条公例，认定这公例之后，有不合的便知是窜乱，才能执简御繁，戴东原之校《水经注》即用此法。段茂堂之校《说文》，虽未尝别著释例，然在注中屡屡说“通例”如何如何我们可以辑出一部“说文段注例”，他所以敢于校改今本，也是以他所研究出的“通例”为标准。菉友这部《释例》就是专做这种工作。他所发见的例是否都对，我不敢说但我觉得六七成对的，但他的创作力足与茂堂对抗，灼然无疑了。《说文句读》成于《释例》之后，随文顺释全书，自然与段氏不尽同者五事：一、删篆，二、一贯，三、反经，四、正雅，五、特识。见自序，文繁不录。此书最后出而最明通，最便学者。

学者如欲治《说文》，我奉劝先读王氏《句读》，因为简明而不偏诐；次读王氏《释例》，可以观其会通。未读过《说文》原书，骤读《释例》不能了解。段注呢？它是这门学问的“老祖宗”，我们不能不敬重它，但不可为它意见所束缚。或与《句读》并读亦可。桂氏《义证》摆在旁边当“顾问”，有疑义或特别想求详的字便翻开一查，因为它材料最丰富，其余别家的书，不读也罢了。用我的方法，三个月足可以读通《说文》。我很盼望青年们送一个暑假的精力给这部书，因为是中国文字学的基础。

清儒之治《说文》，本由古韵学一转手而来，所以段注后头附一部《六书音韵表》，注中各字于韵特详。戴东原的《转注二十章序》说："昔人既作《尔雅》《方言》《释名》，余以为犹阙一卷书。……"这"一卷书"是什么呢？就是以音韵为主的新字典。陈仲鱼的《说文正义》"以声为经，偏旁为纬"，像是就想做这一卷书。后来姚秋农文田、钱溉亭塘各著《说文声系》姚十四卷，钱二十卷，苗仙麓夔著《说文声读表》七卷，严铁桥可均著《说文声类》二卷，张皋文惠言著《说文谐声谱》二十卷，其他同类的作品尚不下十余家。最后则有：

《说文通训定声》十六卷吴县朱骏声（允倩）著。

这些人都像是因东原的话触发出来，想把《说文》学向声韵方面发展，而朱氏书最晚出，算是这一群里头最好的。这部书把全部《说文》拆散了从新组织。"舍形取声贯穿联缀"凡例语，下文同，各字分隶于它所立古韵十八部之下，"每字本训外，列转注、假借二事"，"凡经传及古注之以声为训者，必详列各字之下，标曰声训"，双声字"命之曰转音"。总算把《说文》学这一片新殖民地开辟差不多了，可惜少了一张表。姚秋农是这一派的先登者，他的书全部是表，但做得不好。

此外尚有对于《说文》做部分的研究者。如，因《说文》有徐氏新附入之字往往与本文混乱，于是有《说文新附考》一类书郑珍著，六卷；因《说文》引经多与今本有异同，于是有《说文引经考》一类书吴玉搢著二卷，陈瑑著八卷，臧礼堂著二卷；因钟鼎文字学发达的结果，对于《说文》中之籀文引起研究兴味，于是有《说文古籀疏补》一类书庄述祖著六卷，潘祖荫著六卷。此外这种局部的著述还不少，真算灿烂极了。

恁么多关于《说文》的书，这门学问被他们做完了没有呢？我说还不会。第一件，从姚秋农到朱允倩所做声系一类书，我都认为不满意，因为它们都注意收音，忽略发音，还不配戴东原所谓“那一卷书”。我对于这项意见，曾发表过《从发音上研究中国文字之源》一篇短文见《梁任公近著》第一辑卷下。第二件，《说文》的会意字还没有人专门研究。《说文》标明“会意”的字虽不多，但凡云“从某、从某”，或云“从某、从某省”，都是会意；云“从某、从某、某亦声”者，都是形声兼会意。而且依着“声系一派”如我所说的发音来源才算彻底的主张，每字所谐的声都有意义。然则形声字的全部都是形声兼会意了。会意字既如此其多，我们用社会学的眼光去研究，可以看出有史以前的状况不少。这是文字学上一件大事业。这项意见，我二十年前曾发表过《国文语原解》一篇短文见《饮冰室丛书》，可惜我的见解都未成熟《国文语原解》尤其要不得。近来学问兴味又不向这方面发展，大概不会再往前研究了。但我确信这两条路是可走的，很愿意推荐给后起的青年们。

※　※　※

以上把“字义学”的成绩大概说过了，附带着要说说“字用学”。

最初的字，总是从实物或实象纯客观的一定之象，如方位、数目之类造起，渐渐到人类的动作人类和外界发生关系，兼主客两体而成，渐渐到人类的心理，渐渐到纯抽象的名词，文字发展的次第大概如此。动作心理等已经有大部分来不及造，用旧字假借。还有所谓“语词”的一部分发语词、接续词、感叹词、停顿词、疑问词等等，最初纯用口语或手势表现，根本就没有这类字。书本上这类字，都是假借同音之字来充数的。然而音是古今时时变化，地方又各各不同，既没有一定之字，便随人乱用。例如“乎”“无”“么”“吗”，本是一个音变化出来，但现在读去，音已经很不同，字形更是渺不相属。而且用法摆在一句话中间的位置之类也常常因时而异，因地而异，因人而异。古书所以难读，最主要的就是这部分不独古书，白话亦然。所以有眼光的小学家发心做这部分工作，替后人减除困难。清儒头一部书是：

《助字辨略》五卷确山刘淇（南泉）著。

南泉是素不知名的一位学者，这部书从钱警石《曝书杂记》、刘伯山《通义堂集》先后表章，才渐渐有人知道。书成于康熙初年，而和王伯申暗合的极多，伯山都把它们比较列出。伯申断不是剿窃的人，当然是没有见过这部书。清初许多怪学者，南泉也算其一了。至于这门学问的中坚，自然要推：

《经传释词》十卷高邮王引之（伯申）著。

伯申以为："自汉以来，说经者宗尚雅训。凡实义所在，既明著之矣，而语词之例，则略而不究，或即以实义释之，遂使其文扞格而意亦不明。"自序语，下同。他拿许多古书比较研究，发见出许多字是"其为古之语词较然甚著，揆之本文而协，验之他卷而通，虽旧说所无，可以心知其意者"。他于是"引而伸之以尽其义类，自九经三传及周、秦、西汉之书，凡助语之文，遍为搜讨，分字编次"，成了这十卷书。我们读起来，没有一条不是涣然冰释，怡然理顺，而且可以学得许多归纳研究方法，真是益人神智的名著了。后此从伯申脱化出来而范围更扩大者，则有：

《古书疑义举例》七卷德清俞樾（荫甫）著。

荫甫发见出许多古人说话行文用字之例卷一至卷四，又发见出许多后人因误读古书而妄改或传钞讹舛以致失真之例卷五至卷七。上半部我们可以叫它作"古代文法书"，下半部可以叫它作"校勘秘诀"。王、俞二书，不过各两小册，我想凡有志读秦汉以前书的人，总应该一流览的。最后则有：

《文通》十卷丹徒马建忠（眉叔）著。

眉叔是深通欧文的人，这部书是把王、俞之学融会贯通之后，仿欧人的文法书把语词详密分类组织而成的。著书的时候是光绪二十一二年，他住在上海的昌寿里，和我比邻而居。每成一条，我便先睹为快，有时还承他虚心商榷。他那种研究精神，到今日想起来，还给我很有力的鞭策。至于他创作的天才和这部书的价值，现在知道的人甚多，不用我赞美了。

※　※　※

音韵学为清儒治经之副产物，然论者或谓其成绩为诸学之冠。我素来没有研究，完全外行，对于内容得失不敢下半句批评，只把这门学问的来历和经过说说，还怕会说错哩。

清代的音韵学，从一个源头上分开两条支路发展，一是古韵学，一是切韵学。

古韵学怎样来历呢？他们讨论的是哪几桩问题呢？稍有常识的人，总应该知道现行的《佩文韵府》，把一切字分隶于一百零六个韵。上下平声合三十，上声二十九，去声三十，入声十七。《韵府》本于南宋的《礼部韵略》。《韵略》百零七部，比《韵府》多一部。《韵略》本于唐的《广韵》。《广韵》却是分为二百零六部，现在韵书最古而最完备的莫如《广韵》，所以研究此学都以《广韵》为出发点。为什么由二百零六变为一百零七？这是唐宋后音变的问题，古韵家懒得管他。《广韵》二百零六部分得对不对？这是唐音的问题，古韵家也懒得管他。他们所讨论者，专在三代秦汉时候韵之分部如何。古书中如《易经》《诗经》《楚辞》《老子》等几乎全书都协韵，然而拿《广韵》和《韵略》比对起来，却什有九并不同韵。宋以来儒者，没有法子解释这缘故，只好说是“借叶”。本不同韵，勉强借来叶的。清儒以为漫无范围的乱借乱叶，岂不是等于无韵吗？所以他们反对此说，一定要找出古人用韵的规律来。换句话说，就是想编一部“古佩文韵府”。

清代音韵学的鼻祖，共推顾亭林。他著有《音学五书》一《音论》，二《易音》，三《诗本音》，四《唐韵正》，五《古音表》，为生平得意之作，凡经三十年，五易其稿。自言：“据唐人以正宋人之失，据古经以正沈氏约、唐人之失，而三代以上之音，部分秩如，至赜而不可乱。”同时柴虎臣绍炳、毛稚黄先舒等皆治此学，有著述，而理解远不逮亭林。毛西河喜立异争名，专著书和亭林作对。书名《古今通韵》，凡十二卷。然而所说话毫无价值，没有人理他。亭林以后中兴此学者为江慎修，著《古韵标准》。慎修弟子戴东原著《声类表》《声韵考》。东原复传其弟子段茂堂、王石臞、孔巽轩。茂堂著《六书音韵表》，据以注《说文》；石臞、巽轩都各有撰述。石臞书近由上虞罗氏印行，巽轩书名曰《诗声类》。而段、王后辈有江晋三有诰著《音学三书》，亦颇多创获。要之，乾嘉以后言古韵者虽多，而江、戴门下薪火相传，实为其中坚。

他们最主要的工作是研究古韵分部。他们以为《广韵》二百六部乃唐以后声音繁变派衍出来的，古代没有那么复杂，所以要把它归并成若干部，以求合古人所用之韵。

这种工作，不始于清儒。宋朝的郑庠是最先研究的，他把二百六部归并成六部。亭林拿它作研究基础，析为十部，慎修又析为十三部，茂堂又析为十七部，东原析为十八部，巽轩析为十九部，石臞析为二十一部，晋三也是二十一部，而和石臞又微不同，东原所谓“以渐加详”也。后人虽于诸家互有从违，然很少能出其范围。

我想读者一定要发问：“二百零六部规定为六部、十部……不太少吗？怎样归并法呢？”勿惊！《广韵》的二百六部系兼包平、上、去、入四声的。四声虽有清浊高低舒促之别，韵总是一贯，所以拿平声可以代表上、去、入。《广韵》的平声也只有五十七部，将五十七归并为六或二十一，并非不可能之事。归并到怎样程度才能和古书所用的韵吻合？便是他们苦心研究的第一个问题。

平声和上声、去声是容易印合的，“东”“冻”“动”一读下去，当然知道是同部。惟有入声最啰唣，每每调不出来。《广韵》平声有五十七韵，入声只得三十四韵。对照起来，便有二十二韵只有平上去而无入。到底这三十四个入声韵该如何分配？最足令讲古韵的人头痛。这是他们苦心研究的第二个问题，许多辨难都从此起。

读以上所讲，大概可以知道他们问题焦点所在了。为力求明晰起见，将郑庠、顾炎武、江永、段玉裁四家所分类列出一张表。把这表说明之后，再说戴、孔、王诸家所以异同之故。

郑、顾、江、段古韵分部比较表

<table>
<tr><th colspan="2">郑氏六部</th><th colspan="2">顾氏十部</th><th colspan="2">江氏十三部</th><th colspan="2">段氏十七部</th></tr>
<tr><th>平　声</th><th>入　声</th><th>平　声</th><th>入　声</th><th>平　声</th><th>入　声</th><th>平　声</th><th>入　声</th></tr>
<tr><td rowspan="4">1 东冬江阳庚青蒸</td><td rowspan="4">屋沃觉药陌锡职</td><td>1 东冬钟江</td><td>无</td><td>1 东冬钟江</td><td>无</td><td>9 东冬钟江</td><td>无</td></tr>
<tr><td>7 阳唐</td><td>无</td><td>8 阳唐</td><td>无</td><td>10 阳唐</td><td>无</td></tr>
<tr><td>8 庚耕清青</td><td>无</td><td>9 庚耕清青</td><td>无</td><td>11 庚耕清青</td><td>无</td></tr>
<tr><td>9 蒸登</td><td>无</td><td>10 蒸登</td><td>无</td><td>6 蒸登</td><td>无</td></tr>
<tr><td rowspan="3">2 支微齐佳灰</td><td rowspan="3">无</td><td rowspan="3">2 支脂之微齐皆灰咍</td><td rowspan="3">质术栉物迄月没曷末黠辖屑薛麦昔锡职德</td><td rowspan="3">2 支脂之微齐皆灰咍</td><td rowspan="3">麦昔锡职德</td><td>1 之咍</td><td>职德</td></tr>
<tr><td>15 脂微齐皆灰</td><td>术物迄月没曷末黠辖薛</td></tr>
<tr><td>16 支佳</td><td>陌麦昔锡</td></tr>
<tr><td rowspan="3">3 鱼虞歌麻</td><td rowspan="3">无</td><td rowspan="2">3 鱼虞模侯</td><td rowspan="2">药铎陌</td><td rowspan="2">3 鱼虞模</td><td rowspan="2">药铎陌</td><td>4 侯</td><td>无</td></tr>
<tr><td>5 鱼虞模</td><td>药铎</td></tr>
<tr><td>6 歌戈麻</td><td>无</td><td>7 歌戈麻</td><td>无</td><td>17 歌戈麻</td><td>无</td></tr>
<tr><td rowspan="3">4 真文元寒删先</td><td rowspan="3">质物月曷黠屑</td><td rowspan="3">4 真谆臻文欣元魂痕寒桓删山先仙</td><td rowspan="3">无</td><td rowspan="2">4 真谆臻文欣魂痕</td><td rowspan="2">质术栉物迄没</td><td>12 真臻先</td><td>质栉屑</td></tr>
<tr><td>13 谆文欣魂痕</td><td>无</td></tr>
<tr><td>5 元寒桓删山先仙</td><td>月曷末黠辖屑薛</td><td>14 元寒桓删山仙</td><td>无</td></tr>
<tr><td rowspan="2">5 萧宵尤豪</td><td rowspan="2">无</td><td rowspan="2">5 萧宵肴豪尤幽</td><td rowspan="2">屋沃烛觉</td><td>6 萧宵肴豪</td><td>无</td><td>2 萧宵肴豪</td><td>无</td></tr>
<tr><td>11 尤侯幽</td><td>屋沃烛觉</td><td>3 尤幽</td><td>屋沃烛觉</td></tr>
<tr><td rowspan="2">6 侵覃盐咸</td><td rowspan="2">缉
合葉洽</td><td rowspan="2">10 侵覃谈盐添咸衔严</td><td rowspan="2">缉合盍葉帖洽狎业乏</td><td>12 侵</td><td>缉</td><td>7 侵盐添</td><td>缉葉帖</td></tr>
<tr><td>13 覃谈盐添咸衔严凡</td><td>合盍葉帖狎业乏</td><td>8 覃谈咸衔严凡</td><td>合盍洽狎业乏</td></tr>
</table>

表的说明

一、将《广韵》五十七个平声韵挑出三十个当代表此三十个就是现行《佩文韵府》所采用，再将它分成六部，这是郑氏作始之功。

二、把郑氏的第一部东冬江阳庚青蒸析为四部一、东冬钟江，二、阳唐，三、庚耕清青，四、蒸登是顾氏的发明。江、段无改。

三、郑氏的第二部支微齐佳灰，顾、江无改。段氏把它析为三部一、之咍，二、脂微齐皆灰，三、支佳。这是段氏的大发明，东原、石臞都拍案叫绝。“之”“脂”“支”，现在读起来毫无分别。茂堂从古书中考出它分别甚明，但亦没有法子读成三种音，晚年以书问江晋三云：“足下能知其所以分为三乎？仆老耄，倘得闻而死，岂非大幸！”

四、郑氏的第三部鱼虞歌麻，顾氏析为二一、鱼虞模侯，二、歌戈麻。江氏因之，但把“侯”剔出归并“尤幽”部。段氏则既不以“侯”合“鱼虞模”，也不以合“尤幽”，完全令它独立，所以共析成三部。这部分的问题，以“侯”之分合为最主要。

五、郑氏的第四部真文元寒删先，顾氏因之。江氏析为二一、真谆臻文欣魂痕，二、元寒桓删山先仙。段氏复将江氏第一类析为二，变成三部，又将江氏第三类的“先”移入第一类的“真臻”。“真”和“文”之分，是段氏特点。

六、郑氏的第五部萧宵尤豪，顾氏因之。江氏析为二一、萧宵肴豪，二、尤侯幽。段氏因之，但将“侯”剔出另立部。“侯”和“尤”之分，是段氏特点。

七、郑氏的第六部侵覃盐咸，顾氏因之。江氏析为二一、侵，二、覃谈盐添咸衔严凡。段氏因之，但割“盐添”合于“侵”。

以上为平声五十七部之分合变迁，比较地还容易了解。最麻烦的是入声分配问题，另加说明：

八、郑氏六部，有入声者仅三。顾氏十部，有入声者四。江氏十三部，有入声者七。段氏十七部，有入声者八。这是将入声性质剖析逐渐精密的表征。

九、顾氏入声的分配和郑氏几乎全相反。除郑第六部与顾第十部相同外，郑第一第四部有入声，顾无；郑第二第三第五部无入声，顾有。

十、顾、江、段公认为无入声者五部：一、东冬钟江，二、阳唐，三、庚耕清青，四、蒸登，五、歌戈麻。江、段认为无入声者一部：萧宵肴豪。

十一、入声中问题较少者，“缉合”以下九韵配“侵覃”以下九韵，“质栉”配“真臻”，“屑”配“先”。其余皆有问题。

以上把四家异同之点大概说过。以下把余人改正的部分略说：

一、戴东原之特点。戴虽为段之师，然其《声类表》实作于段氏《六书音韵表》之后，进一步研究。他最主要的发明：（一）将段氏的“脂”部再剖析，立“祭泰夬废”一部，此部有去声而无平上。（二）将“辑合”以下九韵另为一部，此部有入声而无上去。盖四声之分，本起六朝，古人无此。戴氏分部，不限平声，是其通识。其余入声之分配各部，亦颇有异同，不具述。

二、孔巽轩之特点。巽轩对于段：析“东”“冬”为二，并“真文”为一，亦别出“缉合”等九韵为一部，共十八部。

三、王石臞之特点。石臞工作，专在剖析入声。他别立“质”“月”“缉”“盍”四部，合诸段氏所分，共为二十一部。“质”“月”二部皆有去而无平上，“缉”“盍”二部则无平上而并无去。

四、江晋三之特点。晋三亦分二十一部，但不与王氏同。其分“东”“冬”为二，同孔氏；“祭”部独立，同戴氏；入声则别立“葉”“缉”两部。晋三于戴、孔之书皆未见据段茂堂信上说，盖暗合，非蹈袭也。

以上重要之古韵说略具。此后尚有庄葆琛之十九部、张皋文之二十部，乃至近人之二十三部、二十八部等，大抵衍江、戴、段、王之绪稍事补苴，不复述。至于各家所说谁是谁非，我完全外行，不敢参加讨论。

※　　※　　※

古韵学研究的对象，在各字的收音。还有专从发音方面研究的，名为切韵学。用旧话来比附，也可以说古韵学是研究叠韵，切韵学是研究双声。

切韵之学，起于东汉孙炎，以两字切成一字之音，实我国音学初祖。后来魏李登作《声类》书已佚，见《隋书·经籍志》，始整齐而衍其绪。隋陆法言作《切韵》书已佚，近在敦煌石室发见唐写残本，为后此《广韵》所自本。自梵语随佛典入中国，中唐以后释神珙、释守温仿之创立字母，为斯学别创一蹊径，即“见溪群疑”等三十六母是也。宋人用之以治旧有之反切，则为等韵学。直到今日，创立注音字母及其他新字母之种种研究，皆从孙炎、陆法言、守温所走的线路逐渐发展出来。

清代切韵学，也是顾亭林提倡起。他的《音论》，论发音原理的不少。但亭林最大的成绩还在古韵学，其对于切韵学的贡献，像还比不上方密之看第十二讲。亭林弟子潘次耕耒著《类音》，《四库提要》述其内容云：“耒受业于顾炎武。炎武之韵学欲复古人之遗，耒之韵学则务穷后世之变。其法增三十六母为五十母；每母之字，横播为开口、齐齿、合口、撮口四呼；四呼之字，各纵转为平上去入四声；四声之中，各以四呼分之。……”据此可知，次耕的工作全在创新字母。尤当注意者，字母和四声的关系，实近来新字母学一个颇费讨论的问题，次耕已顾及了。《类音》这书我未得见，但《遂初堂集》里头有《声音元本论》《南北音论》《古今音论》《全分音论》《反切音论》等篇，读之可见其学说大概。他说：“声音先文字而有。声止于一，字则多寡不论，或一音而数字，或有音而无字。后世字书韵书，不得其天然条贯，则如散钱乱卒，而不可整齐。”他极赞字母为发天地之秘，但以为旧行三十六母“有复有漏”，他把复的删去例如“知彻澄娘”之与“照穿床泥”，而别增其缺漏者十余母。他最注重“无字之音”，说道：“今所厘正，皆出乎天然。天然者，人所本有之音也。本有之音而不能尽出，则以习诵有字之音，罕道无字之音也。”大抵次耕的目的，在把中国人口里所说得出的音都搜齐，改造一套科学的合理的字母。他的成绩如何我不敢说，眼光总算高极了。同时吴修龄乔亦治此学，“以二合翻切收尽诸法，立二十四条以尽谐声之变”，斥守温为“无知妄作，贻毒后人”见《广阳杂记》卷四。其书今不传。

康熙末则刘继庄献廷治此学，他曾从几位怪僧研究等韵，又曾见过吴修龄。但他说：“修龄于天竺陀罗尼、泰西蜡顶即罗马字、天方、蒙古、女直诸书，皆未究心，特震旦一隅之学耳。”他创的新字母，以三十二音为韵父，二十二音为韵母，横转各有五子，又可以用来谱四方土音。他的书名《新韵谱》，可惜久已失传了。看他所著《广阳杂记》及《鲒埼亭集》中《刘继庄传》。

乾嘉大师之音韵学，全部精力耗在古韵上头。但江慎修的《音学辨微》，讲切韵的地方也不少。戴东原著《转语》二十章，已佚。其自序曰：“人之语言万变，而声气之微，有自然之节限。……今各从乎声以原其义。声自微而之显，言者未终，闻者已解，辨于口不繁，则耳治不惑。人口始喉下抵唇末，按位以谱之，其为声之大限五，小限各四。于是互相参伍，而声之用盖备矣。……凡同位则同声，同声则可以通乎其义。……”此书专由声音以言训诂，为戴氏独得之学。后此王氏父子即应用此法，卓著成绩，然固是切韵之学，非古韵之学也。此外则钱竹汀亦极意切韵，考证沿革及新创理解颇多看《十驾斋养新录》卷五。

专门研究古代切韵孙炎至陆法言，当以吾乡先辈陈兰甫先生澧的《切韵考》为绝作。书凡六卷，附外篇三卷，自言：“仆考《切韵》无一字漏略。盖专门之学必须如此，但恐有武断处，如段茂堂之于《说文》耳。仆为此甚辛苦，若有证误，亦犹亭林先生之古韵，后人因而加密可耳。”《东塾集》卷四《与赵子韶书》其书取《广韵》中所录陆法言《切韵》之反切语如“东，德红切”，“同，徒红切”……综合剖析为科学的研究：“切韵之法，以二字为一字之音，上字与所切之字双声，下字与所切之字叠韵。”原书条例语，见卷一。他把上字，即双声字，分为四十类。他说切韵最要紧是辨清浊引孙愐《唐韵》序后论语，切语上字即清浊所由定，故四十类中复分为清声二十一类、浊声十九类。他说这四十类所用字，“实孙叔然炎以来，师师相传以为双声之标目，无异后世之字母”卷六，叶七。我曾用英语拼音印证他的四十类。其发音如d者一，如ch者四，如chi者三，如s者三，如g者一，如k者二，如b者二，如f者二，如ph者一，如y者三，如u者二，如ts者三，如ti者二，如t者二，如uh者二，如p者三，如hs者一，如sh者一，如j者一，如m者一，如qu者一，如l者一，如n者二，如xh者一，共为二十种发音。其重复者，当是从前实有分别而现在已经分不出来如段茂堂所讲的“支”“之”“脂”。汉至唐的发音，大约尽于此了。以上都是说上一字的双声。至于下一字的叠韵，则依《广韵》，以四声为类。我们若用江、段诸人古韵分部为韵的标准，亦得。他于是做成一篇表，分为两卷，“取《广韵》每一音之第一字，以其切语上字声同类者直写之，下字韵同类者横写之，平上去入，相承编排”。卷四，叶一守温以前中国固有的字母及其用法，大略可考见了。

这部书除对于《切韵》本身严密研究发明外，还有附带的价值。它对于切韵学发达的历史，叙述得详赡而有体要。它的外篇有一张表——《切韵》和守温字母对照，对于守温的长短得失批评得最为公平。.

※　　※　　※

唐以后韵学，专门研究的很少。亭林《唐韵正》以后，像没有几部书也许是我固陋，宋以后更不必说了。依我看，倒是越近越要紧。我们研究这门学问的目的，是要想知道现在中国话的来历。秦汉以前古韵虽讲得甚明，中间已脱去一截了。人的口音，日日转变，古有今无，古无今有的，不知凡几。若能仿钱竹汀研究“古无轻唇音”的法子看《十驾斋养新录》卷五，研究得若干个原则，真是学界之宝！依我想，做这种工作有两条路可走：用《广韵》及《经典释文》之音和《礼部韵略》《洪武正韵》《佩文韵府》之音，和现在读音逐一比较，此其一。隋唐以来，翻译佛典盛行，元代和中亚细亚及欧洲皆来往频繁，明中叶以后则欧人东来译语输入，累代所译名词，现在尚有大部分有原语可以对照，从这里面最可以调查出各时代的读音。知道读音之后，便可以求出变化的原则。例如Bhuda，用现在话该译作“布达”，而佛经却译作“佛陀”。因这个“佛”字，我们可以推定唐时还没有F发音。竹汀所谓“古无轻唇音”，至唐犹然。因这个“陀”字，我们可以推定唐时“歌”“麻”不分，或者只有歌韵而无麻韵。又如Cibraltar译作“直布罗陀”明代《职方外纪》译名，我们可以推定明代已有轻唇音，而歌、麻仍未分。从这方面用心研究，或者有意外收获也未可知，此其二。此外在各家笔记诗集中也许有零碎而可宝的资料。例如苏东坡的双声诗或称口吃诗：“江干孤居高关扃”“皓鹤下浴红荷湖”。用广东话读起来，前一句都是k发音，后一句都是h发音，煞是可笑。当时以此作游戏，可见其发音必同一。用现在北京话读，便是好几个字不同发音了。某种音某时失掉，从这些地方都可以看得出来。例如法国语h发音已经失掉，许多字头一母为h者都省却不念。我们亦然，原来的h发音多变为ch。拿广东话和北京话比对可见，广东话多唐宋旧音也。我想，这是音韵学的新殖民地，清儒还未有开辟，有志的青年不妨试试。

※ ※ ※

方言学是音韵学极重要一部门，所以最古的小学家扬雄便注意到它。清儒这方面用力很少。次耕、继庄虽知道注重，但它的成绩如何，今已不可考了。直到章太炎炳麟才特别提倡。太炎是现代音韵学第一人。他的《文始》由音衍训，直凑单微。他还有一部《新方言》，极有价值。但这件事总须各地方人分担研究，才能得相当资料，恐怕非组织学会不可。

研究方言学主要目的，要发见各地方特别发音的原则。像陈兰甫先生的《广州音说》《东塾集》卷一，把广东话和北京话不同的那几点提出纲领来，才算学者的著述。

第十四讲　清代学者整理旧学之总成绩（二）

——校注古籍、辨伪书、辑佚书

三、校注先秦子书及其他古籍

自清初提倡读书好古之风，学者始以诵习经史相淬厉，其结果惹起许多古书之复活，内中最重要者为秦汉以前子书之研究。此种工作，颇间接影响于近年思想之变化。次则古史书、地理书等之研究，足以补助文献学的也不少。

关于子书研究的最后目的，当然是要知道这一家学说的全部真相，再下严正的批评。但是，想了解一家学说，最少也要把它书中语句所含意先看得明白。然而这些先秦古书都是二千年前作品，所用的字义和语法多与今不同，骤读去往往不能索解，而且向来注家甚少，或且并没有人注过，不像那几部经书经许多人揣摩烂熟。所以想研究子书，非先有人做一番注释功夫不可。注释必要所注所释确是原文，否则“举烛”“鼠璞”，动成笑话，而真意愈晦。不幸许多古书，展转传钞传刻，讹舛不少，还有累代妄人，凭臆窜改，越发一塌糊涂。所以要想得正确的注释，非先行或连带着做一番校勘功夫不可。清儒对于子书及其他古书之研究，就顺着这种程序次第发展出来。

注释之学，汉唐以来已经发达得很灿烂。清儒虽加精密，也不能出其范围，所以不必多讲。校勘之学，为清儒所特擅，其得力处真能发蒙振落。他们注释功夫所以能加精密者，大半因为先求基础于校勘，所以我在论次他们所校注的古书以前，先把“清代校勘学的特质”说说。次段所说不限于校勘古子，凡经史等一切校勘都包在内，请注意。

校勘之意义及范围有多种，方法当然随之而异。第一种校勘法，是拿两本对照，或根据前人所征引，记其异同，择善而从。因为各书多有俗本传刻，因不注意或妄改的结果发生讹舛；得着宋元刻本或精钞本，或旧本虽不可得见，而类书或其他古籍所引有异文，便可两两勘比，是正今谬。这种工作，清初钱遵王曾、何义门焯等人渐渐做起，元和惠氏父子也很用功。乾嘉以后学者个个都喜欢做。而最专门名家者，莫如卢抱经文弨、顾涧苹广圻、黄荛圃丕烈，次则卢雅雨见曾、丁升衢杰、陈仲鱼鳣、吴兔床骞、鲍以文廷博、钱警石泰吉、汪小米远孙、蒋生沐光煦、张叔未廷济、陆存斋心源、缪小山荃荪……这种工作的代表书籍，则《义门读书记》何焯著、《援鹑堂随笔》姚范著、《群书拾补》卢文弨著、《士礼居题跋》黄丕烈著、《思适斋文集》顾广圻著、《读书丛录》洪颐煊著、《经籍跋文》陈鳣著、《斠补隅录》蒋光煦著、《札迻》孙诒让著……《雅雨堂丛书》卢见曾刻、《经训堂丛书》毕沅刻、《士礼居丛书》黄丕烈刻、《别下斋丛书》蒋光煦刻、《十万卷楼丛书》陆心源刻……各书所附校勘记及题跋、《武英殿板十三经注疏校勘记》阮元及其弟子著……这种工作的成绩也有高下之分，下等的但能校出“某本作某”，稍细心耐烦的人便可以做；高等的能判断“某本作某是对的”，这便非有相当的学力不可了。这种工作很琐碎，很干燥无味，非有特别嗜好的人，当然不必再去做它，但往往因一两字的校正，令全段得正确解释。他们费毕生心血留下这点成绩，总值得我们敬服感谢。

第二种校勘法，是根据本书或他书的旁证反证校正文句之原始的讹误。前文所说第一种法，是凭善本来校正俗本。倘若别无善本，或所谓善本者还有错误，那便无所施其技了。第二种法再进一步，并不靠同书的板本，而在本书或他书找出凭证。这种办法又有两条路可走：第一条路是本书文句和他书互见的，例如《荀子·劝学篇》前半和《大戴礼记·劝学篇》全同；《韩非子·初见秦篇》亦见《战国策》；《礼记·月令篇》亦见《吕氏春秋》《淮南子》；《韩诗外传》和《新序》《说苑》，往往有相重之条；乃至《史记》之录《尚书》《战国策》，《汉书》之录《史记》。像这类，虽然本书没有别的善本，然和他书的同文，便是本书绝好的校勘资料。例如《荀子·劝学篇》，据《大戴记》可以校出脱句脱字讹字七八处，因此可推想其他诸篇讹脱也不少，可惜无别部的同文。这种校法虽比第一种已稍繁难，但只须知道这一篇在他书有同文，便可拿来比勘。方法还是和第一种同样。更有第二条路是：并无他书可供比勘，专从本书各篇所用的语法字法注意，或细观一段中前后文义，以意逆志，发见出今本讹误之点。这种例不能遍举，把《读书杂志》等书看一两卷，便知其概。这种工作，非眼光极锐敏、心思极缜密，而品格极方严的人不能做。清儒中最初提倡者为戴东原，而应用得最纯熟矜慎卓著成绩者为高邮王氏父子。这种方法好是好极了，但滥用它，可以生出武断臆改的绝大毛病，所以非其人不可轻信。

第三种校勘法是，发见出著书人原定体例，根据它来刊正全部通有的讹误。第一第二两种法，对于一两个字或一两句的讹误当然有效。若是全部书钞刻颠倒紊乱，以致不能读，或经后人妄改，全失其真，那么唯一的救济法，只有把现行本未紊未改的部分精密研究，求得这书的著作义例凡一部有价值的著作，总有它的义例。但作者自己写定凡例的不多，即有亦不详，然后根据它来裁判全书，不合的便认为讹误。这种办法，例如郦道元《水经注》，旧刻本经文注文混乱的很多；戴东原研究出经注异同的三个公例看下文本书条，把它全部厘正。又如《墨子》的《经》上下、《经说》上下四篇，原书写法和后来刻本写法不同，每条的上下文往往相乱；我著的《墨经校释》，发明“经说首字牒经”之例看下文本书条，也把它全部厘正。又如《说文解字》，经徐铉及别的人增补窜乱，多非许氏之旧；段茂堂、王菉友各自研究出许多通例，也把它全部厘正。此等原属不得已办法，却真算极大胆的事业。所研究出的义例对吗，那么拨云雾而见青天，再痛快没有了；不对吗，便是自作聪明，强古人以就我，结果把原书闹得越混乱，堕入宋明人奋臆改书的习气。所以这种方法的危险程度比第二种更大做得好比它成绩亦更大，万不可轻用。段氏的《说文》，还被后人攻击得身无完肤哩！其他可想了。

第四种校勘法是，根据别的资料，校正原著者之错误或遗漏。前三种法，都是校正后来传刻本之错误，力求还出原书的本来面目，校勘范围总不出于文句的异同和章节段落的位置。然而校勘家不以此自足，更进一步对于原书内容校其阙失。换言之，不是和钞书匠刻书匠算账，乃是和著作者算账。这种校法，也分根据本书、根据他书两种。根据本书者，例如《史记》记战国时事，《六国表》和各世家、各列传矛盾之处便不少，便据世家、列传校表之误，或据表校世家、列传之误。根据他书者，例如《三国志》和《后汉书》记汉末事各有异同；或据陈校范误，或据范校陈误。又如《元史》最恶劣，据《元秘史》《圣武亲征录》等书校其误。这种工作，限于史部，经子两部却用不着。这种工作，若把它扩大，便成独立的著述，不能专目为校勘；但目的若专在替一部名著拾遗补阙，则仍属校勘性质。清儒这种工作的代表著述，其遍校多书者，则如钱竹汀《廿二史考异》、王西庄《十七史商榷》之类；其专校一书者，则如梁曜北玉绳《史记志疑》、施北研国祁《金史详校》之类。

以上四种，大概可以包括清儒校勘学了。别有章实斋《校雠通义》里头所讨论，专在书籍的分类簿录法，或者也可名为第五种。但既与普通所谓校勘不同，故暂不论。

以上五种中，前三种算是狭义校勘学，后两种算是广义校勘学。狭义校勘学经清儒一二百年的努力和经验，已造成许多公认的应用规律，俞荫甫《古书疑义举例》的末三卷，便是这种公例的集大成。欲知此学详细内容，宜一读。此书所举规律，还是专属第一二种，因第三种无一般的规律可言。

※　※　※

清儒之校勘学，应用范围极普遍，本节所举成绩，专重先秦诸子及几部重要古籍，其正经正史等已详彼部，此不多述。

凡校勘诸子多带着注释，所以下文论列各书，校释杂举，不复细分。

校释诸子或其他古籍之书，荟萃成编最有价值者：其一，为卢抱经之《群书拾补》。抱经所校各书，有多种已将新校本刻出其目大概都见下文；剩下未刻者，有许多校语批在书眉，把它汇成此书。大率用第一种校法为多，用第二种者亦间有。其二，为王石臞之《读书杂志》，所校为《逸周书》《战国策》《史记》《汉书》《管子》《晏子春秋》《墨子》《荀子》《淮南内篇》，共九种，末附以《汉隶拾遗》。石臞应用第二种校法最精最慎，随校随释，妙解环生，实为斯学第一流作品。其三，为俞荫甫之《诸子平议》，所校为管、晏、老、墨、荀、列、庄、商、韩、吕、董、贾、淮南、扬，共十四种。荫甫私淑石臞父子，刻意模仿。《群经平议》模仿《经义述闻》，《诸子平议》模仿《读书杂志》。但它并非蹈袭，乃应用王家的方法，补其所未及，所以这部书很足以配上石臞。

以下把他们校释过的书分部叙论。

1.《荀子》

荀子与孟子同为儒家两大师，唐以前率皆并称。至宋儒，将《孟子》提升为经，而《荀子》以“异端”见斥。其书黤昧了七八百年了。乾隆间汪容甫著《荀卿子通论》《荀卿子年表》俱见《述学》内篇，于是荀子书复活，渐成为清代显学。其书旧注只有唐杨倞一家，尚称简絜，而疏略亦不少。刻本复有讹夺。容甫盖校正多条，然未成专书。专书自谢金圃墉、卢抱经之合校本始，今浙刻《二十二子》本所采是也。书中列辑校名氏，除卢、谢外，尚有容甫及段茂堂、吴兔床、赵敬夫（曦明）、朱文游（奂）五人。此本虽谢卢并名，然校释殆皆出抱经。谢序云：“援引校雠，悉出抱经，参互考证，遂得蒇事。”然则此书实卢校而谢刻耳。在咸同以前，洵为最善之本。卢校出后，顾涧苹复据所得宋本，续校若干条，为《荀子异同》一卷，附辑《荀子佚文》。郝兰皋亦为《荀子补注》一卷，刘端临台拱为《荀子补注》一卷，陈硕甫奂为《荀子异同》，陈观楼昌齐为《荀子正误》卷数俱未详，皆有所发明。而王石臞《读荀子杂志》八卷较晚出，精辟无伦，诸家之说时亦甄采。惟陈观楼似未见采（？）。观楼极为石臞所推。其书已佚，可惜也。次则俞荫甫《荀子平议》四卷，体例同石臞。自顾、郝至王、俞，皆条释别行，不附本书。最后乃有王益吾先谦著《荀子集解》二十卷，自杨倞至清儒诸家说网罗无遗，而间下己意，亦多善解。计对于此书下功夫整理的凡十五家，所得结果令我们十分满意。

2.《墨子》

战国时儒墨同称显学。汉后墨学之废既二千年了。郑樵《通志・艺文略》载有乐台注，久佚。乾隆四十一二年间，汪容甫最初治此学，有校本及《表微》一卷，今不传见《述学・墨子叙》及《后叙》。而卢抱经、孙渊如、毕秋帆同时治之。秋帆集其成为《墨子注》十六卷，以乾隆四十八年成，今《经训堂丛书》本是也浙刻《二十二子》本采之。毕注前无所承，其功盖等于茂堂之注《说文》。秋帆自序称“卢、孙互校此书，略有端绪，沅始集其成。……”大约渊如自有校本，而秋帆所校，则抱经相助为多。又渊如为毕注作叙，称翁覃溪（方纲）亦有校本，但毕序未及之。其后顾涧苹又据道藏本重校写定一通，专务是正文字；继则王石臞摘条校注，为《读墨子杂志》六卷，俞荫甫著《墨子平议》三卷，苏爻山时学著《墨子刊误》若干卷。爻山，广西藤县人。不闻有他种著作。此书陈兰甫先生为之序，称其“正讹字、改错简，涣然冰释，怡然理顺”（《东塾集》卷三）。孙仲容已采其说入《间诂》，不知原书今尚存否。而洪筠轩颐煊、戴子高望，亦各有所校释。据孙氏《间诂・序》所称，其书吾皆未见。洪著殆指散见《读书丛录》中者。至光绪间十九年癸巳刻成，孙仲容诒让“覃思十年”原序语，集诸家说，断以己所心得，成《墨子间诂》十四卷；复辑《墨子篇目考》《墨子佚文》《墨子旧叙》合为附录一卷；复撰《墨子传略》《墨子年表》《墨学传授考》《墨子绪闻》《墨学通论》

《墨家诸子钩沉》各一篇，合为《墨子后语》二卷。俞荫甫序之，谓其“整纷剔蠹，衇摘无遗；旁行之文，尽还旧观；讹夺之处，咸秩无紊。自有《墨子》以来，未有此书”。诚哉然也！大抵毕注仅据善本雠正即吾所谓第一种校勘法，略释古训；苏氏始大胆刊正错简；仲容则诸法并用，识胆两皆绝伦，故能成此不朽之作。然非承卢、毕、孙、王、苏、俞之后，恐亦未易得此也。仲容于《修身》《亲士》《所染》诸篇能辨其伪，则眼光远出诸家上了。其《附录》及《后语》，考订流别，精密闳通，尤为向来读子书者所未有。盖自此书出，然后《墨子》人人可读。现代墨学复活，全由此书导之。此书初用活字版印成，承仲容先生寄我一部，我才二十三岁耳。我生平治墨学及读周秦子书之兴味，皆自此书导之，附记志感。古今注《墨子》者固莫能过此书，而仲容一生著述，亦此书为第一也。

同时有王壬秋亦为《墨子注》，鲜所发明，而轻议卢、毕所校，斥为“浅率陋略”，徒自增其妄而已。惟对于《经说》四篇，颇有新解，是其一节之长。他又将《大取》篇分出一半，别自为篇，名为《语经》，可谓大胆已极。要之，壬秋颇有小慧，而学无本原，学问已成的人，读他的书有时可以助理解，初学则以不读为妙。郑叔问（文焯）亦有《墨子故》十五卷，未刻。

《墨子》七十一篇中，最宏深而最难读者，莫如《经》上下、《经说》上下、《大取》《小取》之六篇。晋鲁胜曾为《墨辩注》，惜久佚。《隋书·经籍志》已不著录，其叙仅见《晋书·隐逸传》。毕注于他篇虽多疏略，然尚有所发明，独此六篇，则自称“不能句读”。惟彼据《经》上篇有“读此书旁行”一语，于篇末别为《新考定经上篇》，分上下两行横列。最初发见此经旧本写法，不能不算毕氏功劳。其后丁小雅杰、许周生宗彦，皆提出《经说》四篇特别研究，今皆不传见孙志祖《读书脞录》。次则张皋文作《墨子经说解》二卷，用鲁胜“引说就经”之例，将四篇逐条拆开，各相比附，眉目朗然，这是张氏功劳。自毕秋帆与孙渊如函札往复，已发见此四篇多言名学看毕注本《经上篇》后孙星衍跋语。而邹特夫伯奇则言《墨子》中有算术，有光学，有重学，以告陈兰甫，而著其说于所著《学计一得》中。自是

《墨经》内容之丰富，益为学界所注视。孙氏《间诂》，于他篇诠释殆已十得八九，独此四篇者，所释虽较孙、张稍进步，然遗义及误解仍极多。郑叔问既注《墨子》全书，复为《墨经古微》二卷。惜未刻不可得见。章太炎炳麟《国故论衡》中有《原名》《明见》诸篇，始引西方名学及心理学解《墨经》，其精绝处往往惊心动魄。而胡适之适著《中国哲学史大纲》，惟《墨辩》一篇最精心结撰，发明实多。适之又著《小取篇新诂》，亦主于以西方名学相引证。我自己也将十来年随时札记的写定一编，名曰《墨经校释》，其间武断失解处诚不少，然亦像有一部分可供参考。其后有栾调甫著《读梁任公〈墨经校释〉》，虽寥寥仅十余条，然有卓识，明于条贯。其最大发明，在能辨墨学与惠施一派名学之异同。最近则章行严士钊常为讨论《墨经》之短文，时有创获。而伍非百著《墨辩解故》，从哲学科学上树一新观察点，将全部《墨经》为系统地组织。吾虽未细读其书，然颇信其为斯学一大创作也。盖最近数年间，《墨经》诸篇为研究墨学之中心，附庸蔚成大国，不久恐此诸篇将发挥无余蕴，墨学全部复活了。

3.《管子》

《管子》旧有尹知章注，讹题为房玄龄。其注颇浅陋，明刘绩颇有纠正，亦得失参半。嘉庆初，王石臞、伯申父子初校此书，时与孙渊如商榷。渊如亦自有所校，而以稿属洪筠轩颐煊。筠轩采孙、王校删其重复，附以己说，成《管子义证》八卷嘉庆十七年成。其后石臞又续有所校，更采及洪书，成《读管子杂志》二十四卷，凡六百四十余条嘉庆二十四年成。在全部《读书杂志》中，此种卷帙最浩博了。同光间则戴子高望的《管子校正》二十六卷、俞荫甫的《管子平议》六卷，同时先后成书。这几部校释本都算很有价值。有丁士涵者，陈硕甫门人，著《管子案》四卷。硕甫手定义例，且助其搜辑。但其书不见传本，想未刻耶？但《管子》古文古训太多，错字错简亦不少，又其中关于理财一部分之文，尤多特别术语，索解为难。今后若有好学之士，能采集以上各本，更悉心研究补其所未及，别成“管子集解”，庶几本书渐渐可读了。

《弟子职》为《管子》中一篇，清儒多提出专释。庄葆琛述祖有《集解》，洪稚存亮吉有《笺释》，王菉友筠有《正音》，桂子白文灿有《解诂》，各一卷。

4.《韩非子》

《韩非子》未大经整理，现行最佳者为吴山尊鼒之仿宋乾道本。有顾涧苹《识误》三卷。此外则卢氏《群书拾补》所考证，仅一卷；王氏《杂志》仅十四条；俞氏《平议》亦仅一卷；孙仲容《札迻》中若干条。此外则更无闻。近王慧英先慎有《韩非子集解》二十卷，荟集众说，较称善本，但比诸乃兄之《荀子集解》差多了。因此书先辈遗说可凭藉者不如《荀子》之多，而慧英学识又凡庸也。所以这部书还希望有人重新整理才好。尝见日本人宫内鹿川所著《韩非子讲义》，校勘讹错者不少，但未注明所据以校者为何本。他说别有《韩非子考异》一书，惜未得见。

5.《老子》《庄子》《列子》

这三部书，清儒没有大用过功夫。卢氏《拾补》，《老》《庄》无，有《列》一卷；王氏《杂志》，则《老》四条、《庄》三十五条，《列》无有；俞氏《平议》则《老》《列》各一卷、《庄》三卷。其他笺释者殆不见。其校本稍可观者，则《老子》有毕秋帆之《老子道德经考异》二卷，用唐傅奕本校通行伪河上公注本，间下训释。《列子》有任幼植大椿、汪苏潭继培校张湛注本，有秦敦夫恩复校卢重元注本。《庄子》除明世德堂本，别无新校本。

《庄子》郭注剽自向秀，实两晋玄淡之渊薮。后此治此学者，罕能加其上。清儒于此种空谈名理之业，既非所嗜，益非所长，故新注无足述者。王益吾亦有《庄子集解》，比诸所解《荀子》相去霄壤了。郭孟纯庆藩的《庄子集释》，用注疏体，具录郭注及陆氏《经典释文》，而搜集晋唐人逸注及清儒卢、王诸家之是正文字者，间附案语，以为之疏，在现行《庄子》诸注释书中算最好了。马通伯（其昶）的《庄子故》亦颇简明。

章太炎的《齐物论释》，是他生平极用心的著作，专引佛家法相宗学说比附庄旨，可谓石破天惊。至于是否即《庄子》原意，只好凭各人领会罢。

6.《晏子春秋》

此书依我看纯属伪书，没有费力校释的价值。但清儒多信为真，卢、王、俞各有校释王二卷，俞一卷。毕氏经训堂本，依明沈启南本重校，又从《太平御览》补辑末章所缺；秋帆自为《音义》二卷，用力颇勤。就本书论，也算善本了。

7.《吕氏春秋》

《吕氏春秋》有汉高诱注，先秦诸子中注家，此其最古。现行最善者为毕氏经训堂本，盖据元大字本精校，卢抱经实董其事。此后梁曜北玉绳有《吕子校补》二卷，陈观楼昌齐有《吕氏春秋正误》二卷，俞荫甫有《吕氏春秋平议》三卷王氏《杂志》有三十八条，皆出毕本后。此书还很有整理余地，我盼望有一本新的“吕氏春秋集解”出来。

以上几部子书——都是《汉书·艺文志》“诸子略”所著录的——就清儒整理成绩之高下我所认的为次第。其他没有经过什么校释功夫者，如平津馆本之《商君书》、守山阁本之《慎子》《尹文子》《公孙龙子》等，虽间附有校勘记或辑佚文，但其细已甚，故不论列。又久佚重辑之本，如《尸子》等，归入辑佚条。又确知其为伪书，如《鬼谷子》《关尹子》等，虽有校释，亦从屏弃。

※ ※ ※

“诸子略”以外之先秦古书，曾经整理者如下。

8.《逸周书》

《逸周书》七十一篇，见《汉志》，或以为孔子删《书》所余者。信否且勿论，要之总算先秦一部古书，殆不容疑。旧注为晋孔晁著，亦算得一部古注。清乾嘉间校理此书者有惠定宇、沈果堂彤、赵敬夫曦明、张芑田坦、段茂堂、沈朗仲景熊、梁曜北、梁处素履绳、陈省衷雷等俱见卢本校目。而卢抱经集诸家说写定重刻，即抱经堂本是。其后王石臞、洪筠轩各有所释。《读逸周书杂志》四卷，居王书之首。道光间，则陈逢衡著《逸周书补注》

二十四卷道光五年刻成，朱亮甫右曾著《周书集训校释》十卷道光二十六年成。陈著翔实明畅，可为此书最善读本。朱著稍晚出，盖未见陈著，但亦有所发明。又有丁宗洛《逸周书管笺》十六卷，未见。丁与朱同治此书，见朱自序。

9.《国语》

《国语》韦昭注为汉注古书之一，现行者以士礼居仿宋刻本为最善。由黄荛圃、顾涧苹合校，附校勘记。其专门校注之书，则汪小米远孙有《国语三君注辑存》四卷、《国语考异》四卷、《国语发正》二十一卷，有洪稚存《国语韦注疏》十六卷。此诸书出，于本文及韦注殆已疏证无遗义。昔人称《国语》为"春秋外传"，而清儒整理之勤，实视《左传》所谓《内传》有过之无不及也。若有人荟萃诸家作一新的"国语集解"，便更好了。

10.《战国策》

《战国策》高诱注，价值等于韦注《国语》。士礼居仿宋本，亦黄、顾合校，有校勘记，与《国语》可称"姊妹书"。校而兼释者则有王石臞《读战国策杂志》三卷。

战国为我国文化史极重要时代，而史料最缺乏，所存惟《国策》一书，又半属"纵横家言"，难据为信史，学者所最苦痛也。于是，有将此书为局部分析的研究者，则程春海恩泽《国策地名考》二十卷，极博洽翔实。张翰风（琦）的《战国策释地》二卷，目的亦同程书，但远不逮其博赡。而林鉴塘春溥之《战国纪年》六卷，考证详慎，校正《通鉴》之误不少。林氏《竹柏山房十一种》中，此书最有价值。

11.《竹书纪年》及《穆天子传》（互见辨伪、辑佚两章）

《竹书纪年》乃晋太康间在汲郡今河南汲县魏安釐王冢中所得。当时学者荀勖、束皙、王接、和峤、卫恒、王庭坚、挚虞、谢衡相与讨论辩难，学者起一极有趣味之波澜，其始末具见《晋书》束皙、王接、卫恒诸传，及杜预《左传后序》、和峤《穆天子传序》。但其书已佚于两宋之际。今本《纪年》二卷，乃元明人搜辑，复杂采《史记》《通鉴外纪》《路史》诸书而成。清儒嗜古，研究此书者极盛，大约可以分四派：一、并汲冢原书亦指为晋人伪撰者钱大昕、王鸣盛等。二、并今本亦信为真者徐文靖等。三、以古本为真、今本为伪者郝懿行、章学诚、朱右曾、王国维等。四、虽不认今本为真，然认为全部皆从古本辑出者洪颐煊、陈逢衡、林春溥等。我个人的意见，则完全主张第三派。

关于此书的著述，据我所知者，有徐位山文靖之《竹书纪年统笺》，有孙晴川之騄之《考定竹书纪年》，有董堅之丰垣之《竹书纪年辨证》，有雷瞻叔学淇之《考订竹书纪年》《竹书纪年义证》，有洪筠轩之《校正竹书纪年》，有武授堂亿之《竹书纪年补注》，有郝兰皋之《竹书纪年校正》，有陈逢衡之《竹书纪年集证》《集证》凡例中称张宗泰有《校补纪年》，陈诗有《纪年集注》，赵绍祖有《纪年校补》，韩怡有《纪年辨正》，郑环有《竹书考证》，皆未见，有朱亮甫之《汲冢纪年存真》，有林鉴塘《竹书纪年补证》，有董觉轩沛之《竹书纪年拾遗》，有王静安国维之《古本竹书纪年辑校》《今本竹书纪年疏证》。我所曾读者徐、洪、陈、林、王五家。徐氏《统笺》为治斯学之嚆矢，然书成于康熙间，考证学未兴，故所笺驳杂无义法，徒为伪书助焰。洪氏《校正》、林氏《补证》，皆颇絜净，而识断尚欠精择。陈氏《集证》，积十年之功乃成，浩博详赡书凡五十卷。卷首《集说》一篇，叙原来历及前人批评，搜罗至博，足为治此学之最好资料，惟调停古今本，时复进退失据。王氏《辑校》《疏证》二书最晚出，最谨严，但未及疏注。学者据王著以求汲冢真面目，据陈著以解释此书内容，则这书可以全部弄明白了。

《穆天子传》与《纪年》同出汲冢，其真伪有连带关系，信古本《纪年》者则亦信之。其书出郭璞注，洪筠轩尝据诸本精校，自是此书始可读。而丁益甫谦作《穆天子传地理考证》，笃信欧洲少数学者所倡中国人种西来之说，而援本传为证。其所比附往往新奇可喜，是否真相，则更俟论定耳。

12.《山海经》

《山海经》有汉郡县名，其书或出汉人手，最少亦经汉人窜附，盖无可疑。然其中大部分含神话性质，盖自先秦传来，应认为我族最古之半小说体的地理书。书有郭璞注，与所注《尔雅》，同为后世所重。清儒初治此者，有吴志伊任臣《山海经广注》，然滥采《路史》及六朝唐宋人诗文，以至晚明恶劣类书，殊无义法。乾隆末毕秋帆始为《山海经新校注》，一考正篇目，二考正文字，三考正山名水道。自言历五年乃成，盖其生平得意之作。有孙渊如后序，自言曾为《山海经音义》二卷，见毕书乃自毁其稿。其后郝兰皋为《山海经笺疏》，与其《尔雅义疏》同为郭注功臣。

13.《孙子》《吴子》《司马法》

以上三书为最古之兵家言，《汉志》以冠“兵书略”。今传本惟《孙子》尚可信，余二书恐出汉人依托，但亦一古籍矣。孙渊如有精校本，刻于平津馆。其自序言属顾涧苹作《音义》，未知成否？

14.《周髀算经》

此书为最古之算学书。是否必出先秦，则不敢断言。戴东原有精校本，为戴校《算经十书》之首。

15.《黄帝内经素问》

此书为最古之医学书，殆出汉人手，而清儒皆以为先秦旧籍。钱锡之熙祚有精校本，胡荄甫澍又有《内经校义》。

※　　※　　※

以下叙述清儒对于汉以后要籍之校释事业。

16.《淮南子》

《淮南鸿烈》为西汉道家言之渊府，其书博大而有条贯，汉人著述中第一流也。有东汉高诱注，亦注家最善者；许慎亦尝注之，今劖入高注本。清儒首治此书者为庄伯鸿逵吉，当乾隆末，用道藏本校俗本，而以案语申己见，虽名校实兼注也。浙刻《二十二子》所采即此本。自庄书出，而诵习本书者认为唯一之善本，盖百余年。然同时卢抱经别有拾校。嘉庆间则王石臞、伯申父子之《读淮南内篇杂志》二十二卷出，亦以道藏本为主，参以群书所引，订正俗本九百余条；书既成，而顾涧苹以所得宋本新校各条示之，伯申得辑为《补遗》一卷。同时陈观楼昌齐著《淮南子正误》十二卷，石臞亟称之，见石臞集中《赐书楼集序》。但《杂志》中似未征引，殆书成后乃见陈书耶？此书在《赐书楼丛书》中，吾未见。又胡澍有《淮南子校义》，亦未见。又刘端临台拱、王南陔绍兰亦有断片的发明。在晚清则有俞荫甫《淮南内篇平议》四卷，有陶子珍方琦《淮南许注异同诂》若干卷，而孙仲容亦间有札记。经诸家校理之后，书中微文奥义盖已什得八九。最近则刘叔雅文典著《淮南鸿烈集解》二十一卷民国十三年刻成，博采先辈之说刘端临、陈观楼、胡荄甫之书皆未见征引，参以己所心得，又从《御览》《〈选〉注》等书采辑佚文佚注甚备，价值足与王氏《荀子集解》相埒。

《淮南》单篇之训释，则有钱溉亭塘之《淮南天文训补注》，以高诱不通天文学，所注多疏舛，故补正之。

17.《尚书大传》（互见辑佚）

《尚书大传》为汉初第一位经师伏生所著，而汉末第一位经师郑玄为之注，固宜为治经者所重。然其书自宋时已残缺，至明遂亡。清儒先后搜辑，则有仁和孙氏之騄本、德州卢氏见曾本、曲阜孔氏广森本。孔本较善，然讹漏犹不免。嘉道间陈左海寿祺更辑为三卷，附辨讹一卷，又加案语甚多，此书始渐可读。光绪间皮鹿门锡瑞为《尚书大传疏证》七卷，所辑又增于陈氏，而其疏释专采西汉今文经说，家法谨严。

18.《韩诗外传》

韩氏为西汉今文三家诗之一。其《诗内传》四卷、《诗故》三十六卷、《诗说》四十一卷，久亡。存者惟《外传》六卷，乾隆前通行本以毛刻最善，然讹脱亦不少。卢抱经曾有校本，未泐专书。其门人赵亿孙怀玉于乾隆五十二年成新校本；明年周霁原廷采复有校注本；吴棠汇合赵、周二本刻行，此书遂易读了。

19.《春秋繁露》

董子《春秋繁露》为西汉儒家言第一要籍，不独《公羊》学之宝典而已。其书宋时已有四刻，多寡不同。楼钥校正，始为定本。然明代所翻楼本，又讹脱百出。乾隆开四库馆，乃取《永乐大典》中楼本详校补一千一百余字，删一百十余字，改字一千八百二十余字。《提要》所谓："海内不见完本三四百年，……神明焕然，顿还旧观，虽曰习见之书，实则绝无仅有之本也。”三十八年校定进。越十二年，卢抱经依聚珍板所刻四库本重校，间下案释，是为抱经堂本浙刻《二十二子》采此本。《繁露》正文，此为最善本了。原书向无专注，嘉庆间二十年凌晓楼曙创为《春秋繁露注》十七卷。晓楼传庄、刘之学，谙熟《公羊》家法，故所注独出冠时，与段氏《说文》同功矣。《畿辅丛书》所刻凌注本，每卷有张驹贤校正，所校将二百条，亦凌氏功臣也。其后魏默深源有《董子春秋发微》七卷，原书未见，《古微堂集》有序及目录。吾师康长素先生有《春秋董氏学》八卷，皆析擘原书，分类以释微言大义，非笺注体。最近则苏厚庵舆著《春秋繁露义证》十七卷，精审又驾凌注之上了。

20.《列女传》 附《新序》《说苑》

刘向《列女传》为现存最古之传记书，清代为之注者有王照圆郝懿行妻、梁端汪远孙妻两家，而王石臞、伯申父子及王南陔亦各有条校。

刘向《新序》《说苑》，今所行皆旧本。陈左海各有新校本，未刊。

21.《法言》《太玄》

扬雄这两部书，本没有什么价值，但因属西汉人书，所以“过而存之”。《法言》李轨注，有徐新田养原校本。而俞氏《诸子平议》，两书亦各占一卷。

22.《潜夫论》《盐铁论》 附《论衡》

王符《潜夫论》，俗本讹夺至不可读。汪苏潭继培据元刻及他书所引校正甚多，又依采经书，疏证事辞，为《潜夫论笺》十卷。此书自是始可读。

桓宽《盐铁论》专记汉代民献议政一场公案。昭帝始元六年，诏丞相、御史大夫与所举贤良文学语，问民间所疾苦。贤良文学请罢盐铁酒榷。昭帝从之。此书即记当时代表政府之丞相等，与代表民意之贤良等两造辩论语。实历史上最有关系最有趣味的一部书。今通行者明张氏本，篇第字句，割裂增易不少。卢抱经尝以《永乐大典》本及他本是正若干条。其后阳城张氏有重刻本，顾涧苹为作《考证》三卷。今本题张敦仁著，实顾代作，见《思适斋集》九。汪苏潭笺《潜夫》后，拟续治此书，未成而卒见《潜夫论笺》王绍兰序。王益吾覆刻张本，将卢、顾所校散入正文；又以所自校别为《小识》一卷。而俞荫甫、孙仲容亦各有所校。自是此书渐可读。最近门人杨遇夫树达创为《盐铁论校注》若干卷，算是本书空前作品了。

王充《论衡》实汉代批评哲学第一奇书，卢、王皆未校及。俞荫甫、孙仲容所校约数十条。蒋生沐光煦从元刻本校补今本脱文三百余字。但全书应加董治之处尚不少，我很盼好学之士能做这件工作。

23.《白虎通义》《五经异义》 附《风俗通》

东汉章帝建初四年，诏诸儒会白虎观讲议五经同异，帝亲称制临决，实学术上一种公开讨论。《白虎通义》即记其讨论结果也。此书旧惟《汉魏丛书》本最通行。乾隆间，庄葆琛始有校本，且厘定目录，搜辑阙文；卢抱经续校定，为今抱经堂本。卷首列旧校名氏，除葆琛外，尚有赵曦明、秦黉、梁同书、孙志祖、周广业、吴骞、朱型、梁履绳、汪绳祖等。道光间陈卓人著《白虎通疏证》十二卷。卓人本受《公羊》学及礼学于凌晓楼，此书实足与凌注《繁露》并美。

《五经异议》为许慎撰、郑玄驳，东汉两大经师精力所集也。《隋志》著录十卷，宋时已佚。清四库馆始有辑本，次则庄葆琛、钱晦之大昭、孔丛伯广林续辑。最后则陈左海续辑，详为笺注，成《五经异义疏证》三卷。此书遂复活。

应劭《风俗通义》亦汉人一名著。清儒整理尚少，惟卢氏《群书拾补》中有条校及补遗。其后张介侯澍则有《补风俗通姓氏篇》一卷。我盼望有人对于此书再做一番工作。

24.《越绝书》《华阳国志》

汉袁康《越绝书》，有价值的记载颇不少，例如分古代所用兵器为用石、用铜、用铁三时代。惜刻本讹舛极多。卢抱经有校本，未刻，其略仅见孙仲容《籀庼述林》中。

晋常璩《华阳国志》为方志之祖，其书有义法，有条贯，卓然著作之林。惟通行明刻本缺两卷。他刻虽补足，而讹舛殆不可读。嘉庆间廖氏刻本，乃顾涧苹据宋元丰吕氏、嘉泰李氏两本精校，自此始有善本。

25.《抱朴子》

以汉以后方士家言附会先秦道家，始于晋葛洪《抱朴子》，实学术嬗变一关键也。此书乾隆前无善本，自孙渊如据道藏本精校，卢抱经、顾涧苹复参合诸本助之，重刻平津馆本，自是此书可读。

26.《水经注》

汉桑钦《水经》北魏郦道元注，为现存最古之地理书。乾隆以前惟明朱谋玮笺称最善，顾亭林所谓"有明一部书"也。然而讹舛已不一而足。后项驷覆刻，掩为己有，又多删削，书愈不可读。赵、戴等皆校朱书，然杨星吾谓其皆未见朱氏原本。入清，考古学勃兴，此书大为世所重。据赵东潜所述，则有钱遵王曾、黄梨洲、孙潜夫潜、顾亭林、顾景范、阎百诗、黄子鸿仪、刘继庄、胡朏明、姜西溟宸英、何义门焯、沈绎旃炳巽、杭大宗、齐次风召南诸本。内中二顾、阎、胡，皆于自著书中征引诠解，并非专校原书。梨洲则删去注文中无豫《水经》者，欲复唐李氏删《水经》十卷之旧，又自为《今水经》，盖有所不慊于郦氏。子鸿则依郦注，每卷各写一图，是为作图之始。继庄则欲作《水经注疏》而未就，发其义例于《广阳杂记》中。自余诸家，皆依通行朱本各有签校。此乾隆以前斯学大略形势也。

乾隆中叶赵东潜一清、戴东原震、全谢山祖望同时治此书，其著作先后发表。东原在四库馆，实手校此书，校成首由聚珍板印行，自是郦氏本来面目，厘然大明，学者称快。然而三家精诣，同符者十而七八，于是发生蹈袭问题，即著述家道德问题。三家子弟及乡里后学各有所袒，成为近百年来学界一桩公案，至今未决。今略述其真相如下。

谢山自其先代三世治此书，有双韭山房旧校本。谢山曾七度手校，集中有五校本题词，自订《双韭山房书目》，有《七校水经注》四十卷赵本卷首亦引全氏七校本，盖全部于乾隆十七年在粤写定。然卒后遗著散佚，将越百年，其同里后学王艧轩梓始厘正其稿；又数十年至光绪十四年薛叔耘福成徇董觉轩沛之请始刻之，今宁波崇实书院本是也。故全书最先成而最晚出。

东潜为赵谷林子、梨洲再传，其学盖有所受，又与谢山为挚友，日夕商榷，其书成于乾隆十九年有自序。四库馆开，采以进，被著录，然未有刻本行世。乾隆五十一年，毕秋帆从东潜子载元索得原稿，刊之于开封，赵书始显。

东原治此书，始于乾隆三十年，至三十七年刊于浙东，未及四分之一，而被召入四库馆。在馆中据《永乐大典》本校此书，明年成，以聚珍板印行；复自理旧业，成书四十卷，以三十九年刊行，即孔氏微波榭本是也。故戴书最晚成，而最先出。

因此纠缠出许多问题。其一，为赵戴问题。卢抱经谓梁曜北、处素兄弟校刊赵书，参取东原书为之。梁氏兄弟，仁和人，为东潜同里后辈，毕刊赵书由彼校定。东原弟子段茂堂因移书曜北诘问看《经韵楼集·与梁曜北书》。梁氏《清白士集》中未有答书，不知是否惭伏。然张石舟、魏默深则谓赵书未刊以前，先收入《四库全书》，今刊本与四库本无二，明非梁氏剿戴改作，实为戴在四库馆先睹预窃之明证。看徐时栋《烟屿楼集·记杭董浦》篇，又周寿昌《思益堂日札》卷四，又薛刻全校本董沛著例言，又杨守敬著《水经注疏要删·凡例》。但据段茂堂说，戴未入四库馆以前，曾以所著示纪晓岚、钱竹汀、姚姬传及茂堂，皆录有副本看段著《东原年谱》。似此，则戴非剿赵又甚明。

其二，为赵全问题。赵、全本至交，相约共治此学。全为赵书作序，赵书引全说不一而足。两书同符什九，本无嫌疑。然张石舟则谓东潜子宦于鄂，毕秋帆时为鄂督索观旧稿时，以巨资购谢山本以应看全本例言。此说若信，则现行赵本实剿全。而林颐山则斥现行全本为伪出，谓不惟袭赵，兼又袭戴，疑出王艧轩辈手看王先谦合校本《序录》及杨氏《注疏要删·凡例》。

吾今试平亭此狱。三君皆好学深思，治此书各数十年，所根据资料又大略相同。东原谓从《永乐大典》本校正。据后人所考证，则戴本与《大典》不合者正多，然则其精思独得，非尽有依据也。谢山首与李穆堂钞《大典》，然所钞仅及平韵。《水经注》收入上声“水”字，是在万一千卷以外，故谢山不及见。东潜未入翰林，更无从见矣。故《大典》本非三家所据。则闭门造车，出门合辙，并非不可能之事。东原覃精既久，入馆后睹赵著先得我心，即便采用当属事实，其所校本属官书，不一一称引赵名，亦体例宜尔。此不足为戴病也。赵氏子弟承制府垂盼，欲益荣其亲；曜北兄弟以同里后学董其事，亦欲令赵书尽美无复加。赵、全本世交，则购采全稿润益之；时戴本既出，则亦从而撷采；凡此恐皆属事实。全氏本为斯学开山之祖，然赵、戴本既盛行，全本乃黤没百余年。其同里后学王、董辈深为不平，及得遗稿，亦欲表章之使尽美，其间不免采彼两本，以附益其所未备，恐亦属事实。要而论之，三家书皆不免互相剿，而皆不足为深病。三家门下，各尊其先辈，务欲使天下之美，尽归于我所崇敬之人；攘臂迭争，甚无谓也。

右所记繁而不杀，诚非本书篇幅所许。但此事实清代学界一大公案，可以见一时风气之小影，亦治史者所宜知，故论列如右。

以下略评三家特点：

戴氏治学，精锐无前，最能发明原则，以我驭书。《水经注》旧本，经、注混淆不可读。戴氏发见经、注分别三例：一、经文首云“某水所出”，以下不更举水名，注则详及所纳群川更端屡举。二、各水所经州县，经但云“某县”，注则年代既更，旧县或湮或移，故常称“某故城”。三、经例云“过”，注例云“径”看段氏《东原年谱》。此三例，戴氏所独创，发蒙振落；其他小节，或袭赵氏，不足为轻重。

全、赵比肩共学，所得原不以自私，故从同者滋多。赵本博引清初诸说，辨证最详晰，非戴所及；且凡引他说皆著所出，体例亦最严。全氏分别注有大小——注中有注，是其特识，余与赵氏同之。

三家以前诸校本，吾皆未见。惟谢山最服沈绎旃，谓“其校定此书几三十载，最能抉摘善长（郦道元）之疏略”五校本题词，当是最佳之作。

以后诸校本，则毕秋帆、孙渊如各有成书，然两君皆非地学专家，似无足以增益三家者。道咸以后，则有沈钦韩文起著《水经注疏证》，汪梅村士铎著《水经注提纲》《水经注释文》，皆未刊，不审内容如何。汪复有《水经注图》，胡文忠为刻之，则续黄子鸿之绪而补其逸也。

陈兰甫先生澧以郦氏当时滇黔之地沦于爨谢，故注记东北诸水详而确，西南则略而讹，乃为《水经注西南诸水考》，补而纠之。在本书诸家著作中最为别裁。但先生于西南诸水亦未经实测，恐不能多优于郦氏也。

王益吾为合校本，以聚珍板即戴本及赵本为主，参以诸家，虽无新发明，而最便学者。王氏所著书大率如此。但进孙渊如绌全，不无遗议。

最后有杨星吾守敬为《水经注疏》八十卷，以无力全刻，乃节为《要删》若干卷。其书颇为朱谋玮讼直，而不肯作赵、戴舆台，谓："此书为郦氏原误者十之一二，为传刻之误者十之四五，为赵戴改订反误者亦十之二三。"凡例语此亦乾嘉以来一反动也。

吾向未治此学，不敢以门外汉评各家得失，但述此学经过状况如上。治之者多，故叙述不避词费。惟此书值得如此用功与否，实一问题。以吾观之，地理不经实测，总是纸上空谈，清儒并力治《水经注》，适以表现清代地学内容之贫乏而已。

27.《颜氏家训》

隋颜之推《家训》，为现存六朝人著述最有价值者。旧本讹脱不少。乾隆间赵敬夫曦明为之注，而卢抱经校补之，自是此书有善本。

28.《经典释文》

唐陆德明《经典释文》，为治训诂音韵者所宗，而除散在诸经注疏之外，单行本殆绝。卢抱经将《通志堂经解》本细校重雕，附《考证》三十卷，自是此书有善本。

29.《大唐西域记》《慈恩法师传》

唐僧玄奘归自印度，综其行历著《大唐西域记》十二卷，其弟子彦悰为之笺。慧立亦奘弟子，为奘作传，曰《大唐慈恩法师传》十卷。此二书实世界的著作，近今欧洲各国咸有译注，而本国治之者阙如。最近有丁益甫谦著《大唐西域记考证》，引据各史外国传，旁采西人地理家言，实此书之筚路蓝缕也。《慈恩传》则有最近支那内学院所刻精校本，除校字外，颇引他书记载有异同者校出若干条，在现行本中总算精善。但此二书之整理，尚有待于将来。

30.《困学纪闻》

宋王应麟《困学纪闻》，为清代考证学先导，故清儒甚重之。阎百诗、何义门、全谢山皆为作注，而翁载青元圻集其大成。一宋人书而注之者四家，其尊尚几等古子矣。

※　※　※

上所举三十几种书，专注重校勘的成绩，而注释则其副产也。书以属于秦汉以前子部者为多，而古史传之类间附焉。不及群经者，经书累代承习者众，讹错较少。其有异文校雠，率附见诸家注疏中，不为专业也。诸史之刊误纠缪补遗等，属于吾所谓第四种校勘，别于史学章述其成绩，此不更赘。

其他古书曾经各家校勘而未有重刻本者，不能具举。今将几部最精善之校勘家著作，列其所校书目供参考：

卢抱经《群书拾补》：

《五经正义表》《易经注疏》《周易略例》《尚书注疏》《春秋左传注疏》《礼记注疏》《仪礼注疏》《吕氏读诗记》《史记惠景间侯者年表》《续汉书志注补》《晋书》《魏书》《宋史孝宗纪》《金史》《资治通鉴序》《文献通考经籍》《史通》《新唐书纠谬》《山海经图赞》《水经序》《盐铁论》《新序》《说苑》《申鉴》《列子张湛注》《韩非子》《晏子春秋》《风俗通义》《刘昼新论》《潜虚》《春渚纪闻》《啸堂集古录》《鲍照集》《韦苏州集》《元微之集》《白长庆集》《林和靖集》。

王石臞《读书杂志》：

《逸周书》《战国策》《史记》《汉书》《管子》《晏子春秋》《墨子》《荀子》《淮南内篇》《汉隶拾遗》《后汉书》《老子》《庄子》《吕氏春秋》《韩子》《法言》《楚辞》《文选》。

蒋生沐《斠补隅录》：

《尚书全解》《尔雅》《续通鉴》《东汉会要》《吴越春秋》《钱塘遗事》《宣和奉使高丽图经》《管子》《荀子》《意林》《酉阳杂俎》《唐摭言》《芦浦笔记》《陈后山集》。

俞荫甫《诸子平议》《读书余录》：

《管子》《晏子春秋》《老子》《墨子》《荀子》《列子》《庄子》《商子》《韩非子》《吕氏春秋》《董子春秋繁露》《贾子》《淮南子内经》《扬子太玄经》《扬子法言》《内经素问》《鬼谷子》《新语》《说苑》。

孙仲容《札迻》：

《易乾凿度郑康成注》《易稽览图郑注》《易通卦验郑注》《易是类谋某氏注》《易坤灵图郑注》《易乾元序制记郑注》《韩诗外传》《春秋繁露》《春秋释例》《急就篇颜师古注》《方言郭璞注》《释名》《战国策高诱鲍彪注》《越绝书》《吴越春秋徐天祜注》《汉旧仪》《列女传》《山海经郭璞注》《山海经图赞》《水经郦道元注》《管子尹知章注》《晏子春秋》《老子河上公王弼注》《文子徐灵府注》《邓析子》《列子张湛卢重元注》《商子》《庄子郭象注》《尹文子》《鹖冠子陆佃注》《公孙龙子谢希深注》《鬼谷子陶宏景注》《荀子杨倞注》《吕氏春秋高诱注》《韩非子》《燕丹子》《新语》《贾子新书》《淮南子许慎高诱注》《盐铁论》《新序》《说苑》《法言李轨注》《太玄经范望注》《潜夫论》《白虎通德论》《风俗通义》《独断》《申鉴》《中论》《抱朴子》《金楼子》《新论袁孝政注》《六韬》《孙子曹操注》《吴子》《司马法》《尉缭子》《三略》《素问王冰注》《周髀算经赵爽甄鸾李淳风注》《孙子算经》《术数记遗甄鸾注》《夏侯阳算经》《易林》《周易参同契》《穆天子传郭璞注》《汉武帝内传》《列仙传》《西京杂记》《南方草木状》《竹谱》《楚辞王逸注》《蔡中郎集》《琴操》《文心雕龙》。

晚清“先秦诸子学”之复活，实为思想解放一大关键。此种结果，原为乾嘉派学者所不及料，然非经诸君下一番极干燥极麻烦的校勘功夫，则如《墨子》《管子》一类书，并文句亦不能索解，遑论其中所含义理？所以清儒这部分工作，我们不能不竭诚感谢。现在这部分工作已经做得差不多了。

以后进一步研究诸家学术内容，求出我国文化渊源流别之所出所演，发挥其精诣，而批评其长短得失，便是我们后辈的责任。

四、辨伪书

无论做哪门学问，总须以别伪求真为基本工作。因为所凭藉的资料若属虚伪，则研究出来的结果当然也随而虚伪，研究的工作便算白费了。中国旧学，什有九是书本上学问，而中国伪书又极多，所以辨伪书为整理旧学里头很重要的一件事。

中国伪书何以如此其多呢？伪书种类和作伪动机，到底有多少种呢？请先说说。

“好古”为中国人特性之一，什么事都觉得今人不及古人，因此出口动笔，都喜欢借古人以自重。此实为伪书发达之总原因。历代以来，零碎间作之伪书不少，而大批制造者则有六个时期：其一，战国之末。百家各自立说，而托之于古以为重。孟子所谓“有为神农之言者许行”。何独许行？诸家皆然。其始不过称引古人之说，其徒变本加厉，则或专造一书而题为古人所著，以张其学。《汉书·艺文志》所列古书，多有注“六国时人依托”者，此类是也。其二，西汉之初。经秦火后，书颇散亡，汉廷“广开献书之路”《史记·儒林传》语，悬赏格以从事收集，希望得赏的人有时便作伪以献。《汉书》所注“后人依托”者，此类是也。隋唐以后，此种事实亦常有。其三，西汉之末。其时经师势力极大，朝政国故，皆引经义为程式。王莽谋篡，刘歆助之。他们做这种坏事，然而脑筋里头又常常印上“事必师古”这句话，所以利用刘歆校“中秘书”的地位，赝造或窜乱许多古书以为后援。所谓经学今古文之争，便从此起。其四，魏晋之交。王肃注经，务与郑康成立异争名；争之不胜，则伪造若干部古书为后盾。其五，两晋至六朝。佛教输入，道士辈起而与之角，把古来许多名人都拉入道家，更造些怪诞不经的书嫁名古人，编入他的“道藏”，和“佛藏”对抗。其六，明中叶以后。学子渐厌空疏之习，有志复古而未得正路，徒以杂博相尚，于是杨慎、丰坊之流，利用社会心理，造许多远古之书以哗世取名。自余各朝代都有伪书，然不如这六个时期之盛。大抵宋元间伪书较少自然不是绝无，因为他们喜欢自出见解，不甚借古人为重。其中如《太极图》之类，性质虽像伪书，但他们说是自己推究出来，并不说从哪部书上有传下来伏羲写定的图。唐代伪佛典甚多，伪儒书较少，因为当时佛学占学界最重要位置。

古今伪书，其性质可分为下列各类：（一）古书中偶见此书名，其书曾否存在，渺无可考，而后人依名伪造者。例如隋刘炫之伪《三坟》，元吾衍之伪《晋乘》《楚梼杌》。此等作伪最笨，最容易发现。（二）本有其书，但已经久佚，而后人窃名伪造者。例如《汉志》“《孔子家语》二十七篇”，颜师古曰“非今所有《家语》”。伪书中此类最多，最不易辨。（三）古并无其书，而后人嫁名伪造者。例如隋张弧伪《子夏易传》，明丰坊伪《子贡诗传》之类。（四）伪中出伪者。例如列御寇本《庄子》寓言中人物。《汉志》有《列子》八篇，已属周末或汉初人伪撰。而今存之《列子》，又属晋张湛伪撰，并非汉旧。伪书中此类亦不少，子部尤多。（五）真书中杂入伪文者。例如《韩非子》不伪，而《初见秦》篇决伪；《史记》不伪，而《武帝纪》决伪；《论语》不伪，而“佛肸”“公山弗扰”等章决伪；《左传》不伪，而“其处者为刘氏”等句必伪。古书中如此者极多，极不易辨。（六）书不伪而书名伪者。例如《左传》确为先秦书，然标题为《春秋左氏传》，认为解释《春秋》之书则伪。（七）书不伪而撰人姓名伪者。例如《管子》《商君书》确为先秦书，但指为管仲、商鞅所作则伪。（八）原书本无作者姓名年代，而后人妄推定为某时某人作品，因以成伪或陷于时代错误者。例如《周髀》本一部古书，指为周公作则伪；《素问》本一部古书，指为黄帝作则伪。此类书亦甚多，不易辨别。（九）书虽不全伪，然确非原本者。例如《今本竹书纪年》，汲冢遗文多在其中，然指为即汲冢本则伪。（十）伪书中含有真书者，例如《孔丛子》确为晋人伪作，然其中《小尔雅》一篇，则为《汉志》旧本。

辨伪的工作由来已久。《汉书·艺文志》明注“依托”者七，“似依托”者三，“增加”者一。隋僧法经著《众经目录》，别立“疑伪”一门。此皆有感于伪书之不可不辨。可惜怎样辨法，未得他们说明。宋人疑古最勇，如司马光之疑《孟子》；欧阳修之疑《易十翼》，疑《周礼》《仪礼》；朱熹之疑《周礼》，疑《古文尚书》；郑樵之疑《诗序》，疑《左传》……皆为后世辨伪学先河。其他如《郡斋读书志》《直斋书录解题》等，指斥伪书亦不少。晚明胡应麟著《四部正讹》，始专以辨伪为业。入清而此学益盛。

清儒辨伪工作之可贵者，不在其所辨出之成绩，而在其能发明辨伪方法而善于运用。对于古书发生问题，清儒不如宋儒之多而勇；然而解决问题，宋儒不如清儒之慎而密。宋儒多轻蔑古书，其辨伪动机，往往由主观的一时冲动。清儒多尊重古书，其辨伪程序，常用客观的细密检查。检查的重要方法如下：

（一）从著录传授上检查。古书流传有绪，其有名的著作，在各史经籍志中都有著录，或从别书记载它的渊源。若突然发现一部书，向来无人经见，其中定有蹊跷。如先秦书不见《汉书·艺文志》，汉人书不见《隋书·经籍志》，唐以前不见《崇文总目》，便十有九靠不住。试举其例：

（例一）《古三坟》《晋乘》《楚梼杌》，除《左传》《孟子》一见其名外，汉隋等志从未见过，亦未有人征引过。隋和元时候忽然出现，不问而知为伪。

（例二）东晋《古文尚书》和《汉书·艺文志》所载的篇数及他书所载的篇名都不同，故知非原本。

（例三）如《毛诗序》，《史记》《汉书》两《儒林传》、《汉书·艺文志》皆未言及，故可决为西汉前所无。

（例四）《隋书·经籍志》明言“《鲁诗》亡”，明末忽出现《申培诗说》，当然是伪。

（二）从本书所载事迹、制度或所引书上检查。书中的事实文句，只有后人征引前人，不会前人征引后人，这是显而易见的。犯这类毛病的书，当然靠不住。试举其例：

（例一）《管子》记毛嫱、西施，《商君书》记长平之役，是管仲、商鞅万看不见的事。故知两书决非管、商作，最少亦一部为后人窜乱。

（例二）《史记》载元帝、成帝时事，司马迁无论如何长寿，决不能见。故知《史记》有一部分靠不住。

（例三）《左传》记智伯事，可知作者决非与孔子同时。

（例四）《月令》有“太尉”官名，可见是秦人作，决非出周公。

（例五）《山海经》有汉郡县名，可见决非出伯益。

（例六）《易林》引《左传》，《左传》自东汉始传布，可知作者决非西汉的焦延寿。

（三）从文体及文句上检查。文体各时代不同，稍多读古书的人，一望便知。这种检查法，虽不必有枝节证据，然而不会错的。试举其例：

（例一）《黄帝素问》长篇大段地讲医理，不独三代以前，即春秋间亦无此文体。用《论语》《老子》等书便可作反证。故此书年代可定为汉，最早亦不过战国末。

（例二）《尚书》二十八篇佶屈聱牙，而《古文尚书》二十五篇文从字顺，什九用偶句，全属晋人文体，不独非三代前所有，并非汉以前所有。

（例三）现行《关尹子》，全属唐人翻译佛经文体，不独非与老聃同时之关尹所能做，又不独非刘歆校定《七略》以前的人所能做，乃至并不是六朝以前人所能做。

（四）从思想渊源上检查。各时代有各时代的思想，治学术史的人自然会看出，作伪的瞒不过明眼人。试举其例：

（例一）《管子》里头有驳“兼爱”、驳“寝兵”之说，非墨翟宋钘以后，不会发生这种问题。故知这书决非春秋初年管仲所作。

（例二）《列子》里头有“西方之圣人”等语，其中和佛教教理相同者甚多。故知决为佛教输入后作品，决非庄子以前的列御寇所作。

（例三）《大乘起信论》旧题马鸣菩萨造。其书全属和会龙树世亲两派学说，和《藏》中马鸣别的著述思想不同。故知决非龙树以前马鸣所造。

（例四）《楞严经》杂入中国五行说及神仙家甚多，故知决非印度人著作。

（例五）近人辑《黄梨洲遗著》内有《郑成功传》一书，称清兵为“大兵”，指郑氏为“畔逆”，与梨洲思想根本不相容。故知为后人影射梨洲的《台湾郑氏始末》而作。

（五）从作伪家所凭藉的原料上检查。造伪书的人，势不能一个一个字凭空创造，况且他既依托某人，必多采某人之说以求取信。然而割裂挦撦，很难“灭尽针线迹”，不知不觉会露出马脚来，善于辨伪的人自能看出。试举其例：

（例一）《古文尚书》把《荀子》引《道经》的“人心之危，道心之微”和《论语》的“允执其中”连凑其来，造成所谓“十六字心传”，但意义毫不联属。

（例二）《毛诗序》抄袭《乐记》和《论语》的话，断续支离，完全不通。

（六）从原书佚文佚说的反证上检查。已佚的书，后人伪造，若从别的书发现所引原书佚文，为今本所无，便知今本靠不住。试举其例：

（例一）《晋书》束皙、王接、摰虞等传言《竹书纪年》有“太甲杀伊尹，文丁杀季历”等事，当时成为学界讨论一问题，今本无之。可知今本决非汲冢之旧。

（例二）司马迁从孔安国问故，《史记》释《尚书》皆用孔义。东晋晚出《古文尚书》孔传，文字和释义都不同《史记》，故知决非安国作。

（例三）崔鸿《十六国春秋》，其体例略见《魏书》及《史通》。明代所出本与彼不符，便靠不住。

以上所述各种检查真伪的方法，虽未完备，重要的大率在此。举例皆随手拈起，乱杂不伦，读者谅之。清儒辨伪书，多半用这些方法，严密调查，方下断语。其中武断的当然也不少。他们的态度，比宋儒稳健多了，所以结果也较良好。

有一事应该特别注意：辨伪书的风气，清初很盛，清末也很盛，独乾嘉全盛时代，做这种工作的人较少。乾嘉诸老好古甚笃，不肯轻易怀疑。他们专用绵密功夫在一部书之中，不甚提起眼光超览一部书之外。他们长处在此，短处也在此。

清初最勇于疑古的人应推姚立方际恒。他著有《尚书通论》辨伪古文，有《礼经通论》辨《周礼》和《礼记》的一部分，有《诗经通论》辨《毛序》。其专为辨伪而作的则有《古今伪书考》。

这书从孔子的《易系辞传》开起刀来，把许多伪书杀得落花流水。其所列书目如下：

《易传》即《十翼》《子夏易传》《关朗周易》《麻衣正易心法》《焦氏易林》《易乾凿度》《古文尚书》《尚书汉孔氏传》《古三坟书》《诗序》《子贡诗传》《申培诗说》《周礼》《大戴记》《孝经》《忠经》《孔子家语》《小尔雅》《家礼仪节》以上经部；《竹书纪年》《汲冢周书》《穆天子传》《晋乘》《楚梼杌》《汉武故事》《飞燕外传》《西京杂记》《天禄阁外史》《元经》《十六国春秋》《隆平集》《致身录》以上史部；《鬻子》《关尹子》《子华子》《亢仓子》《晏子春秋》《鬼谷子》《尹文子》《公孙龙子》《商子》《鹖冠子》《慎子》《於陵子》《孔丛子》《文中子》《六韬》《司马法》《吴子》《尉缭子》《李卫公问对》《素书》《心书》《风后握奇经》《周髀算经》《石申星经》《续葬书》《拨沙录》《黄帝素问》《神异经》《十洲记》《列仙传》《洞冥记》《灵枢经》《神农本草》《秦越人难经》《脉诀》《博物志》《杜律虞注》以上子部。

以上认为全部伪作者。

《仪礼》《礼记》《三礼考注》《文子》《庄子》《列子》《管子》《贾谊新书》《伤寒论》《金匮玉函经》。

以上认为真书杂以伪者。

《尔雅》《韵书》《山海经》《水经》《阴符经》《越绝书》《吴越春秋》。

以上认为非伪而撰人名氏伪者。

《春秋繁露》《东坡志林》。

以上认为书不伪而书名伪者。

《国语》《孙子》《刘子新论》《化书》。

以上认为未能定其著书之人者。

立方这部书，体例颇凌杂重要的书和不重要的书夹在一起，篇帙亦太简单，未能尽其辞，所判断亦不必尽当。但他所认为有问题的书，我们总有点不敢轻信罢了。此后专为辨证一部或几部伪书，著为专篇者，则有：

阎百诗的《古文尚书疏证》，惠定宇的《古文尚书考》。

万充宗斯大的《周官辨非》。

孙颐谷志祖的《家语疏证》。

范家相的《家语证伪》。

刘申受逢禄的《左氏春秋疏证》。

康长素先生的《新学伪经考》。

王静安国维的《今本竹书纪年疏证》。

崔觯甫适的《史记探原》。

阎惠两家书，专辨东晋《伪古文尚书》及《伪孔安国传》。后来像这类书还很多，有点近于“打死老虎”，不多举了。万书辨《周礼》非周公作，多从制度与古书不合方面立论。孙书辨《家语》为王肃所伪撰；他还有一部《孔丛子疏证》，和这书是“姊妹书”，但未著成。刘书守西汉博士“《左氏》不传《春秋》”之说，谓《左传》解经部分皆刘歆伪增。康先生总结两汉今古文公案，对于刘歆所提倡的《周官》《左传》《毛诗》《逸礼》《古文尚书》非东晋晚出者、《尔雅》等书皆认为伪。王书专辨明人补撰之《竹书纪年》，用阎、惠、孙之法，一一指出其剽窃凑附之赃证。崔书则宗康先生说，谓《史记》有一部分为刘歆所窜乱，一一指明疑点。清儒专为辨伪而作的书，我所记忆者只此数部，余容续访。

其非专辨伪而著书而书中多辨伪之辞者，则有魏默深《诗古微》之辨《毛诗》，邵位西懿辰《礼经通论》之辨《逸礼》，方鸿濛玉润《诗经原始》之辨《诗序》等。而其尤严正简絜者，则崔东壁述的《考信录》。

此书虽非为辨伪而作，但他对于先秦的书，除《诗》《书》《易》《论语》外，几乎都怀疑，连《论语》也有一部分不相信。他的勇气真可佩服。

此外诸家笔记文集中辨伪的著作不少，不能尽录。

《四库》著录之书，《提要》明斥其伪或疑其伪者则如下次序依原书：

《子夏易传》　全伪

《古文尚书》及《孔安国传》　全伪

《尚书大传》　疑非伏生著

《诗序》　疑撰人

《古文孝经孔安国传》　全伪

《方言》　疑撰人

《竹书纪年》　今本伪，古本未定

《晏子春秋》　疑撰人及年代

《孔子家语》　断为王肃依托

《孔丛子》　同上

陆贾《新语》　断为后人纂集

王通《文中子中说》　疑其书并疑其人

《风后握奇经》　全伪

《太公六韬》　全伪

司马穰苴《司马法》　疑伪

《黄石公三略》及《素书》　全伪

《管子》　疑非管仲作

《商子》　疑非商鞅作

《黄帝素问》　断为周秦间人作

《灵枢经》　疑唐王冰依托

《黄帝宅经》　全伪

郭璞《葬书》　全伪

《鬻子》　全伪

《墨子》　疑非墨翟作

《子华子》　全伪

《鬼谷子》　全伪

刘歆《西京杂记》　断为梁吴均依托

《山海经》　断为非夏禹、伯益所作

东方朔《神异经》及《海内十洲记》　全伪

班固《汉武故事》及《武帝内传》　全伪

干宝《搜神记》、陶潜《搜神后记》　全伪

张华《博物志》　全伪

任昉《述异记》　全伪

黄帝《阴符经》　全伪

《关尹子》　全伪

河上公《老子注》　全伪

《列子》　疑撰人

刘向《列女传》　全伪

《四库提要》为官书，间不免敷衍门面，且成书在乾隆中叶，许多问题或未发生，或未解决。总之，《提要》所认为真的未必真，所指为伪的一定是伪，我敢断言。

今将重要之伪书，已定案、未定案、全部伪、部分伪、人名伪、书名伪等，分别总括列表如下。所录限于汉以前书，或托名汉以前书者；其术数、方伎等书，虽托名汉以前者，亦不录。其未定案者间附鄙见。

（甲）全部伪绝对决定者：

《古文尚书》及《孔安国传》问题起自宋代，到清初完全解决，公认为魏王肃伪撰。

《古文孝经孔安国传》伪撰人未定。

《孔子家语》及《孔丛子》乾隆中叶问题完全解决，公认为魏王肃伪撰。

《阴符经》《六韬》汉以后人伪撰。

《鬻子》《关尹子》《子华子》《文子》《亢仓子》《鹖冠子》《鬼谷子》《於陵子》《尉缭子》各书著录《汉书·艺文志》者已不可尽信，今本又非《汉志》之旧。大率晋至唐所陆续依托。

《老子》的河上公注晋以后人伪撰。

陆贾《新语》、贾谊《新书》晋以后人伪撰。

（乙）全部伪大略决定者：

《周礼》此书问题最大，从初出现到今日二千年，争论不决。据现在趋势，则不认为周公制作者居多。大概此趋势愈往后愈明瞭。应认为汉刘歆杂采战国政书附以己意伪撰。

《孝经》春秋时无“经”之名，大约汉人所撰，托诸孔子、曾子。

《晏子春秋》大约西汉人伪撰。

《列子》此问题发生不久，但多数学者已渐渐公认为晋张湛所伪撰。

《吴子》《司马法》大约西汉人伪撰。

《毛诗序》此亦宋以来宿题。撰人名氏拟议蠭起。今多数学者渐认为后汉卫宏撰，与孔子、子夏、毛公无涉。

（丙）全部伪否未决定者：

《尚书百篇序》是否伏生、孔安国时已有，何人所作，完全未决。

《古本竹书纪年》及《穆天子传》今本《纪年》之伪，不待言。但有人谓晋太康汲郡发冢事根本靠不住。如此则此两书纯属晋人伪撰。但我颇信其真。

《逸周书》有人指为伪，但清儒信为真者居多。我虽不认为周初书，但谓非汉以后人撰，其中或有一部分附益则不可知。

《申子》《尸子》《慎子》《尹文子》《公孙龙子》此五书已佚，今存者或不全，或由近人辑出，原书是否本人所作，抑秦汉以后人依托，问题未决。

（丁）部分伪绝对决定者：

《老子》中“夫佳兵者不祥”一节无旧注，知是后人加入。

《墨子》中《修身》《亲士》《所染》三篇后人采儒家言掩饰其书。

《庄子》“外篇”“杂篇”之一部分“内篇”为庄生自作，无问题；“外篇”则后人伪续者甚多；“杂篇”亦间有。

《韩非子》中《初见秦篇》由《战国策》混入。

《史记》中记昭、宣、元、成以后之文句褚少孙至刘歆等多人续入。

《楚辞》中之屈原《大招》汉人摹仿《招魂》而作。

（戊）部分伪未决定者：

《今文尚书》二十八篇中之《虞夏书》二十八篇为孔子时所有，盖无疑。但《虞夏书》是否为虞夏时书，则大有问题，恐是周初或春秋时人所依托。

《左传》中释经语今文学家不承认《左氏》为解释《春秋》之书，谓此部分皆汉人伪托。

《论语》二十篇中后五篇有人谓汉张禹所窜乱。

《史记》中一部分有人谓刘歆窜改。

《荀子》《韩非子》之各一部分有人谓后人误编。

《礼记》及《大戴礼记》之一部分有人指为汉人伪撰。然两书本题“七十子后学者所记”，其范围包及汉儒，有汉人作不能谓为伪作。

（己）撰人名氏及时代错误者：

《易彖传》《象传》《系辞》《文言》《说卦》《序卦》《杂卦》相传为孔子作。有人攻其非。但原书并未题为孔子作，不得遂为后人依托孔子。

《仪礼》相传为周公作，亦后人臆推。大抵应为西周末、春秋初之书。

《尔雅》《小尔雅》后人指为周公作，纯属臆推。大抵为西汉人最集训诂之书。

《管子》《商君书》《汉书·艺文志》题为管仲、商鞅作，乃汉人误推。大抵属战国末年法家者流所编集。

《孙子》十三篇旧题孙武作，不可信。当是孙膑或战国末年人书。

《尚书大传》旧题伏生作，是否未定，总是西汉经生所著。

《山海经》或言大禹作、伯益作，当然不可信。大约是汉代相传一部古书。

各种纬书自《易乾凿度》以下二十余种，汉儒或指为孔子作，当然不可信，大约是战国末年传下来古代神话书。

《周髀算经》相传周公或商高作，当然不可信。大约是周末或汉初相传古算书。

《素问》《难经》相传黄帝、秦越人作，当然不可信。大约是秦汉间的医书。

《越绝书》旧题子贡作。据原书末篇叙词用隐语自著其名，已知作者为会稽袁康，后汉人。

以上各书之真伪及年代，或属前代留下来的宿题，或属清儒发生的新题。清儒经三百年多少人研究讨论的结果，已经解决的十之三四，尚未解决的十之六七。但解决问题固然是学术上一种成绩，提出问题也算一种成绩。清儒在这部分所做的工作也算可观了。

“求真”为学者的责任。把古书真伪及年代辨析清楚，尤为历史学之第一级根据。我盼望我们还继续清儒未完的工作。

※ ※ ※

辨伪书的工作，还有一部分为清儒所未尝注意者，七千卷的佛藏，其中伪书不少。自僧祐《出三藏记集》、法经《众经目录》以来，已别立伪妄、疑似两部严为沙汰，而赝品流传，有加无已。即如佛教徒人人共读之《大佛顶首楞严经》及《大乘起信论》，据我们仔细研究，完全是隋唐间中国人伪作。其他类此者尚不少，恨未有如阎百诗、孙颐谷其人者一一为之疏通证明也。

五、辑佚书

书籍递嬗散亡，好学之士，每读前代著录，按索不获，深致慨惜，于是乎有辑佚之业。最初从事于此者为宋之王应麟，辑有《三家诗考》《周易郑氏注》各一卷，附刻《玉海》中，传于今。明中叶后，文士喜摭拾僻书奇字以炫博，至有造伪书以欺人者。则有孙瑴辑《古微书》，专搜罗纬书佚文，然而范围既隘，体例亦复未善。入清而此学遂成专门之业。

辑佚之举，本起于汉学家之治经。惠定宇不喜王、韩《易》注而从事汉《易》，于是有《易汉学》八卷之作，从唐李鼎祚《周易集解》中剌取孟、京、干、郑、荀、虞诸家旧注分家疏解，后又扩充为《九经古义》十六卷，将诸经汉人佚注益加网罗。惠氏弟子余仲林萧客用其师法，辑《古经解钩沉》三十卷，所收益富。此实辑佚之嚆矢，然未尝别标所辑原书名，体例仍近自著。

《永乐大典》者，古今最拙劣之类书也。其书以《洪武韵目》按字分编，每一字下，往往将古书中凡用该字作书名之头一字者全部录入例如一东韵下之“东”字门，则将当时所存之《东观汉记》全部录入，而各书之一部分，亦常分隶人名地名等各字之下。其体例固极芜杂可笑，然稀见之古书赖以保存者颇不少。其书本贮内府，康熙间因编官书，移置翰林院供参考。此后蛛网尘封，无人过问者数十年。此书为明成祖命胡广、王洪等所编，计六万二千八百七十七卷，目录六十卷，装一万一千九十五册。清乾嘉间存九千八百八十一册，直至清末犹贮翰林院。义和团之乱，为八国联军瓜分以尽。除当时践踏毁失外，现存欧美日本各国图书馆中，每馆或百数十册，或一两册不等。雍乾之交，李穆堂、全谢山同在翰林，发见此中秘籍甚多，相约钞辑。两君皆贫士，所钞无几。时范氏天一阁、马氏小玲珑山馆，亦托全氏代钞。而此书废物利用的价值，渐为学界所认识。乾隆三十八年，朱笥河筠奏请开四库馆，即以辑《大典》佚书为言，故《四库全书》之编纂，其动机实自辑佚始也。馆既开，即首循此计画以进行，先后从《大典》辑出之书，著录及存目合计凡三百八十五种，四千九百二十六卷。其部属如下：

经部　　六十六种

史部　　四十一种

子部　　一百三种

集部　　一百七十五种

观上表所列，则当时纂辑《大典》之成绩实可惊！以卷帙论，最浩博者，如李焘《续资治通鉴长编》之五百二十卷、薛居正《五代史》之百五十卷、郝经《续后汉书》之九十卷、王珪《华阳集》之七十卷、宋祁《景文集》之六十五卷……其余二三十卷以上之书，尚不下数十种。其中于学术界有重要关系者颇不少。例如东汉班固、刘珍等之《东观汉记》，元代已佚。其书为范蔚宗所不采而足以补《后汉书》阙失者颇不少。今辑得二十四卷，可以存最古的官修史书之面目。又如《五代史》，自欧书出后，薛书寖微，遂至全佚。然欧史摹仿《春秋》笔法，文务简奥，重要事实多从刊落。今重裒薛史，然后此一期之史迹稍得完备。又如汉至元古数学书——《九章算术》《孙子算经》、晋刘徽《海岛算经》、《五曹算经》《夏侯阳算经》、北周甄鸾《五经算术》、宋秦九韶《数学九章》、元李冶《益古演段》等，皆久佚。四库馆从《大典》辑出，用聚珍板刊布，唤起学者研究算术之兴味实非浅尠。亦有其书虽存而篇章残缺，据《大典》葺而补之，例如《春秋繁露》；或其书虽全，而讹脱不可读，据《大典》雠而正之，例如《水经注》。凡此之类，皆纂辑《大典》所生之良结果也。

纂辑《大典》所费工力，有极简易者，有极繁难者。极简易者，例如《续通鉴长编》五百余卷，全在“宋”字条下，不过一钞胥迻录之劳，只能谓之钞书，不能谓之辑书。极繁难者，例如《五代史》散在各条，篇第凌乱，搜集既备，佐以他书，苦心排比，乃克成编。《提要》云：“臣等谨就《永乐大典》各韵中所引薛史，甄录条系，排纂先后，检其篇第，尚得十之八九；又考宋人书之征引薛史者，每条采录，以补其阙，遂得依原本卷数，勒成一编。”非得邵二云辈深通著述家法，而赴以精心果力，不能蒇事。薛史编辑全出二云手，见阮元《国史儒林传稿》。此种工作，遂为后此辑佚家模范。

《永乐大典》所收者，明初现存书而已。然古书多佚自宋元，非《大典》中所能搜得。且《大典》往往全书连载，迻钞较易。舍此以外，求如此便于撮纂者，更无第二部。清儒好古成狂，不肯以此自甘，于是更为向上一步之辑佚。

向上一步之辑佚，乃欲将《汉书·艺文志》《隋书·经籍志》中曾经著录而今已佚者，次第辑出。其所凭藉之重要资料，则有如下诸类：

一、以唐宋间类书为总资料。如《北堂书钞》《艺文类聚》《初学记》《白帖》《太平御览》《册府元龟》《山堂考索》《玉海》等。

二、以汉人子史书及汉人经注为辑周秦古书之资料。例如《史记》《汉书》《春秋繁露》《论衡》等所引古子家说；郑康成诸经注、韦昭《国语注》所引纬书及古系谱等。

三、以唐人义疏等书为辑汉人经说之资料。例如从《周易集解》辑汉诸家《易》注，从孔、贾诸疏辑《尚书》马郑注、《左氏》贾服注等。

四、以六朝唐人史注为辑逸史之资料。例如裴松之《三国志注》、裴骃以下《史记注》、颜师古《汉书注》、李贤《后汉书注》、李善《文选注》等。

五、以各史传注及各古选本各金石刻为辑遗文之资料。——古选本如《文选》《文苑英华》等。

其在经部，则现行《十三经注疏》中其注为魏晋以后人作者，清儒厌恶之，务辑汉注以补其阙。

《易》注：排斥王弼，宗郑玄、虞翻等，自惠氏辑著《易汉学》之后，有孙渊如辑《孙氏周易集解》十卷续李鼎祚；有卢雅雨见曾辑《郑氏易注》十卷；有丁升衢杰辑《周易郑注》十二卷；有张皋文辑《周易虞氏义》九卷、《郑氏义》二卷、《荀氏九家义》一卷、《易义别录》十四卷孟喜、姚信、翟子元、蜀才、京房、陆绩、干宝、马融、宋衷、刘表、王肃、董遇、王廙、刘瓛、子夏；有孙步升堂辑《汉魏二十一家易注》三十三卷子夏、郑玄、陆绩、孟喜、京房、马融、荀爽、刘表、宋衷、虞翻、王肃、姚信、王廙、张璠、向秀、干宝、蜀才、翟元、九家集注、刘瓛。尚有马竹吾国翰所辑，家数太多，不具录。

《尚书》注：排斥《伪孔传》，推崇马融、郑玄，渐及于西汉今文，江艮庭之《集注音疏》、王西庄之《后案》、孙渊如之《今古注疏》前经学章有专论，其大部分功力皆在辑马、郑注也。而渊如于全疏外，复辑有《尚书马郑注》十卷，马竹吾亦辑《尚书马氏传》四卷。今文学方面，则有陈朴园乔枞辑《今文尚书经说考》三十二卷、《欧阳夏侯遗说考》二卷，马竹吾则辑《尚书》欧阳、大夏侯、小夏侯《章句》各一卷，而《尚书大传》辑者亦数家看前校勘章。

《诗》注：《毛传》《郑笺》皆完，待辑者少。惟今文之鲁、齐、韩三家师说久佚，则有马竹吾辑《鲁诗故》三卷、《齐诗传》二卷，有邵二云辑《韩诗内传》一卷，宋绵初辑《韩诗内传征》四卷，有严铁桥可均辑《韩诗》二十卷，有马竹吾辑《韩诗故》《韩诗薛君章句》各二卷、《韩诗内传》《韩诗说》各一卷，有冯云伯登府辑《三家诗异文疏证》六卷，有陈左海辑《三家诗遗说考》十五卷，其子朴园辑《四家诗异文考》五卷，著《齐诗翼氏学疏证》二卷。

三《礼》皆郑注，精博无遗憾，故可补者希。然《周礼》之郑兴、郑众、杜子春、贾逵、马融、王肃诸注，《仪礼》之马融、王肃诸注，《礼记》之马融、卢植、王肃诸注，马竹吾亦各辑为一卷。又有丁俭卿晏之《佚礼扶微》，则辑西汉末所出《仪礼》逸篇之文。

《春秋》三传注：《公羊》宗何氏，别无问题。《谷梁》范宁注，颇为清儒所不满，故邵二云辑《谷梁古注》未刊。《左传》则排斥杜预，上宗贾逵、服虔，故马宗梿有《贾服注辑》未见，李贻德有《春秋左传贾服注辑述》二十卷，臧寿恭有《春秋左氏古义》六卷。

《论语》《孝经》《尔雅》今注疏本所用皆魏晋人注。故宋于庭翔凤辑《论语郑注》十卷，刘申受逢禄辑《论语述何》二卷，郑子尹珍辑《论语三十七家注》四卷，臧在东庸、严铁桥各辑《孝经郑氏注》一卷，在东又辑《尔雅汉注》三卷，黄右原奭辑《尔雅古义》十二卷。

纬书自明人《古微书》所辑已不少，清儒更增辑之，最备者为赵在翰所辑《七纬》三十八卷。玉函山房、汉学堂两丛书皆有专辑。

清儒最尊郑康成，竞辑其遗著。黄右原辑《高密遗书》十四种《六艺论》《易注》《尚书注》《尚书大传注》《毛诗谱》《箴膏肓、起废疾、发墨守》《丧服变除》《驳五经异义》《答临孝存周礼难》《三礼目录》《鲁禘祫义》《论语注》《郑志》《郑记》。孔丛伯广林辑《通德遗书》十七种《箴膏肓、起废疾、发墨守》分为三种，增《尚书中候注》《论语弟子篇》二种，无《郑志》《郑记》，余目同黄辑。袁钧辑有《郑氏佚书》二十一种增《尚书五行传注》《尚书略说注》二种，有《郑志》《郑记》，余目同孔辑。而陈仲鱼鳣又别辑《六艺论》，钱东垣、王复等又先后别辑《郑志》。其《尚书大传注》《驳五经异义》，有多数辑本，已详前。

以上经部。

史部书辑佚之目的物，一为古史，一为两晋六朝人所著史。

古史中以《世本》及《竹书纪年》为主要品。

《世本》为司马迁所据以作《史记》者。《汉书·艺文志》著录十五卷，其书盖佚于宋元之交因郑樵、王应麟尚及征引。清儒先后辑者有钱大昭、孙冯翼、洪饴孙、雷学淇、秦嘉谟、茆泮林、张澍七家。秦本最丰，凡十卷，余家皆二卷或一卷。然秦将《史记》世家及《左传》杜注、《国语》韦注，凡涉及世系之文皆归诸《世本》，原书既无明文，似太涉泛滥。茆、张两家似最翔实。秦嘉谟辑本乃盗窃洪孟慈（饴孙）者，见洪用懃《授经堂未刊书目》。

汲冢《竹书纪年》，亦出司马迁前，而为迁所未见，在史部中实为鸿宝。明以来刻本既出伪撰，故清儒亟欲求其真。先后辑出者，有洪颐煊、陈逢衡、张宗泰、林春溥、朱右曾、王国维诸家。王辑最后最善。

史家著作，以两晋六朝为最盛，而其书百不存一，学者憾焉。清儒乃发愤从事搜辑。其用力最勤者为章逢之宗源，著有《隋书经籍志考证》，今所存者仅有史部，为书十三卷余三部不知已成否。书名虽似踵袭王应麟之《汉书艺文志考证》，而内容不同。彼将《隋志》著录各书，每书详考作者履历及著述始末，与夫后人对于此书之批评。除现存书外，其余有佚文散见群籍者皆备辑之，所辑虽皆属片鳞残甲，亦可谓宏博也已。

其后则有姚氏之骃辑八家《后汉书》东观、谢承、薛莹、张璠、华峤、谢沈、袁山松、司马彪，汪氏文台辑七家《后汉书》谢承、薛莹、司马彪、华峤、谢沈、袁山松、张璠及失名氏一种，汤氏球辑两家《汉晋春秋》习凿齿、杜延业、两家《晋阳秋》孙盛、檀道鸾、五家《晋纪》干宝、陆机、曹嘉之、邓粲、刘谦之、十家《晋书》臧荣绪、王隐、虞预、朱凤、谢灵运、萧子云、萧子显、沈约、何法盛及晋诸公别传、十八家霸史萧方等《三十国春秋》、武敏之《三十国春秋》、常璩《蜀李书》、和苞《汉赵记》、田融《赵书》、吴笃《赵书》、王度《二石传》、范亨《燕书》、车频《秦书》、王景晖《南燕书》、裴景仁《秦记》、姚和都《后秦记》、张谘《凉记》、喻归《西河记》、段龟龙《凉记》、刘昞《敦煌实录》、张诠《南燕书》、高闾《燕志》；而张介侯澍以甘肃人特注意甘凉掌故，专辑乡邦遗籍所辑有赵岐《三辅决录》、失名《三辅故事》、辛氏《三秦记》，杨孚《凉州异物志》、张谘《凉记》、失名《西河旧事》、喻归《西河记》、失名《沙州记》。皆两晋六朝史籍碎金也。

地理类书，则有毕秋帆辑王隐《晋书地道记》《太康三年地志》，有张介侯辑阚骃《十三州志》。政书类则有孙渊如辑《汉官》六卷。王隆《汉官》及《汉官解诂》、卫宏《汉旧仪》及补遗、应劭《汉官仪》、蔡质《汉官典职仪式选用》、丁孚《汉仪》。谱录则有钱东垣辑王尧臣《崇文总目》等。

以上史部。

子部书，有唐马总《意林》所钞汉以前古子，其书为今已佚者，加以各种类书各种经注等所征引，时可资采摭。然所辑不多。稍可观者如严可均辑《申子》，章宗源、任兆麟辑《尸子》，章宗源辑《燕丹子》，严可均辑补《商子》《慎子》，张澍辑补《司马法》，茆泮林辑《计然万物录》，孙冯翼、茆泮林辑《淮南万毕术》等。马氏国翰《玉函山房丛书》所辑《汉志》先秦佚子，则儒家十五种《漆雕子》《宓子》《景子》《世子》《魏文侯书》《李克书》《公孙尼子》《内业》《谰言》《宁子》《王孙子》《董子》（董无心）《徐子》《鲁连子》《虞氏春秋》，农家三种《神农书》《野老》《范子计然》，道家书七种《伊尹书》《辛甲书》《公孙牟子》《田子》《老莱子》《黔娄子》《郑长者书》，法家一种《申子》，名家一种《惠子》，墨家五种《史佚书》《田俅子》《随巢子》《胡非子》《缠子》，纵横家二种《苏子》《阙子》。黄氏奭《子史钩沉》中之周秦部分，亦有五种《六韬》《李悝法经》《范子计然》《神农本草经》《淮南万毕术》。黄氏周辑《逸子》未刊，其序见《儆季杂著》之周秦部分，亦有六种《太公金匮》《鲁连子》《范子计然》《随巢子》《王孙子》《申子》。

现存各子书辑其佚文者，则有孙仲容之于《墨子》、王石臞之于《荀子》、王慧英之于《韩非子》等。《孟子外书》，林春溥有注本。但此书赵岐已明辨为伪托。

现存古子辑其佚注者，则有孙冯翼辑司马彪《庄子注》、许慎《淮南子注》等。

以吾所见，辑子部书尚有一妙法。盖先秦百家言，多数散见同时人所著书。例如从《孟子》《墨子》书中辑告子学说，从《孟子》《荀子》《庄子》辑宋钘学说，从《庄子》书中辑惠施、公孙龙学说，从《孟子》《荀子》《战国策》书中辑陈仲学说，从《孟子》书中辑许行、白圭学说……诸如此类，可辑出者不少，惜清儒尚未有人从事于此也。

以上子部。

集部之名，起于六朝，故考古者无所用其辑。然搜集遗文，其工作之繁重亦正相等。晚明张溥之《汉魏六朝百三家集》，事实上什九皆由裒辑而成，亦可谓之辑佚。但其书不注明出处，又各家皆题为“某人集”，而其人或本无集，其集名或并不见前代著录，任意锡名，非著述之体也。清康熙间官修《全唐文》《全唐诗》《全金诗》，其性质实为辑佚。与《唐文粹》《宋文鉴》等书性质不同。彼乃选本，立一标准以为去取；此乃辑本，见一篇收一篇，务取其备。集部辑佚，实昉于此。

张月霄金吾辑《金文最》百二十卷，凡费十二年始成。李雨村调元辑《全五代诗》一百卷。某氏辑《全辽诗》若干卷。其书未见，其名偶忘。缪小山辑《辽文存》六卷，其工作颇艰辛。其最有价值者则严铁桥之《全上古三代两汉三国两晋六朝文》七百四十六卷，凡经、史、子、传记、专集、注释书、类书、旧选本、释道藏、金石文中六朝以前之文，凡三千四百九十七家，自完篇以至零章断句，搜辑略备。每家各为小传，冠于其文之前，可谓艺林渊海也已。《吴山尊日记》谓此书实孙渊如辑而铁桥攘之。吾谓铁桥决非攘书者。况渊如贵人，铁桥寒士，铁桥依渊如幕府，以所著赠名渊如则有之耳。张绍南作《渊如年谱》，谓晚年与铁桥同辑此书。或渊如发起，且以藏书资铁桥，斯可信也。（杨星吾《晦明轩稿》论此案，与吾意略同。）

刘孟瞻文淇《扬州文征》、邓湘皋显鹤《沅湘耆旧集》等，性质亦为辑佚，盖对于一地方人之著作搜采求备也。此类书甚多，当于方志章别论之。

以上集部。

嘉道以后，辑佚家甚多，其专以此为业而所辑以多为贵者，莫如黄右原奭、马竹吾国翰两家。今举其辑出种数。

黄氏《汉学堂丛书》：

经解八十六种

通纬五十六种

子史钩沉七十四种

马氏《玉函山房辑佚书》：

经部四百四十四种内纬书四十种

史部八种

子部一百七十八种

上两家所辑虽富，但其细已甚，往往有两三条数十字为一种者，且其中有一部分为前人所辑，转录而已，不甚足贵。马氏书每种之首冠以一简短之提要，说明本书来历及存佚沿革，颇可观。

鉴定辑佚书优劣之标准有四：（一）佚文出自何书，必须注明；数书同引，则举其最先者。能确遵此例者优，否者劣。（二）既辑一书，则必求备。所辑佚文多者优，少者劣。例如《尚书大传》陈辑优于卢、孔辑。（三）既须求备，又须求真。若贪多而误认他书为本书佚文则劣。例如秦辑《世本》劣于茆、张辑。（四）原书篇第有可整理者，极力整理，求还其书本来面目。杂乱排列者劣。例如邵二云辑《五代史》，功等新编，故最优。——此外更当视原书价值何如。若寻常一俚书或一伪书，搜辑虽备，亦无益，费精神耳。

总而论之，清儒所做辑佚事业甚勤苦，其成绩可供后此专家研究资料者亦不少，然毕竟一钞书匠之能事耳。末流以此相矜尚，治经者现成的三《礼》郑注不读，而专讲些什么《尚书》《论语》郑注；治史者现成之《后汉书》《三国志》不读，而专讲些什么谢承、华峤、臧荣绪、何法盛；治诸子者现成几部子书不读，而专读些什么佚文和什么伪妄的《鬻子》《燕丹子》。若此之徒，真可谓本末倒置，大惑不解！善夫章实斋之言曰："……今之俗儒，逐于时趋，误以擘绩补苴谓足尽天地之能事。幸而生后世也。如生秦火未毁以前，典籍具存，无事补辑，彼将无所用其学矣。"《文史通义·博约中篇》

第十五讲　清代学者整理旧学之总成绩（三）

——史学、方志学、地理学、传记及谱牒学

六、史学

清代史学开拓于黄梨洲、万季野，而昌明于章实斋。吾别有专篇论之看第五讲、第八讲、第十二讲。但梨洲、季野在草创时代，其方法不尽适用于后辈。实斋才识绝伦，大声不入里耳，故不为时流宗尚。三君之学不盛行于清代，清代史学界之耻也。清代一般史学家思想及其用力所在，王西庄之《十七史商榷序》最足以代表之。今节录如下：

……大抵史家所记典制，有得有失，读史者不必横生意见驰骋议论以明法戒也；但当考其典制之实，俾数千百年建置沿革瞭如指掌，而或宜法或宜戒，待人之自择焉可耳。其事迹则有美有恶，读史者亦不必强立文法，擅加与夺，以为褒贬也；但当考其事迹之实，俾年经事纬、部居州次、纪载之异同、见闻之离合，一一条析无疑，而若者可褒若者可贬，

听诸天下之公论焉可矣。……

读史之法与读经小异而大同。……治经断不敢驳经；而史则虽子长、孟坚，苟有所失，无妨箴而砭之。此其异也。……

大抵自宋以后所谓史家——除司马光、郑樵、袁枢有别裁特识外——率归于三派。其一派则如胡安国、欧阳修之徒，务为简单奥隐之文词，行其谿刻隘激之“褒贬”；其一派则苏洵、苏轼父子之徒，效纵横家言，任意雌黄史迹，以为帖括之用；又其一派则如罗泌之徒之述古，李焘之徒之说今，惟侈浩博，不复审择事实。此三派中分史学界七百余年，入清乃起反动。

清初史学，第一派殆已绝迹。第二派则侯朝宗方域、魏叔子禧等扇其焰，所谓“古文家”“理学家”从而和之。其间如王船山，算是最切实的，然习气尚在所不免。第三派则马宛斯骕、吴志伊任臣及毛西河、朱竹垞辈，其著述专务内容之繁博以眩流俗，而事实正确之审查不甚厝意。虽然，自亭林、梨洲诸先觉之倡导，风气固趋健实矣。

乾嘉间学者力矫其弊，其方向及工作，则略如王西庄所云云。大抵校勘前史文句之讹舛，其一也；订正其所载事实之矛盾错误，其二也；补其遗阙，其三也；整齐其事实使有条理易省览，其四也。其著述门类虽多，精神率皆归于此四者。总而论之，清儒所高唱之“实事求是”主义，比较地尚能应用于史学界，虽其所谓“实事”者或毛举细故，无足重轻，此则视乎各人才识何如。至于其一般用力方法，不可不谓比前代有进步也。

今就各家所业略分类，以论其得失。

※ ※ ※

（甲）明史之述作 附清史史料

清初史学之发展，实由少数学者之有志创修《明史》，而明史馆之开设，亦间接助之。其志修《明史》者，首屈指亭林、梨洲，然以毕生精力赴之者，则潘力田、万季野、戴南山。

自唐以后，各史皆成于官局众修之手，是以矛盾百出，芜秽而不可理。

刘子玄、郑渔仲已痛论其失，而卒莫之能改。累代学者亦莫敢以此自任。逮清初而忽有潘、万、戴三君，先后发大心，负荷斯业，虽其功皆不就，不可谓非豪杰之士也。钱牧斋亦有志自撰《明史》，其人不足道，但亦略有史才。然书既无成，可不复论。

三家之中，潘、万学风大略相同，专注重审查史实。盖明代向无国史不如清代国史馆之能举其职，递续修纂，只有一部《实录》，既为外间所罕见，且有遗缺缺建文、天启、崇祯三朝，而士习甚嚣，党同伐异，野史如鲫，各从所好恶以颠倒事实，故明史号称难理。潘力田发心作史，其下手功夫即在攻此盘错。其弟次耕序其《国史考异》云："亡兄博极群书，长于考订。谓著书之法，莫善于司马温公，其为《通鉴》也，先成长编，别著考异，故少牴牾。……于是博访有明一代之书，以《实录》为纲领，若志乘，若文集，若墓铭家传，凡有关史事者一切钞撮荟萃，以类相从，稽其异同，核其虚实。……去取出入，皆有明征；不徇单辞，不逞臆见；信以传信，疑以传疑。……"《遂初堂集》卷六又序其《松陵文献》曰："亡兄与吴先生炎草创《明史》，先作长编，聚一代之书而分划之，或以事类，或以人类，条分件系，汇群言而骈列之，异同自出，参伍钩稽，归于至当，然后笔之于书。"同上卷七力田治史方法，其健实如此，故顾亭林极相推挹，尽以己所藏书所著稿畀之。其书垂成，而遭"南浔史狱"之难。既失此书，复失此人，实清代史学界第一不幸事也。遗著幸存者仅《国史考异》之一部分原书三十余卷，仅存六卷及《松陵文献》，读之可见其史才之一斑。

季野学术，已具第八讲，此不多述。彼为今本《明史》关系最深之人，学者类能知之。但吾以为，《明史》长处，季野实尸其功；《明史》短处，季野不任其咎。季野主要工作，在考证事实以求真是，对于当时史馆原稿既随时纠正，复自撰《史稿》五百卷，自言："吾所取者或有可损，而所不取者，必非其事与言之真而不可益。"故《明史》叙事翔实，不能不谓季野诒谋之善。虽然，《史稿》为王鸿绪所攘，窜改不知凡几。魏默深有《书王横云明史稿后》，辨证颇详。后此采王稿成书，已不能谓为万氏之旧。且季野最反对官局分修制度，而史馆沿旧制卒不可革。季野虽负重望，岂能令分纂者悉如其意？况季野卒于康熙四十一年，《明史》成于乾隆四年，相距几四十年，中间史馆废弛已久；张廷玉等草草奏进时，馆中几无一知名之士，则其笔削失当之处，亦概可想。故季野虽视潘、戴为幸，然仍不幸也。最不幸者是《明史稿》不传。然《明史》能有相当价值，微季野之力固不及此也。

戴南山罹奇冤以死，与潘力田同，而著作之无传于后，视力田尤甚。大抵南山考证史迹之恳挚，或不如力田、季野此亦比较之辞耳。观集中《与余生书》（即南山致祸之由者），其搜查史料之勤慎尚可见；且彼亦与季野有交期，特其精力不甚费于考证耳，而史识、史才，实一时无两。其遗集中《史论》《左氏辨》等篇，持论往往与章实斋暗合。彼生当明史馆久开之后，而不慊于史馆诸公之所为，常欲以独力私撰《明史》，又常与季野及刘继庄、蔡瞻岷约偕隐旧京共沕一史。然而中年饥驱潦倒，晚获一第，卒以史事罹大僇，可哀也！其史虽一字未成，然集中有遗文数篇，足觇史才之特绝。其《孑遗录》一篇，以桐城一县被贼始末为骨干，而晚明流寇全部形势乃至明之所以亡者具见焉，而又未尝离桐而有枝溢之辞。其《杨刘二士合传》，以杨畏知、刘廷杰、王运开、王运宏四人为骨干，寥寥二千余言，而晚明四川云南形势若指诸掌。其《左忠毅公传》以左光斗为骨干，而明末党祸来历及其所生影响与夫全案重要关系人面目皆具见。盖南山之于文章有天才，善于组织，最能驾驭资料而镕冶之，有浓挚之情感而寄之于所记之事不著议论，且蕴且泄，恰如其分，使读者移情而不自知。以吾所见，其组织力不让章实斋，而情感力或尚非实斋所逮。有清一代史家作者之林，吾所俯首，此两人而已。

潘、万、戴之外，有应附记者一人，曰傅掌雷维鳞。其人为顺治初年翰林，当明史馆未开以前，独力私撰《明书》一百七十一卷。书虽平庸不足称，顾不能不嘉其志。虽然，三君之书或不成或不传，而惟傅书岿然存，适以重吾曹悲也。

明清鼎革之交一段历史，在全部中国史上实有重大的意义。当时随笔类之野史甚多，虽屡经清廷禁毁，现存者尚百数十种。其用著述体稍经组织而其书有永久的价值者，则有吴梅村伟业之《鹿樵纪闻》，专记流寇始末其书为邹漪所盗改，更名《绥寇纪略》，窜乱原文，颠倒事实处不少；有王船山之《永历实录》，纪永历十五年间事迹，有纪有传；有戴耘野笠之《寇事编年》《殉国汇编》，实潘力田《明史长编》之一部耘野与亭林、力田为至友。力田修《明史》，耘野为担任晚明部分，此诸书即其稿，见潘次耕《寇事编年序》；有黄梨洲之《行朝录》，于浙闽事言之较详；有万季野之《南疆逸史》；有温睿临之《南疆绎史》，皆半编年体；有计用宾六奇之《明季北略》《明季南略》，用纪事本末体，组织颇善；有邵念鲁廷采之《东南纪事》《西南纪事》，盖以所闻于黄梨洲者重加甄补，成为有系统的著述，于当时此类著作品中称甚善云。嘉道以降，文网渐宽，此类著述本可自由，然时代既隔，资料之搜集审查皆不易，惟徐亦才鼒之《小腆纪年》《小腆纪传》最称简洁。戴子高尝欲作《续明史》，成传数篇，惜不永年，未竟其业。钱映江绮著《南明书》三十六卷，据谭复堂云已成，不审有刻本否，亦不知内容何如。

官修《明史》自康熙十八年开馆，至乾隆四年成书，凡经六十一年。其中大部分率皆康熙五十年以前所成，以后稍为补缀而已。关于此书之编纂，最主要人物为万季野，尽人皆知。而大儒黄梨洲、顾亭林，于义例皆有所商榷。而最初董其事者为叶讱庵及徐健庵、立斋兄弟，颇能网罗人才，故一时绩学能文之士，如朱竹垞、毛西河、潘次耕、吴志伊、施愚山、汪尧峰、黄子鸿、王昆绳、汤荆岘、万贞一等咸在纂修之例，或间接参定。《明史》初稿某部分出某人手，可考出者：如《太祖本纪》、高文昭章睿景纯七朝后妃传至江东李文进、龙大有列传四十七篇出汤荆岘，《成祖本纪》出朱竹垞，《地理志》出徐健庵，《食货志》出潘次耕，《历志》出吴志伊、汤荆岘，《艺文志》出尤西堂，太祖十三公主至曹吉祥传一百二十九篇出汪尧峰，熊廷弼、袁崇焕、李自成、张献忠诸传出万季野，流贼、土司、外国诸传出毛西河……此类故实，散见诸家文集笔记中者不少。吾夙思搜集汇列之，惜所得尚希耳。一时流风所播，助长学者社会对于史学之兴味亦非浅尠也。

史学以记述现代为最重，故清人关于清史方面之著作，为吾侪所最乐闻，而不幸兹事乃大令吾侪失望。治明史者常厌野史之多，治清史者常感野史之少。除官修之《国史》《实录》《方略》外，民间私著卷帙最富者，为蒋氏良骥、王氏先谦之两部《东华录》，实不过钞节《实录》而成。欲求如明王世贞之《弇州乙部稿》等稍带研究性质者且不可得；进而求如宋王偁之《东都事略》等斐然述作者，更无论矣。其局部的纪事本末之部，最著者有魏默深源之《圣武记》、王壬秋闿运之《湘军志》等。默深观察力颇锐敏，组织力颇精能，其书记载虽间有失实处，固不失为一杰作。壬秋文人，缺乏史德，往往以爱憎颠倒事实。郭筠仙、意城兄弟尝逐条签驳，其家子弟汇刻之，名曰《湘军志平议》。要之壬秋此书文采可观，其内容则反不如王定安《湘军记》之翔实也。其足备表志一部分资料者，如祁鹤皋韵士之《皇朝藩部要略》，对于蒙古部落封袭建置颇详原委；如程善夫庆余之《皇朝经籍志》《皇朝碑版录》《八卿表》《督抚提镇年表》等，当属佳构，存否未审见戴子高所作程墓表。此外可称著作者，以吾固陋，乃未之有闻。其人物传记之部，最著者有钱东生林之《文献征存录》、李次青元度之《国朝先正事略》等。钱书限于学者及文学家，颇有条贯。李书涉全部，自具别裁，而俭陋在所不免。其部分的人物，则阮芸台之《畴人传》，罗茗香士琳、诸可宝之《续畴人传》皆极佳。董兆熊之《明遗民录》、张南山维屏之《国朝诗人征略》等颇可观。至于《碑传集》钱仪吉编、《续碑传集》缪荃孙编、《国朝耆献类征》李桓编等书，钞撮碑志家传，只算类书，不算著述。李书尤芜杂，但亦较丰富。至如笔记一类书，宋明人所著现存者，什之五六皆记当时事迹。清人笔记有价值者，则什有九属于考古方面。求其记述亲见亲闻之大事，稍具条理本末如吴仲伦德旋《闻见录》、薛叔耘福成《庸庵笔记》之类，盖不一二觏。昭梿《啸亭杂录》、姚元之《竹叶亭笔记》、陈康祺《郎潜纪闻》之类，虽皆记当时事，然全属官场琐末掌故，足资史料者甚少。故清人不独无清史专书，并其留诒吾曹之史料书亦极贫乏。以吾个人的经验，治清史最感困难者，例如满洲入关以前及入关初年之宫廷事迹与夫旗人残暴状况，《实录》经屡次窜改，讳莫如深。孟莼孙《心史丛刊》记累朝改《实录》事颇详。又如顺治康熙间吏治腐败，民生凋敝，吾侪虽于各书中偶见断片，但终无由知其全部真相，而据官书记载，则其时正乃黄金时代。又如咸同之乱，吾侪耳目所稔，皆曾胡辈之丰功伟烈，至洪杨方面人物制度之真相，乃无一书纪述。又如自戊戌政变、义和团以至辛亥革命，虽时代密迩，口碑间存，然而求一卷首末完备年月正确之载记，亦杳不可得。……窃计自汉晋以来二千年，私家史料之缺乏，未有甚于清代者。盖缘顺康雍乾间文网太密，史狱屡起，“禁书”及“违碍书”什九属史部，学者咸有戒心。乾嘉以后，上流人才集精力于考古，以现代事实为不足研究。此种学风及其心理，遗传及于后辈，专喜捋撦残编，不思创垂今录。他不具论，即如我自己便是遗传中毒的一个人。我于现代事实所知者不为少，何故总不肯记载以诒后人？吾常以此自责，而终不能夺其考古之兴味，故知学风之先天的支配，甚可畏也。呜呼！此则乾嘉学派之罪也。

※ ※ ※

（乙）上古史之研究

《史记》起唐虞三代，而实迹可详记者实断自春秋而取材于《左氏》。《通鉴》则托始战国。而《左传》下距《战国策》既百三十三年，中间一无史籍。《战国策》又皆断片纪载，不著事实发生年代。于是治史学者当然发生两问题：一春秋以前或秦汉以前史迹问题，一春秋战国间缺漏的史迹及战国史迹年代问题。

第一问题之研究，前此则有蜀汉谯周《古史考》、晋皇甫谧《帝王世纪》皆佚、宋胡宏《皇王大纪》、吕祖谦《大事记》、罗泌《路史》、金履祥《通鉴前编》等。清初治此者则有马宛斯骕、李庸青锴。宛斯之书曰《绎史》，百十六卷，仿袁枢纪事本末体，盖毕生精力所萃，搜罗资料最宏博，顾亭林亟称之，时人号曰“马三代”。庸青之书曰《尚史》，七十卷，仿正史纪传体《世系图》一卷、《本纪》五卷、《世家》十三卷、《列传》三十四卷、《系》四卷、《志》十卷、《年表》十卷、《序传》一卷，博赡稍逊马书。李为铁岭人，关东唯一学者。闻奉天当局以重价得其原稿，正付刻云。此两书固不愧著作之林。但太史公固云：“百家言黄帝，其文不雅驯，搢绅先生难言之。”

宛斯辈欲知孔子所不敢知，杂引汉代谶纬神话，泛滥及魏晋以后附会之说，益博则愈益其芜秽耳。然马书以事类编，甚便学者。李映碧清为作序，称其特长有四：一、体制之别创，二、谱牒之咸具，三、纪述之靡舛，四、论次之最核。后两事吾未敢轻许，但其体制别创确有足多者。彼盖稍具文化史的雏形，视魏晋以后史家专详朝廷政令者盖有间矣。宛斯复有《左传事纬》，用纪事本末治《左传》；而高江村士奇之《左传纪事本末》，分国编次，则复左氏《国语》之旧矣。此外则顾复初《春秋大事表》，为治春秋时代史最善之书，已详经学章，不复述。

嘉庆间则有从别的方向——和马宛斯正相反的方法以研究古史者，曰崔东壁述，其书曰《考信录》。《考信录提要》二卷，《补上古考信录》二卷，《唐虞考信录》四卷，夏、商《考信录》各二卷，《丰镐考信录》八卷，《洙泗考信录》四卷，《丰镐别录》《洙泗余录》各三卷，《孟子事实录》《考信附录》《考信续说》各二卷。太史公谓："载籍极博犹考信于六艺。"东壁墨守斯义，因取以名其书。经书以外只字不信。《论语》《左传》，尚择而后从，《史记》以下更不必论。彼用此种极严正态度以治古史，于是自汉以来古史之云雾拨开什之八九。其书为好博的汉学家所不喜。然考证方法之严密犀利，实不让戴、钱、段、王，可谓豪杰之士也。

研究第二问题者，嘉道间有林鉴塘春溥著《战国纪年》六卷，同光间有黄薇香式三著《周季编略》九卷。两书性质体裁略同，黄书晚出较优。

第二问题，在现存资料范围内，所能做的工作不过如此，不复论。第一问题中春秋前史迹之部分，崔东壁所用方法，自优胜于马宛斯。虽然，犹有进。盖"考信六艺"，固视轻信"不雅驯之百家"为较有根据。然六艺亦强半春秋前后作品，为仲尼之徒所诵法。仲尼固自言"夏殷无征"，则自周以前之史迹，依然在茫昧中。六艺果能予吾侪以确实保障否耶？要之，中国何时代有史，有史以前文化状况如何，非待采掘金石之学大兴，不能得正当之解答，此则不能责备清儒，在我辈今后之努力耳。

※ ※ ※

（丙）旧史之补作或改作

现存正史类之二十四史，除《史记》、两《汉》及《明史》外，自余不满人意者颇多。编年类司马《通鉴》止于五代，有待赓续。此外偏霸藩属诸史，亦时需补葺。清儒颇有从事于此者。

陈寿《三国志》精核谨严，夙称良史，但其不满人意者三点：一、行文太简，事实多遗；二、无志表；三、以魏为正统。宋以后学者对于第三点抨击最力，故谋改作者纷纷。宋萧常、元郝经两家之《续后汉书》，即斯志也。清则咸同间有汤承烈著《季汉书》若干卷，吾未见其书；据莫郘亭友芝称其用力尤在表志，凡七易稿乃成。争正统为旧史家僻见，诚不足道，若得佳表志，则其书足观矣。

《晋书》为唐贞观间官修，官书出而十八家旧史尽废。刘子玄尝慨叹之。其书喜采小说，而大事往往阙遗，繁简实不得宜。嘉庆间周保绪济著《晋略》六十卷，仿鱼豢《魏略》为编年体也。丁俭卿晏谓其“一生精力毕萃于斯，体例精深，因而实创”；魏默深谓其“以寓平生经世之学，遐识渺虑，非徒考订笔力过人”。据此则其书当甚有价值。乾隆间有郭伦著《晋记》六十八卷，为纪传体。

魏收《魏书》夙称“秽史”，芜累不可悉指。其于东西魏分裂之后，以东为正，以西为伪，尤不惬人心。故司马《通鉴》不从之。乾隆末谢蕴山启昆著《西魏书》二十四卷，纠正收书之一部分。南北朝正统之争本已无聊，况于偏霸垂亡之元魏，为辨其孰正孰僭，是亦不可以已耶？然蕴山实颇具史才，此书于西魏二十余年间史料采摭殆无遗漏，结构亦谨严有法，固自可称。

今二十四史中，《宋书》《南齐书》《梁书》《陈书》《北魏书》《北齐书》《北周书》之与《南史》《北史》，《旧唐书》之与《新唐书》，《旧五代史》之与《新五代史》，皆同一时代而有两家之著作，文之重复者什而八九，两家各有短长，故官书并存而不废。然为读者计，非惟艰于省览，抑且苦于别择矣。于是校合删定之本，颇为学界所渴需。清初有李映碧清著《南北史合钞》一百九十一卷，删宋、齐、梁、陈、魏、齐、周、隋八书，隶诸南北二史而夹注其下。其书盛为当时所推服，与顾氏《方舆纪要》、马氏《绎史》称为海内三奇书。实则功仅钞撮，非惟不足比顾，并不足比马也。映碧复钞马令、陆游两家之《南唐书》为一书。康雍之交，有沈东甫炳震著《新旧唐书合钞》二百六十卷。其名虽袭映碧，而体例较进步，彼于两书异同，经考订审择乃折衷于一。其《方镇表》及《宰相世系表》正讹补阙，几等于新撰。全谢山谓“可援王氏《汉书艺文志考证》之例孤行于世”者也《鲒埼亭集·沈东甫墓志铭》。要之此二书虽不能谓为旧史之改造，然删合剪裁，用力甚勤，于学者亦甚便。

《五代史》自欧书行而薛书殆废，自四库辑佚，然后两本乃并行。欧仿《春秋》笔法，简而无当；薛书稍详，而芜累挂漏亦不少。要之其时宇内分裂，实不能以统一时代之史体为衡。薛欧皆以汴京称尊者为骨干，而诸镇多从阙略，此其通蔽也。清初吴志伊任臣著《十国春秋》百十四卷吴十四卷，南唐二十卷，前蜀十三卷，后蜀十卷，南汉九卷，楚十卷，吴越十三卷，闽十卷，荆南四卷，北汉五卷，十国纪元表一卷，十国世系表一卷，十国地理志二卷，十国藩镇表、百官表各一卷。以史家义法论，彼时代之史，实应以各方镇丑夷平列为最宜。实则宜将梁、唐、晋、汉、周并夷之为十五国。吴氏尚一间未达也。吴氏义例，实有为薛欧所不及处。然其书徒侈攟摭之富，都无别择，其所载故事又不注出处。盖初期学者著述，体例多缺谨严，又不独吴氏也。道咸间，粤人吴兰修著《南汉纪》，梁廷枏著《南汉书》，皆足补吴书所未备，而考核更精审。

嘉庆间陈仲鱼鳣著《续唐书》七十卷，以代五代史，其意盖不欲帝朱温，而以后唐李克用直接唐昭宗；后唐亡后，则以南唐续之。其自作此书，则将以处于刘、欧两《唐书》与马、陆两《南唐书》之间。此与汤氏《季汉书》、谢氏《西魏书》同一见解。为古来大小民贼争正统闰位，已属无聊，况克用朱邪小夷，又与朱温何别？徒浪费笔墨耳。然亦犹薛欧妄宗汴京称尊者而造为“五代”一名称，有以惹起反动也。有李旦华（宪吉）著《后唐书》

内容略同，未刻。

元人所修三史宋辽金，在诸史中称为下乘，内中《金史》因官修之旧，较为洁净。金人颇知注重文献，史官能举其职，元好问、刘祁等私家著述亦丰，故《金史》有所依据。宋辽二史芜秽漏略特甚。辽地偏祚短，且勿论。宋为华族文化嫡裔，而无良史，实士夫之耻也。《宋史》中北宋部分本已冗芜，南宋部分尤甚。钱竹汀云：《宋史》述南渡七朝事，丛冗无法，不如九朝之完善；宁宗以后四朝，又不如高、孝、光三朝之详明。识者早认为有改造之必要。明末大词曲家汤玉茗显祖曾草定体例，钩乙原书，略具端绪见王阮亭《分甘余话》及梁曜北《瞥记》。清初潘昭度得玉茗旧本，因而扩之，殆将成书见梁茝林《退庵随笔》。但今皆不传。乾隆末邵二云发愤重编《宋志》，钱竹汀、章实斋实参与其义例。以旧史南宋部分最蒙诟病，乃先仿王偁《东都事略》，著《南都事略》，而《宋志》草创之稿亦不少见《章实斋文集·邵与桐别传》。然二云体弱多病，仅得中寿卒年五十四，两书俱未成，即遗稿鳞爪，今亦不得见。又章实斋治史别有通裁，常欲“仍纪传之体，而参本末之法，增图谱之例，而删书志之名”；以为载诸空言，不如见诸实事，故“思自以义例撰述一书，以名所著之非虚语；因择诸史之所宜致功者，莫如赵宋一代之书”。《文集·与邵二云论修宋史书》是实斋固刻意创作斯业，然其书亦无成。以亟须改造之《宋史》，曾经多人从事，其中更有史学大家如二云、实斋其人者，然而此书始终未得整理之结果，并前辈工作之痕迹亦不留于后，不得不为学术界痛惜也。朱记荣《国朝未刊遗书志略》载有吴县陈黄中《宋史稿》二百十九卷。

《元史》之不堪，更甚于元修三史。盖明洪武元年宋景濂之奉敕撰《元史》，二月开局，八月成书，二次重修，亦仅阅六月，潦草一至于此！虽钞胥迻录成文，尚虞不给，况元代国史本无完本，而华蒙异语扞格滋多者耶？故或以开国元勋而无传并名氏亦不见，或一人而两传、三传；其《刑法》《食货》《百官》诸志，皆直钞案牍，一无剪裁，于诸史中最为荒秽。清儒发愤勘治，代有其人。康熙间则邵戒三远平著《元史类编》四十二卷，然仅就原书重编一过，新增资料甚少，体例亦多贻笑大方。乾隆间则钱竹汀锐意重修，先为《元史考异》十五卷，然新史正文仅成《氏族表》《经籍志》两篇。竹汀学术方面甚多，不能专力于此，无足怪也。据郑叔问《国朝未刊遗书目》言，竹汀已成《元史稿》一百卷。嘉庆间则汪龙庄辉祖著《元史本证》五十卷，分《证误》《证遗》《证名》三部分。竹汀谓其“自摅新得，实事求是，有大醇而无小疵”原书卷首《钱序》。推挹可谓至矣。上述三家者，除竹汀所补表志外，余皆就原书拾遗匡谬，其对于全部之改作，则皆志焉而未逮。大抵《元史》之缺憾，其一固在史法之芜秽，其一尤在初期事实之阙漏。蒙古人未入中国，先定欧西。太祖、太宗、定宗、宪宗四朝，西征中亚细亚全部以迄印度，北征西伯利亚以迄中欧。及世祖奠鼎燕京，其势已邻弩末。前四朝事迹，实含有世界性，为元史最主要之部分，而官修《元史》概付阙如，固由史官荒率，抑亦可凭藉之资料太阙乏也。乾隆间自《永乐大典》中发见《元秘史》及《皇元圣武亲征录》，所记皆开国及太祖时事。两书出而“《元史》学”起一革命。钱竹汀得此两书，录存副本，其所以能从事于考证《元史》者盖以此。其后张石洲穆将《亲征录》校正，李仲约文田为《元秘史》作注，于是治元史者兴味骤增。虽然，元时之修国史，其重心不在北京史馆，而在西域宗藩。有波斯人拉施特者，承亲王合赞之命著《蒙古全史》，写以波斯文，实为元史第一瓌宝，而中国人夙未之见。至光绪间洪文卿钧使俄，得其钞本，译出一部分，而“《元史》学”又起第二次革命。盖自道咸以降，此学渐成显学矣。近百年间，从事改造《元史》，泐有成书者，凡四家：

一、魏默深源《新元史》九十卷道光间著成，光绪三十一年刻。

二、洪文卿钧《元史译文证补》三十卷光绪间著成，光绪二十六年刻。

三、屠敬山寄《蒙兀儿史记》，卷数未定光绪、宣统间随著随刻。

四、柯凤荪劭忞《新元史》二百五十七卷民国十一年刻。

吾于此学纯属门外汉，绝无批评诸书长短得失之资格。惟据耳食所得，则魏著讹舛武断之处仍不少，盖创始之难也。但舍事迹内容而论著作体例，则吾于魏著不能不深服。彼一变旧史“一人一传”之形式，而传以类从。其传名及篇目次第为：……太祖平服各国，太宗、宪宗两朝平服各国，中统以后累朝平服叛藩，勋戚，开国四杰，开国四先锋二部长，誓浑河功臣，开国武臣，开国相臣，开国文臣，平金功臣，平蜀功臣，平宋功臣，世祖相臣，……治历治水漕运诸臣，平叛藩诸臣，平东夷南夷诸臣，中叶相臣……但观其篇目，即可见其组织之独具别裁。章实斋所谓“传事与传人相兼”，司马迁以后未或行之也。故吾谓魏著无论内容罅漏多至何等，然固属史家创作，在斯界永留不朽的价值矣。洪著据海外秘笈以补证旧史，其所勘定之部分又不多，以理度之固宜精绝。屠著自为史文而自注之，其注纯属《通鉴考异》的性质，而详博特甚。凡驳正一说，必博征群籍，说明所以弃彼取此之由。以著作体例言，可谓极矜慎极磊落者也。惜所成者多属蒙古未入中国以前之一部分，而其他尚付阙如。柯著最晚出，参考拉施特旧史之洪译本、《元秘史》之李注及《经世大典》《元典章》等书，资料丰富，固宜为诸家冠。然篇首无一字之序，无半行之凡例，令人不能得其著书宗旨及所以异于前人者在何处；篇中篇末又无一字之考异或案语，不知其改正旧史者为某部分，何故改正，所根据者何书。著作家作此态度，吾未之前闻。吾尝举此书价值，问素治此学之陈援庵垣，则其所予批评，似仍多不慊，吾无以判其然否。最近柯以此书得日本博士。

上面所举皆不满于旧史而改作者。其藩属敌国外国之史，应补作者颇多，惜少从事者。以吾所知有洪北江《西夏国志》十六卷，未刻。而黄公度遵宪之《日本国志》四十卷，在旧体史中实为创作。

温公《通鉴》绝笔五代。赓而续之者，在宋则有李焘，迄于北宋；在明则陈柽、王宗沐、薛应旂，皆迄元末。然明人三家，于辽金正史束而不观，仅据宋人纪事之书，略及辽金继世年月，荒陋殊甚。清初徐健庵著《资治通鉴后编》百八十四卷，襄其事者为万季野、阎百诗、胡东樵等。《四库》著录，许其善述。然关于北宋事迹，则李焘《长编》足本之在《永乐大典》者未出；关于南宋事迹，则李心传《系年要录》亦未出；元代则文集说部散于

《大典》中者，亦多逸而未见。徐著在此种资料贫乏状态之下，势难完善，且于辽金事太不厝意，亦与明人等，而宋嘉定后元至顺前，亦太荒略，故全部改作，实为学界极迫切之要求。至乾隆末然后毕秋帆沅《续资治通鉴》二百二十卷出现。此书由秋帆属幕中僚友编订，凡阅二十年，最后经邵二云校定。章实斋《邵与桐别传》云："毕公以二十年功，属宾客续《宋元通鉴》，大率就徐氏本损益，无大殊异。……君出绪余，为之覆审，其书即大改观。……毕公大悦，谓迥出诸家《续鉴》上。"可见书实成于邵手。而章实斋实参与其义例。实斋有代秋帆致钱竹汀论《续鉴》书，见本集。函中指摘陈王薛徐诸家缺失，及本书所据资料所用方法，甚详核。可见章氏与此书关系极深。其书"宋事，据二李焘、心传而推广之，辽金二史所载大事无一遗落，又据旁籍以补其逸。元事，多引文集，而说部则慎择其可征信者。仍用司马氏例，折衷诸说异同，明其去取之故，以为《考异》。……"章代毕致钱书中语。盖自此书出而诸家《续鉴》可废矣。

自宋袁枢作《通鉴纪事本末》，为史界创一新体。明陈邦瞻依其例以治宋史、元史。清初则有谷赓虞应泰著《明史纪事本末》八十卷，其书成于官修《明史》以前，采辑及组织皆颇费苦心。姚立方谓此书为海昌谈孺木迁所作，其各篇附论则陆丽京（圻）作。郑芷畦述朱竹垞言，谓此书为徐倬作。虽皆属疑案，然其书出谷氏者甚少，盖可断言。叶廷琯《鸥波渔话》辨证此事最平允。而马宛斯有《左传事纬》，高江村士奇有《左传纪事本末》，皆属此类书。

※　　※　　※

（丁）补各史表志

表志为史之筋干，而诸史多缺，或虽有而其目不备。如艺文仅汉、隋、唐、宋、明五史有之，余皆阙如。三国六朝海宇分裂，疆域离合，最难董理，而诸史无一注意及此者，甚可怪也。宋钱文子有《补汉兵志》一卷，熊方有《补后汉书年表》若干卷，实为补表志之祖。清儒有事于此者颇多，其书皆极有价值。据吾所知见者列目如下：

《历代史表》五十九卷鄞县万斯同（季野）著。

此书从汉起至五代止，独无西汉及唐，以《汉书》《新唐书》原有表也。所表皆以人为主，《方镇年表》各篇最好。惟东汉于表人外，别有《大事年表》一篇，是其例外。

又季野尚有《纪元汇考》四卷、《历代宰辅汇考》八卷，性质亦略同补表。

《二十一史四谱》五十四卷。归安沈炳震（东甫）著。

四谱者，一纪元，二封爵，三宰执，四谥法。所谱自汉迄元。

《历代艺文志》仁和杭世骏（大宗）著（未见）。

以上总补。

《历代地理沿革表》四十七卷常熟陈芳绩（亮工）著。

此书自汉至明分十二格，表示州郡县沿革。

《史目表》二卷阳湖洪饴孙（孟慈）著。

此书乃表各史篇目，甚便比观，虽非补表，附录于此。又归安钱念劬（恂）亦有《史目表》一卷，但采洪著稍有加减，非创作也。

以上总补。

《史记律书历书天官书正讹》各一卷，《汉书律历志正讹》二卷嘉兴王元启（宋贤）著。

《史记天官书补目》一卷阳湖孙星衍（渊如）著。

《楚汉诸侯疆域志》三卷仪征刘文淇（孟瞻）著。

以上补《史记》《汉书》。

《后汉书补表》八卷嘉定钱大昭（晦之）著。

此书因熊方旧著而补其阙，正其讹。为《诸侯王》《王子侯》《功臣侯》《外戚恩泽侯》《宦者侯》《公卿》，凡六表。

《补续汉书艺文志》一卷嘉定钱大昭（晦之）著。

《补后汉书艺文志》四卷番禺侯康（君谟）著。

《后汉书三公年表》一卷金匮华湛恩（孟超）著。

以上补《后汉书》。

《三国志补表》六卷常熟吴卓信（项儒）著。

《三国志补志》十卷同上。

右二书未刻，见朱记荣《国朝未刊遗书志略》。

《补三国疆域志》二卷阳湖洪亮吉（稚存）著。

《补三国艺文志》四卷番禺侯康（君谟）著。

《三国职官表》三卷阳湖洪饴孙（孟慈）著。

《三国纪年表》一卷钱唐周嘉猷（两塍）著。

《三国郡县表补正》八卷宜都杨守敬（星吾）著（未见）。

以上补《三国志》。

《补晋兵志》一卷嘉兴钱仪吉（衎石）著。

《补晋书艺文志》四卷常熟丁国钧著。

《补晋书艺文志》□卷番禺侯康（君谟）著（未见）。

《补晋书经籍志》四卷钱塘吴士鉴著。

《补晋书艺文志》五卷萍乡文廷式著。

《东晋疆域志》四卷阳湖洪亮吉（稚存）著。

《十六国疆域志》十六卷同上。

以上补《晋书》。

《南北史表》七卷钱唐周嘉猷（两塍）著。

《年表》一卷，《世系表》五卷，《帝王世系表》一卷。

《南北史补志》十四卷江宁汪士铎（梅村）著。

原书三十卷，今存十四卷。内《天文志》四卷、《地理志》四卷、《五行志》二卷、《礼仪志》三卷。其《舆服》《乐律》《刑法》《职官》《食货》《氏族》《释老》《艺文》八志，佚于洪杨之乱。

《东晋南北朝舆地表》二十八卷嘉定徐文范（仲圃）著。

《年表》十二卷，《州郡表》四卷，《郡县沿革表》六卷，《世系图表》附《各国疆域》二卷。

《十六国春秋世系表》二卷嘉兴李旦华（厚斋）著。

《补宋书刑法志、食货志》各一卷栖霞郝懿行（兰皋）著。

《补宋、齐、梁、陈、魏、北齐、周各书艺文志》各一卷番禺侯康（君谟）著（未见）。

《补梁书、陈书艺文志》各一卷武进汤洽著（未见）。

《补梁疆域志》四卷阳湖洪齮孙（子龄）著。

以上补南北朝诸史。

《唐书史臣表》一卷嘉定钱大昕（竹汀）著。

《唐五代学士表》一卷同上。

《唐折冲府考》四卷仁和劳经原（笙士）著，其子格（季言）补辑。

《唐折冲府考补》一卷上虞罗振玉（叔蕴）著。

此二书虽非纯粹的补表志，而性质略同，附见于此。

《唐藩镇表》金匮华湛恩（孟超）著（未见，卷数未详）。

以上补《唐书》。

《五代纪年表》一卷钱唐周嘉猷（两塍）著。

《补五代史艺文志》一卷江宁顾櫰三著。

以上补《五代史》。

《宋史艺文志补》一卷上元倪灿著。

《元史艺文志》四卷嘉定钱大昕（竹汀）著。

《元史氏族表》三卷同上。

《宋学士年表》一卷同上。

《补辽金元三史艺文志》一卷上元倪灿著。

又一卷江都金门诏著。以上二书似不佳。

《宋辽金元四史朔闰表》二卷嘉定钱大昕（竹汀）著。

以上补宋辽金元史。

此类书吾所知见者得以上若干种当有未知者，容更补搜。清儒此项工作，在史学界极有价值。盖读史以表志为最要，作史亦以表志为最难。旧史所无之表志，而后人摭拾丛残以补作则尤难。上述诸书中，如钱衎石之《补晋兵志》，以极谨严肃括之笔法，寥寥二三千言另有自注，而一代兵制俱见。如钱晦之之《补续汉书艺文志》、侯君谟之《补三国艺文志》等，从本书各传所记及他书所征引辛勤搜剔，比《隋经籍志》所著录增加数倍，而各书著作来历及书中内容亦时复考证叙述，视《隋志》体例尤密。如洪北江、刘孟瞻之数种补疆域志，所述者为群雄割据、疆埸屡迁的时代，能苦心钩稽，按年月以考其疆界，正其异名。如周两塍之《南北史世系表》，仿《唐书宰相世系表》之意而扩大之，将六朝矜崇门第之阶级的社会能表现其真相。如钱竹汀之《元史艺文志》及《氏族表》，可据之资料极贫乏，而能钩索补缀，蔚为大观。……凡此皆清儒绝诣，而成绩永不可没者也。

此外有与补志性质相类者，则如钱衎石之《三国志会要》五卷已成未刻，《晋会要》《南北朝会要》各若干卷未成，杨晨之《三国会要》有刻本，徐星伯松之《宋会要》五百卷刻于吴兴刘氏，《宋中兴礼书》二百三十一卷，《续通书》六十四卷俱未刻。

以上所举，各史应补之表志，亦已十得四五，吾侪所最不满意者，则食货、刑法两志补者甚寡仅有一家。两志皆最要而颇难作，食货尤甚，岂清儒亦畏难耶？抑不甚注意及此耶？

旧史所无之表，吾认为有创作之必要者，略举如下：

一、外族交涉年表 诸外族侵入，于吾族旧史关系至巨，非用表分别表之，不能得其兴衰之真相。例如《匈奴年表》从冒顿起至刘渊、赫连之灭亡表之；《鲜卑年表》从树机能始至北齐、北周之灭亡表之；《突厥年表》从初成部落至西突厥灭亡表之；《契丹年表》从初成部落至西辽灭亡表之；《女真年表》从金初立国至清入关表之；《蒙古年表》自成吉思汗以后，历元亡以后，明清两代之叛服，乃至今日役属苏维埃俄国之迹皆表之。自余各小种族之兴仆，则或以总表表之。凡此皆断代史所不能容。故旧史未有行之者，然实为全史极重要脉络。得此则助兴味与省精力皆甚多，而为之亦并不难，今后之学者宜致意也。罗叔蕴著《高昌麹氏年表》等，即此意。惜题目太小，范围太狭耳。

二、文化年表 旧史皆详于政事而略于文化，故此方面之表绝无。今宜补者，例如《学者生卒年表》《文学家生卒年表》《美术家生卒年表》《佛教年表》《重要书籍著作及存佚年表》《重要建筑物成立及破坏年表》……此类表若成，为治国史之助实不细。创作虽不甚易，然以清儒补表志之精神及方法赴之，资料尚非甚缺乏也。

三、大事月表　《史记》之表，以远近为疏密。三代则以世表，十二诸侯、六国及汉之侯王将相则以年表，秦楚之际则以月表。盖当历史起大变化之时，事迹所涉方面极多，非分月表不能见其真相。《汉书》以下二十三史，无复表月者矣。今对于旧史欲补此类表，资料甚难得，且太远亦不必求详。至如近代大事，例如《明清之际月表》《咸丰军兴月表》《中日战役月表》《义和团事件月表》《辛亥革命月表》等，皆因情形极复杂，方面极多，非分月且分各部分表之，不能明晰。吾侪在今日，尚易集资料。失此不为，徒受后人责备而已。

吾因论述清儒补表志之功，感想所及，附记如上。类此者尚多，未遑遍举也。要之，清儒之补表志，实费极大之劳力，裨益吾侪者真不少。惜其眼光尚局于旧史所固有，未能尽其用耳。

※　　※　　※

（戊）旧史之注释及辨证

疏注前史之书，可分四大类。其一，解释原书文句音义者，如裴骃之《史记集解》，颜师古、李贤之两《汉书》注等是也。其二，补助原书遗佚或兼存异说者，如裴松之之《三国志注》等是也。其三，校勘原书文字上之错舛者，如刘攽、吴仁杰之《两汉刊误》等是也。其四，纠正原书事实上之讹谬者，如吴缜之《新唐书纠谬》等是也。清儒此类著述中，四体皆有，有一书专主一体者，有一书兼用两体或三体者。其书颇多，不能悉举。举其要者错综论列之。

清儒通释诸史最著名者三书，曰：

《廿二史考异》一百卷，附《三史拾遗》五卷、《诸史拾遗》五卷嘉定钱大昕（竹汀）著。

《十七史商榷》一百卷嘉定王鸣盛（西庄）著。

《廿二史札记》三十六卷阳湖赵翼（瓯北）著。

三书形式绝相类，内容却不尽从同同者一部分。钱书最详于校勘文字，解释训诂名物，纠正原书事实讹谬处亦时有。凡所校考，令人涣然冰释，比诸经部书，盖王氏《经义述闻》之流也。王书亦间校释文句，然所重在典章故实，自序谓："学者每苦正史繁塞难读，或遇典制茫昧，事迹樛葛，地理、职官眼眯心瞀，试以予书为孤竹之老马，置于其旁而参阅之，疏通而证明之，不觉如关开节解，筋转脉摇。……"诚哉然也！书末《缀言》二卷，论史家义例，亦殊简当。赵书每史先叙其著述沿革，评其得失，时亦校勘其牴牾，而大半论"古今风会之递变、政事之屡更、有关于治乱兴衰之故者"自序语。但彼与三苏派之"帖括式史论"截然不同。彼不喜专论一人之贤否、一事之是非，惟捉住一时代之特别重要问题，罗列其资料而比论之，古人所谓"属辞比事"也。清代学者之一般评判，大抵最推重钱，王次之，赵为下。以余所见，钱书固清学之正宗，其校订精核处最有功于原著者；若为现代治史者得常识、助兴味计，则不如王、赵。王书对于头绪纷繁之事迹及制度，为吾侪绝好的顾问；赵书能教吾侪以抽象的观察史迹之法。陋儒或以少谈考据轻赵书，殊不知竹汀为赵书作序，固极推许，谓为"儒者有体有用之学"也。又有人谓赵书乃攘窃他人，非自作者。以赵本文士，且与其旧著之《陔余丛考》不类也。然人之学固有进步，此书为瓯北晚作，何以见其不能？况明有竹汀之序耶。并时人亦不见有谁能作此类书者。或谓出章逢之（宗源）。以吾观之，逢之善于辑佚耳，其识力尚不足以语此。

武英殿板《二十四史》每篇后所附考证，性质与钱氏《考异》略同；尚有杭大宗世骏《诸史然疑》、洪稚存亮吉《四史发伏》等。洪筠轩颐煊《诸史考异》、李次白贻德《十七史考异》，疑亦踵钱例，然其书未见。

其各史分别疏证者分隶于一总书之下，如钱竹汀之《史记考异》即《廿二史考异》之一部分，《史记拾遗》即《三史拾遗》之一部分——不再举，则

《史记》有钱献之坫《史记补注》一百三十六卷、梁曜北玉绳《史记志疑》三十六卷、王石臞念孙《读史记杂志》六卷、崔觯甫适《史记探原》八卷……钱书当是巨制，惜未刻，无从批评。王书体例，略同钱氏《考异》。梁书自序言："百三十篇中愆违疏略，触处滋疑，加以非才删续，使金鍮罔别，镜璞不完，良可闵叹！……"书名"志疑"，实则刊误纠谬，什而八九也。崔书专辨后人续增窜乱之部分，欲廓清以还史公真相，故名曰"探原"。

《史记》为第一部史书，其价值无俟颂扬。然去古既远，博采书记，班彪所谓"一人之精，文重思烦，故其书刊落不尽，多不齐一"。此实无容为讳者。加以冯商、褚少孙以后，续者十余家。孰为本文？孰为窜乱？实难辨别。又况传习滋广，传写讹舛，所在皆是。故各史中最难读而亟须整理者，莫如《史记》。清儒于此业去之尚远也。然梁、崔二书，固已略辟蚕丛。用此及二钱二王所校订为基础，辅以诸家文集笔记中之所考辨，汇而分疏于正文之下，别成一集校集注之书，庶为后学省无数迷罔。是有望于今之君子！

《汉书》《后汉书》有吴枚庵翌凤《汉书考证》十六卷未见，惠定宇《后汉书补注》二十四卷侯君谟、沈铭彝各续补惠书一卷，钱晦之大昭《汉书辨疑》二十二卷、《后汉书辨疑》十一卷、《续汉书辨疑》九卷，王石臞《读汉书后汉书杂志》共十七卷，陈少章景云《两汉订误》五卷，沈文起钦韩《两汉书疏证》共七十四卷，周荇农寿昌《汉书注校补》五十六卷、《后汉书注校正》八卷，王益吾先谦《汉书补注》一百卷、《后汉书集解》九十卷、《续汉书志集解》三十卷等。诸书大率释文、考异、订误兼用，而《汉书》则释文方面更多，因其文近古较难读也；《后汉书》则考异方面较多，以诸家逸书谢承、华峤、司马彪等遗文渐出也。王益吾书最晚出，集全清考订之成，极便学者矣。

《三国志》有杭大宗《三国志补注》六卷、钱竹汀《三国志辨疑》三卷、潘眉《三国志考证》八卷、梁茝林章钜《三国志旁证》三十卷、陈少章《三国志举正》四卷、沈文起《三国志裴注补》《训故》《释地理》各八卷、侯君谟《三国志补注》一卷、周荇农《三国志注证遗》四卷……此书裴注全属考异补逸性质，诸家多广其所补，沈则于其所不注意之训故地理方面而补之也。

马、班、陈、范四史最古而最善，有注释之必要及价值，故从事者多，《晋书》以下则希矣。其间欧公之《新五代史》最有名而文句最简，事迹遗漏者多，故彭掌仍元瑞仿裴注《三国》例，为《五代史记注》七十四卷。吴胥石兰庭亦有《五代史记纂误补》四卷《纂误》为宋吴缜撰，则纠欧之失也。而武授堂亿、唐春卿景崇亦先后以此例注欧之《新唐书》，武书似未成，唐书成而未刻云。其余如洪稚存之《宋书音义》、杭大宗之《北齐书疏证》、刘恭甫寿曾之《南史校议》、赵绍祖之《新旧唐书互证》等，琐末点缀而已。

辽、金、元三史最为世诟病。清儒治《辽史》者，莫勤于厉樊榭鹗之《辽史拾遗》二十四卷。治《金史》者，莫勤于施北研国祁之《金史详校》十卷。其《元史》部分，已详前节，不再论列。惟李仲约文田之《元秘史注》十五卷，盖得蒙古文原本对译勘正而为之注，虽非注正史，附录于此。

注校旧史用功最巨而最有益者，厥惟表志等单篇之整理。盖兹事属专门之业，名为校注，其难实等于自著也。最初业此者，则宋王应麟之《汉书艺文志考证》。清儒仿行者则如：

孙渊如《史记天官书考证》十卷未刻。

梁曜北《汉书人表考》九卷《古今人表》之注也。从古籍中搜罗诸人典故殆备，可称为三代前人名辞典。又翟文泉云升有《校正古今人表》。

全谢山《汉书地理志稽疑》六卷又段茂堂有《校本地理志》，未刻。

钱献之坫《新斠注汉书地理志》十六卷、《汉书十表注》十卷《表注》未刻。

汪小米远孙《汉书地理志校本》二卷。

吴项儒卓信《汉书地理志补注》百零三卷项儒尚有《汉三辅考》二十四卷，亦《地理志》之附庸也。

杨星吾守敬《汉书地理志补校》二卷。

陈兰甫《汉书地理志水道图说》七卷。

洪筠轩《汉志水道疏证》四卷。

徐星伯松《汉书地理志集释》十六卷、《汉书西域传补注》二卷。

李恢垣光廷《汉西域图考》七卷此书实注《汉书·西域传》也。

李生甫赓芸《汉书艺文志考误》二卷未刻。

朱亮甫右曾《后汉书郡国志补校》□卷未刻。钱晦之有《后汉郡国令长考》,实释《郡国志》之一部分。

钱献之《续汉书律历志补注》二卷未刻。

毕秋帆《晋书地理志新校正》五卷。

方恺《新校晋书地理志》一卷。

张石洲穆《延昌地形志》□卷此用延昌时为标准,补正《魏书地形志》也。

章逢之宗源《隋书经籍志考证》十三卷此书虽注重辑佚,但各书出处多所考证,亦不失为注释体。

杨星吾《隋书地理志考证》九卷。

张登封宗泰《新唐书天文志疏正》□卷未刻。

沈东甫炳震《校正唐书方镇表、宰相世系表》此两篇在《新旧唐书合钞》中,但全部校补,重新组织。全谢山谓当提出别行,诚然。

又《唐书宰相世系表订讹》十二卷此书单行。

董觉轩沛《唐书方镇表考证》二十卷似未刻。

以上各史表志专篇之校注,与补志表同一功用。彼则补其所无,此则就其有者,或释其义例,或校其讹舛,或补其遗阙也。顾最当注意者:右表所列,关于地理者什而八九,次则经籍,次则天文、律历皆各有一二,而食货、刑法、乐、舆服等乃绝无!即此一端,吾侪可以看出乾嘉学派的缺点:彼辈最喜研究僵定的学问,不喜研究活变的学问。此固由来已久,不能专归咎于一时代之人,然而彼辈推波助澜,亦与有罪焉。彼辈所用方法极精密，所费工作极辛勤，惜其所研究之对象不能副其价值。呜呼！岂惟此一端而已矣。

※ ※ ※

（己）学术史之编著及其他

专史之作，有横断的，有纵断的。横断的以时代为界域，如二十四史之分朝代，即其一也。纵断的以特种对象为界域，如政治史、宗教史、教育史、文学史、美术史等类是也。中国旧惟有横断的专史而无纵断的专史，实史界一大憾也。《通典》及《资治通鉴》可勉作两种方式之纵断的政治史。内中惟学术史一部门，至清代始发展。

旧史中之儒林传、艺文志，颇言各时代学术渊源流别，实学术史之雏形。然在正史中仅为极微弱之附庸而已。唐宋以还，佛教大昌，于是有《佛祖通载》《传灯录》等书，谓为宗教史也可，谓为学术史也可。其后儒家渐渐仿效，于是有朱晦翁《伊洛渊源录》一类书。明代则如周汝登《圣学宗传》之类，作者纷出，然大率借以表扬自己一家之宗旨，乃以史昌学，非为学作史，明以前形势大略如此。

清初，孙夏峰著《理学宗传》，复指导其门人魏莲陆一鳌著《北学编》，汤荆岘斌著《洛学编》，学史规模渐具。及黄梨洲《明儒学案》六十二卷出，始有真正之学史，盖读之而明学全部得一缩影焉。然所叙限于理学一部分，例如王弇州、杨升庵辈之学术，在《明儒学案》中即不得见，而又特详于王学，盖"以史昌学"之成见仍未能尽脱。梨洲更为《宋元学案》，已成十数卷，而全谢山更续为百卷。谢山本有"为史学而治史学"的精神，此百卷本《宋元学案》，有宋各派学术——例如洛派、蜀派、关派、闽派、永嘉派，乃至王荆公、李屏山等派——面目皆见焉，洵初期学史之模范矣。

叙清代学术者，有江子屏藩之《国朝汉学师承记》八卷、《国朝宋学渊源记》三卷，有唐镜海鉴之《国朝学案小识》十五卷。子屏将汉学、宋学门户显然区分，论者或病其隘执。然乾嘉以来学者事实上确各树一帜，贱彼而贵我，子屏不过将当时社会心理照样写出，不足为病也。二书中《汉学》编较佳，《宋学》编则漏略殊甚，盖非其所喜也。然强分两门，则各人所归属亦殊难得正确标准，如梨洲、亭林编入《汉学》附录，于义何取耶？子屏主观的成见太深，其言汉学，大抵右元和惠氏一派，言宋学则喜杂禅宗。观《师承记》所附《经师经义目录》，及《渊源记》之附记，可以见出。好持主观之人，实不宜于作学史，特其创始之功不可没耳。唐镜海搜罗较博，而主观抑更重。其书分立“传道”“翼道”“守道”三案，第其高下；又别设“经学”“心学”两案，示排斥之意。盖纯属讲章家“争道统”的见解，不足以语于史才明矣。闻道咸间有姚春木椿者，亦曾著《国朝学案》，其书未成，然其人乃第三四流古文家，非能知学者，想更不足观也。吾发心著《清儒学案》有年，常自以时地所处窃比梨洲之于故明，深觉责无旁贷；所业既多，荏苒岁月，未知何时始践夙愿也。

学史中亦可分析为专门，或叙一地学风，或叙一学派传授分布。前者如《北学编》《洛学编》是，后者如邵念鲁廷采之《阳明王子及王门弟子传》《蕺山刘子及刘门弟子传》即其例。学派的专史，清代有两名著：其一为李穆堂绂之《陆子学谱》，貌象山之真；其二为戴子高望之《颜氏学记》，表习斋之晦，可谓振裘挈领，心知其意者矣。.

文学美术等宜有专史久矣，至竟阙然！无已，则姑举其类似者数书。一、阮芸台之《畴人传》四十六卷，罗茗香士琳之《续畴人传》六卷，诸可宝之《畴人传三编》七卷，详述历代天算学渊源流别。二、张南山维屏之《国朝诗人征略》六十卷，网罗有清一代诗家，各人先为一极简单之小传，次以他人对于彼之论评，次乃标其名著之题目或摘其名句，道光前作者略具焉。三、卞永誉之《式古堂书画汇考》三十卷，其画考之部，首为画论卷一，次为收藏法卷二，次论前代记载名画目录及评论之书卷三至七，次乃遍论三国两晋迄明画家卷八至三十，颇有别裁，非等丛钞，俨具画史的组织，宜潘次耕亟赏之也。有鲁东山骏《宋元以来画人姓氏录》三十六卷，以韵编姓，实一部极博赡之画家人名辞典。此数书者即不遽称为文学史、美术史，最少亦算曾经精制之史料，惜乎类此者且不可多得也。

最近则有王静安国维著《宋元戏曲史》，实空前创作，虽体例尚有可议处，然为史界增重既无量矣。

※　※　※

（庚）史学家法之研究及结论

千年以来，研治史家义法能心知其意者，唐刘子玄、宋郑渔仲与清之章实斋学诚三人而已。兹事原非可以责望于多数人，故亦不必以少所发明为诸儒诟病。顾吾曹所最痛惜者，以清代唯一之史家章实斋，生乾嘉极盛时代，而其学竟不能为斯学界衣被以别开生面，致有清一代史学仅以摭拾丛残自足，谁之罪也？实斋学说，别为专篇，兹不复赘。

七、方志学

最古之史，实为方志，如《孟子》所称"晋《乘》、楚《梼杌》、鲁《春秋》"，《墨子》所称"周之《春秋》、宋之《春秋》、燕之《春秋》"，《庄子》所称"百二十国宝书"，比附今著，则一府州县志而已。惟封建与郡县组织既殊，故体例靡得而援焉。自汉以降，幅员日恢，而分地纪载之著作亦孳乳寖多，其见于《隋书·经籍志》者，则有下列各类：

一、图经之属。如《冀幽齐三州图经》及罗含《湘中山水记》、刘澄之《司州山川古今记》等。

二、政记之属。如赵晔《吴越春秋》、常璩《华阳国志》、佚名《三辅故事》等。

三、人物传之属。如苏林《陈留耆旧传》、陈寿《益都耆旧传》等。

四、风土记之属。如圈称《陈留风俗传》、万震《南州异物志》、宗懔《荆楚岁时记》等。

五、古迹之属。如佚名《三辅黄图》、扬衒之《洛阳伽蓝记》等。

六、谱牒之属。如《冀州姓族谱》，洪州、吉州、江州、袁州诸《姓谱》等。

七、文征之属。如宋明帝《江左以来文章志》等。

自宋以后，荟萃以上各体成为方志。方志之著述，最初者为府志，继则分析下达为县志，综括上达为省志。明以前方志，今《四库》著录者尚二十七种，存目亦数十。《四库》例：宋元旧志全收；明则选择綦严，仅收五种；清则惟收当时所有之省志而已。然道咸以后，学者搜罗遗佚，《四库》未收之宋元志继出重印者不少，以吾所见尚二十余种。入清，则康熙十一年曾诏各郡县分辑志书，而成者似不多，佳构尤希。雍正七年因修《大清一统志》，需省志作资料，因严谕促修，限期蒇事。今《四库》著录自李卫等监修之《畿辅通志》起至鄂尔泰监修之《贵州通志》止凡十六种，皆此次明诏之结果也。成书最速者为《广东通志》，在雍正八年；最迟者为《贵州通志》，在乾隆六年。旋复颁分各省府州县志六十年一修之令。虽奉行或力不力，然文化稍高之区，或长吏及士绅有贤而好事者，未尝不以修志为务。旧志未湮，新志踵起。计今所存，恐不下二三千种也。

方志中什之八九，皆由地方官奉行故事，开局众修，位置冗员，钞撮陈案，殊不足以语于著作之林。虽然，以吾侪今日治史者之所需要言之，则此二三千种十余万卷之方志，其间可宝之资料乃无尽藏。良著固可宝，即极恶俗者亦未宜厌弃。何则？以我国幅员之广，各地方之社会组织、礼俗习惯、生民利病，樊然淆杂，各不相侔者甚夥。而畴昔史家所记述，专注重一姓兴亡及所谓中央政府之囫囵画一的施设，其不足以传过去现在社会之真相，明矣。又正以史文简略之故，而吾侪所渴需之资料乃摧剥而无复遗，犹幸有芜杂不整之方志，保存“所谓良史者”所吐弃之原料于粪秽中，供吾侪披沙拣金之凭藉，而各地方分化发展之迹及其比较，明眼人遂可以从此中窥见消息，斯则方志之所以可贵也。

方志虽大半成于俗吏之手，然其间经名儒精心结撰或参订商榷者亦甚多。吾家方志至少，不能悉举，顾以睹闻所及，则可称者略如下：

康熙《邹平县志》马宛斯独撰，顾亭林参与。

康熙《济阳县志》张稷若独撰。

康熙《德州志》顾亭林参与。

康熙《灵寿县志》陆稼书为知县时独撰。

乾隆《历城县志》周书昌（永年）、李南涧（文藻）合撰。

乾隆《诸城县志》李南涧独撰。

乾隆《宁波府志》万九沙（经）、全谢山参与。

乾隆《太仓州志》王述庵（昶）独撰。

乾隆《鄞县志》钱竹汀参与。

乾隆《汾州府志》《汾阳县志》俱戴东原参与。

乾隆《松江府志》《邠州志》《三水县志》俱孙渊如主撰。

乾隆《偃师县志》《安阳县志》，嘉庆《鲁山县志》《宝丰县志》《郏县志》俱武授堂（亿）主撰。

乾隆《西宁府志》《乌程县志》《昌化县志》《平阳县志》俱杭大宗（世骏）主撰。

乾隆《庐州府志》《江宁府志》《六安州志》俱姚姬传（鼐）主撰。

乾隆《宁国府志》《怀庆府志》《延安府志》《泾县志》《登封县志》《固始县志》《澄城县志》《淳化县志》《长武县志》俱洪稚存主撰。

乾隆《和州志》《永清县志》《亳州志》俱章实斋独撰。

乾隆《天门县志》《石首县志》《广济县志》《常德府志》《荆州府志》俱章实斋参与。

乾隆《富顺县志》段茂堂为知县时独撰。

乾隆《朝邑县志》钱献之（坫）主撰。

嘉庆《广西通志》谢蕴山（启昆）为巡抚时主撰。

嘉庆《湖北通志》乾隆末毕秋帆为总督时主撰，章实斋总其事，但今本已全非其旧。

嘉庆《浙江通志》、道光《广东通志》《云南通志》皆阮芸台主撰。

《广东志》陈观楼（昌齐）、江子屏（藩）、谢里甫（兰生）等总纂。

嘉庆《安徽通志》陶云汀（澍）主撰，陆祁孙（继辂）总纂。

嘉庆《扬州府志》伊墨卿（秉绶）倡修，焦里堂、姚秋农（文田）、秦敦夫（恩复）、江子屏等协成。

嘉庆《徽州府志》夏朗斋（銮）、汪叔辰（龙）合撰，龚自珍参与。

嘉庆《凤台县志》李申耆（兆洛）为知县时独撰。

嘉庆《禹州志》《鄢陵县志》《河内县志》洪幼怀（符孙）主撰。

嘉庆《怀远县志》李申耆主撰，董晋卿（士锡）续成。

嘉庆《长安县志》《咸宁县志》董方立（祐诚）主撰。

嘉庆《郯城县志》陆祁孙主撰。

道光《湖广通志》林少穆（则徐）总裁，俞理初（正燮）总纂。

道光《陕西通志》蒋子潇（湘南）参与。

道光《雷州府志》《海康县志》陈观楼独撰。

道光《兴文县志》《屏山县志》《大足县志》《泸溪县志》张介侯（澍）为知县时独撰。

道光《武冈县志》《宝庆县志》邓湘皋（显鹤）独撰。

道光《贵阳府志》《大定府志》《兴义府志》《安顺府志》邹叔绩（汉勋）主撰。

道光《南海县志》吴荷屋（荣光）主撰。

道光《河内县志》《永定县志》《武陟县志》方彦闻（履钱）主撰。

道光《新会县志》黄香石（培芳）、曾勉士（钊）合撰。

道光《济宁州志》许印林（瀚）独撰。

道光《泾阳县志》蒋子潇主撰，刻本多改窜。

咸丰《邳州志》《清河县志》鲁通甫（一同）主撰。

咸丰《遵义府志》莫子偲（友芝）、郑子尹（珍）合撰。

同治《江西通志》董觉轩（沛）总纂。

同治《苏州府志》冯林一（桂芬）主撰。

同治《南浔县志》《乌程县志》汪谢城（曰桢）主撰。

同治《南海县志》邹特夫（伯奇）、谭玉生（莹）主撰。

同治《番禺县志》陈兰甫主撰。

同治《江宁府志》汪梅村（士铎）主撰。

同治《湖州府志》《归安县志》陆存斋（心源）主撰。

同治《鄞县志》《慈溪县志》董觉轩、徐柳泉（时栋）合撰。

光绪《畿辅通志》黄子寿（彭年）总纂。

光绪《山西通志》曾沅甫（国荃）总裁、王霞举（轩）总纂。

光绪《湖南通志》郭筠仙（嵩焘）、李次青（元度）总纂。

光绪《安徽通志》何子贞（绍基）总纂。

光绪《湘阴县图志》郭筠仙独撰。

光绪《湘潭县志》《衡阳县志》《桂阳县志》俱王壬秋（闿运）主撰。

光绪《杭州府志》《黄岩县志》《青田县志》《永嘉县志》《仙居县志》《太平续志》俱王子庄（棻）主撰。

光绪《绍兴府志》《会稽新志》俱李莼客（慈铭）主撰。

光绪《湖北通志》《顺天府志》《荆州府志》《昌平县志》俱缪小山（荃孙）主撰。

宣统《新疆图志》王晋卿（树枏）总纂。

民国《江阴县志》缪小山主撰。

民国《合川县志》孙亲石（森楷）独撰。

以上诸志，皆出学者之手，斐然可列著作之林者。吾不过随举所知及所记忆，罣漏盖甚多，然亦可见乾嘉以降，学者日益重视斯业矣。

方志之通患在芜杂。明中叶以后有起而矫之者，则如康海之《武功县志》，仅三卷，二万余言；韩邦靖之《朝邑县志》，仅二卷，五千七百余言。自诧为简古。而不学之文士如王渔洋、宋牧仲辈震而异之，比诸马班。耳食之徒，相率奉为修志模楷，即《四库提要》亦亟称之。又如陆稼书之《灵寿县志》，借之以昌明理学，而世人亦竞誉为方志之最良者。乾隆以前一般人士对于方志观念之幼稚误谬，可以想见矣。注意方志之编纂方法，实自乾隆中叶始。李南涧历城、诸城两志，全书皆纂集旧文，不自著一字，以求绝对的征信。后此志家，多踵效之。谢蕴山之《广西通志》，首著叙例二十三则，遍征晋唐宋明诸旧志门类体制，舍短取长，说明所以因革之由。认修志为著述大业，自蕴山始也。故其志为省志模楷，虽以阮芸台之博通，恪遵不敢稍出入，继此更无论。余如焦里堂、李申耆集中，皆有专论修志体例之文，然其间能认识方志之真价值、说明其真意义者，则莫如章实斋。

实斋以清代唯一之史学大师，而不能得所藉手以独撰一史，除著成一精深博大之《文史通义》，及造端太宏未能卒业之《史籍考》外，其创作天才，悉表现于和州、亳州、永清三志及《湖北通志》稿中。“方志学”之成立，实自实斋始也。实斋关于斯学之贡献，首在改造方志之概念。前此言方志者，为“图经”之概念所囿，以为仅一地理书而止。实斋则谓方志乃《周官》小史、外史之遗，其目的专以供国史取材，非深通史法不能从事。概念扩大，内容自随而扩大。彼乃著《方志设立三书议》，谓：“凡欲经纪一方之文献，必立三家之学：仿正史纪传之体而作‘志’，仿律令典例之体而作‘掌故’，仿《文选》《文苑》之体而作‘文征’。三书相辅而行，缺一不可。”彼晚年应毕秋帆聘，总鄂志局事，即实行其理想，分泐《湖北通志》《湖北掌故》《湖北文征》三书，彼又以为“志”须继续增修，而资料非随时保存整理，则过此将散失不可复理，于是倡议各州县设立志科，使文献得有所典守而不坠，而国史取材，亦可以有成式而免参差芜猥之患。又晰言省志与府志、府志与县志地位之差别，大旨谓府县志为省志资料，省志为国史资料，各自有其任务与其组织；省志非拼合府县志可成，府县志非割裂省志可成。

实斋所改造之方志概念既与前不同，则其内容组织亦随之而异。今试将旧志中号称最佳之谢氏《广西通志》，与实斋所拟《湖北三书》稿，比较如下。

嘉庆《广西通志》目录：

训典

四表
- 郡县沿革
- 职官
- 选举
- 封建

九略
- 舆地——疆域图、分野、气候、户口、风俗、物产
- 山川——山、川、水利
- 关隘
- 建置——城池、廨署、学校、坛庙、梁津
- 经政——铨选、恤助、经费、禄饷、恤政、田赋、盐法、榷税、积贮、祀典、土贡、学制、兵制、马政、邮政、承审土司事件、口粮、盐仓、刑具、鼓铸、陂河、经费、船政
- 前事
- 艺文——经、史、子、集、传记、事记、地记、杂记、志乘、奏疏、诗文
- 金石
- 胜迹——城池、署宅、冢墓、寺观

二录
- 宦绩
- 谪宦

- 六列传
  - 人物
  - 土司
  - 列女
  - 流寓
  - 仙释
  - 诸蛮

《湖北三书》目录：

- 《湖北通志》七十四篇
  - 二纪
    - 皇言
    - 皇朝编年（附前代）
  - 三图
    - 方舆
    - 沿革
    - 水道
  - 五表
    - 职官
    - 封建
    - 选举
    - 族望
    - 人物
  - 六考
    - 府县
    - 舆地
    - 食货
    - 水利
    - 艺文
    - 金石
  - 四政略
    - 经济
    - 循绩
    - 捍御
    - 师儒
  - 五十三传（目多不载）

《湖北掌故》六十六篇
- 吏科——四目：官司员额、官司职掌、员缺繁简、吏典事宜
- 户科——十九目：赋役、仓庾、漕运、杂税、牙行等
- 礼科——十三目：祀典仪注、科场条例等
- 兵科——十二目：将弁员额、兵丁技艺额数、武弁例马等
- 刑科——六目：里甲、编甲图、囚粮衣食、三流道里表等
- 工科——十二目：城工、塘汛、江防、铜铁、矿厂、工料价值表等

《湖北文征》八集
- 甲集上下——裒录正史列传
- 乙集上下——裒录经济策要
- 丙集上下——裒录词章诗赋
- 丁集上下——裒录近人诗词

约而言之，向来作志者皆将“著述”与“著述资料”混为一谈。欲求简洁断制不失著述之体耶？则资料之割舍者必多。欲将重要资料悉予保存耶？则全书繁而不杀，必芜秽而见厌。故康之《武功》、韩之《朝邑》，与汗牛充栋之俗志交讥，盖此之由。实斋“三书”之法，其《通志》一部分，纯为“词尚体要”“成一家言”之著述；《掌故》《文征》两部分，则专以保存著述所需之资料。既别有两书以保存资料，故“纯著述体”之《通志》，可以肃括闳深，文极简而不虞遗阙。实斋所著《方志辨体》自述其《湖北通志稿》之著述义例，内一段云：“《通志》食货考田赋一门，余取《赋役全书》布政使司总汇之册，登其款数，而采用明人及本朝人所著财赋利病奏议详揭及士大夫私门论撰，联络为篇。为文不过四五千言，而读者于十一府州数百年间财赋沿革弊利，洞如观火。盖有布政司以总大数，又有议论以明得失，故文简而事理明也。旧志尽取各府州县《赋役全书》挨次排纂，书盈五六百纸。……阅者连篇累卷，但见赋税钱谷之数，而数百年利病得失，则茫然无可求。……”

其保存资料之书，又非徒堆积档案谬夸繁富而已，加以别裁，组织而整理之，驭资料使适于用。《湖北掌故》中有《赋役表》一篇，《方志辨体》述其

义例云："志文既撷其总要，贯以议论，以存精华，仍取十一府州六十余州县《赋役全书》，巨帙七十余册，总其款目以为之经，分其细数以为之纬，纵横其格，排约为《赋役表》。不过二卷之书，包括数十巨册，略无遗脱。……"观此可见《掌故》书体例一斑。实斋之意，欲将此种整理资料之方法，由学者悉心订定后，著为格式，颁下各州县之"志科"，随时依式最录，则不必高材之人亦可从事，而文献散亡之患可以免。此诚保存史料之根本办法，未经人道及也。实斋所作《州县请立志科议》云："天下大计，始于州县，则史事责成，亦当始于州县之志。州县有荒陋无稽之志，而无荒陋无稽之令史案牍。……故州县之志，不可取办于一时。平日当于诸吏中特立志科，佥典吏之稍明于文法者，以充其选。而且立为成法，俾如法以纪载。……积数十年之久，则访能文学而通史裁者，笔削以为成书。……如是又积而又修之，于是不劳而功效已为文史之儒所不能及。"

实斋之于史，盖有天才，而学识又足以副之。其一生工作，全费于手撰各志，随处表现其创造精神。以视刘子玄、郑渔仲，成绩则既过之矣。今《和》《亳》《永清》三志，传本既甚希，吾侪仅在《文史通义》外篇见其叙例。《湖北通志》则毕秋帆去职后，全局皆翻；嘉庆官本，章著痕迹，渺不复存，幸而《遗书》中有检存稿及未成稿数十篇，得以窥其崖略。然固已为史界独有千古之作品，不独方志之圣而已。吾将别著《章实斋之史学》一书详论之，此不能多及也。

吾于诸名志，见者甚少，不敢细下批评。大约省志中嘉道间之广西谢志，浙江、广东阮志，其价值久为学界所公认；同光间之畿辅李志、山西曾志、湖南李志……率皆踵谢、阮之旧，而忠实于所事，抑其次也。而宣统新疆袁志，前无所承，体例亦多新创，卓然斯界后起之雄矣。各府州县志，除章实斋诸作超群绝伦外，则董方立之《长安》《咸宁》二志，论者推为冠绝今古；郑子尹、莫子偲之《遵义志》，或谓为府志中第一；而洪稚存之《泾县》《淳化》《长武》，孙渊如之《邠州》《三水》，武授堂之《偃师》《安阳》，段茂堂之《富顺》，钱献之之《朝邑》，李申耆之《凤台》，陆祁孙之《郯城》，洪幼怀之《鄢陵》，邹特夫、谭玉生之《南海》，陈兰甫之《番禺》，董觉轩之《鄞县》《慈溪》，郭筠仙之《湘阴》，王壬秋之《湘潭》《桂阳》，缪小山之《江阴》，皆其最表表者。比而较其门目分合增减之得失，资料选择排配之工拙，斯诚方志学中有趣且有益的事业。余有志焉，而今病未能也。

昔人极论官修国史之弊，盖谓领其事者皆垂老之显宦，不知学问为何物，分纂人员猥滥，无所专责，虽有一二达识，不能尽其才。故以刘子玄之身具三长，三入史馆，而曾不得一藉手以表所学，徒发愤于《史通》。此其明效矣。方志地位，虽亚于国史，然编纂之形式，率沿唐后官局分修之旧，故得良著甚难，而省志尤甚。必如谢蕴山、阮芸台之流，以学者而任封圻，又当承平之秋，吏事稀简，门生故吏通学者多，对于修志事自身有兴味，手定义例，妙选人才分任而自总其成，故成绩斐然也。然以乾隆末之湖北志局，以毕秋帆为总督，而举国以听于章实斋，亦可谓理想的人选矣。全书已成未刻，毕忽去位，而局中一校对员陈熷者构煽其间，遂至片迹不存。若非实斋自录有副本之一部分，则数年间努力之结果，皆灰飞烬灭矣。始末见《章氏遗书》中《方志略例》及各散篇。又如乾隆初年之《浙江通志》，其经籍一门出杭大宗手，而卒被局员排挤削去。大宗虽别录单行，然今竟不可得见矣。看《道古堂集·两浙经籍志序》。州县志规模较小，责任较专，故得良著亦较易。或绩学之长官亲总其书，如陆稼书之在灵寿，段茂堂之在富顺，李申耆之在凤台；或本邑耆宿负重望居林下，发心整理乡邦文献，如王述庵之于太仓，武授堂之于偃师、安阳，陆存斋之于归安，邓湘皋之于宝庆，缪小山之于江阴；又或为长官者既物色得人，则隆其礼貌，专其委任，拱手仰成，不予牵掣，如永清之得章实斋，长安、咸宁之得董方立。三者有一于此，斯佳志可成。虽然，犹有难焉。以郭筠仙之通才博学，官至督抚，归老于乡，自任本县《湘阴图志》总纂，书已告成，而为藩司李桓所扼，卒历若干年，仅得以私赀付刻。始末见本书后序。蒋子潇受聘修《泾阳志》，体例一仿实斋，及全书刻出，凡例仍其原文，而内容已窜改无完肤矣。见《七经楼文集》“关中志乘”节条。夫方志之著述，非如哲学家文学家之可以闭户瞑目骋其理志而遂有创获也。其最主要之工作在调查事实，搜集资料。斯固非一手一足之烈，而且非借助于有司或其他团体，则往往不能如意。故学者欲独力任之，其事甚难；而一谋于众，则情实纠纷，牵制百出。此所以虽区区一隅之志乘，而踌躇满志者且不一二睹也。

虽然，以乾嘉以后诸名志与康雍以前各志相较，乃至与宋元明流传之旧志相较，其进步既不可以道里计，则诸老之努力固未为虚也。

官修之外，有私家著述，性质略与方志同者。此类作品，体制较为自由，故良著往往间出。其种别可略析如下：

一、纯属方志体例而避其名者。例如嘉庆初师荔扉范之《滇系》实私撰之《云南通志》，因旧通志极芜略，且已七十年失修，独力创此，又如刘端临之《扬州图经》、刘楚桢之《宝应图经》两书吾未见，疑实具体之州志、县志、许石华之《海州文献录》亦未见，刘伯山《通义堂集》有序，亟称之。

二、专记一地方重要史迹者。其体或为编年，例如汪容甫之《广陵通典》此书极佳，实一部有断制之扬州史、董觉轩之《明州系年要录》此书未见，当是一部好宁波史，或为纪事本末，例如冯蒿庵甦之《滇考》此书甚佳，能言云南与中原离合之所由。

三、专记人物者。此即《隋志》中“某某耆旧传”“某某先贤传”之类，实占方志中重要部分。例如潘力田之《松陵文献》此书为极用心之作，详其弟次耕所作序、刘伯山毓崧之《彭城献征录》、马通伯其昶之《桐城耆旧传》、徐菊人世昌之《大清畿辅先哲传》等。

四、专记风俗轶闻者。此即《隋志》中“风土记”“异物志”之类，亦方志之一部。例如屈翁山大均之《广东新语》、田纶霞雯之《黔书》、吴挚甫汝纶之《深州风土记》等。

五、不肯作全部志，而摘取志中应有之一篇，为己所研究有得而特别泐成者。例如全谢山之《四明族望表》，实《鄞县志》中主要之创作。前此各方志无表族望者。谢山此篇出，章实斋复大鼓吹之，同光后之方志多有此门矣。孙仲容之《温州经籍志》，实将来作《温州志》者所不能复加。此书佳极，仿朱氏《经义考》，搜罗殆备。刘孟瞻之《扬州水道记》、林月亭伯桐之《两粤水经注》，即扬州或两广志中水道篇之良著。陈静庵述之《补湖州府天文志》，即府志之一部。

六、有参与志局事而不能行其志，因自出所见，私写定以别传者。例如焦里堂之《邗记》，伊墨卿修《扬州图经》，里堂主其事。墨卿去官而局废。里堂乃出所考证，私撰此书。吴山夫玉搢之《山阳志遗》等。《淮安府志》志山阳事颇多漏略。山夫躬在志局，心不慊焉，别为此书。

七、有于一州县内复析其一局部之地作专志者。例如张炎贞之《乌青文献》，乌青为苏州一镇，炎贞为潘力田学友。此书效《松陵文献》，三十年乃成。焦里堂之《北湖小记》，北湖为扬州乡村，里堂所居，此书凡六卷四十七篇，阮芸台谓足觇史才。乃至如各名城志例如朱竹垞之《日下旧闻》，专记京师事、各名山志例如徐霞客之《鸡谷山志》，体例精审独绝等。

凡此皆方志之支流与裔，作者甚多，吾不过就所记忆，各举一二种以为例。此类书自宋以来已极发达。有清作者，虽无以远过于前代，然其间固多佳构，或竟出正式方志上也。

以文征列方志三书之一，此议虽创自章实斋，然一地方文征之书，发源既甚早，实斋文征体例，与诸家所辑不尽从同。历代集部所著录，若《苏州名贤咏》《浙东酬唱集》《河汾遗老诗》《会稽掇英集》《宛陵群英集》，其最著名而范围较广者如元遗山之《中州集》，皆是也。然多属选本，或专为一时少数人酬唱之荟萃，含史学的意味盖尚少。清代学者殆好为大规模的网罗遗佚，而先着手于乡邦。若胡文学之《甬上耆旧诗》三十卷，李邺嗣补之为若干卷，全祖望续之为七十卷，又国朝部分四十卷；沈季友之《槜李诗系》四十二卷；若张廷枚之《姚江诗存》若干卷；若汪森之《粤西诗载》二十五卷、《粤西文载》七十五卷；若费经虞及其子密之《剑阁芳华集》二十五卷明代蜀人诗，此皆康雍以前所辑也。中叶以后，踵作滋繁，若卢见曾之《江左诗征》、王豫之《江苏诗征》，吴颢及其孙振棫之《杭郡诗辑》，吴允嘉之《武林耆旧集》，阮元之《淮海英灵集》辑扬州及南通州人作、《两浙𬨎轩录》督浙学时所辑，刘宝楠之《宝应文征》，温汝适之《粤东文海》《粤东诗海》，罗学鹏之《广东文献》，郑珍之《播雅》辑贵州遵义府人诗，邓显鹤之《资江耆旧集》《沅湘耆旧集》，夏退庵之《海陵文征》《诗征》，沈龠翁之《湖州诗摭》，朱祖谋之《湖州词录》等，悉数之殆不下数十种，每种为卷殆百数十。其宗旨皆在钩沉搜逸，以备为贵，而于编中作者大率各系以小传。盖征文而征献之意亦寓焉。

亦有不用总集体而用笔记体，于最录遗文之外再加以风趣者，如戴璐之《吴兴诗话》、朱振采之《江西诗话》、莫友芝之《黔诗纪略》等。

亦有不限于乡邦人所作，而凡文章有关乡邦掌故皆最录之，如焦循之《扬州足征录》等。

亦有簿录乡邦人之著述，记其存佚为之提要者，如孙诒让之《温州经籍志》、朱振采之《豫章经籍志》、廖平之《井研艺文志》等。

更有大举搜集乡邦人著述汇而刻之者，如《畿辅丛书》《岭南遗书》《豫章丛书》等，别于论丛书章，胪举其目。

凡此皆章实斋所谓方志三书之一也。语其形式，实等类书，除好古者偶一摩挲，更无他用。虽然，深探乎精神感召之微，则其效亦可得言。盖以中国之大，一地方有一地方之特点，其受之于遗传及环境者盖深且远，而爱乡土之观念，实亦人群团结进展之一要素。利用其恭敬桑梓的心理，示之以乡邦先辈之人格及其学艺，其鼓舞濬发，往往视逖远者为更有力。地方的学风之养成，实学界一坚实之基础也。彼全谢山之极力提倡浙东学派，李穆堂之极力提倡江右学派，邓湘皋之极力提倡沅湘学派，其直接影响于其乡后辈者何若？间接影响于全国者何若？斯岂非明效大验耶。诗文之征、耆旧之录，则亦其一工具而已。

八、地理学

中国地理学，本为历史附庸，盖自《汉书》创设《地理志》，而此学始渐发展也。其后衍为方志之学，内容颇杂，具如前章所述。现存之古地理书，如唐代之《元和郡县志》、宋代之《太平寰宇记》《元丰九域志》等，其性质可谓为方志之集合体。盖皆以当时郡县为骨干，而分列境界、风俗、户口、姓氏、人物、土产等。后此明清《一统志》，皆仿其例也。其专言水道之书，则有如《水经注》等；专言域外地理之书，则有如《大唐西域记》等。

晚明有一大地理学者，曰徐霞客宏祖，所著《霞客游记》，成于崇祯十三年，一般人多以流连风景之书视之，不知霞客之游，志不在选胜，而在探险也。潘次耕序之云："霞客之游，在中州者无大过人。其奇绝者，闽粤楚蜀滇黔，百蛮荒徼之区，皆往返再四。……先审山脉如何去来，水势如何分合，既得大势后，一丘一壑，支搜节讨。……沿溯澜沧、金沙，穷南北盘江之源，实中土人创辟之事。……山川条理，胪列目前。土俗人情，关梁阨塞，时时著见。向来山经地志之误，釐正无遗，然未尝有怪迂侈大之语，欺人以所不知。……"《遂初堂集》卷七盖以科学精神研治地理，一切皆以实测为基础，如霞客者真独有千古矣。

清康熙间复有一实测的地理学家，曰南昌梁质人份，著有《西陲今略》。刘继庄记其事云："梁质人留心边事已久。辽人王定山为河西靖逆侯张勇中军，与质人相与甚深。质人因之遍历河西地，因得悉其山川险要，部落游牧，暨其强弱多寡离合之情，皆洞如观火。著为一书，凡数十卷，曰《西陲今略》。历六年之久，寒暑无间，其书始成。余见其稿，果有用之奇书也。"《广阳杂记》二继庄极心折此书，尝于逆旅中费二十二日之工，昼夜不停，手录其稿。余考质人盖习与李恕谷游，好颜习斋之学者见《恕谷年谱》。徐霞客为西南探险家，质人亦西北探险家矣。惜其书久佚，并继庄复写本亦不可见，不获与霞客《游记》同受吾曹激赏也。

航海探险家，则有同安陈资斋伦炯，所著书曰《海国闻见录》。资斋以闽人，幼为水手，其游踪东极日本，西极波斯湾；中国沿海岸线，周历不下数十次。后袭父荫，康熙末官至提督。其书虽仅两卷，然于山川阨塞、道里远近、砂礁岛屿之夷险、风云气候之变化，无不凭其实验，纤悉备书。其论海防主要地点，曰旅顺，曰胶澳，曰舟山，曰金厦二岛，曰台湾，曰虎门，曰钦州。至今沦没殆尽，夫谁识二百年前，固早有高掌远蹠，目营而心注之者耶？噫！资斋之论渤海，谓登州、旅顺，南北对峙，而以成山为标准。是知胶、威、旅大失，而北洋门户撤矣。其论南海，谓金厦二岛，为闽海咽喉；虎门、香山，实粤东门户，廉多沙，钦多岛，据天然之保障；海南孤露，地味瘠薄，不及台湾澎湖沃野千里，可以屏捍内地。是知台湾、广州湾之失，而南屏坏矣。其论东海，谓定海为南海之堂奥，乍浦滨于大海，东达渔山，北达洋山，某处水浅可以椗舶，某处水深可以通航。是知舟山为中部最良之军港矣。其远见硕画，大率类此。

以上三家，吾名之曰探险的实测的地理学者。其有本此精神而更努力于地理学观念之全部改造者，则手钞《西陲今略》之刘继庄其人也。

继庄之言曰："今之学者率知古而不知今，纵使博极群书，亦只算半个学者。"《广阳杂记》卷三，叶十其对于一切学术，皆以此为评判之鹄，故同时顾景范、万季野之地理学，彼虽表相当的推许，然终以"仅长于考古"少之。其自己理想的新地理学则略如下：

> 方舆之书，所记者惟疆域建置沿革、山川古迹、城池形势、风俗职官、名宦人物诸条耳。此皆人事，于人地之故，概乎未之有闻也。余意于疆域之前，别添数条，先以诸方之北极出地为主，定简平仪之度，制为正切线表，而节气之后先、日食之分杪、五星之凌犯占验，皆可推求。以简平仪正切线表为一，则诸方之七十二候各各不同，如岭南之梅，十月已开，湖南桃李，十二月已烂漫，无论梅矣。若吴下，梅则开于惊蛰，桃李放于清明。相去若此之殊也。……今于南北诸方，细考其气候，取其确者，一候中不妨多存几句，传之后世，则天地相应之变迁，可以求

其微矣。余在衡久，见北风起，地即潮湿，变而为雨，百不失一，询之土人，云自来如此。始悟风水相逆而成雨。燕京吴下，水皆东南流，故必东南风而后雨；衡湘水北流，故须北风也。然则诸方山川之背向，水之分合，支流何向，川流何向，皆当案志而求，汇为一则，则风土之背正刚柔，暨阴阳燥湿之征，又可次第而求矣。诸土产，此方所有，他方所无者，别为一则，而土音谱合俚音谱共为一则，而其人情风俗之征，皆可案律而求之矣。然此非余一人所能成。余发其凡，观厥成者望之后起之英耳。《广阳杂记》卷三，叶四十九

继庄书除《广阳杂记》五卷外，片纸无存，其地理书恐亦未成一字。然观以上所论，则其注意于现代所谓地文学与人生地理学，盖可概见。彼盖不以记述地面上人为的建置沿革为满足，进而探求“人地之故”，即人与地相互之关系，可谓绝识矣。继庄好游，不让霞客。《鲒埼亭集》有记刘继庄遗事一则云：“……万先生（季野）与继庄共在徐尚书（健庵）邸中。万先生终朝危坐观书，而继庄好游，每日必出，或兼旬不返，归而以所历告之万先生。万先生亦以其所读书证之，语毕复出。……”而所至皆用实地调查之功。《杂记》中所记气候、地形、物产，影响于人类生活之实例，得自亲历目验者颇多，皆所谓“人地之故”也。要之，继庄之地理学虽未有成书，然其为斯学树立崭新的观念，视现代欧美学者盖未遑多让。惜乎清儒佞古成癖，风气非一人能挽，而三百年来之大地理学家，竟仅以专长考古闻也。

清儒之地理学，严格地论之，可称为“历史的地理学”。盖以便于读史为最终目的，而研究地理不过其一种工具，地理学仅以历史学附庸之资格而存在耳。其间亦可略分三期：第一期为顺康间，好言山川形势阨塞，含有经世致用的精神。第二期为乾嘉间，专考郡县沿革、水道变迁等，纯粹的历史地理矣。第三期为道咸间，以考古的精神推及于边徼，寖假更推及于域外，则初期致用之精神渐次复活。

顾亭林著《天下郡国利病书》及《肇域志》，实为大规模的研究地理

之喘失。其《利病书》自序云："感四国之多虞，耻经生之寡术，于是历览二十一史以及天下郡县志书，一代名公文集，及章奏文册之类，有得即录。……"是其著述动机，全在致用；其方法则广搜资料，研求各地状况，实一种政治地理学也。惜其书仅属长编性质，未成为有系统的著述，且所集资料，皆求诸书本上，本已不甚正确，时过境迁，益为刍狗，即使全部完整，亦适成其为历史的政治地理而已。

清代第一部之考古的地理书，端推顾景范祖禹之《读史方舆纪要》百三十卷。景范著此书，二十九岁始属稿，五十岁成，二十余年间，未尝一日辍业。其书前九卷为历代州域形势，后七卷为山川源委及分野，余百十四卷则各省府州县分叙。每省首冠以总序一篇，论其地在历史上关系最重要之诸点，次则叙其疆域沿革、山川险要，务使全省形势瞭然。每府亦仿此，而所论更分析详密。每县则纪辖境内主要之山川关隘桥驿及故城等。全书如一长篇论文。其顶格写者为正文，低格写者为注，夹行写者为注中之注。体裁组织之严整明晰，古今著述中盖罕其比。

景范与徐霞客异，其所亲历之地盖甚少。然其所纪载，乃极翔实而正确，观魏禧、熊开元两序，可见其概。魏序云："北平韩子孺时从余案上见此书，瞪目视余曰：'吾不敢他论。吾侨家云南，出入黔蜀间者二十余年，颇能知其山川道里。顾先生闭户宛溪，足不出吴会，而所论攻守奇正荒僻幽仄之地，一一如目见而足履之者，岂不异哉！'……"熊序云："余楚人，习闻三楚之要，莫如荆襄，又熟履其地，考往事得失。及令崇邑，知海外一区，为三吴保障，……罔非身履而知。今宛溪坐筹一室，出入二十一史，凡形势之险阨、道里之近遥、山水之源委、称名之舛错，正其讹，核其实，芟其蔓，振其纲。……"专凭书本上推勘考证，而能得尔许收获，可谓异事！固由其用力精勤，抑亦有通识、能别裁之效也。然此种研究法，终不能无缺憾。故刘继庄评之曰："《方舆纪要》诚千古绝作，然详于古而略于今。以之读史，固大资识力，而求今日之情形，尚须历练也。"《广阳杂记》二景范自论其书，亦曰："按之图画，索之典籍，亦举一而废百耳。"又言："了了于胸中，而身至其地反愦愦焉，则见闻与传闻异辞者之不可胜数也。”彼盖深有感于地理之非实测不能征信矣。嘉庆间济宁许云峤（鸿磐）著有《方舆纪要考证》，辨正顾氏之舛漏颇多。凌次仲称许之。惜其书已佚。

景范之书，实为极有别裁之军事地理学，而其价值在以历史事实为根据。其著述本意，盖将以为民族光复之用。自序所言，深有隐痛焉。序中首述顾氏得姓之由，引《商颂》“韦顾既伐”文而申之曰：“后有弃其宗祀，献符瑞于仇雠之庭者，是则顾之罪人也。”又述其父临终遗命云：“尝怪我明《一统志》，先达称为善本，然于古今战守攻取之要，类皆不详；于山川条列，又复割裂失伦，源流不备。……何怪今之学者，语以封疆形势，惘惘莫知，一旦出而从政，举关河天险，委而去之。……及余之身，而四海陆沉，九州腾沸。……嗟乎！园陵宫阙，城郭山河，俨然在望，而十五国之幅员、三百年之图籍，泯焉沦没，文献莫征，能无悼叹乎！余死，汝其志之矣。”右所述著作动机，可知其非徒欲垂空文以自见云尔。盖其书经始于顺治十二三年间。时永历尚存，闽郑未灭，仁人志士，密勿奔走谋匡复者，所在多有。此书之作，则三年畜艾之微意也。在今日海陆交通状况，迥异三百年前，其书自强半不适于用，然国内战争一日未绝迹，则其书之价值，固一日未可抹煞也。

若离却应用问题，而专就研究方法及著述体裁上评价，则在今日以前之地理书，吾终以此编为巨擘。若仿其成规，而推及军事以外各方面，斯可为踌躇满志之作矣。本书凡例末条言：“《周官·职方》兼详人民、六畜、土宜、地利。……余初撰次历代盐铁、马政、职贡等，寻皆散轶，病侵事扰，未遑补缀。其大略仅错见篇中，以俟他时之审定，要未敢自信为已成之书也。”据此知景范所欲撰著，尚不止此。彼卒年仅五十七，晚岁多病，未终其业也。

景范尝与万季野、阎百诗、胡朏明、黄子鸿等，同参徐健庵在洞庭山所开之《大清一统志》局事。盖景范、子鸿属草最多云。其后乾隆八年，《统志》始告成，其中一部分实采自《方舆纪要》，对勘可知也。乾隆末，洪稚存著《乾隆府厅州县图志》五十卷，则《一统志》之节本，稍便翻览而已。

部州郡县之建置，代有革易，名称棼乱，读史者深所患苦。有两书颇便检阅者：一为康熙间常熟陈亮工芳绩所著《历代地理沿革表》四十七卷，一为道光间武陵杨愚斋丕复所著《舆地沿革表》四十卷。陈书按古以察今，杨书由今以溯古。陈书以朝代为经，地名为纬；杨书以地名为经，朝代为纬。两书互勘，治史滋便，陈杨两氏皆无他种著述。陈之祖父为顾亭林友。亭林集中有赠亮工诗。其书至道光间始刻出，上距成书时百六十余年。杨书亦光绪间始刻出，上距成书时三十余年。而李申耆之《历代地理志韵编今释》二十卷，不用表体，纯依韵以编为类书，尤便检查。

郑渔仲有言："州县之设，有时而更；山川之形，千古不易。……后之史家，主于州县；州县移易，其书遂废。……以水为主……则天下可运诸掌。"地理书如《元和郡县》《太平寰宇》，以至《方舆纪要》《一统志》等，皆所谓主于州县者也。以水为主者，起于郦道元《水经注》，然其书太骛文采，泛滥于风景古迹，动多枝辞，且详于北而略于南；加以距今千载，陵谷改移，即所述北方诸水亦多非其旧。于是清儒颇有欲赓续其业而匡救其失者。最初则有黄梨洲之《今水经》，惜太简略，而于塞外诸水亦多舛讹。次则有戴东原之《水地记》，造端甚大，惜未能成。洪蕊登谓已成七册，今孔葓谷所刻仅一卷，自昆仑之虚至太行山而止。次则有齐次风召南之《水道提纲》二十八卷，号称精审。其书以巨川为纲，以所会众流为目。其源流分合，方隅曲折，统以今日水道为主，不屑屑附会于古义，而沿革同异，亦即互见于其间以上《四库提要》语。乾隆间修《一统志》，次风实总其成。总裁任兰枝。凡勘定诸纂修所分辑之稿，咸委诸次风。此书即其在志局时所撰，盖康熙朝所绘内府舆图，经西士实测，最为精审，而外间得见者希。次风既有著述之才，而在志局中所睹资料又足以供其驱使，故为书特可观也。其专研究一水源委者，如万季野之《昆仑河源考》、阮芸台之《浙江考》等名著尚多。

河防水利，自昔为国之大政，言地理学者夙措意焉。然著作价值，存乎其人。顾景范《方舆纪要》凡例云："河防水利之书，晚近记载尤多，浮杂相仍，无裨实用。"其最有名者，则归安郑芷畦元庆之《行水金鉴》一百七十五卷。

是书题傅泽洪撰，盖芷畦在傅幕府为之纂辑，而遂假以名，如万季野之《读礼通考》假名徐氏矣。《四库提要》谓："有明以后，此类著作渐繁。大抵偏举一隅，专言一水。其综括古今，胪陈利病，统四渎分合、运道沿革之故，汇辑以成一编者，莫若此书之详且善。……"盖芷畦与万九沙、李穆堂、全谢山为友，其于学所得深也。道光间黎世埈有《续行水金鉴》百五十八卷，董士锡亦有《续行水金鉴》，详今略古。戴东原亦有《直隶河渠书》百十一卷，盖赵东潜所草创，而东原为之增订。后为无赖子所盗，易名《畿辅安澜志》，刻于聚珍板云。自余类此之书尚多，其在学术上有永久价值者颇少，不具录。

清儒嗜古成癖，一切学问皆倾向于考古，地理学亦难逃例外，自然之势也。故初期所谓地理学家，胡朏明之得名，则以《禹贡锥指》；阎百诗之得名，则以《四书释地》；自余如亭林、季野，皆各有考古的地理书。雍乾以降，则《水经注》及《汉书·地理志》实为研究之焦点。《水经注》自全、赵、戴三家用力最深外，综前清一代治此者，尚不下二三十家，其人与其书已略见校勘章。《汉地理志》之校补注释，亦不下二十家，略见史学章表志条，今皆不具述。若钱竹汀，若洪稚存，皆于研究郡国沿革用力最勤。自余诸名家集中，关于考证古水道或古郡国者，最少亦各有一二篇，其目不能遍举。其成书最有价值者，则如江慎修之《春秋地理考实》、程春海之《国策地名考》等。

因研究《汉书·地理志》，牵连及于《汉书·西域传》，是为由古地理学进至边徼及域外地理学之媒介。边徼地理学之兴，盖缘满洲崛起东北，入主中原。康乾两朝，用兵西陲，辟地万里。幅员式廓，既感周知之必需；交通频繁，复觉研求之有藉。故东自关外三省，北自内外蒙古，西自青海、新疆、卫藏，渐为学者兴味所集。域外地理学之兴，自晚明西士东来，始知"九州之外复有九州"。而竺古者犹疑其诞。海禁大开，交涉多故，渐感于知彼知己之不可以已，于是谈瀛之客，颇出于士大夫间矣。盖道光中叶以后，地理学之趋向一变，其重心盖由古而趋今，由内而趋外。

以边徼或域外地理学名其家者，寿阳祁鹤皋韵士、大兴徐星伯松、平定张石洲穆、邵阳魏默深源、光泽何愿船秋涛为最著。而仁和龚定庵自珍、黟县俞理初正燮、乌程沈子敦垚、固始蒋子潇湘南等，其疏附先后者也。此数君者，时代略衔接，相为师友，而流风所被，继声颇多。兹学遂成道光间显学。

边徼地理之研究，大率由好学之谪宦或流寓发其端。如杨大瓢宾之《柳边纪略》，为记述黑龙江事情之创作，盖其父以罪编置此地，大瓢省侍时记其闻见也。洪北江亦以谴谪成《伊犁日记》《天山客话》等书，实为言新疆事之嚆矢。此等虽皆非系统的著述，然间接唤起研究兴味固不少。祁鹤皋、徐星伯皆夙治边徼地理，皆因遣戍伊犁而其学大成。鹤皋于乾隆季年在史馆创撰《蒙古王公表》，凡阅八年，成书百二十卷；中国学者对于蒙古事情为系统的研究，自此始也。嘉庆十年，鹤皋以公罪戍伊犁，则于其间成《西陲总统事略》十二卷、《西域释地》二卷，归后又成《藩部要略》十六卷、《西陲要略》一卷。其云西陲者则新疆，云藩部者则诸部蒙古也。星伯以嘉庆十七年戍伊犁，续补鹤皋之《总统事略》，即其后进呈、赐名《新疆识略》者是也。其在戍也，复成《新疆赋》二卷、《西域水道记》五卷、《汉书西域传补注》二卷；复有《元史西北地理考》《西夏地理考》，未刻。内《西域水道记》最为精心结撰之作，盖自为记而自释之，其记以拟《水经》，其释则拟郦注也。而李恢垣光廷著《汉西域图考》，虽未历其地，而考证有得者颇多。

张石洲著《蒙古游牧记》十六卷、《北魏地形志》十三卷。《游牧记》盖与鹤皋之《藩部要略》相补，《要略》为编年史，此则专门地志也。属稿未竟而卒，何愿船补成之。

龚定庵著有《蒙古图志》，为图二十有八，为表十有八，为志十有二，凡三十八篇。其《像教志》《水地志》《台卡志》《字类表》《声类表》《氏族表》及《在京氏族表》《册降表》《寄爵表》《乌梁海志》《青海志》等，皆有序文见本集中，盖深通史裁之作品也。定庵复有《北路安插议》《西域置行省议》等篇，言新疆事颇中窾要。同时魏默深亦治西北史地之学，而其精力萃于《新元史》一书，考证地理盖其副业云。

何愿船稍晚出，寿亦最短，然其学精锐无前，所著《北徼汇编》八十六卷，咸丰间赐名《朔方备乘》。其书为“圣武述略”六，东海诸部内属述略、索伦诸部内属述略、喀尔喀内属述略、准噶尔荡平述略、乌梁海内属述略、哈萨克内属述略。为“考”二十有四，北徼星度考、北徼界碑考、北徼条例考、北徼喀伦考、北徼形势考、俄罗斯馆考、俄罗斯学考、雅克萨城考、尼布楚城考、波罗的等路疆域考、锡伯利等路疆域考、俄罗斯亚美里加属地考、北徼城垣考、北徼邑居考、艮维窝集考、库叶附近诸岛考、北徼山脉考、艮维诸水考、色楞格河源流考、额尔齐斯河源流考、北徼水道考、北徼教门考、北徼方物考、乌孙部族考。为“传”六，汉魏北徼诸国传、周齐隋唐北徼诸国传、辽金元北徼诸国传、元代北徼诸王传、历代北徼用兵将帅传、国朝北徼用兵将帅传。为“纪事始末”二，俄罗斯互市始末、土尔扈特归附始末。为“记”二，俄罗斯进呈书籍记、俄罗斯丛记。为“考订诸书”十五，“辨正诸书”五，目多不具举。为表七，北徼事迹表上下、北徼沿革表、北徼地名异同表、俄罗斯境内分部表、北徼世次表、北徼头目表。而以“图说”一卷终焉。其书言蒙古最详，而尤注重中俄关系；有组织，有别裁，虽今日读之，尚不失为一名著也。

同光间治西北地理者，有顺德李仲约文田著《元秘史注》《双溪集注》等，所注专详地理；有吴县洪文卿钧著《元史译文证补》，末附考数篇，皆言地理。大抵道咸以降，西北地理学与《元史》学相并发展，如骖之有靳，一时风会所趋，士大夫人人乐谈，如乾嘉间之竞言训诂音韵焉，而名著亦往往间出，其大部分工作在研究蒙古，而新疆及东三省则其附庸也。

此类边徼地理之著作，虽由考古引其端，而末流乃不专于考古。盖缘古典中可凭藉之资料较少，而兹学首倡之人如祁鹤皋、徐星伯辈，所记载又往往得自亲历也。其专以考古边徼地理名家者，在清季则有丁益甫谦。

益甫以乡僻穷儒，交游不广，蓄书不多，而所著《蓬莱轩舆地丛书》六十九卷，探赜析微，识解实有独到处。除各史之蛮夷传咸分别考证外，其余凡关于边徼及域外地理之古籍，上自《穆天子传》，中逮法显、玄奘诸行传，下迄耶律楚材、丘长春诸游记，外而《马哥波罗游记》等，皆详细笺释。成书凡数十种，皆互相钩稽发明，绝少牴牾。其中不能无误谬处，自是为时代及资料所限，不能苛求。可谓释地之大成，籀古之渊海也已。其学风与益甫略相近而学力亦相埒者，则有钱唐吴祁甫承志，著有《唐贾耽记边州入四夷道里考实》五卷。

言世界地理者，始于晚明利玛窦之《坤舆图说》、艾儒略之《职方外纪》。清初有南怀仁、蒋友仁等之《地球全图》。然乾嘉学者视同邹衍谈天，目笑存之而已。嘉庆中林少穆则徐督两广，命人译《四洲志》，实为新地志之嚆矢。鸦片战役后，则有魏默深《海国图志》百卷，徐松龛继畬《瀛环志略》十卷，并时先后成书。魏书道光二十二年成六十卷，二十七年刻于扬州，咸丰二年续成百卷。徐书作始于道光二十三年，刻成于二十八年。魏书不纯属地理，卷首有筹海篇，卷末有《筹夷章条》《夷情备采》《战舰、火器条议》《器艺货币》等篇。中多自述其对外政策，所谓“以夷攻夷”“以夷款夷”“师夷长技以制夷”之三大主义，由今观之，诚幼稚可笑，然其论实支配百年来之人心，直至今日犹未脱离净尽。则其在历史上关系，不得谓细也。徐书本自美人雅裨理，又随时晤泰西人辄探访，阅五年数十易稿而成，纯叙地理，视魏书体裁较整。此两书在今日诚为刍狗，然中国士大夫之稍有世界地理智识，实自此始，故略述其著作始末如上。其晚近译本，不复论列也。

制图之学，唐代《十道图》今已不存，而元朱思本之图，在前代号称最善，盖所用者阿拉伯法也。清圣祖委任耶稣会士分省实测，于康熙五十三年成《内府舆图》，为后此全国地图所本。乾隆平定准、回部及大小金川后，更用新法测量，成《西域图志》，益精善矣详官书章。然皆属殿板，民间罕见。道光间，李申耆创制《皇朝一统舆图》一卷、《历代地理沿革图》二十二幅，其沿革图用朱墨套印，尤为创格，读史者便焉。同治间，胡文忠林翼抚鄂，著《大清一统舆图》三十一卷，凡海岸、山脉、河流、湖泽、道里、城邑、台站、关塞，无不详细登录。其开方之法，则准以纬度，一寸五分为一方，方为百里。各行省及外藩皆作专图，可分可合，实当时空前之作也。光绪间杨星吾守敬著《历代舆地沿革险要图》，因李氏之旧，稍加精密。邹沅帆代钧自制中国舆地尺一华尺等于百万分米特之三十万又八千六百四十二，以绘世界全图。凡外图用英法俄尺者，悉改归一律，无论何国何地，按图可得中国里数分率之准焉，此清代制图学进步之大凡也。

九、谱牒学

方志，一方之史也；族谱家谱，一族一家之史也；年谱，一人之史也。章实斋语意。三者皆为国史取材之资，而年谱之效用，时极宏大。盖历史之大部分，实以少数人之心力创造而成。而社会既产一伟大的天才，其言论行事，恒足以供千百年后辈之感发兴奋。然非有详密之传记以写其心影，则感兴之力亦不大。此名人年谱之所以可贵也。

年谱盖兴于宋。前此综记一人行事之著作见于著录者，以《东方朔传》《李固别传》等为最古，具体殆类今之行状。其有以年经月纬之体行之者，则薛执谊之《六一居士年谱》、洪兴祖之《昌黎先生年谱》、鲁訔之《杜甫年谱》、吴斗南之《陶潜年谱》，其最先也。自明以来，作者继踵，入清而极盛。

第一类，自撰年谱。欧美名士，多为自传，盖以政治家自语其所经历，文学家自语其所感想，学者自语其治学方法……令读者如接其謦欬，而悉其甘苦，观其变迁进步，尚友之乐，何以加诸？中国古代作者，如司马迁、东方朔、司马相如、扬雄、班固、王充、刘知几等皆有之，而迁、充、知几之作附于所著书后者，尤能以真性情活面目示吾侪，故永世宝焉。年谱体兴，自谱盖鲜。明以前靡得而指焉所见者仅有明张文麟自撰《端岩年谱》。清人自谱之可称者如下：

《孙夏峰先生年谱》夏峰八十七岁时自撰大纲，门人汤斌、魏一鳌、赵御众、耿极编次而为之注，并续成后五年。

《毋欺录》朱伯庐（用纯）著。此书自记其言论、行事、感想，皆系以年，实等于自撰年谱也。光绪间金吴澜汇刻《归顾朱三先生年谱》，即以此当朱谱。

《魏敏果公年谱》魏环溪（象枢）口授，子学诚等手录。

《蒙斋年谱》田山薑（雯）六十岁时自著，子肇丽续成后十年。

《渔洋山人年谱》王贻上（士祯）自著，小门生惠栋补注。

《漫堂年谱》宋牧仲（荦）自著。

《恕谷先生年谱》李恕谷（塨）自为日谱，五十二岁时命门人冯辰辑之为年谱，实等自撰也。凡恕谷友已下世者皆附以小传，则全出辰手。

《尹元孚年谱》尹元孚（会一）自著。

《瞿木夫自订年谱》木夫名中溶，钱竹汀女婿。

《言旧录》张月霄（金吾）自撰年谱。

《病榻梦痕录》《梦痕余录》汪龙庄（辉祖）自撰年谱。本录记事，余录记言。

《敝帚斋主人年谱》徐彝舟（鼒）自撰。

《退庵自订年谱》梁茝林（章钜）自撰。

《骆文忠公秉章年谱》自撰。

《葵园自定年谱》王益吾（先谦）自撰。

此外自撰年谱有刻本者尚十数家。以其人无足称，不复论列。黄梨洲、施愚山皆有自撰谱，已佚。自撰年谱中主人若果属伟大人物，则其价值诚不可量，盖实写其所经历所感想，有非他人所能及者也。惜以上诸家能餍吾望者尚少。内中最可宝者厥惟《恕谷年谱》，其记述自己学问用力处，可谓“惊心动魄，一字千金”；彼又交游甚广，一时学风藉以旁见者不少。其体裁最完整者莫如汪龙庄之《梦痕录》。惜龙庄学识颇平凡，不足耐人寻味耳。章实斋、邵二云皆龙庄挚友。若彼二人有此详细之自叙，岂非快事！葵园谱下半述其刻书编书之经历颇可观。月霄、彝舟皆质朴有风趣。木夫谱最可见乾嘉学风印象，且钱竹汀学历多藉以传。夏峰谱原文虽简，得注便详，明清之交“北学”“洛学”之形势见焉。其余则“自郐以下”矣。

此外亦有自撰墓志铭之类者，以吾记忆所及，则屈翁山、张稷若、李恕谷、彭南畇皆有之。又如汪容甫有《自序》，则文人发牢骚之言，所裨史料仅矣。其仿马班例为详密的自述，附所著书中者甚少，吾忆想所得，惟顾景范《读史方舆纪要序》颇近是。

第二类，友生及子弟门人为其父兄师友所撰年谱。此类年谱价值，仅下自撰一等，因时近地切，见闻最真也。但有当分别观之者。其一，先问谱主本人价值如何？若寻常达宦之谱，事等谀墓，固宜覆瓿。其二，谱主人格虽可敬，然丰于所昵，人之恒情；亲故之口，虑多溢美。其三，即作谱者力求忠实，又当视其学识如何？“相知贵相知心”，虽父师亦未必遂能得之于子弟。以此诸因，此类谱虽极多，可称者殊寥落，今略举如下：

《孙文正公承宗年谱》《鹿江村先生善继年谱》门人陈鋐著。

《刘蕺山先生宗周年谱》门人董玚著，子汋录遗。

《漳浦黄先生道周年谱》门人庄起俦著。尚有门人洪思、郑亦邹两本在前。

《申端愍公佳胤年谱》子涵光著。《申凫盟涵光年谱》弟涵盼著。

《顾亭林先生炎武年谱》子衍生著。后人续者尚数家，见第三类。

《李二曲先生颙年谱》门人王心敬著。

《魏石生先生裔介年谱》子荔彤著。

《颜习斋先生元年谱》门人李塨、王源合著，以习斋自撰日谱为底本。

《汤文正公斌年谱》门人王廷灿著。

《查他山先生慎行年谱》外曾孙陈敬璋著。

《陆稼书先生陇其年谱》子宸徵、子婿李铉合著。

《施愚山先生闰章年谱》曾孙念曾著。

《全谢山先生祖望年谱》门人董秉纯著。

《汪双池先生绂年谱》门人金龙光著。

《戴东原先生震年谱》门人段玉裁著。

《阮尚书元年谱》子福著。

《孙渊如先生星衍年谱》友人张绍南著。

《洪北江先生亮吉年谱》门人吕培著。

《弇山毕公沅年谱》门人史善长著。

《方植之东树年谱》从弟宗诚著。

《吴山夫玉搢年谱》友人丁晏著。

《养一子李兆洛年谱》门人蒋彤著。

《陈硕甫先生奂年谱》门人管庆祺、戴望著。

《阿文成公桂年谱》孙那彦成、门人王昶同著。

《曾文正公国藩年谱》门人李瀚章、黎庶昌等著。

《左文襄公宗棠年谱》湘潭罗正钧著。

《罗忠节公泽南年谱》失著人名氏。

《王壮武公鑫年谱》湘潭罗正钧著。

《丁文诚公葆桢年谱》门人唐炯著。

《刘武慎公长祐年谱》友人邓辅纶、王政慈同著。

上所列除他山、愚山两谱时代稍后外，其余皆作谱人直接奉手于谱主，闻见最亲切者。然价值亦有差等。最上乘者应推蕺山、习斋、东原三谱，次则双池、养一两谱，盖皆出于其最得意门生之手，能深知其学也。蕺山谱记谱主学行外，尤多晚明时局史料。自余诸学者之谱，亦皆有相当价值，须改造者亦不少，若亭林谱即其例也。诸大学者中，如胡朏明、惠定宇、江慎修、李穆堂、钱竹汀、段茂堂、王石臞、伯申父子、焦里堂、庄方耕、刘申受、魏默深、陈兰甫、俞荫甫、孙仲容……皆无当时人所撰年谱，亦未闻有谋补作者，甚可惜也。

学者之谱，可以观一时代思想，事功家之谱，可以观一代事变，其重要相等。阿文成谱为卷三十有四，可谓空前绝后之大谱，其中繁芜处当不少吾未见，但作史料读固甚佳也。曾文正公谱十二卷，亦称巨制。余如陶文毅、林文忠、郭筠仙、李文忠等，似尚未有谱，颇可惜。

篇幅极长之行状事略等，往往详记状主事迹之年月，虽不用谱体，其效力亦几与谱等。如王白田之子箴听所作《先府君行述》、洪初堂榜所作《戴东原先生行状》、焦里堂之子廷琥所作《先府君事略》、王石臞为其父文肃公安国所作《先府君行状》之类，名篇颇多。后此作谱者可取材焉。

第三类，后人补作或改作昔贤年谱。此乃当时未有谱而后人补作，或虽有谱而未完善，后人踵而改作者。此类作品，其一，必谱主为有价值的人物，得作谱者之信仰，故无下驷滥竽之病。其二，时代已隔，无爱憎成心，故溢美较少，此其所长也；虽然，亦以时代相隔之故，资料散失或错误，极难得绝对的真相，此其所短也。为极勤苦极忠实的考证，务求所研究之对象得彻底了解，此实清儒学风最长处。而此类补作或改作之年谱，最能充分表现此精神，故在著作界足占一位置焉。今将此类作品分两项论列如下：

（甲）清人或今人补作或改作清代名人年谱以卒于清代者为限，以谱主年代先后为次。

《张苍水煌言年谱》咸丰间赵之谦著。旧有一谱，题全谢山著。赵氏辨其伪，别撰此本。

《黄梨洲宗羲年谱》（一）同治间梨洲七世孙炳垕著；（二）薛凤昌著。

《顾亭林炎武年谱》（一）吴映奎著；（二）车守谦著；（三）胡虔著；（四）徐松著；（五）周中孚著；（六）张穆著。此谱最初本为亭林子衍生著作，吴氏因之，车氏又因吴氏。徐氏未见诸本，孤意创作，已写定，未刻。张氏乃综合车、徐两本，再加厘订，道光二十三年著成。胡氏本见张本自序，周氏本见其所著《郑堂札记》，想皆已佚。

《王船山夫之年谱》（一）刘毓崧著；（二）王之春著。刘本同治乙丑年成，前无所承，创作至难，故名曰初稿，而自序称其未备者有七。之春为船山八世从孙，据家谱及他书以正刘本之讹而补其阙。书成于光绪十八年壬辰。

《朱舜水之瑜年谱》今人梁启超著。

《吴梅村伟业年谱》道光间顾师轼著。

《傅青主山年谱》（一）张廷鉴著，阙存；（二）同治间曹树穀著；（三）宣统间丁宝铨著。

《徐俟斋枋年谱》《万年少寿祺年谱》俱今人罗振玉著。

《阎古古尔梅年谱》（一）道光间鲁一同著；（二）今人张蔚西著。

《冒巢民襄年谱》今人冒广生著。

《陈乾初确年谱》嘉庆间吴骞著。

《张杨园履祥年谱》苏惇元著。

《阎潜邱若璩年谱》道光间张穆著。

《戴南山名世年谱》道光间戴钧衡著（？）。此谱为戴作抑徐宗亮作，待考。

《章实斋学诚年谱》今人胡适著。日本人内藤虎次郎创作，胡氏订正扩大之。

《黄荛圃丕烈年谱》光绪间江标著。

《龚定庵自珍年谱》（一）吴昌绶著；（二）宣统间黄守恒著。

《徐星伯松年谱》光绪间缪荃孙著。

（乙）清人或今人补作或改作汉至明名人年表或年谱以谱主年代先后为次。

《贾生谊年表》汪中著。

《董子仲舒年表》苏舆著。

《太史公司马迁系年要略》王国维著。

《刘更生向年谱》（一）梅毓著；（二）柳兴恩著。

《许君慎年表》陶方琦著。

《郑康成玄年谱》（一）沈可培著；（二）洪颐煊著；（三）陈鳣著；（四）袁钧著；（五）丁晏著；（六）郑珍著。王鸣盛《蛾术编》有《高密遗事》三卷，中亦有年表。

《郑司农玄、蔡中郎邕年谱合表》林春溥著。

《孔北海融年谱》缪荃孙著。

《诸葛武侯亮年谱》（一）张澍著；（二）杨希闵著。

《陈思王曹植年谱》丁晏著。

《王右军羲之年谱》（一）吴浔著；（二）鲁一同著。

《陶靖节潜年谱》（一）丁晏著；（二）陶澍著；（三）梁启超著。陶谱旧有宋人吴斗南、王质两家。丁作似自创。陶作名曰《年谱考异》，订正旧说加详。梁作加订正。

《庾子山信年谱》倪璠著。

《魏文贞公徵年谱》王先恭著。

《慈恩法师玄奘年谱》梁启超著，仅成略本。

《王子安勃年谱》姚大荣著。

《张曲江九龄年谱》温汝适著。

《李邺侯泌年谱》杨希闵著。

《王摩诘维年谱》赵殿成著。

《陆宣公贽年谱》（一）丁晏著；（二）杨希闵著。

《白香山居易年谱》汪立名著。白谱旧有宋陈振孙本，汪氏改作。

《玉溪生李商隐年谱》（一）朱鹤龄著；（二）冯浩著；（三）张采田著，名曰《会笺》。

《韩忠献公琦年谱》杨希闵著。

《欧阳文忠公修年谱》华孳享著。

《司马温公光年谱》（一）顾栋高著；（二）陈宏谋著。

《王荆公安石年谱》（一）顾栋高著；（二）蔡上翔著。

《东坡先生苏轼年谱》（一）邵长蘅著；（二）查慎行著。苏谱旧有南宋施元之、宿父子，王宗稷三家，及傅藻《编年录》。邵作重订王谱。查作为年表式。

《苏文定公辙年谱》龚煦春著。

《黄文节公庭坚年谱》徐名世删补。黄谱旧有南宋末山谷诸孙㽦所撰，徐氏删补之。

《二程颢、颐年谱》池生春著。

《米海岳芾年谱》翁方纲著。

《稷山段氏二妙克己、成己年谱》孙德谦著。

《元遗山好问年谱》（一）翁方纲著；（二）凌廷堪著；（三）施国祁著；（四）李光廷著。

《洪文惠适年谱》《洪文敏迈年谱》俱钱大昕著。

《岳忠武王飞年谱》梁玉绳著。忠武孙珂《金陀编》有简谱，梁氏补之。

《李忠定公纲年谱》杨希闵著。

《朱子熹年谱》附《考异》王懋竑著。朱谱旧有门人李公晦所著，明嘉靖间李默改窜之，全失其旧。康熙初有洪璟删补。李默本亦不佳，王氏作此订正之。

《陆子九渊年谱》李绂著。陆谱旧有其门人袁燮、傅子云所著，其后附刻全集之末，删汰失真，李氏作此订正之。

《陆放翁游年谱》（一）赵翼著；（二）钱大昕著。

《深宁先生王应麟年谱》（一）钱大昕著；（二）张大昌著；（三）陈僅之著。

《谢皋羽翱年谱》徐沁著。

《王文成公守仁年谱》（一）毛奇龄著；（二）杨希闵著。王谱旧有其门人钱德洪所著，后经李贽窜乱。毛、杨皆订正之，但亦未见佳。

《弇州山人王世贞年谱》钱大昕著。

《归震川有光年谱》（一）汪琬著，已佚；（二）孙守中著。

《戚少保继光年谱》戚祚国著。

《杨升庵慎年谱》简绍芳著。

《左忠毅公光斗年谱》马其昶著。

《徐霞客宏祖年谱》丁文江著。

上列两项数十种，实清代年谱学之中坚。大抵甲项几无种不佳，乙项之佳者亦十而六七。此类之谱，作之实难，盖作者之去谱主，近则百数十年，远乃动逾千岁。非如第二类之谱由门人子弟纂撰者，得以亲炙其言行，熟悉其时日。资料少既苦其枯涸，苦其罣漏；资料多又苦其漫漶，苦其牴牾。加以知人论世，非灼有见其时代背景，则不能察其人在历史上所占地位为何等；然由今视昔，影象本已朦胧不真，据今日之环境及思想以推论昔人，尤最易陷于时代错误。是故欲为一名人作一佳谱，必对于其人著作之全部，专就学者或文学家言，别方面则又有别当注意之资料。贯穴钩稽，尽得其精神与其脉络。不宁惟是，凡与其人有关系之人之著作中直接语及其人者，悉当留意。不宁惟是，其时之朝政及社会状况，无一可以忽视。故作一二万言之谱，往往须翻书至百数十种。其主要之书，往往须翻至数十遍。资料既集，又当视其裁断之识与驾驭之技术何如，盖兹事若斯之难也。吾尝试著一二谱，故深知其甘苦，然终未能得满意之作。吾常谓初入手治史学者，最好择历史上自己所敬之人，为作一谱。可以磨炼忍耐性，可以学得搜集资料、运用资料之法。优为此者，厥惟清儒，前代盖莫能及。

上列诸谱中，其最佳者，如王白田之《朱子年谱》。彼终身仅著此一书，而此一书已足令彼不朽。朱子之人格及其学术真相皆具焉。李穆堂之陆谱，价值亦略相埒也。如顾震沧之温公谱，其意欲使不读温公集之人，读此已能了解温公人物真相之全部，在诸谱中实为一创格。震沧意谓有附集之谱，有单行之谱。附集者，备读集时参考，故宜简明；单行者，备不读集人得有常识，故宜详尽。再以与彼所著荆公谱合读，则当时全盘政局，若指诸掌矣。如蔡元凤之荆公谱，虽体裁极拙劣，而见识绝伦。如陶云汀之《渊明谱考异》、张孟劬之《玉溪谱会笺》，最注意于谱主之身世，观其孕育于此种环境中之文艺何如。如张石洲之顾、阎两谱，刘伯山之船山谱，罗叔蕴之徐、万两谱等，于谱主所履之地、所接之人等，考核精密，细大不遗。如翁覃溪、李恢垣之遗山谱，孙益庵之二妙谱，资料本极缺乏，而搜罗结果乃极丰富。如丁俭卿之陈思谱、鲁通甫之右军谱、姚俪桓之子安谱，于谱主之特性及其隐衷，昭然若揭。如胡适之之实斋谱，不惟能撷谱主学术之纲要吾尚嫌其未尽，并及其时代思潮。凡此诸作，皆近代学术界一盛饰也。

第四类，纯考证的远古哲人年表。此类性质，与前三类皆不同。不重在知其人因其人为人所共知，而重在知其确实之年代。故不作直行之详赡年谱，而惟作旁行斜上之简明年表。然而考证辨析，有时亦甚辞费焉。列其作品如下：

《周公年表》牟庭著。

《孔子年表》（一）江永《孔子年谱》，黄定宜为之注；（二）狄子奇《孔子编年》；（三）胡培翚校注宋胡仔之《孔子编年》；（四）崔述《洙泗考信录》；（五）魏源《孔子编年》；（六）林春溥《孔子师弟年表》。

《卜子年谱》陈玉澍著。

《墨子年表》（一）孙诒让《墨子年表》；（二）梁启超《墨子年代考》。

《孟子年表》（一）黄本骥《孟子年谱》；（二）汪椿《孟子编年》；（三）任启运《孟子考略》；（四）周广业《孟子四考》；（五）曹之升《孟子年谱》；（六）任兆麟《孟子时事略》；（七）狄子奇《孟子编年》；（八）崔述《孟子事实录》；（九）魏源《孟子编年》；（十）林春溥《孟子时事年表》。

《荀子年表》（一）汪中《荀卿子通论》附年表；（二）胡元仪《郇卿别传》。

《董生年表》苏舆著。在苏著《春秋繁露义证》内。

以上诸作，皆考证甚勤。夫非有问题，则不必考证。问题取决于纸上资料，恐终于“以后息者为胜”耳。虽然，经过若干人严密之考证，最少固可以解决问题之一部分也。至如墨、孟、荀等生卒年既无法确定，则欲编成具体的年表，总属徒劳。

※　　※　　※

族姓之谱，六朝、唐极盛，宋后寖微，然此实重要史料之一。例如欲考族制组织法，欲考各时代各地方婚姻平均年龄、平均寿数，欲考父母两系遗传，欲考男女产生比例，欲考出生率与死亡率比较等等无数问题，恐除族谱家谱外，更无他途可以得资料。我国乡乡家家皆有谱，实可谓史界瓌宝，将来有国立大图书馆，能尽集天下之家谱，俾学者分科研究，实不朽之盛业也。

清代当承平之时，诸姓之谱，恒聘学者为之修订，学者亦喜自订其家之谱。观各名家集中殆无一不有“某氏族谱序”等文，可见也。吾尝欲悉荟萃此项文比而观之，则某地某姓有佳谱，盖可得崖略。惜今未能，故亦不克详论也。

第十六讲　清代学者整理旧学之总成绩（四）

——历算学及其他科学、乐曲学

十、历算学及其他科学

历算学在清学界占极重要位置，不容予不说明。然吾属稿至此，乃极惶悚极忸怩，盖吾于此学绝无所知，万不敢强作解事，而本书体例，又不许我自藏其拙。吾惟竭吾才以求尽吾介绍之责，吾深知其必无当也。吾望世之通此学者不以我为不可教，切切实实指斥其漏阙谬误之点，俾他日得以校改自赎云尔。

历算学在中国发达盖甚早。六朝唐以来，学校以之课士，科举以之取士；学者于其理与法，殆童而习焉。宋元两朝名家辈出，斯学称盛。明代，心宗与文士交哄，凡百实学，悉见鄙夷，及其末叶，始生反动。入清，则学尚专门，万流骈进，历算一科，旧学新知，迭相摩荡，其所树立乃斐然矣。计自明末迄清末，斯学演进，略分五期：

第一期　明万历中叶迄清顺治初叶约三十年间，耶稣会士赍欧洲新法东来，中国少数学者以极恳挚极虚心的态度欢迎之，极忠实以从事翻译。同时旧派反抗颇烈，新派以不屈不挠之精神战胜之。其代表人物则为李凉庵之藻、徐元扈光启等。

第二期　清顺治中叶迄乾隆初叶约八十年间，将所输入之新法尽量消化，彻底理会；更进一步，融会贯通之，以求本国斯学之独立。其代表人物为王寅旭锡阐、梅定九文鼎等。

第三期　乾隆中叶以后迄嘉庆末约三四十年间，因求学问独立之结果，许多重要古算书皆复活，好古有识之学者，为之悉心整理校注。其代表人物则戴东原震、钱竹汀大昕、焦里堂循等。

第四期　嘉庆、道光、咸丰三朝约四五十年间，因古算书整理就绪之结果，引起许多创造发明，完成学问独立之业。其代表人物则汪孝婴莱、李四香锐、董方立祐诚、罗茗香士琳等。

第五期　同治初迄光绪中叶约三十年间，近代的新法再输入，忠实翻译之业不让晚明。其代表人物为李壬叔善兰、华若汀蘅芳等。

第六期　光绪末迄今日，以过去历史推之，应为第二次消化会通发展独立之期。然而……

今吾将略述前五期之史迹。惟有一语先须声明者，历与算本相倚也，而三百年来斯学之兴，则假途于历而归宿于算。故吾所论述，在前两期历算并重，后三期则详算而略历焉。

晚明因天官失职，多年沿用之《大统历》，屡发见测算上之舛误，至万历末而朱载堉、邢云路先后抗言改历之必要，我国向以观象授时为国之大政，故朱、邢之论忽惹起朝野注意，历议大喧哄，而间接博得西欧科学之输入。

初，欧洲自“宗教革命”告成之后，罗马旧教团中一部分人为挽回颓势起见，发生自觉，于是有耶稣会之创设。会士皆当时科学智识最丰富之人，而其手段在发展势力于欧洲以外。于是利玛窦、庞迪我、熊三拔等先后来华，实为明万历天启时。中国人从之游且崇信其学者颇多，而李凉庵、徐元扈为称首。及改历议起，有周子愚者方为“五官正”钦天监属官，上书请召庞、熊等译西籍。万历四十年前后，凉庵与邢云路同以修历被征至京师。云路以己意损益古法，而凉庵专宗西术，新旧之争自此。崇祯二年，凉庵与元扈同拜督修新法之命。越二年，凉庵卒。又二年，元扈亦以病辞，荐李长德天经自代。天经一遵成规，矻矻事翻译，十年如一日，有名之《崇祯历书》百二十六卷，半由元扈手订，半由长德续成也。凉庵、元扈深知历学当以算学为基础，当未总历事以前，已先译算书。元扈首译欧几里得之《几何原本》六卷，欧人名著之入中国，此其第一。《几何原本》之成书，在元扈任历事前二十三年。自序谓“由显入微，从疑得信，不用为用，众用所基，真可谓万象之形囿、百家之学海”。盖承认欧人学问之有价值，实自兹始也。元扈又自为《勾股义》一卷。凉庵亦以半著半译的体裁，为《同文算指》十卷、《圜容较义》一卷。以上诸书，皆为当时言西算者所宗。

元扈总历事时，反对蠭起，最著者为魏文魁、冷守忠。元扈与李长德先后痛驳之，其焰始衰。《崇祯新历》经十余年制器实测之结果，泐为定本，将次颁行，而遭甲申之变，遂阁置。入清，以欧人汤若望掌钦天监，始因晚明已成之业而颁之。顺康之交，尚有杨光先者，纯挟排外的意气诋諆新法，著一书名曰《不得已书》，其后卒取汤若望之位而代之，旋以推步失实黜革，自是哄议始息矣。

元扈于崇祯四年上疏曰：“欲求超胜，必须会通；会通之前，先须翻译。……翻译既有端绪，然后令深知法意者，参详考定。……”《明史》本传当时研究此学之步骤如此。元扈既逝，旋遭丧乱，未能依原定计划进行。王寅旭引此疏而论之曰：“……文定元扈谥之意，原欲因西法以求进也。文定既逝，继其事者案指李天经等仅能终翻译之绪，未遑及会通之法，甚至矜其师说，齮龁异己。……今西法盛行，向之异议者，亦诎而不复争矣。然以西法有验于今，可也。如谓为不易之法，无事求进，不可也。……”《历说一》盖李、徐之业，得半而止，未逮其志。所谓“会通以求超胜”，盖有俟于后起，而毅然以此自任者，则王寅旭、梅定九其人也。

阮云台著《畴人传》，清儒之部以王、梅为冠首，且论之曰："王氏精而核，梅氏博而大，各造其极，难可轩轾。"谅哉言矣！寅旭自幼嗜测天，晴霁之夜，辄登屋卧鸱吻间，仰察星象，竟夕不寐；每遇日月蚀，辄以新旧诸法所推时日秒刻所蚀多寡实测之，数十年未尝一次放过。结果乃自为《晓庵新法》六卷，其自序既力斥魏文魁、陈壤、冷守忠辈之专己守残，推奖利、徐新法，然又谓西法有不知法意者五，当辨者十。其书则"会通若干事，考正若干事，表明若干事，增葺若干事"。其论治学方法，谓："……当顺天以求合，不当为合以验天。法所以差，固必有致差之故；法所吻合，犹恐有偶合之嫌。"《历策》又云："其合其违，虽可预信，而分秒远近之细，必屡经实测而后得知。合则审其偶合与确合，违则求其理违与数违，不敢苟焉以自欺而已。"《推步交朔序》又云："……学之愈久而愈知其不及，人之愈深而愈知其难穷。……若仅能握觚而即以创法自命，师心任目，撰为卤莽之术，约略一合，傲然自足，胸无古人，其庸妄不学未尝艰苦可知矣。"《测日小记序》读此可知寅旭之学，其趋重客观的考察为何如，又可知此派历算学，其影响于清代学风者为何如也。

定九年辈，稍后寅旭，而其学最渊博，其传亦最光大。所著《勿庵历算全书》，分四大部——法原部八种、法数部一种、历学部十五种、算学部六种，都凡三十种七十五卷。此外关于研究古历法之书尚十三种八十七卷。其书内容价值，非吾所敢妄评。顾吾以为定九对于斯学之贡献，最少亦有如下数点：

一、历学脱离占验迷信而超然独立于真正科学基础之上，自利、徐始启其绪，至定九乃确定。

二、历学之历史的研究——对于诸法为纯客观的比较批评，自定九始。

三、知历学非单纯的技术，而必须以数学为基础，将明末学者学历之兴味移到学算方面，自定九始。

四、因治西算而印证以古籍，知吾国亦有固有之算学，因极力提倡以求学问之独立，黄梨洲首倡此论，定九与彼不谋而合。

五、其所著述，除发表自己创见外，更取前人艰深之学理，演为平易浅近之小册，以力求斯学之普及。此事为大学者之所难能，而定九优为之。

王、梅流风所被，学者云起。江苏则有潘次耕耒、陈泗源厚耀、惠天牧士奇、孙滋九兰、顾震沧栋高、庄元仲亨阳、顾君源长发、屠莼洲文漪、丁维烈等；安徽则有方位伯中通、浦选正珠父子，江慎修永，余晋斋熙，及定九之弟和仲文鼐、尔素文鼏，定九之孙玉汝瑴成等；浙江则有徐圃臣发、吴任臣志伊、龚武任士燕、陈言扬订、王宋贤元启等；江西则有揭子宣暄、毛心易乾乾等；湖北则有刘允恭湘煃等；河南则有孔林宗兴泰、杜端甫知耕等；山东则有薛仪甫凤祚等；福建则有李晋卿光地、耜卿光坡兄弟等。其学风大率宗王、梅，而清圣祖亦笃嗜此学，其《御定历象考成》《御制数理精蕴》，裒然巨帙，为斯学增重，则陈泗源、李晋卿等参与最多云。

黄梨洲年辈略先于王、梅，然既以历学闻，有著述数种。梨洲亦信服利、徐新法之一人，然谓此法乃我国所固有。尝曰："周公、商高之术，中原失传而被篡于西人，试按其言以求之，汶阳之田可归也。"其言虽不脱自大之习，然唤起国人之自觉心亦不少。王、梅所企之"会通以求超胜"，其动机半亦由此。而清圣祖以西人借根方授梅玉汝，告以西人名此书为"阿尔热八达"，译言"东来法"，命玉汝推其所自，玉汝因考定为出于"天元一"。自是学者益知我国固有之算学，未可轻视矣。虽然，大算学书散佚殆尽，其存者亦传刻讹漏不可卒读，无以为研究之资。其搜辑整理之，则在四库馆开馆之后，而董其役者实为戴东原。

东原受学于江慎修，而尤服膺其历算。慎修笃信西法，往往并其短而护之，东原亦时所不免看钱竹汀与东原论岁实书。自其中年，即已成《原象》《历问》《历古考》《策算》《勾股割圜记》等书，为斯学极有价值之作品。及入四库馆，则子部天文算学类之提要，殆全出其手，而用力最勤者，则在辑校下列各种算书：

一、《周髀算经》汉赵爽注，北周甄鸾重述，唐李淳风释。此书旧有《津逮秘书》刻本，然讹脱甚多，东原据《永乐大典》详校，补脱字百四十七，正误字百十三，删衍字十八，补图二，自是此书始可读。

二、《九章算术》晋刘徽注，唐李淳风释，宋李籍音义。此书明时已佚，东原从《永乐大典》辑成九卷。此书后经李云门（潢）作《细草图说》九卷，东原所谓舛错不可通者，一一疏解之。

三、《孙子算经》不著撰人名氏。旧有甄鸾、李淳风注，皆亡。东原从《大典》中辑出正文。

四、《海岛算经》晋刘徽撰，唐李淳风注，久佚。从《大典》辑出。

五、《五曹算经》不著撰人名氏，刻本久佚，汲古阁有影钞宋本，讹舛不能成读。旧有甄鸾、韩延、李淳风诸家注，已不见。惟经文散在《大典》各条下。东原补缀钩稽，辑为五卷，极费苦心。

六、《五经算术》北周甄鸾撰，唐李淳风注。此书久无传本，惟散见《大典》中，割裂失次。东原循其义例，以各经之叙推之，辑成完书。

七、《夏侯阳算经》著者时代无考，旧有甄鸾、韩延注。传本久佚，惟《大典》有之，然割裂分附《九章算术》之下，紊其端绪。幸原书目尚存，东原悉心寻绎排比，还其旧观，为三卷十二门。

八、《张邱建算经》著者年代无考。甄、李注及刘孝孙细草。此书旧有汲古阁影钞宋椠，然讹舛不少。东原校正之，及为补五图，盖原书所无，而其理非图不明也。

九、《辑古算经》唐王孝通撰并自注。旧尚有李淳风注，已佚。此书亦毛氏藏本，东原校定，附加图说。此书后经李云门作考注，以《九章》释之；张古余作细草，以天元释之；皆多发明。

十、《数术记遗》旧题汉徐岳撰，周甄鸾注，东原亦校定之。但辨为唐以后伪书。

以上所列，不过校勘几部旧书，宜若与学界大势无甚关系。虽然，此诸书者久已埋没尘壒中，学者几不复知吾国自有此学。即有志研究者，亦几译书外无所凭藉。自戴校诸书既成，官局以聚珍板印行，而曲阜孔氏复汇刻为《算经十书》，其移易国人观听者甚大。善夫阮文达之言曰：“九数为六艺之一，古之小学也。……后世言数者，或杂以太一、三式、占候、卦气之说，由是儒林实学，下与方技同科，可慨已！戴庶常……网罗算氏，缀辑遗经，以绍前哲，用遗来学。盖自有戴氏，天下学者乃不敢轻言算数，而其道始尊。功岂在宣城梅氏下哉！”《畴人传》四十二读阮氏此论，可以知戴氏在斯学之位置矣。

东原虽遍校古算经，然其自著历算书，则仍宗西法。其专以提倡中法闻者，则推钱竹汀。竹汀著《元史朔闰表》《三统术衍》《算经答问》等书，罗茗香推之甚至，谓“宣城犹逊彼一筹”《续畴人传》四十九，其言或稍过。虽然，自戴、钱二君以经学大师笃嗜历算，乾嘉以降，历算遂成经生副业，而专门算家，亦随之而出，其影响岂不巨哉！

前所列戴校《算经十书》皆唐代用以课士者。然数学实至宋元而极盛，其最有价值之著述则为下列三家四种：

一、宋秦道古九韶《数学九章》十八卷。

二、元李仁卿冶《测圆海镜》附细草十二卷、《益古演段》三卷。

三、元朱汉卿世杰《四元玉鉴》三卷。

秦李两家所创为两派之“立天元一术”，朱氏所创为“四元术”。“天元”“四元”两术，则嘉道以后学者所覃精积虑，阶是以求超胜于西人者也。四书中惟《测圆海镜》旧有传本，而已逸其细草，余三书则皆久佚。东原在四库馆，从《永乐大典》中辑录《九章》《演段》及《海镜》之细草，三书始稍具面目。然精心雠校，实所未遑，故研习犹不易焉。东原校《海镜》，多臆删误解。尹菊圃（锡瓒）曾指斥之。《数学九章》自钱竹汀极力提倡，秦敦夫恩复刻之，而顾千里广圻为之详校，其后沈侠侯钦裴及其弟子宋冕之景昌复据顾本精校，订正讹舛数十处，为之《札记》。自是道古之书始可读。《海镜》及《演段》，鲍渌饮廷博刻之，而李四香锐为之详校，自是仁卿之书始可读。独《四元玉鉴》，《四库》既不著录，阮文达作《畴人传》时且未之见以传中无朱世杰知之。文达晚乃得其钞本，传钞寄四香。四香大喜，为作细草，未就而没。文达惘之，曰：“李君细草不成，遂无能读是书者矣。"《揅经室集·李锐传》道光中，罗茗香始为精校，并补作细草，自是汉卿之书亦人人可读，与秦李书等。此四书校注之业，其影响于后此算学之发展，视戴校诸书为尤巨。大抵天元学即秦李学大显于嘉庆中叶，而四元学即朱学复活于道光之初。二学明而中国算学独立之利器具矣。

乾嘉以后治算之人约可分三类：

第一类，台官。台官者，奉职于钦天监者也。历代台官，率多下驷，然台中资料多，仪器备，苟得其人，则发明亦较易为力。乾隆中则有监正明静庵安图，蒙古人创"割圜密率捷法"，举世宗之详下。其弟子夏官正官名张良亭肱最能传其学。同时，监副博绘亭启，满洲人能解勾股形中所容方边、圆径、垂线三事，创法六十。道光初，监正方慎斋履亨亦绩学有著述。同时博士钦天监博士陈静弇杰最精比例，著《算法大成》二十卷，最便初学。

第二类，经师。经师者，初非欲以算学名家，因治经或治史有待于学算，因以算为其副业者也。此派起于黄梨洲、惠天牧，而盛于钱竹汀、戴东原，其稍后则焦里堂、阮芸台。若顾震沧、程易畴、凌次仲、孔巽轩、钱溉亭、许周生、姚秋农、程春海、李申耆、俞理初辈，皆其人也。自余考证家，殆无一人不有算学上常识，殆一时风尚然矣。此辈经生——除戴、焦、孔外——大率藉算以解经史，于算学本身无甚发明。虽然，后此斯学大家，多出诸经师之门，如李尚之之学于竹汀，罗茗香之学于芸台，其最著者也。

第三类，专门算学家。专门算学家，自王、梅以后，中绝者垂百年，至嘉庆间始复活，道咸间乃极盛。复活初期之主要人物，则江都焦里堂、元和李四香、歙汪孝婴莱也，时号为"谈天三友"。三人始终共学，有所得则相告语，有所疑则相诘难，而其公共得力之处，则在读秦、李书而知"立天元一"为算家至精之术。四香校释《测圆海镜》《益古演段》，为仁卿之学拨开云雾；又与里堂几度讨论，知秦道古之《九章》为"大衍求一"中之又一派"天元"，秦书价值亦大明。里堂著《天元一释》《开方通释》等书，最能以浅显之文阐天元奥旨。孝婴则姿性英锐，最喜攻坚，必古人所未言者乃言之。三人中，焦尚经师副业，而汪、李则专家也。焦之评汪、李曰："尚之四香善言古人所已言，而阐发得其真；孝婴善言古人所未言，而引申得其间。"两家学风可见矣。学风异而能合作，故于斯学贡献特多焉。而阳城张古余敦仁、上元谈阶平泰皆四香学友，于"天元"有所发明；四香弟子顺德黎见山应南尽传其师之学，且续成其书；里堂子虎玉廷琥亦治《演段》，能名家。嘉庆间专门家最著者，略如此。

道光初叶，秀水朱云麓鸿、阳湖董方立祐诚在京师以学算相友善。方立最绝特，所发明"割圜连比例率"，实斯界不刊之作见下，惜早夭未能尽其才。而甘泉罗茗香士琳、乌程徐君青有壬、仁和项梅侣名达皆老寿，道咸间称祭酒焉。茗香为阮芸台弟子，早岁已通天元，中岁得《四元玉鉴》，嗜之如性命，竭十二年之力，为之校，为之注，为之演细草二十四卷，复与同县学友易蓉湖之瀚为之释例。四元复见天日，自茗香始也。后此李壬叔译代数之书，始知"四元"即我国之代数，而其秘实启自茗香。君青缒幽凿险，学风酷似汪孝婴、董方立，发明"测圜密率""椭圆求周术""对数表简法"等见下；亦尝为《四元》步细草，闻茗香治此，乃中辍。梅侣与黎见山游，因接李四香之绪，著述甚富，今传者仅《勾股六术》一编。尝曰："守中西成法，搬衍较量，畴人子弟优为之。所贵学数者，谓能推见本原，竟古人未竟之绪，发古人未发之藏耳。"晚年每谓古法无所用，不甚涉猎，而专意于平弧三角云。后此算家力求向上一步以从事发明，得梅侣暗示之力为多。三君之外，则元和沈侠侯钦裴之校《九章》、乌程陈静庵杰之为《缉古细草》，皆能有所树立者。

道光末迄咸同之交，则钱塘戴谔士煦、钱塘夏紫笙鸾翔、南海邹特夫伯奇、海宁李壬叔善兰，为斯学重镇。谔士学早成，年辈稍后于罗茗香、项梅侣。罗、项折节以为忘年交。所著《求表捷术》，英人艾约瑟译之，刊《英伦算学公会杂志》，彼都学者叹为绝业。我国近人著述之有欧译，自戴书始也。紫笙为梅侣高弟，尽传其学。特夫崛起岭峤，而精锐无前，又善制器，诸名家皆敛手相推焉。壬叔早慧而老寿，自其弱冠时，已穷天元、四元之秘，斐然述作；中年以后，尽瘁译事，世共推为第二徐文定，遂以结有清一代算学之局。当是时，江浙间斯学极盛，金山顾尚之观光、长洲马远林钊、嘉定时清甫曰淳、兴化刘融斋熙载、乌程凌厚堂堃、张南坪福僖、南汇张啸山文虎，与徐、项、戴、李诸君先后作桴鼓应焉。江西亦有南丰吴子登嘉善，造诣不让时贤。而异军特起有声色者，莫如湖南、广东两省。湖南自新化邹叔绩汉勋首倡此学，长沙丁果臣取忠继之。果臣弟子有湘阴左壬叟潜，文襄从子也，湘乡曾栗諴纪鸿，文正子也，咸以贵介嗜学，能名其家。徐君青之为广东盐运使也，语人曰："广东无知算者！"或以告番禺梁南溟汉鹏，南溟为难题难之，徐不能答。嘉应吴石华学算于南溟，遂尽传其学。已而出邹特夫，所造或为江左诸师所不及云。

清季承学之士，喜言西学为中国所固有，其言多牵强傅会，徒长笼统嚣张之习，识者病焉。然近世矫其弊者，又曾不许人稍言会通，必欲挤祖国于未开之蛮民，谓其一无学问，然后为快。噫！抑亦甚矣。人智不甚相远，苟积学焉，理无不可相及，顽固老辈之蔑视外国，与轻薄少年之蔑视本国，其误谬正相等。质而言之，蔽在不学而已。他勿具论，即如算术中之天元、四元，苟稍涉斯学之樊者，宁能强词斥之谓为无学问上之价值？又宁能谓此学非我所自有？清圣祖述西士之言，谓借根为"东来法"。英人伟烈亚力，与李壬叔同事译业者也，深通中国语言文字，能读古书。其所著《数学启蒙》第二卷有"开诸乘方捷法"一条，缀以按语云："无论若干乘方，且无论带纵不带纵，俱以一法通之，故曰捷法。此法在中土为古法，在西土为新法，上下数千年，东西数万里，所造之法若合符节。信乎！此心此理同也。"夫伟力是否谰言，但用天元一试布算焉，立可决矣。竺旧之儒，必谓西法剽窃自我，如梨洲所谓"汶阳之田可复归"，诚为夸而无当。然心同理同之说，虽好自贬者亦岂能否认耶？是故如魏文魁、杨光先之流，未尝学问，徒争意气，吾辈固当引为大戒；乃若四香、茗香、壬叔诸贤，真所谓"旧学商量加邃密，新知涵养转深沉"，盖于旧学所入愈深，乃益以促其自觉之心，增其自壮之气，而完其独立发明之业，则温故不足以妨知新，抑甚明矣！而最损人神智者，实则在“随人脚跟，学人言语”，不务力学，专逐时谈之习耳。世之君子，宜何择焉？

清代算学，顺康间仅消化西法，乾隆初仅杂释经典，其确能独立有所发明者，实自乾隆中叶后，而嘉、道、咸、同为盛。推厥所由，则皆天元、四元两术之复活有以牖之。徐文定所谓“会通以求超胜”，盖实现于百余年后矣。今举其发明之可纪者如下：

一、明静庵安图之割圜密率捷法。梅玉汝《赤水遗珍》载有西士杜德美用连比例演周径密率及求正弦、正矢之法，惟所以立法之原则秘而不宣，至汪孝婴疑其数为偶合。静庵积思三十年，创为此法与解，用连比例术，以半径为一率，设弧共分为二率；二率自乘，一率除之，得三率；以二率与三率相乘，一率除之，得四率；由是推之，三率自乘，一率除之，得五率。……虽至亿万率，胥如是。罗茗香评之曰：“西法之妙，莫捷于对数；对数之用，莫便于八线。……考对数之由来，亦起于连比例，又安知当日立八线表时，不暗用此法推算耶？”

二、孔巽轩之三乘方以上开方捷法及割圜四例。巽轩为戴东原高弟子，研究秦李之书，精通天元。梅定九著《少广拾遗》，云三乘方以上不能为图。巽轩独抒新意，取幂积变为方根，使诸乘皆可作平方观，制《诸乘方廉隅图》，俾学者知方广稠叠所由生。又立割圜四例，其说在明氏捷法未显之先，而间与暗合，所著书名《少广正负术内外篇》六卷。

三、李四香之《方程新术草》，因梅氏未见古《九章》，其所著《方程论》囿于西学，致悖直除之旨，乃寻究古义，采索本根，变通简捷，以成新术。辨天元与借根之异同，梅玉汝言借根即天元，大致固不谬。四香更辨析天元之相消，有减无加，与借根方之两边加减微异。发明开方正负定律。梅氏言开方，专宗《同文算指》《西镜录》之西法，初不知立方以上无不带纵之方，故所著《少广拾遗》，立开一乘方以至开十二乘方法，枝枝节节，窒碍难通。四香读秦道古书，阐明超步退商、正负加减、借一为阳诸法，为《开方说》三卷。

四、黎见山应南之求勾股率捷法。见山，四香弟子。此捷法乃推阐天元通分而成。任设奇偶两数，各自乘，相并为弦，相减为勾，或为股；副以两数相乘，倍之为股，或为勾。若任设大小两奇数或偶数，各自乘，则相并半之为勾，或为股；其两数相乘即为股，或为勾，所得勾股弦皆无零数。

五、汪孝婴之发明天元一正负开方之可知不可知。四香发明正负开方定律，少广之学大明。孝婴读秦李书，知有不可知之数，乃自二乘方以下推之得九十五条。其说与四香似立异，故当时有汪李龂龁之谣，焦里堂既辨之矣。四香后读其书而为之跋，括为三例以证明之，谓：偶实同名者不可知；偶实异名而从廉正负不杂者可知；偶实异名而从廉正负相杂，其从翻而与隅同名者可知，否则不可知。又谓己所言“一答与不止一答”，与汪言之“可知不可知”，义实相通云。

六、董方立之发明割圜连比例术。此亦因杜德美之圆径求周术语焉不详，欲更创通法，使弦矢与弧可以径求。时明静庵之密率捷法未传于世。方立覃思独创，与明氏同归而殊途。盖以圜容十八觚之术，引伸类长，求其累积，实兼差分之列衰、商功之堆垛，而会通以尽勾股之变。自谓奇偶相生，出于自然，得此术而方圆之率通云。

七、徐君青之发明屡乘屡除的对数，对数表传自西人，云以屡次开方而得其数。君青以屡除屡乘法御之，得数巧合而省力百倍。研究测圜密率，以屡乘屡除法，递求正负诸差，而加减相并，便得所求。发明开圜求周术，椭圜求周，无法可驭。借平圜周求之，则有三术。项梅侣、戴谔士各立一术。君青以椭周为圜周，求其径以求周，即为椭圜之周，最直捷。李壬叔谓其驾过西人远甚。发明造各表简法。君青以对数表等为用最大。惜创造之初，取径纡回，布算繁赜，不示人以简易之方，如八线对数表，至今无人知其立表之根。因读《四元玉鉴》，究心于垛积招差之法，推诸割圜诸术，无所不通。盖垛积者递加数也，招差者连比例也，合二术以施之割圜，六通四辟，而简易之法生焉。乃集杜德美、董方立、项梅侣、戴谔士、李壬叔诸家之说而折衷之，简益求简，凡立五术。

八、戴谔士之发明对数简法，其术在舍开方而求假设数；复有续编，专明对数根之理。徐君青为之序，谓与李壬叔《对数探原》同为不朽之业。发明外切密率，此亦割圜率中之一种。自杜、董递启割圜之秘，项梅侣，李壬叔皆有所增益。惜杜氏有弦矢术而无切割术，李氏有其术而分母分子之源未经解释。谔士谓弦矢与切割本可互为比例，……以比例所得之率数乘除法乘除弧背，其求得之数，必仍为比例所得之切割。乃本此意以立术。发明假数测圆。专以负算阐对数，发前人未发之蕴。

九、邹特夫之发明乘方捷术，此亦研究对数之书，隐括董方立、戴谔士之说，立开方四术。其于讷白尔表，以连比例乘除法，径开一无量数乘方以求之，又立求对数较四术以求之，亦用连比例一以贯之，立术最为简易。盖以徐君青、李壬叔之术，操数各殊，惟夏紫笙略近，而更为精密云。创造对数尺，因对数表而变通之为算器，画数以两尺，相并而伸缩之，使原有两数相对，而今有数即对所求数。补古格术。格术之名及其术之概略，仅见于宋沈括《梦溪笔谈》，后人读之亦莫能解。特夫知其即光学之理，更为布算以明之。以算学释物理，自特夫始。

十、李壬叔之以尖锥驭对数，壬叔以尖锥立术，既著《方圆阐幽》《弧矢启秘》二书，复为《对数探源》，亦以尖锥截积起算，先明其理，次详其法。自序云："……有正数万，求其逐一相对之对数，则虽欧罗巴造表之人仅能得其数，未能知其理也，间尝深思得之，叹其精微玄妙，且用以造表，较西人简易万倍，然后知言数者不可不先得夫理也。"壬叔著书在早年，其后与西士共译各书，益自信，乃著《对数尖锥变法释》，谓己所用为正法，西人所用乃变法，而其根则同云。推衍垛积术。谓垛积为少广一支，西人代数微分中所有级数，大半皆是。近人惟汪孝婴、董方立颇知其理，而法数未备，因特阐明之。

十一、顾尚之之和较相求对数八术。批评杜、董、项、戴及西人《数学启蒙》中之诸新术，以为皆未尽其理，乃别为变通，任意设数，立六术以御之，得数皆合，复立还原四术，卒乃推衍之为和较相求之八术。

十二、夏紫笙之创曲线新术，其书名《致曲术》，曰平圆，曰椭圆，曰抛物线，曰双曲线，曰摆线，曰对数曲线，曰螺线，凡七类。皆于杜德美、项梅侣、戴谔士、徐君青、罗密士（英人，著《代微积拾级》者）诸术外自定新术，参互并列，法密理精，复有《致曲图解》说明之。创乘方捷术。以开各类乘方，通为摆术，可并求平方根数十位，不论益积翻积，俱为坦途，其书名《少广缒凿》。

上所举，不过在三部《畴人传》中阮元著初编，罗士琳续，诸可宝再续临时挦撦。我之学力，本不配讨论此学，其中漏略错误，定皆不少。但即循此以观大略，已可见此学在清代发展进步之程度为何如。以李四香、汪、明、董等推算之业视王、梅；以李四香、罗、张古余等校书补草之功视钱、戴；以徐、戴谔士、邹、李壬叔等会通发明之绩视王、梅、李四香、汪，真有“积薪后来居上”之感。其后承以第二期西学之输入，即所谓十九世纪新科学者，而当时国中学者所造，与彼相校，亦未遑多让。中国人对于科学之嗜好性及理解能力，亦何遽出欧人下耶？

吾叙述至此，惟忽有别的小感触，请附带一言。清代算学家多不寿，实吾学界一大不幸也。内中梅定九寿八十九，李壬叔寿七十，二老岿然绾一代终始，差足慰情。自余若焦里堂仅五十八，戴谔士仅五十六，王寅旭、戴东原皆仅五十五，邹特夫仅五十一，邹叔绩仅四十九，马远林仅四十八，汪孝婴仅四十六，李四香、夏紫笙皆仅四十五。尤促者，熊韬之仅三十九，孔巽轩仅三十五，董方立仅三十三，左壬叟、曾栗诚卒年未详，大抵皆不逾四十。呜呼！岂兹事耗精太甚，易损天年耶？何见夺之速且多也。夫使巽轩、方立辈有定九寿，则所以嘉惠学界者宜何如哉？吾又感觉算学颇恃天才，故有早岁便能成家者。又洪杨之乱，学者多殉，而算家尤众。徐君青以封疆江苏巡抚死绥，固宜矣。乃若罗茗香、马远林、邹叔绩、戴谔士、顾尚之、凌厚堂堃、张南坪福僖，皆先后及难。其余诸家遗著投灰烬者且不少。呜呼！丧乱之为文化厄，有如是也。

道光末叶英人艾约瑟、伟烈亚力先后东来。约瑟与张南坪、张啸山文虎、顾尚之最善，约为算友。伟烈则纳交于李壬叔，相与续利、徐之绪，首译《几何原本》后九卷，次译美人罗密士之《代微积拾级》，次译英人侯失勒约翰之《谈天》。其后壬叔又因南坪等识艾约瑟，与之共译英人胡威立之《重学》，又与韦廉臣共译某氏之《植物学》。十九世纪欧洲科学之输入，自壬叔始也。乱事既定，曾文正设制造局于上海，中附属译书之科，以官力提倡之。时壬叔已老，在总理衙门为章京，不能亲译事，则华若汀蘅芳继之，与英人傅兰雅共译为多，所译有英人华里司之《代数术》《微积溯原》、海麻士之《三角数理》等。此外则徐虎臣建寅、赵仲涵元益等皆有所译述，然精审不逮李、华云。

晚清李、华译述之业，其忠实与辛勤不让晚明之徐、李，而所发生之影响则似远逊。李、徐译业，直接产生王、梅，能全部消化其所译受，更进而求本国学问之独立，因以引起三百年间斯学之发达。李、华译书时，老辈专精斯学者已成家数，译本不过供其参考品，不复能大有所进益，而后辈则浮骛者多，不复专精斯诣。故求如王、梅其人者，直至今日，盖无闻焉。岂惟今日，恐更迟之若干年，亦犹是也。夫吾并非望举国人皆为算学家也。算学为最古之学，新发明甚难，不如他种科学之饶有发展余地，学者不甚嗜之，亦无足怪。虽然，算学为一切自然科学之基础，欲治科学，非于算有相当素养不能为功，昭昭然也。然环观今之青年，在学校中对于此科之兴味何衰落一至此甚也！学之数年，恐其所得素养比诸门外汉如我者所胜无几也，反不如百余年前专读“线装书”之老经生犹知以此学为重也。呜呼！此非一门学术兴废之小问题，实全部学风盛衰之大问题也。厌繁重而怠探索，功课为机械的授受，不复刻入以求心得，惟喜摭拾时趋的游谈以自欺欺世。如此，则凡百学术皆不能唤起真挚之兴味，岂推算学？结果非将学问向上之路全付榛芜焉不止也。呜呼！今之青年，有闻乾嘉道间诸先辈之学风而知奋者耶？

邹特夫晚年有《论算家新法》一篇，其言曰：“自董方立以后，诸家极思生巧，出于前人之外，如华严楼阁，弹指即现，实抉算理之奥窔。然恐后之学者，不复循途守辙，而遽趋捷法，则得之易失之亦易，是可忧也。”吾涉读及此，而若有感于余心焉。昔人欲通晓一学也甚难，而所成就常实。无组织完善之著书，无简易之教授法，欲学者须从乱石荦荦、乱草蓬蓬中自觅新路而自辟之。故学焉者十人，其九人者恒一无所获，废然而返。即其一人有所获者，亦已费无量精力于无用之地，此其所为失也。虽然，不入之则已，既入则极深研究，其发明往往超拔凡近，此其所为得也。今人欲通晓一学也甚易，而所成就常虚。教科书及教授法，凡所以助长理解者惟恐不至，而取径惟恐不捷。中智之士，按部就班，毕业一课即了解一课，毕业一书即了解一书，人人可操券而获也。然与其书与其师睽别不一二年，所学如梦矣。即不尔，而所得亦至肤浅末，罕复能以自立。说者谓今之教育，只能攀全社会“平庸化”，而杰出天才乃汩没摧抑而日澌灭，不其然耶？夫今日不能举教育法而尽返之于曩昔，不待言也。然特夫所谓“遽趋捷法，得之易而失之亦易”者，斯诚教育界不可忽视之问题。如何而能使青年于易知易从中，仍阅历甘苦，而求所学实有诸己，不可不熟思而折衷之也。吾有感于诸先辈之刻苦坚忍以完成学问独立之业，故附其说于此。

※　　※　　※

吾今当以叙述历算学之余，简带叙其他科学。各种科学，不惟不能各占一专章，并不能合而成一专章，而惟以历算学附庸之资格于此带叙焉，吾学界之耻也。然吾侪史家之职，不能增饰历史实状之所本无。吾惟写其实，以待国人之自勘而已。

清儒颇能用科学精神以治学，此无论何人所不能否认也。虽然，其精力什九费于考证古典，勉誉之亦只能谓所研究者为人文科学中之一小部分，其去全体之人文科学已甚远。若自然科学之部，则欲勉举一人一书，且觉困难。无已，姑举下列一二以充数。

物理学及工艺学方面，有宋长庚应星《天工开物》十八卷。长庚，江西奉新人，卒于清初顺康间，其书则成于明崇祯十年。书之内容如下：

卷一　乃粒　论农产品、农事、农器等。

卷二　乃服　论蚕事、制丝、纺织及织具、缎锦、棉花之种植纺织、麻布、制裘、制毡等。

卷三　彰施　论染料之产出采用及制造等。

卷四　粹精　论农产品制成粮食之法。

卷五　作咸　论各种盐产及制盐法。

卷六　甘嗜　论种蔗、制糖及蜂蜜。

卷七　陶埏　论造瓦、造砖、造陶器、造瓷器诸法。

卷八　冶铸　论铸造钟、鼎、釜、像、炮、镜、钱诸法。

卷九　舟车　论各式舟车及其造法。

卷十　锤锻　论冶铁及各种铁器造法，附冶铜。

卷十一　燔石　燔石类之化炼，内含石灰、蛎灰、煤炭、矾、硫磺、砒石等。

卷十二　膏液　论油品及制法。

卷十三　杀青　论纸料及制法。

卷十四　五金　论金、银、铜、铁、锡、铅各矿之产地、采法、化分法等。

卷十五　佳兵　论矢、弩、干、火药、火器各种制造法。

卷十六　丹青　论朱、墨等颜色之产地及造法。

卷十七　麴蘖　论造酒。

卷十八　珠玉　论珠、玉、宝石、水晶、玛瑙等之产地及磨治法。

观此目录，可以知本书所研究之对象为何。长庚自序云：“世有聪明博物者，稠人推焉，乃枣梨之花未赏，而臆度楚萍；釜鬵之范鲜经，而侈谈莒鼎。画工好图鬼魅而恶犬马，即郑侨、晋华，岂足为烈哉？”彼盖深鄙乎空谈考古之辈，而凡所言皆以目验为归也。丁在君文江论之曰：“三百年前言工业天产之书如此其详且明者，世界之中，无与比伦。”有此书洵足为学界增重矣。

方密之著《通雅》，其中已多言物理。复有余稿，其子位伯中通分类编之，名曰《物理小识》，凡十二卷。内分天、历、风雷雨旸、地、占候、人身、医药、饮食、衣服、金石、器用、草木、鸟兽、鬼神方术、异事，凡十五类。所言虽不免间杂臆测或迷信，不如长庚之摭实，然其中亦颇多妙悟，与今世科学言暗合。例如卷一之论“气映差”，论“转光”，论“隔声”等类皆是。要之，此等书在三百年前，不得谓非一奇著也。

明清之交，学者对于自然界之考索，本已有动机。雍乾以降，古典学大兴，魁儒之聪明才力尽为所夺，甚可惜也。然皖南江、戴一派，好言名物，与自然科学差相接近，程易畴瑶田著《通艺录》，有《考工创物小记》《沟洫疆理小记》《九穀考》《释草小记》《释虫小记》等，惜偏于考古，于实用稍远矣；郝兰皋懿行自言好穷物理，著有《蜂衙小记》《燕子春秋》等，吾未见其书，不知内容如何。

明末历算学输入，各种器艺亦副之以来，如《火器图说》《奇器图说》《仪象志》《远镜说》等，或著或译之书亦不下十余种。后此治历算者，率有感于“欲善其事先利其器”，故测候之仪，首所注意，亦因端而时及他器。梅定九所创制，则有“勿庵揆日器”“勿庵测望仪”“勿庵仰观仪”“勿庵浑盖新仪”“勿庵月道仪”等；戴东原亦因西人龙尾车法作嬴旗车，因西人引重法作自转车，又亲制璿玑玉衡——观天器；李申耆自制测天绘图之器，亦有数种。凡此皆历算学副产品也。而最为杰出者，则莫如歙县郑浣香复光之《镜镜诊痴》一书。

浣香之书，盖以所自创获之光学智识，而说明制望远显微诸镜之法也。据张石洲序，知其书成于道光十五年以前。其自序云“时逾十稔然后成稿”，则知属稿在道光初年矣。时距鸦片战役前且二十年，欧洲学士未有至中国者，译书更无论。浣香所见西籍，仅有明末清初译本之《远镜说》《仪象志》《人身说概》等三数种，然其书所言纯属科学精微之理，其体裁组织亦纯为科学的。今将原书四大部分各子目表列如下：

第一部　明原原注云：镜以镜物，不明物理，不可以得镜理。物之理，镜之原也。作《明原》。

一原色，二原光，三原影，四原线，五原目，六原镜。

第二部 类镜原注云：镜之制，各有其材；镜之能，各呈其用；以类别也。不详厥类，不能究其归。作《类镜》。

一镜资，二镜质，三镜色，四镜形。

第三部 释圆原注云：镜多变者，惟凹与凸，察其形，则凹在圆外，凸在圆内。天之大，以圆成化；镜之理，以圆而神。姑作《释圆》。

一圆理，二圆凸，三圆凹，四圆叠，五圆率。

第四部 述作原注云：知者创物，巧者述之，儒者事也；民可使由，不可使知，匠者事也，有师承焉。姑备所闻，儒者之事，有神会焉，特详其义。作《述作》。

一作照景镜，二作眼镜，三作显微镜，四作取火镜，五作地镫镜，六作诸葛镫镜，七作取影镜，八作放字镜，九作柱镜，十作万花筩镜，十一作透光镜，十二作视日镜，十三作测日食镜，十四作测量高远仪镜，十五作远镜。

全书体例，每篇皆列举公例若干条，理难明者则为之解，有异说者则系以论，表象或布算则演以图全书为图一百二十八。大抵采用西人旧说旧法者什之二三，自创者什之七八。书中凡采旧说必注明。其原光公例十八条，采旧说者三；原目公例十二条，采旧说者四。余类推。吾不解科学，不能言其与现代西人之述作比较何如。顾吾所不惮昌明者：百年以前之光学书，如此书者，非独中国所仅见，恐在全世界中亦占一位置。浣香所以能为此者，良由其于算学造诣极深见张序，而又好为深沉之思见自序。张石洲言：“浣香雅善制器，而测天之仪、脉水之车，尤切民用。”则其艺事之多能又可知矣。以前宋后郑之学，而不见推于士林。《畴人传》中无郑名。嘻！“艺成而下”之观念毒人深矣。

邹特夫亦以明算通光学。所著《格术补》，因沈存中括《梦溪笔谈》中一条，知宋代算家有此术，因穷思眇虑，布精算以阐其理。郑浣香亦因读《梦溪笔谈》而有悟，但邹决非袭郑。可谓好学深思，心知其意。特夫又自制摄影器，观其图说，以较现代日出日精之新器，诚朴僿可笑，然在五十年前无所承而独创，又岂可不谓豪杰之士耶！粤人复有梁南溟汉鹏者在特夫前，陈兰甫称其“好言物性，金木百工之事莫不穷究，尤善制火药，以所制者发鸟枪，铅丸较英吉利火药所及加远”云。

医学方面，中国所传旧学，本为非科学的。清医最负盛名者如徐洄溪大椿、叶天士桂，著述皆甚多，不具举。惟有一人不可不特笔重记者，曰王勋臣清任，盖道光间直隶玉田人，所著书曰《医林改错》，其自序曰：“……尝阅古人脏腑论及所绘之图，立言处处自相矛盾。……本源一错，万虑皆失……著书不明脏腑，岂非痴人说梦？治病不明脏腑，何异盲子夜行？……”勋臣有惕于此，务欲实验以正其失。然当时无解剖学，无从着手。彼当三十岁时，游滦州某镇，值小儿瘟疹，死者甚多，率皆浅殡。彼乃不避污秽，就露脏之尸细视之，经三十余具，略得大概，其后遇有副刑之犯，辄往追视。前后访验四十二年，乃据所实睹者绘图成《脏腑全图》而为之记。附以《脑髓说》，谓灵机记性不在心而在脑；《气血合脉说》，斥《三焦脉诀》等之无稽，诚中国医界极大胆之革命论。其人之求学，亦饶有科学的精神，惜乎举世言医者莫之宗也。

吾叙带科学，而供吾论列之资料仅此。吾阁笔且愧且悲焉。虽然，细思之，未足为愧，未足为悲。西方科学之勃兴，亦不过近百年间事耳，吾乾嘉诸老未能有人焉于此间分一席，抑何足深病？惟自今以往仍保持此现状，斯乃真可愧真可悲耳。呜呼！此非前辈之责而后者之责也。后起者若能率由前辈治古典学所用之科学精神，而移其方向于人文自然各界，又安见所收获之不如欧美？虽然，非贵乎知之，实贵乎行之。若如今日之揭科学旗帜以吓人者，加减乘除之未娴，普通生理心理之未学，惟开口骂“线装书”，闭口笑“玄学鬼”，狺狺于通衢以自鸣得意。顾亭林有言：“昔之清谈谈老庄，今之清谈谈孔孟。”吾得易其语曰：“今之清谈谈科学。”夫科学而至于为清谈之具，则中国乃真自绝于科学矣！此余之所以悁悁而悲也。

十一、乐曲学

昔之言学者，多以律历并举。律盖言乐之律吕也。其所以并举之故，虽支离不足取，吾为叙述便利起见，姑于述历算后次论焉。可纪者少，等于附庸而已。

但吾仍有须郑重声明者：吾之无乐曲学常识，一如其于历算。吾绝无批评诸家得失之能力，且所叙述亦恐不能得其要领。希海内明治斯学者有以教之。

中国音乐，发达甚早。言"六艺"者两说，《周官》大司徒之"礼、乐、射、御、书、数"，《汉书·艺文志》之"诗、书、礼、乐、易、春秋"。乐皆与居一焉。儒家尤以之为教育主要工具，以是招墨氏之非议。惜无乐谱专书，其传易坠。汉魏以降，古乐寖亡，以至于尽。累代递兴之新乐，亦复阅时辄佚，而俗乐大抵出伶工之惰力的杂奏，漫以投里耳之好，故乐每况而愈下。乐之研究，渐惹起一部分学者之注意，固宜然矣。

清儒所治乐学，分两方面：一曰古乐之研究，二曰近代曲剧之研究。其关于古代者复分两方面：一曰雅乐之研究，二曰燕乐之研究。关于近代者亦分两方面：一曰曲调之研究，二曰剧本之研究。

清儒好古，尤好谈经。诸经与乐事有连者极多，故研究古乐成为经生副业，固其所也。清初自诩知乐者首为毛西河，著有《竟山乐录》——一名《古乐复兴录》《圣谕乐本解说》《皇言定声录》等书；而李恕谷从之游，著有《学乐录》以申其说。此四书者可称为毛氏一家之学。西河自称得明宁王权家所藏《唐乐笛色谱》，因据之以推得古代之七调九声，谓"自春秋迄明，千年长夜，一旦尽举而振豁之"，其自负可谓至极。然所谓宁王之《笛色谱》，始终未尝出以示人，其有无且不知，其是否唐乐更不可知。西河人格不足以见信于世，故全谢山攻其伪妄，盖有以自取矣。然其对于荒诞支离的旧说扫荡廓清之功，固不可泯灭。彼力斥前人之以五行附会乐理。略云："乐之有五声，亦言其声有五种耳，其名曰宫曰商，亦就其声之不同，而强名之作表识耳。自说者推原元本，妄求縣历，……至有分配五行、五时、五土、五色，……而究与声律绝不相关。此何为也？……故凡为乐书，多画一元、两仪、五行、十二辰、六十四卦、三百六十五度之图，斐然成文，而又畅为之说，以引证诸黄钟、太簇、阴阳、生死、上下、顺逆、增减，以及时气、卦位、历数之学凿凿配合者，则其书必可废。……”彼力斥前人之摹揣古乐器以图复古，略云：“尝牵合古尺，考覈旧琯，呼工师截竹，裁设管器，及裁竟而乐殊不然。然后知迁、固以后，京房、郑玄、张华、荀勖……及近代之韩尚书、郑恭王辈，凡言铸钟均弦、造器算数，皆欺人之学，不足道也。”此皆一扫尘霾，独辟蹊径。其所自立论之价值如何，吾不能妄评，凌次仲谓西河全属武断；陈兰甫谓西河论乐最谬，七声十二律茫然不知。但其革命的精神则甚可师也。清初尚有胡彦升著《乐律表微》，凌次仲谓其只知唱昆山调及推崇朱子。

初期汉学家之乐学的著作，最有名者为江慎修之《律吕新论》二卷、《律吕阐微》十一卷。慎修长于算，故以算理解乐律，多能匡正宋明人之失。然乐律应否以算理解释，实为先决问题。慎修虽用力甚勤，然其截断众流之识，恐反出西河下也。书中附会河图、五行、纳音、气节诸陋习亦不免。惟《新论》卷末论声音流变，论俗乐可求雅乐，论乐器不必泥古诸条，似有卓见。《阐微》言唐宋燕乐之当研究，实为凌次仲示其途径。戴东原亦有论乐律之篇，大致不出慎修见解。

清儒最能明乐学条贯者，前有凌次仲，后有陈兰甫，而介其间者有徐新田养原。次仲之书曰《燕乐考原》六卷。燕乐者，唐代音乐最主要之部分也。唐天宝十三载，分乐为三部：先王之乐为雅乐，前世新声为清乐，合胡部者为燕乐。沈括《梦溪笔谈》语而燕乐最贵，奏技者皆坐堂上。白香山《立部伎》诗自注云：“太常选坐部伎，无性识者退入立部伎；又选立部伎，绝无性识者，退入雅乐部。”立部伎即掌清乐者也，雅乐又在其下。清乐者，梁陈旧乐也；燕乐者，周隋旧乐也。本书卷六语唐承周隋之统，以其旧乐为主，而以西域诸国乐损益之，故其燕乐集乐之大成。次仲以为，“世儒有志古乐而不考之于燕乐，无异扣槃扪籥”自序语，故专为此书研究之。卷一为总论，考燕乐之来历，说明其选声制谱之概略；卷二至卷五分论燕乐二十八调宫、商、角、羽各七调，各自为卷；卷六为后论，凡十三章《燕乐二十八调说》上中下、《字谱即五声二变说》上下、《述琴》《述笛》《宫调之辨不在起调》《毕曲说》《徵调说》《燕乐以夹钟为律本说》《明人九宫十三调说》《南北曲说》《声不可配律说》；附以《燕乐表》终焉。其书之要点大略如下：吾之学力实不配作提要，所摘有误略，望读者指正。

一、燕乐之原，出于龟兹苏祇婆之琵琶。琵琶四弦，为宫、商、角、羽四声无徵声，每声七调，故有二十八调。

二、燕乐之调，本以字谱即上、工、尺等为主，与《汉书·律历志》所言律吕之长短分寸，渺不相涉。郑译、沈括辈将二者牵合为一，乃欺人之谈。

三、今之字谱，即古之宫商——上字为宫，尺字为商，工字为角，合字为徵，四字为羽，一字为变宫，凡字为变徵。此明朱载堉说，次仲略修改之。古乐用五声二变而成音，犹今乐用七字谱而成调，即此可以沿而上溯，不必旁求。

四、《乐志》等向称唐人八十四调，其实只是二十八调，因琵琶四弦每弦七调故也。然宋乾兴以来所用仅十一调，今则仅用七调而已。

五、今之南曲，即唐清乐之遗；今之北曲，即唐燕乐之遗。疑燕乐完全失传者，误也。

其自序谓：“廷堪于斯事初亦未解，若涉大水者有年，然后稽之于典籍，证之以器数，一旦始有所悟入。”其与阮伯元书云：“推步学自西人之后，有实测可凭，譬之鸟道羊肠，绳行悬度，苟不惮辛苦，无不可至者。若乐律诸书，虽言之成理，乃深求其故，皆如海上三神山，但望见焉，风引之则又远矣。何者？一实有其境，一虚构其理也。吾书成，庶东海扬尘，徒步可到矣。”总之，昔之言乐者，皆支离于乐外，次仲则剖析于乐中。其剖析所得成绩如何，虽非吾侪门外汉所能妄谈，若其研究方法，确为后人开一新路，则吾敢断言也。次仲之乡先辈程易畴有《声律小记》一卷、《琴音记续篇》

一卷，似无甚发明。惟其“论中声”一条，陈兰甫极称之。

次仲复有《晋泰始笛律匡谬》一卷。其自序云：“乐学之不明，由算数之说汩之也。黄钟之数，《史记》《汉书》皆云十七万一千一百四十七。不知此数于何而施用？将以为黄钟之长耶？恐九寸之管，非针芒刀刃不足以容之。将以为黄钟之实耶？恐径九分之中，非野马尘埃不足以受之。……然则律度乘除之损益，果足以深信耶？画鬼易，画人难，言乐者每恃此为藏身之固。……陈之以虚数则烂然，验之以实事则茫然者，比比皆是矣。……晋泰始末荀勖制笛律，乃以丝声之律度为竹声之律度，悉毁前人旧作，而乐学益晦。……今为《匡谬》一卷。嗟乎！所匡者宁独荀公哉！”荀律果谬与否？所匡果不谬与否？别一问题。然次仲对于旧乐学摧陷廓清之勇猛可见矣。

年辈稍后于次仲者有徐新田养原，著有《荀勖笛律图注》《管色考》《律吕臆说》等书。新田似未见次仲书，故无一字之征引辨难。其《笛律图注》尊宗荀勖，与次仲正反。其《管色考》，专论字谱，矫正元明人之误，与次仲全同而加详。其《律吕臆说》，亦一扫五行卦气等等纠缠之说，专剖析于乐中。与次仲孰优劣，非吾所能言也。其言五声变为七音，为乐学一进步，七音乃律而非声，其变乃全体改易，非于本音之外漫加二音旧说谓变宫、变徵乃就旧有五声加上；言雅乐非于俗乐之外别有一声节；言雅乐之亡由于图谱失传，不关律吕；言三代之乐不亡于秦，而亡于魏晋；言当因俗乐管色以推求古乐，皆自有见地者。

陈兰甫所著曰《声律通考》十卷。兰甫著书动机，盖因读次仲书而起，而驳正其说亦最多。盖他书无驳之价值，而于凌书所未安，则不容不驳也。卷九之末自注云：“此书于《燕乐考原》之说驳难最多，非掎摭前人也。余于凌次仲，实资其先路之导。其精要之说，固已采录之，至其持论偏宕，则不可不辨。其纷纭舛错，读之而不可解者，尤不能不为订正。九原可作，当以为诤友焉。”今略摘凌、陈异点如下：

一、凌氏掊击荀勖笛律，陈氏极推重之。陈似未见凌之《笛律匡谬》，亦未见徐氏之《笛律图注》。然凌氏《匡谬》之说，已有一部分散见《燕乐考原》

中，陈所反驳甚当也。徐著极精密，使陈见之或更有助。说明荀氏十二笛三调之制及其作用。

二、凌氏不信有八十四调，谓郑译创此说以欺人。陈氏考证八十四调为梁隋所有，不始郑译据《隋书·万宝常传》及《旧五代史·音乐志》等书，并说明其可能。

三、凌氏以工尺等字谱分隶宫商等，陈氏承认之。但陈谓此惟今乐为然耳，宋人则以工尺配律吕，非以代宫商。

四、凌氏以苏祇婆琵琶为标准乐器，陈氏谓有研究古乐器之必要。其言曰："声随器异，由今之器，岂能寄古之声？试取今日之二弦、梆子以唱昆腔，闻者必为掩耳，而况以今器寄古声乎？"

兰甫《东塾集》中有《复曹葛民书》一篇，最能说明其述作之旨。今节录如下。间引本书说或他人说，注其难解者。

> ……澧为此书，所以复古也。复古者迂儒常谈，澧岂效之？良以乐不可不复古也。……鼓吹也，戏剧也，小曲也，其号为雅音者琴师之琴也，此则今所谓乐也。何为宫商而不知也，何为律吕而更不知也。启超案：徐新田《雅乐论》云："今之琴有声无节，先不成其为乐矣，何论雅俗！"呜呼！乐者六艺之一，而可以轻亵沦亡若此哉！……近数十年，惟凌次仲奋然欲通此学，自谓以今乐通古乐。澧求其书读之，信多善者。然以为今之字谱即宋之字谱，宋之字谱出于隋郑译所演龟兹琵琶。如其言，则由今乐而上溯之，通于西域之乐耳，何由而通中国之古乐也？又况今之字谱非宋之字谱，宋之字谱又非出于郑译，古籍具存，明不可借假乎？澧因凌氏书，考之经疏史志子书，凡言声律者，排比句稽，以成此编。……将使学者由今之字谱而识七声之名，又由七声有相隔有相连而识十二律之位；识十二律，而古之十二宫八十四调可识也。启超案：兰甫弟子殷康保校《声律通考》竣，而撮其要点为跋云："五音宫、商、角、徵、羽，即今所谓上、尺、工、六、五也。加变宫、变徵为七音，即今所谓一、凡也。七音得七律，

宫与商之间有一律；角与变徵之间有一律；徵与羽之间有一律；羽与变宫之间有一律。是为十二律也。十二律者，高下一定者也；七音者，施转无定者也。十二律各为宫，则各有商、角、徵、羽，是为十二宫；十二宫各为一均，每一均转七调，则八十四调也。……”此段最能将全书提纲挈领，故录以为注。又由十二律四清声而识宋人十六字谱，识十六字谱而唐宋二十八调可识也。然此犹纸上空言也，无其器何以定其声？无其度何以制其器？属有天幸，《宋书》《晋书》皆有“荀勖笛”，而阮文达公摹刻钟鼎款式有“荀勖尺”，二者不期而并存于世。夫然后考之史籍，隋以前历代律尺皆以“荀勖尺”为比。金、元、明承用宋乐，宋乐修改王朴乐；而王朴律尺又以“荀勖尺”为比。有“荀勖尺”，而自汉至明乐声高下皆可识也。然而“荀勖尺”易制也，“荀勖笛”难知也。《宋书》《晋书》所载荀勖笛制，文义深晦，自来读者不能解。澧穷日夜之力，苦思冥悟而后解之，而后仿制之，于是世间乃有古乐器。又读朱子《仪礼经传通解》，有唐开元《鹿鸣》《关雎》十二诗谱，以今之字谱释之，于是世间乃有古乐章。……遍考古书所载乐器，从未有细及分釐如荀勖笛制者；遍考古书所载乐章，从未有兼注意音律如十二诗谱者。古莫古于此，详亦莫详于此。授之工人，截竹可造，付之伶人，按谱可歌，而古乐复出于今之世矣。……象州郑小谷见此书，叹曰：“有用之书也。”又曰：“君著此书辛苦，我读此书亦辛苦。”嗟呼！辛苦著书，吾所乐也；有辛苦读之者，吾愿足矣。若其有用，则吾不及见矣。其在数十年后乎？其在数百年后乎？

吾认此书之著作为我学术界一大事，故不避繁重，详录此函。读之，则书之内容大概可识矣。吾以为今所当问者只有两点：一、兰甫所解荀勖笛制是否无误？二、朱子所传开元十二诗谱是否可信？兰甫又言：“即谓十二诗谱不出开元，而为宋人所依托，然自宋至今，亦不可谓不古。较之毛大可所称明代之唐谱，不可同年而语矣。”若诚无误也，可信也，则所谓古乐复出于今世者，真可拭目而待也。由兰甫之书以复活汉晋以来不绝如缕之古乐，由次仲之书以复活唐代融会中西之燕乐，此点兰甫绝对承认次仲书之价值，兰甫书亦有可以补其未备者。则二千年音乐流变，可以知其概以求隅反，天下快事宁有过此？夫今日音乐之必当改造，识者类能言之矣，然改造从何处下手耶？最热心斯道者，亦不过取某国某名家之谱，随己之所嗜，拉杂输入一二云尔。改造音乐必须输进欧乐以为师资，吾侪固绝对承认。虽然，尤当统筹全局，先自立一基础，然后对于外来品为有计画的选择容纳。而所谓基础者，不能不求诸在我。非挟有排外之成见也，音乐为国民性之表现，而国民性各各不同，非可强此就彼。今试取某国音乐全部移植于我国，且勿论其宜不宜，而先当问其受不受。不受，则虽有良计画，费大苦心，终于失败而已，譬之撷邻圃之秾葩，缀我园之老干，纵极绚烂，越宿而萎矣。何也？无内发的生命，虽美非吾有也。今国中注意此问题者，盖极寥寥，然以吾所知一二先觉，其所见与所忧未尝不与吾同，盖亦尝旁皇求索，欲根据本国国民性为音乐树一新生命，因而发育之，容纳欧乐以自荣卫。然而现行俗乐堕落一至此甚，无可为凭藉；欲觅历史上遗影，而不识何途之从，哀哉耗矣！次仲、兰甫之书，以门外汉如我者，于其价值如何，诚不敢置一辞；然吾颇信其能示吾侪以前途一线光明。若能得一国立音乐学校，资力稍充，设备稍完，聚若干有音乐学素养之人，分出一部分精力，循此两书所示之途径以努力试验，或从此遂可以知我国数千年之音乐为何物，而于其间发见出国民音乐生命未𣫅之卵焉，未可知也。呜呼！吾之愿望何日偿也？兰甫先生盖言："其在数十年后乎？其在数百年后乎？"

次仲《燕乐考原》之中四卷，详列琵琶四弦每弦所衍生之各七调，胪举其调名，上自郊祀乐章，下至院本杂剧，网罗无遗，因此引起后人研究剧曲之兴味焉。

初，康熙末叶，王奕清撰《曲谱》十四卷，吕士雄撰《南词定律》十三卷。清儒研究曲本之书，盖莫先于此。乾隆七年，庄亲王奉敕编《律吕正义后编》，既卒业，更命周祥钰、徐兴华等分纂《九宫大成南北词谱》八十一卷，十一年刊行之，曲学于是大备。江郑堂《汉学师承记》称，凌次仲是年应某达官之招，在扬州校勘词曲谱，得修脯自给；次仲精于南北曲，能分别宫调，自此。疑次仲曾参与《九宫谱》事也，待续考。后此叶怀庭堂《纳书楹曲谱》，称极精审，度曲者宗之。有戴长庚著《律话》，吾未见其书，且未审为何时人。兰甫《声律通考》屡引其说，盖亦旁及曲律云。

以经生研究戏曲者，首推焦里堂，著有《剧说》六卷，虽属未经组织之笔记，然所收资料极丰富，可助治此学者之趣味。吾乡梁章冉廷枏著《曲话》五卷，不论音律，专论曲文，文学上有价值之书也。而陈兰甫亦有《唐宋歌词新谱》，则取唐宋词曲原谱已佚而调名与今本所用相符、字句亦合者，注以曲谱之意，拍而歌之。其自序有言："物之相变，必有所因，虽不尽同，必不尽异。……诗失既求诸词，词失亦求诸曲，其事一也。……"读此可见此老雅人深致，惜其书已不传。

最近则王静安国维治曲学最有条贯，著有《戏曲考原》《曲录》《宋元戏曲史》等书。曲学将来能成为专门之学，则静安当为不祧祖矣。而杨时百宗稷专言琴学，著《琴粹》《琴话》《琴谱》《琴学随笔》《琴余漫录》《琴镜》等书，凡二十四卷。琴学是否如徐新田所诋"不成其为乐"，吾不敢言。若琴学有相当价值，时百之书，亦当不朽矣。